Scheitert Deutschland?

Arnulf Baring
in Zusammenarbeit mit
Dominik Geppert

Scheitert Deutschland?

Abschied
von unseren Wunschwelten

Deutsche Verlags-Anstalt Stuttgart

Die Deutsche Bibliothek – CIP-Einheitsaufnahme

Baring, Arnulf:
Scheitert Deutschland? :
Abschied von unseren Wunschwelten / Arnulf Baring.
In Zusammenarbeit mit Dominik Geppert. – 3. Aufl. –
Stuttgart : Deutsche Verlags-Anstalt, 1997
ISBN 3-421-05095-3

3. Auflage 1997
© 1997 Deutsche Verlags-Anstalt GmbH, Stuttgart
Alle Rechte vorbehalten
Satz: Steffen Hahn GmbH, Kornwestheim
Druck und Bindearbeiten: Friedrich Pustet, Regensburg
Printed in Germany

ISBN 3-421-05095-3

Meinen Kindern Anna und Moritz
und damit
allen jungen Generationen,
denen wir Älteren
eine zukunftsfähige Gesellschaft
schuldig sind.

Inhalt

9

»Es gibt politische Notwendigkeiten, die so zwingend sind,
daß sie sich auf lange Sicht durchsetzen müssen.
Mein sogenannter Optimismus ist nichts anderes als
das Vertrauen in die Kraft dieser Notwendigkeiten.«
Konrad Adenauer

»Wir gehen mit größeren ökonomischen, sozialen und
politischen Risiken in das erste Jahrzehnt des neuen Jahrhunderts als in die zurückliegenden sechziger, siebziger oder
achtziger Jahre. Und offenbar sind diese Risiken unserer
politischen Klasse noch nicht wirklich bewußt.«
Helmut Schmidt

Vorbemerkung

Weil ich Zeitgeschichte lehre und die Aktualität daher besonders im Auge habe, wurde mir schon bald nach 1990 klar, wie weitgehend sich seit der Wiedervereinigung die inneren und äußeren Existenzbedingungen der Bundesrepublik gewandelt haben. In Vorlesungen und Seminaren merkte ich, daß vieles von dem, was ich früher für wichtig, für mitteilenswert hielt, stark an Bedeutung verloren hatte. Die alte, vertraute Bundesrepublik schrumpfte vor meinem inneren Auge, wie ich verblüfft konstatierte und zunächst aus tiefer Anhänglichkeit auch nicht wahrhaben wollte. Trotz meines frühen Erwachens hat es dennoch Jahre gedauert, bis ich mir die Schlußfolgerung erlaubte, die Demokratie könne erneut versagen, vielleicht sogar wie die Weimarer Republik scheitern, wenn man so weitermache wie bisher.

Die gegenwärtige Situation unseres Landes ist gekennzeichnet durch das Zusammentreffen unterschiedlicher, aber eng miteinander verzahnter Krisen. Wir stecken zum einen in der industriellen Strukturkrise, zum anderen in der des Sozialstaates. Hinzu kommt die deutsch-deutsche Vereinigungskrise. Sie hat in vieler Hinsicht Probleme verschärft, die in den anderen beiden Krisen lange vor 1990 angelegt waren, hat zum Teil aber auch ganz neue Herausforderungen mit sich gebracht. Nachdenklich schreibt Gerhard Stoltenberg 1997 in seinen Erinnerungen: »Unsere aktuellen Probleme sind bei allen grundlegenden Veränderungen der jüngsten Zeit stärker in Verhaltensweisen, Entscheidungen und Versäumnissen der vergangenen Jahrzehnte angelegt, als dies auf den ersten Blick erscheint.«[1]

Und außenpolitisch? Auch da müssen die bisherigen Prämissen überprüft werden. Man denke nur an die unabsehbaren Risiken des Euro. Er kann uns in Deutschland wie Europa in große Turbulenzen stürzen. Bernd Baehring, langjähriger Chefredakteur der *Börsenzeitung*, einer der großen Wirtschaftsjournalisten der

Nachkriegsgeschichte, meinte im März 1997, wir seien an einem Punkte, der später womöglich als das historische Versagen der zweiten deutschen Demokratie erkannt werde. Denn unser System sei unfähig, lehne es ab, ernsthaft zu prüfen, ob der Euro nicht zum Anschlag auf den inneren Frieden Europas werde.[2] Rechnen unsere Mitbürger eigentlich mit schweren innen- und außenpolitischen Turbulenzen? Sind ihnen die neuen Existenzbedingungen Deutschlands bewußt? Es gibt genug Hinweise, daß wir keineswegs an Unwissen über unsere Probleme leiden. Viele wissen auch, was zu tun wäre. Wir leiden daran, daß wir nichts unternehmen, die Dinge schleifen lassen. Und warum verhalten wir uns so? Wir fürchten die erforderlichen Änderungen, wollen uns nicht von überkommen Gewohnheiten trennen. So werden wir die Mißstände weiter wuchern lassen, bis sie uns über den Kopf wachsen. »Wir wissen genau, was geschieht, wenn wir nichts tun«, sagte der Bundespräsident im Mai 1997 in St. Gallen. »Jüngstes Beispiel ist das Versagen der sozialistischen Wirtschaftssysteme im ehemaligen Ostblock.« Wagenburgmentalität und Abschottung lösten keine Probleme, sondern schüfen neue. »Die Voraussetzungen für Wohlstand und Zukunftschancen werden neu verteilt. Wer da nicht mitspielt, hat schon verloren.«[3]

I. Kapitel

Deutschlands Zukunft als Industrienation und Sozialstaat

Unsere Gesellschaft hat flache Wurzeln.
Sie kann in ökonomischen Krisenzeiten rasch ins Wanken geraten
und ist durch das Nachlassen der industriellen
Leistungsfähigkeit Deutschlands im Kern bedroht.

Wirtschaftskraft und Selbstwertgefühl

Die industrielle Strukturkrise ist das erste und weitaus wichtigste Problem, dem man ins Auge sehen muß, weil das Selbstgefühl der Deutschen – das galt schon für das Kaiserreich seit dem späten 19. Jahrhundert und gilt erst recht in der Bundesrepublik – wesentlich von ihrer industriellen Leistungsfähigkeit bestimmt war und ist. Die Deutschen haben schon bald nach 1871 ein entschieden ökonomisch fundiertes Selbstgefühl entwickelt. Zwar wird in der historischen Forschung viel von der »Feudalisierung des Bürgertums« in Deutschland gesprochen, doch mindestens ebenso wichtig war der umgekehrte Prozeß: die unmerkliche Verbürgerlichung der Gesellschaft. Der preußische Leutnant war nicht überall und nicht unbedingt angesehener als ein erfolgreicher Fabrikant. Nicht erst nach 1945 ist die wirtschaftliche Leistungskraft in den Mittelpunkt deutscher Selbstachtung gerückt.[1]

Schon in der Zeit des Hegemonismus, also der Ära ab 1890, war Kaiser Wilhelm II. in vieler Hinsicht ein Exponent dieser Mentalität. Friedrich Naumann schrieb damals: »Dieser Kaiser, über den ihr euch so aufregt, ist euer Spiegelbild.«[2] Der Lebensstil und die Überzeugungen des deutschen Bürgertums entsprachen in der Tat der Haltung des Monarchen. Aus diesen Gründen war Wilhelm II. als Person viel stärker in der öffentlichen

13

Meinung präsent als etwa durch seine politische Arbeit und Regierungsverantwortung, die von begrenzter Bedeutung waren.[3] Der Kaiser besaß »modernistische Züge«, schreibt Rüdiger vom Bruch. »Modernität, das zielt auf Wilhelms II. wache Aufgeschlossenheit für moderne Technik und Technologien, teilweise auch für wirtschaftliche Prozesse«.[4] Er war außerordentlich stark an Erfindungen interessiert, reagierte lebhaft auf alle technischen Neuerungen und wurde zum Protagonisten einer industriell vermittelten Zukunftsorientierung Deutschlands. Alles in allem läßt sich die These gut begründen, daß Selbstbewußtsein und Zusammengehörigkeitsgefühl der Deutschen schon damals viel stärker als in anderen Nationen aus dem Stolz herrührte, sich innerhalb weniger Jahrzehnte an die Spitze der europäischen Industrienationen vorgearbeitet zu haben und mit den USA gleichziehen zu können.[5]

Weimar ist insofern kein Gegenbeispiel, als die erste deutsche Republik durch die Währungskrise und die Inflation am Anfang sowie die Wirtschaftskrise von 1929 am Schluß zu beweisen schien, daß die Demokratie unfähig sei, mit ihren ökonomischen Problemen fertig zu werden. Monarchistische Bestrebungen einerseits, die Hoffnung auf einen autoritären Staat andererseits waren dann die Konsequenzen, die weite Teile der Bevölkerung aus dem Weimarer Debakel gezogen haben.

In der Zeit nach 1945 sind die Deutschen im Westen vollends zu einer wesentlich vom Wirtschaftlichen bestimmten Teilnation geworden. Insofern hat unsere Gesellschaft flache Wurzeln, sie kann in ökonomischen Krisenzeiten rasch ins Wanken geraten und ist durch das Nachlassen der industriellen Leistungsfähigkeit Deutschlands im Kern bedroht.

Diese Labilität unterscheidet uns von den drei großen alten Demokratien des Westens, von Amerikanern, Engländern und Franzosen. Diese Nationen ziehen zwar zum Teil falsche Schlüsse aus ihrer Geschichte, indem sie einen Rang behaupten, eine Position in der Welt anstreben, für die ihnen heute die Kräfte fehlen. Trotz solcher Fehlkalkulationen ihrer Eliten aber können alle drei von einem Grundgefühl zehren, das Nationen auszeichnet: große

Dinge in der Vergangenheit gemeinsam getan zu haben und entschlossen zu sein, sie auch in Zukunft zu tun. »Eine Nation ist eine große Solidargemeinschaft«, meinte Ernest Renan, »getragen von dem Gefühl der Opfer, die man gebracht hat, und der Opfer, die man noch zu bringen gewillt ist. Sie setzt eine Vergangenheit voraus, aber trotzdem faßt sie sich in der Gegenwart in einem greifbaren Faktum zusammen: der Übereinkunft, dem deutlich ausgesprochenen Wunsch, das gemeinsame Leben fortzusetzen.«[6] Eine solche Denkweise ist uns vollkommen fremd. In den genannten drei Ländern, und nicht nur in ihnen, findet man ein historisch und kulturell begründetes Selbstvertrauen, einen Stolz auf die eigene Vergangenheit, die uns Deutschen weitgehend fehlen.

Wenn bei uns von der »deutschen Vergangenheit« die Rede ist, denken wir fast zwanghaft nur an die zwölf Jahre der Hitler-Barbarei und kaum an das runde Jahrtausend, das wir in der Mitte Europas in den verschiedensten Formen, oft eindrucksvoll, mitgestaltet haben. Für die Mehrheit der Zeitgenossen hat sich unsere Geschichte auf das unselige Dritte Reich verengt. Was Wunder, daß wir aus der braunen und dann auch der roten Diktatur kein positives und produktives Selbstbewußtsein zu ziehen vermögen.

Wenn die politische Stabilität unseres Landes wesentlich auf der industriellen Leistungsfähigkeit beruht, muß uns eine nachlassende wirtschaftliche Produktivität in viel höherem Maße gefährden, als das für ältere, stabile Demokratien gilt. Hält man sich etwa Großbritannien vor Augen, dann findet man, daß sein jahrzehntelanger ökonomischer und sozialer Niedergang vor der Ära Thatcher, der manche Parallele zu unserer heutigen Situation aufweist, die britische Demokratie nicht unterminiert, sondern völlig unberührt gelassen hat. Bei uns kann man das in keiner Weise für sicher halten. Vermutlich wird sich in Deutschland sehr bald die fehlende Belastbarkeit des demokratischen Systems zeigen. Bei uns spürt man das Beben des Bodens schon jetzt, nämlich in einem Augenblick, in dem das System nicht mehr alles das leistet, was man von ihm erwartet.

Zu einer ähnlichen Auffassung kamen die beiden amerikanischen Wissenschaftler Gabriel Almond und Sidney Verba schon vor mehr als dreißig Jahren. Im Unterschied etwa zu den angelsächsischen Nationen fehlten in der Bundesrepublik gefühlsmäßig verankerte Systembindungen, stellten sie 1965 in ihrer Studie über »Civic Culture« fest.[7] Namentlich Verba beurteilte deshalb die Perspektiven der Demokratie in Deutschland skeptisch. Der Bundesrepublik fehle es an generalisiertem Systemvertrauen, auf das man in Krisenzeiten zurückgreifen könne.[8]

Der sichtbare, stolze Ausdruck unseres wirtschaftlich bedingten Selbstgefühls ist in den Jahrzehnten der alten Bundesrepublik deren zunehmende sozialstaatliche Leistungsfähigkeit gewesen. Man hat die Deutschen »Sozialstaatspatrioten« genannt, was ich für einen treffenden Ausdruck halte. Viele unserer wohlfahrtsstaatlichen Errungenschaften, beispielsweise auch im Bereich der Mitbestimmung – denn es geht nicht nur um materielle Leistungen –, sind als Markenzeichen, ja geradezu als beispielhafte Exportartikel der deutschen Demokratie angesehen worden.

Wenn inzwischen die industrielle Basis unseres Landes spürbar schrumpft und damit unvermeidlich auch die soziale Leistungsfähigkeit, wird der Niedergang das Selbstgefühl der Deutschen heftig erschüttern. Das wird sich wahrscheinlich am stärksten, wie hier schon eingeworfen werden muß, bei der Abschaffung der Deutschen Mark zeigen. Ihr Verlust ist, wenn man so sagen darf, problematischer als die Einführung des Euro. Das Verschwinden des wichtigsten Symbols unseres gemeinsamen Selbstvertrauens, des deutschen Stolzes auf die eigene Leistungsfähigkeit, wird unsere Landsleute außerordentlich beunruhigen. Wir können eher die Nationalhymne aufgeben und die Flagge in den Schrank stellen, vielleicht sogar das Amt des Bundespräsidenten auflösen, als die Mark abschaffen. Eine neue Verfassung (wir haben ja schon unzählige Änderungen des Grundgesetzes hinter uns gebracht) würde wahrscheinlich geringere Auswirkungen auf das Selbstgefühl der Deutschen haben als die herannahende Währungsunion.

Zum Vergleich: Deutschland 1890

Warum hat unsere industrielle Leistungsfähigkeit seit einiger Zeit wesentlich nachgelassen? Ein Blick hundert Jahre zurück, auf die letzte Dekade des 19. Jahrhunderts, gibt Aufschluß. Deutschland war damals innerhalb ganz weniger Jahrzehnte an die Spitze der europäischen Industrienationen gelangt, wie sich nach 1890 deutlich herausstellte. Der enorme wirtschaftliche Aufschwung, den das Land innerhalb einer Generation erlebte, hatte schon vor der Reichsgründung begonnen. Zwar lag man noch um 1870 weit hinter England zurück: Der Anteil des nicht mechanisierten Gewerbes war nach wie vor hoch, das Eisenbahnnetz nicht ausgebaut, bei der Anwendung neuer Technologien und in den Produktionsziffern hinkte das Reich noch deutlich hinterher.

Doch in der Folgezeit setzte eine Aufholjagd ein. Deutschland erreichte England auf dem Sektor der alten Industrien – Eisen, Stahl, Maschinen – und überholte es dann erst recht in den Sektoren der neuen, der chemischen und der Elektroindustrie.[9] Zwischen 1860 und 1913 verdreifachte sich der deutsche Anteil an der Weltindustrieproduktion, während auf der anderen Seite der britische um ein Drittel sank. Seit etwa 1900 erzeugte die deutsche Industrie fast ein Viertel der Gesamtproduktion Europas. Im Welthandel hatte Deutschland bereits 1880 mit 10,3 Prozent die zweite Stelle hinter Großbritannien erreicht. Der junge Nationalstaat gehörte damit neben Großbritannien und den USA zu den drei führenden Industrienationen der Erde.[10]

Deutsche Großunternehmen wie Siemens oder BASF erreichten eine marktbeherrschende Stellung in der Welt. Überall in den damals modernen Schlüsselindustrien standen sie zumindest gleichrangig neben den britischen, französischen und amerikanischen Anbietern.

Neben der enormen Modernisierung gab es in Deutschland freilich weiterhin große Bestände traditionellen Wirtschaftens: Hand- und Heimarbeit im Textil-, Leder- und Spielzeugsektor, die starke Stellung der Landwirtschaft und den hohen Prozentsatz der Klein- und Kleinstbetriebe. Der Wirtschaftsaufschwung konnte nur gelingen, weil trotz der Einführung rationeller Methoden und neuer Technologien in der Industrie das Handwerk überlebte. Im Mittelstand spielte sich eine Doppelentwicklung ab: einerseits Krise und Abstieg, verursacht durch die plötzliche Überlegenheit der maschinell-fabrikmäßigen Produktion; andererseits Selbstbehauptung und Erneuerung. Mit dem Bevölkerungswachstum und der Verstädterung stieg die Nachfrage auch nach handwerklichen Leistungen.

Damalige Grenzen der Industrialisierung beim Bauen wie bei der Lebensmittelversorgung wurden offenkundig, Reparatur- und Servicebedarf, individuelle Wünsche, Kundennähe, Spezialistenkompetenz – all das konnte die Industrie nicht bieten. Überdies gelang es dem Handwerk, die technischen Neuerungen für sich nutzbar zu machen. Der Elektromotor wurde vom Feind zum Überlebensgaranten, denn er machte moderne Werkzeugmaschinen fürs Handwerk verwendbar.[11]

Der Aufschwung läßt sich jedoch nicht allein mit der Wirtschaft erklären. Eine wichtige Reaktion auf den internationalen Konkurrenzdruck war die Verknüpfung von Industrie und wissenschaftlicher Forschung. So resultierte der Aufstieg der deutschen Großchemie aus dem Zusammenspiel von technischer Modernisierung und gezielter Forschung. Die wichtigsten forschungsfundierten Industrien – Zellstoff, Viskose, Kunstseide und Aluminium – entstanden noch ohne Hochschulforschung. Doch der epochale Erfolg der Ammoniaksynthese, für die es 1918 den Nobelpreis gab, beruhte auf der Kooperation von Fritz Haber an der TH Karlsruhe mit der BASF, die das Haber-Bosch-Verfahren entwickelte. In den technischen Fächern gab es ähnliche Entwicklungen, etwa in der optischen Industrie mit Zeiss oder in der Elektrotechnik mit Siemens.

Nun entstanden auch staatlich finanzierte Forschungsinstitute – zum Beispiel die Physikalisch-Technische Reichsanstalt, die sich der wirtschaftsnahen Forschung annehmen sollte, und 1910 die Kaiser-Wilhelm-Gesellschaft, in der alle bestehenden Forschungsinstitute organisatorisch zusammengefaßt wurden. Diese Gesellschaft wurde zu großen Teilen aus privaten Spenden finanziert, während der Staat Baugrund zur Verfügung stellte und die laufenden Kosten übernahm. Es entwickelten sich verschiedene Fachinstitute, die mit praxisnahen Fragen befaßt waren, etwa das Institut für Kohleforschung im Ruhrgebiet.

Weder den Hochschulen noch dem Staat blieb ihr altes Monopol auf wissenschaftliche Forschung. Vielmehr wurde die Wirtschaft verstärkt einbezogen; man errichtete wissenschaftliche Forschungsstätten außerhalb der Universität. Staat und Wirtschaft traten in ein neues Kooperationsverhältnis.[12] Wirtschaftswachstum und technischer Fortschritt konnten auf diese Weise gefördert werden.

Daneben wurde eine energische staatliche Schul- und Hochschulpolitik betrieben. In einer politisch motivierten Bildungsexpansion kam es zu einer schnellen Verbreitung technischen Wissens. Es gehörte seit dem späten 18. Jahrhundert in den deutschen Staaten zum Ethos einer Modernisierung von oben, die allgemeine Volksbildung anzuheben, die technische Ausbildung zu verbessern und das Hochschulstudium aufzuwerten. Die Universitäten wurden selbst zum Wachstumsfaktor der Volkswirtschaft, die wissenschaftliche Forschung trug wesentlich zum nationalen Ansehen Deutschlands in der Welt bei.[13] Die deutschen Universitäten und Forschungsinstitute galten damals als die besten der Welt.

Und die Deutschen waren ein junges Volk: Die Bevölkerung wuchs ungleich rascher als etwa im benachbarten, verfeindeten Frankreich. In den siebziger Jahren des 19. Jahrhunderts kamen in Deutschland auf zehn Personen über 65 Jahren hundert junge Menschen unter zwanzig, während wir jetzt einen Gleichstand haben: zehn Alte, zehn Junge.

Wenn man solche Zahlen heute liest, kann man nur bedauern, wie schlecht wir in der Folge unsere damaligen Chancen genutzt – und auch, wie kurzsichtig wir seit der Mitte der sechziger Jahre unseres Jahrhunderts gehandelt haben. Der Blick hundert Jahre zurück beleuchtet im Vergleich kraß unsere gegenwärtigen Defizite. Heute spielen wir, wie Lothar Späth betont hat, nicht mehr in der ersten, sondern in der zweiten Liga: Wir haben keine industrielle Spitzenposition in der Weltwirtschaft mehr inne, und es ist durchaus offen, ob, wann und wie wir erneut aufsteigen können. Doch das müssen wir, wenn wir unseren Lebensstandard wenigstens halbwegs halten wollen.

Die versäumten Innovationen

Das Nachlassen unserer Innovationsfähigkeit, unseres Gespürs für kommende Entwicklungen, kann man sehr deutlich an der Begriffsstutzigkeit ablesen, mit der die Deutschen in den letzten Jahrzehnten die Entwicklung neuer Produkte versäumt, die Bedeutung neuer Technologien verkannt haben. Man kann vereinfachend sagen, daß Deutschland immer noch führend auf jenen Gebieten ist, die es vor hundert Jahren entdeckt und dann glänzend immer weiter entwickelt hat. Dazu gehören die Chemieindustrie, die Elektroindustrie, auch der Maschinenbau, in dem Deutschland ja schon seit langem eine dominante Position besitzt.

Wir haben uns jedoch in den letzten Jahrzehnten bei der Entwicklung neuer Industriezweige sehr zurückgehalten, um es vorsichtig auszudrücken. Sowohl in den Vereinigten Staaten als auch in Japan hat man am Ende der sechziger Jahre die heranwachsende revolutionäre Bedeutung der Informationstechnologien erkannt und daraus sehr tatkräftig Schlüsse gezogen. Bei uns ist in der Breite der Industrie und der Bevölkerung die Bedeutung dieses fundamentalen Wandels erst mit einer Verzögerung von etwa zwanzig Jahren begriffen worden. Und die Informationstechnologien sind ja nur ein Beispiel. Man kann ebenso auf die Gentechnik, die Biotechnologie, die Neuen Werkstoffe, alternative Energiequellen oder die Raumfahrt verweisen.

Das deutsche Wirtschaftswunder nach dem Zweiten Weltkrieg fand im Zeichen überkommener Industrien auf der Grundlage von Kohle und Stahl, dann auch Öl statt. Während in Amerika längst ein neues technologisches Zeitalter begonnen hat, können wir uns noch immer nicht von unseren alten und veraltenden Produkten trennen. Wir stemmen uns gegen einen Prozeß, den wir nicht aufhalten können. Das hat Konrad Seitz, einer der besten Köpfe des Auswärtigen Amtes und des Landes, seit rund zwanzig Jahren unermüdlich, wenn auch lange eher belächelt und nur von Außenseitern geschätzt, der deutschen Industrie wie einer breiten Öffentlichkeit nahezubringen versucht.

Frühzeitig betonte er immer wieder, der Industriearbeiter verliere künftig an Bedeutung, seine Arbeit übernähmen Roboter und Computer, während immer mehr gut ausgebildete »Wissensarbeiter« gebraucht würden. Diesen Wandel verglich Seitz mit dem Übergang von der Agrar- zur Industriegesellschaft im Zuge der Industriellen Revolution.

Heute arbeiten in der deutschen Landwirtschaft gerade noch drei bis fünf Prozent aller Beschäftigten. Einen ähnlichen Bedeutungsverlust erlebt seit Jahren die herkömmliche Industrie, vor allem die Kohle- und Stahlbranche. Allerdings werden diese Industriezweige durch massive Subventionen – man spricht, alles in allem, von 300 Milliarden – künstlich am Leben erhalten. 1995 wurden allein für den Erhalt von Arbeitsplätzen bei Kohle, Landwirtschaft und Schiffsbau mit 39 Milliarden Mark vierzigmal mehr ausgegeben als für Forschungsaufgaben in den Informations- und Kommunikationstechnologien.

Daher ist ein konsequentes Umdenken in der Subventionspolitik zu fordern. Statt weiterhin ein Industriemuseum zu finanzieren, muß das Geld der Steuerzahler in die Grundlagenforschung zukunftsträchtiger Bereiche investiert werden: Erstens in die Informationstechnik; an ihr führt kein Weg vorbei in einer Zeit, in der Nachrichten in Bruchteilen von Sekunden um den Globus gehen. Wolfgang Bergsdorf, Leiter der Kulturabteilung des Bundesinnenministeriums, weist auf die ungeheure Expansionskraft dieses Wirtschaftszweiges hin: »In Deutschland wurden 1994 elf Prozent des Bruttoinlandsprodukts in der Informationsindustrie erarbeitet. In zehn Jahren werden es fünfzig Prozent sein. Dann dürfte die Informationsindustrie auch mehr als fünfzig Prozent der Arbeitnehmer beschäftigen. Schon im Jahr 2000 wird sie mehr Arbeitsplätze als die Automobilindustrie anbieten.«[14] Der zweite Sektor sind die Bio- und die Gentechnologien. Sie werden Medizin, Landwirtschaft und Umweltschutz revolutionieren, herkömmliche Ressourcen wie Kohle und Öl ersetzen, auch Energie sparen. Drittens schließlich die Grundlagen- und Weltraumforschung. Denn von ihnen darf man sich bahnbrechende Erkenntnisse für die Entwicklung neuer Werkstoffe und Energieformen versprechen.

In der deutschen Öffentlichkeit werden freilich noch immer eher mögliche Gefahren als die Chancen der neuen Technologien diskutiert. In kaum einem anderen Land ist zum Beispiel die Abneigung gegen genveränderte Speisen und Getränke derart ausgeprägt wie in Deutschland. Drei von vier Konsumenten lehnen es laut einer Umfrage der *Gesellschaft für Konsumforschung* strikt ab, Lebensmittel aus dem Genlabor zu kaufen. Leider bleibt es nicht bei passivem Widerstand. Im vergangenen Jahr haben militante Gentechnikgegner über ein Dutzend Versuchsfelder verwüstet.[15] Von 15 Versuchsstandorten des Biotechnik-Unternehmens *Agrevo*, einer Kooperation der Chemiegiganten *Schering* und *Hoechst*, wurden 1995 und 1996 neun zerstört.[16] Dabei haben sich die meisten Horrorszenarien der Naturschützer inzwischen als unbegründete Panikmache erwiesen. Die Landflucht hat sich längst umgekehrt in eine Bewegung der Städter hinaus ins Grüne. Statt der befürchteten Uniformierung der Menschen wachsen die Möglichkeiten neuer Individualität und Originalität. Standardisierte Massenprodukte werden nämlich immer häufiger verschiedensten Kundenwünschen angepaßt, und der Schreibtisch im Großraumbüro kann mehr und mehr durch den Bildschirm-Arbeitsplatz zu Hause ersetzt werden. Indessen sind »wir Deutschen heute Weltmeister der Angst«, wie Altbundeskanzler Helmut Schmidt klagt.[17]

Anders als die Deutschen betonen Japaner und Amerikaner – auch die Franzosen – das Positive des heraufziehenden Zeitalters der neuen Technologien. Sie begreifen die Risiken als Herausforderung, die es auf dem Weg in die Zukunft zu bestehen gilt. Sie sehen in der ökologischen Krise den Niedergang der an ihr Ende gelangten Industriegesellschaft, die durch den Aufbau der Informations-, Biotechnik- und Weltraumwirtschaft abgelöst werden muß. Sie denken bei der Gentechnik nicht zuerst daran, daß sie mißbraucht werden könnte, um menschliche Erbanlagen zu verändern. Sie erkennen vielmehr, daß sie sich nutzen ließe, um heute noch unheilbare Krankheiten wie Krebs oder Aids zu bekämpfen. Experten schätzen, daß im Jahr 2000 kaum noch ein Medikament ohne gen- oder biotechnologische Verfahren hergestellt wird. Nicht zuletzt könnte mit Hilfe der Gentechnik eine umweltfreundliche Landwirtschaft entstehen, könnten die Umweltschäden der Vergangenheit repariert werden.

Die alles entscheidende Schlüsseltechnologie der Zukunft ist freilich die Produktion von Halbleiterchips. Doch in Deutschland, ja in ganz Europa, werden die Chips immer noch als Jobkiller angesehen und nicht als Bausteine einer ökologischen Ökonomie, die Energie und Material spart. Nicht allein bei der Fertigung, auch im Verbrauch von Halbleiterchips ist Europa unterentwickelt. Japan verbraucht 36 Prozent der Weltproduktion, die USA 31 und die Europäische Union insgesamt gerade mal 19 Prozent.

Die technologische Revolution wird Macht, Reichtum und kulturelle Ausstrahlungskraft neu verteilen. Die erste industrielle Revolution ging von Europa aus. In ihrem Siegeszug um die Welt wurden die alten Großreiche Indien und China in die Bedeutungslosigkeit abgedrängt. Heute führen Japan und die USA die neuen Technologien an. Den Mitgliedern der Informationsgesellschaft werden sich ganz neue Wege zur Produktivität erschließen, ungeahnte Dimensionen der Freizeitgestaltung und Bildung eröffnen. Wirtschaftliche Erfolge winken den Staaten, die sich mutig den neuen Entwicklungen öffnen, betont Bill Gates, der mit seiner *Software*-Firma *Microsoft* die Computerindustrie revolutioniert hat. So werden sich ganz neue Märkte und eine Vielzahl bislang unbekannter Beschäftigungsmöglichkeiten entwickeln. Doch die Chancen der weltweiten Datenübertragung werden verkannt und massiv unterschätzt. Statt die Vorkämpfer der Computerindustrie als wirklichkeitsferne, verspielte Technikfans zu belächeln, sollten wir vielmehr begreifen, daß die technische Revolution, die uns bevorsteht, ähnlich einschneidend sein wird wie die Erfindung der Druckerpresse durch Johannes Gutenberg.[18] Will Europa nicht zur Chipkolonie verkommen, muß es auf den bereits abgefahrenen Zug aufspringen, darf den Anschluß an die dritte industrielle Revolution nicht verpassen. Sonst droht Europa ein Schicksal, wie es China, Indien und in einiger Hinsicht auch die Weltmacht Großbritannien erlitten haben. China und Indien besaßen einen Lebensstandard, der dem europäischen weit überlegen war. Beide beteiligten sich aber nicht an den ersten industriellen Revolutionen und sanken, China de facto, zu Kolonien ab. Ein ähnliches Schicksal traf Großbritannien um 1890. Es hatte die erste industrielle Revolution zwar heraufgeführt und war damals das reichste Land Europas. Dann aber konnte es in der zweiten industriellen Revolution nicht mithalten und trat in ein Jahrhundert stetigen Abstiegs ein. Ein vergleichbarer Niedergang droht nun ganz Europa.[19] Wenn dieser Zustand anhält, werden wir schon im Jahr 2010 ein Entwicklungskontinent sein.

Unser Bewußtsein hat mit den neuen technologischen Entwicklungen nicht Schritt gehalten. Nach 1945 haben wir mit Kohle und Stahl noch einmal die Industrien der zweiten industriellen Revolution aufgebaut. Dabei ist es unserer Aufmerksamkeit entgangen, daß bereits in den fünfziger und sechziger Jahren in den USA, wenig später auch in Japan, neue Industrien entstanden sind. Was haben Japaner und Amerikaner anders gemacht als wir Europäer? Was ist ihr Erfolgsrezept?

Japan hat den Wiederaufbau nach dem verlorenen Krieg aus eigener Kraft finanziert. Der Konsum wurde auf ein Minimum gedrosselt, das Sparen war oberstes Gebot. Japan war, so Daniel Burstein, »eine nationale Sparmaschine ohne Beispiel«.[20] Mit bedeutenden Bankimperien im Hintergrund können die japanischen Firmen, die untereinander und mit den Finanzhäusern verquickt sind, Verlustperioden überbrücken. Sie haben den längeren Atem, wenn es darum geht, zielstrebig Märkte zu erobern. Gewerkschaften und Unternehmer in Japan haben Wettbewerbsfähigkeit als gemeinsame Aufgabe erkannt. Die japanischen

Gewerkschaften sind verantwortungsbewußt, sie würden nie das Überleben der Arbeitgeber aufs Spiel setzen. Im Gegenzug werden sie vom Unternehmensmanagement an der Macht beteiligt.

Die Entwicklung in Japan lief sehr gezielt. Schon Ende der sechziger Jahre wurde durch einen Regierungsbeschluß ein »Neuer Entwicklungsplan« verkündet, ein Signal zum Aufbau einer wissensintensiven Industrie gesetzt. Noch vor der Ölkrise, Anfang der siebziger Jahre, erarbeiteten die Japaner die ersten detaillierten Pläne für die Informationsgesellschaft. Sie führten sogar eine neue Maßeinheit ein, um den Fortschritt einer Gesellschaft zu messen: Nicht mehr das Wachstum des Bruttosozialprodukts sollte künftig die entscheidende Größe sein, sondern das Wachstum der Informationsmenge, die in einer Volkswirtschaft geschaffen und kommuniziert wird. Die entscheidende Ursache für den japanischen Erfolg sieht Konrad Seitz neben extremem Fleiß und großer Sparsamkeit (bis hin zur persönlichen Anspruchslosigkeit) in der Voraussicht der Eliten in Politik, Verwaltung und Wirtschaft, wohin die industrielle Entwicklung gehen werde. Industriepolitische Rückschläge und katastrophale Fehlspekulationen der Banken können die Erfolgsbilanz Japans nicht schmälern.

Amerika beschritt einen anderen Weg an die technologische Weltspitze. Hier baute man auf Konsum, Eigenverantwortung, Kreativität und Unternehmergeist. Das vielgepriesene Land der unbegrenzten Möglichkeiten ist das genaue Gegenteil der disziplinierten »Sparmaschine« Japan. Hier wurde die Kreditkarte erfunden. Heute kaufen, morgen bezahlen – lautet das amerikanische Motto des Optimismus. Amerika ist weiterhin das an natürlichen Ressourcen reichste Industrieland der Welt. Und Amerika ist weiterhin die kreativste Nation der Welt. Seine multikulturelle Gesellschaft zieht viele der besten Köpfe aus allen Erdteilen an. In Amerikas Grundlagenforschungslabors arbeiten Tausende der talentiertesten Inder, Chinesen, Koreaner, Europäer. Seine Elite-Universitäten sind nach wie vor konkurrenzlos. Und nirgendwo in der Welt gibt es eine solche Fülle hochinnovativer und wagemutiger Unternehmer.[21]

Japan und Amerika ringen um die technologische Vormacht-stellung auf der Erde. Deutschland und Europa sind weit abge-schlagen – und das, obwohl Deutschland eigentlich keineswegs chancenlos wäre. Ein entscheidender Vorteil ist etwa die Nähe zum großen Markt Osteuropas. »Wenn der Westen Europas es versteht, den Osten des Kontinents an seiner Zukunft teilhaben zu lassen«, sagt Jacques Attali, der frühere Berater des inzwischen verstorbenen französischen Präsidenten Mitterrand, »dann kann er Anspruch darauf erheben, das Herz der Weltwirtschaft zu sein, ihr bevölkerungsstärkster, reichster und kreativster Raum zu werden.«[22] Dann werde keine Nation mehr vom neuen gesamt-europäischen Wirtschaftswunder profitieren als das wiederver-einigte Deutschland. Es könne zum Wachstumsmotor des großeu-ropäischen Raums werden.

Im Wettbewerb mit Japan und Amerika verfügt Westeuropa an sich über zwei weitere Trümpfe. Anders als Japan besitzt es einen riesigen heimischen Markt, zu dem nun auch noch der potenti-elle Wachstumsmarkt in Osteuropa kommt. Anders als Amerika hat Europa eine Sparrate, mit der es seine Investitionen aus eige-ner Kraft finanzieren kann. Dazu kommt, daß der durchschnitt-liche Ausbildungsstand der Bevölkerung in Europa höher ist als in Amerika. Es ist deswegen in Europa ungleich leichter, Fachar-beiter für Präzisionsfertigungen zu rekrutieren.

Vor allem aber: Europa ist immer noch führend bei den Tech-niken der ersten und zweiten industriellen Revolution. Die west-europäische Industrie verfügt über die breiteste Produktionspa-lette der Welt. Nun kommt es darauf an, die traditionelle Technik mit den Zukunftstechnologien zu verknüpfen. Hierzu sollte die in den Ingenieursbereichen so erfolgreiche deutsche Forschungs-förderung (*Fraunhofer-Institut*, etc.) auf die elektronische und andere Zukunftsindustrien ausgeweitet werden. Doch selbst wenn die Synthese von Alt und Neu glückt, genügt eine maßgebliche Position lediglich auf dem europäischen Markt nicht. Wie schon im Jahr 1913 gingen auch 1995 rund 75 Prozent unserer Exporte in europäische Länder. Wer aber mit Giganten wie Japan und den USA konkurrieren will, muß auf dem Weltmarkt präsent sein.

Globalisierung ist zwingend im veränderten Wettbewerb, in dem der Schnellste siegt. Wer sein Produkt zuerst auf den Markt bringt, bestimmt den Standard – auch für die Nachfolgeprodukte (zum Beispiel Videokassetten für bestimmte Kameras und Recorder). Deshalb muß ein neues Produkt auf allen drei großen Märkten – Europa, Japan und Amerika – gleichzeitig durchgesetzt werden. Die Europäer, insbesondere die Deutschen, tun sich da noch schwer.

Über dem Konkurrenzkampf darf man indessen die globale Zusammenarbeit nicht aus den Augen verlieren. Amerikaner und Japaner haben das begriffen und kooperieren miteinander. »Europa gerät an den Rand der Triade, während USA und Japan über alle Rivalität hinweg immer enger zusammenrücken.«[23]

Wie kann Deutschland, wie kann Europa die japanisch-amerikanische Herausforderung meistern? Konrad Seitz entwickelt hierfür sechs strategische Leitlinien. Erstens muß die Integration der Europäischen Union schleunigst vorangetrieben werden. Zweitens dürfen die leicht zu erobernden Märkte des europäischen Ostens nicht von der zentralen globalen Aufgabe ablenken. Drittens müssen wir einen nordatlantischen Kooperationsraum schaffen. Amerika stammt von Europa ab, und es steht Europa auch heute noch kulturell viel näher als Rußland. Wenn es je zu »Amerippon«, der amerikanisch-japanischen Synthese, käme, läge das an den Europäern, die durch ihr Verhalten die Vereinigten Staaten zwängen, sich einseitig dem Pazifik zuzuwenden. Viertens muß die Zusammenarbeit mit Japan nach dem Prinzip der Gegenseitigkeit ausgebaut werden. Wir müssen die Öffnung des abgeschotteten japanischen Marktes für europäische Exporte erreichen. Denn eine Hochtechnologie, die in Japan und Ostasien nicht präsent ist, wird auf Dauer ihre Wettbewerbsfähigkeit selbst auf dem europäischen Binnenmarkt verlieren. Und fünftens müssen wir neue Wirtschaftstheorien und -politiken für das Informationszeitalter entwickeln. Der Staat muß zielstrebig und energisch Innovationen fördern, darf nicht Überholtes immer weiter subventionieren. Sechstens endlich müssen wir eine zukunftsorientierte Kultur schaffen. Die Individualität muß aufgewertet, Eliten müssen gefördert werden.

Muß. Müssen. Müßten. Hat Seitz mit seinem Appell, seinen Mahnungen Widerhall gefunden? Haben die deutsche Wirtschaft und Politik seine Ratschläge beherzigt? Es sieht derzeit nicht danach aus.

In der Biotechnologie etwa sind Deutschland und Europa weiter ins Hintertreffen geraten: In den USA gibt es mehr als 1300 Biotechnik-Unternehmen – in der EU nur 485. Und beim europäischen Patentamt in München sind zwischen 1978 und 1994 weitaus mehr Biotechnik-Patentanträge von US-Firmen eingegangen als von europäischen Unternehmen. In der Pharmaindustrie sind 65 Prozent der biotechnischen Patente in amerikanischen Händen. Außerdem investieren US-Unternehmen deutlich mehr in die Biotechnologie als ihre europäischen Konkurrenten: In den USA werden jährlich rund sieben Milliarden Ecu in Forschung und Entwicklung investiert, in Europa lediglich 2,2 Milliarden.[24] Um die Computer- und die Weltraumindustrie steht es nicht viel besser.

Glaubt man der führenden amerikanischen Wirtschaftszeitung *Wallstreet Journal*, gibt es für Deutschland kaum noch eine Chance. Die Industrie sei veralteten Technologien verschrieben, die Bevölkerung stehe dem technischen Fortschritt feindselig gegenüber und scheue jedes Risiko. Ein allzu großzügiges Sozialsystem habe die Arbeitsethik verdorben und unternehmerische Dynamik gedämpft. Amerikanische Geschäftsleute stünden, schreibt das Blatt, völlig verständnislos vor einer Wochenarbeitszeit von 35 Stunden, vor sechswöchigen bezahlten Ferien und vor einem Dienstleistungssektor, bei dem weder vom Dienen noch von Leistung die Rede sein könne. In Deutschland werde zuviel geredet und zu wenig gehandelt.[25]

Vor einigen Jahrzehnten war das noch anders. Arthur F. Burns, damals US-Botschafter in Bonn, hatte allerdings schon 1984 Grund, den Westdeutschen wegen ihrer trägen Wirtschaftsleistung ins Gewissen zu reden. »Ein Land«, zitierte er den chinesischen Philosophen Han Fei, »ist weder dauerhaft stark noch ist es dauerhaft schwach.«

Bei einer Diskussion in der *Columbia University* erinnerte

Burns an seinen ersten Europa-Aufenthalt im Jahre 1950. Damals war er, nachdem er einige Monate Großbritannien, Frankreich und die Schweiz besucht hatte, nach Deutschland gekommen. Die erste Nacht verbrachte er schlaflos – dank eines Trupps Straßenbauarbeiter, der die ganze Nacht unter seinem Hotelfenster arbeitete. Am nächsten Abend waren Maurer zu Gange, die mit Hilfe elektrischer Beleuchtung noch um neun, zehn Uhr abends Steine legten. Als Burns in die Staaten zurückkehrte, sagte er Geschäftsfreunden, in ein paar Jahren werde Deutschland wieder die größte Industriemacht Europas sein. Als sie ihn fragten, warum, antwortete er schlicht: »Im Gegensatz zu den meisten in Europa arbeiten die Deutschen wirklich.«

Das könne er inzwischen nicht mehr behaupten, sagte Burns bereits 1984 ganz unverblümt seiner amerikanischen und deutschen Zuhörerschaft. Die Ursache für die zögernde deutsche Produktivität sah Burns bereits damals im Ausmaß des westdeutschen Wohlfahrtsstaates, seinen exzessiven Ausgaben für Arbeitslosigkeit, Rente, Krankheit, Arbeitsunfähigkeit, Kindergeld, Mutterschutz, öffentlichen Wohnungsbau, Gesundheitswesen und alle Wechselfälle des Lebens.[26]

Mit der Anteilnahme interessierter Freunde erinnern amerikanische Geschäftsleute heute an die eigenen Wirtschaftsschwierigkeiten während der achtziger Jahre. Damals habe alle Welt die amerikanische Industrie angesichts der japanischen Konkurrenz im Automobil- und Elektronikbereich bereits abgeschrieben. Die deutsche Industrie und Politik müsse sich an der Wiedergeburt der amerikanischen Wirtschaft ein Beispiel nehmen und mit Tatkraft die Kosteneffizienz und Innovationsfreudigkeit steigern, die Arbeitsmärkte flexibler gestalten und übermäßige Regulierungen abbauen.[27]

Wie sehr wir die Innovationsfähigkeit des Landes erdrosselt haben, kann man deutlich an der dramatisch gesunkenen Zahl angemeldeter Patente ablesen. Unser früherer Erfindungsgeist hat sich komplett verflüchtigt. Erich Häußer, der damalige Präsident des Deutschen Patentamtes, schrieb besorgt schon vor zwei Jahren: »Im Kampf um zukünftige Positionen, der seit einigen Jahren voll in Gang ist, sind Deutschland und seine europäischen Nachbarn im Vergleich zu den Japanern und Amerikanern unterentwickelt. Das beweist schon der Blick auf den jeweils inländischen Patentmarkt. Aus der Zahl der von Anmeldern aus dem eigenen Land zum Patent angemeldeten Erfindungen ergeben sich nämlich recht zuverlässige Anhaltswerte über das zur Verfügung stehende Tauschpotential, wenn es um den Zugang zu notwendiger Technologie geht. Betrachtet man das nüchterne Zahlenwerk der Patentstatistik, muß der Eindruck entstehen, daß es um das verwertbare Innovationspotential im Vergleich zu unseren schärfsten Konkurrenten auf dem Weltmarkt nicht zum besten bestellt ist.«[28] Die Deutschen hätten offensichtlich nicht mehr den Ehrgeiz, an der Spitze zu sein, meint Häußer heute. »Sie sind zufrieden mit dem vierten oder fünften Platz. Damit können wir aber nicht überleben.«[29] Häußers Nachfolger Norbert Haugg betont, daß Deutschland erheblich mehr Patentlizenzen einführt als exportiert. Besonders gravierend sei, so Haugg, daß nur zwölf Prozent aller Anmeldungen auf High-Tech-Gebiete entfielen. In den USA sei die Quote doppelt so hoch.[30]

Bisher fehlt in Deutschland noch immer das Bewußtsein der Herausforderung. Der Ernst der Lage wird verkannt. Damit ist auch die Bereitschaft zum Strukturwandel nicht wirklich vorhanden, und die Appelle, wir müßten endlich umdenken, uns auf die neuen Zeiten einstellen, bleiben mehr oder weniger abstrakt und damit unverbindlich. Sie haben den Charakter von Sonntagspredigten, die kaum zur Kenntnis genommen, rasch vergessen werden. Der Bundespräsident kann davon ein Lied singen: Er findet häufig viel Zustimmung, namentlich mit seiner großen Rede vom April 1997. Aber der breite Beifall bleibt folgenlos. Im Grunde genommen wird unsere Misere immer noch mit einer Gelassenheit – oder auch Müdigkeit – hingenommen, die stutzig macht. So waren die Deutschen nicht immer.

Das Schrumpfen des Mittelstandes

Die industrielle Strukturkrise hängt nicht nur mit mangelnder Initiative und Innovation, der ausbleibenden Gründung neuer Unternehmen zusammen. Vielmehr muß man das Schrumpfen des Mittelstandes, das Schrumpfen der Zahl der Selbständigen beklagen. Ihr Anteil an der arbeitenden Bevölkerung ist in Deutschland in den vergangenen Jahren von 14 auf neun Prozent zurückgegangen. Jährlich werden rund neun Prozent der mittelständischen Unternehmen liquidiert. Verrechnet mit den Neugründungen ergibt das einen Verlust von nicht weniger als 120 000 Betrieben im Jahr.[31] Gleichzeitig hat zwischen 1950 und 1987 die Zahl der Beschäftigten im Öffentlichen Dienst um 120 Prozent zugenommen. Der Bund vervierfachte sogar die Zahl seiner Beschäftigten.[32] Jeder fünfte Arbeitnehmer in Deutschland arbeitet im öffentlichen Dienst.

Das ist um so schlimmer, als gerade die mittelständischen und kleinen Unternehmen, nicht nur in unserem Lande, immer die innovativen Kräfte gestellt haben, weniger die Großindustrie, von der Bürokratie ganz zu schweigen. Bekanntlich ist der Personal Computer nicht in den Büros und Werkhallen des Giganten *IBM* entwickelt worden, sondern von der Firma *Apple*, die in einer Garage angefangen hat.

Ein gesunder Mittelstand ist das Rückgrat der sozialen Marktwirtschaft. Von drei Millionen Unternehmen in Deutschland sind 99 Prozent Klein- und Mittelbetriebe. Sie beschäftigen zwei Drittel aller Arbeitnehmer, erwirtschaften gut die Hälfte des Bruttosozialprodukts und tätigen 44 Prozent aller Investitionen.[33]

An diesen Zahlen läßt sich deutlich die Bedeutung des Mittelstandes für die Wirtschaft ablesen. In Deutschland fehlen schätzungsweise sechs bis sieben Millionen Arbeitsplätze. Wenn indessen jeder Klein- oder Mittelbetrieb auch nur einen zusätzlichen Arbeitsplatz schaffen würde, wäre das Beschäftigungsproblem zur Hälfte gelöst.

Doch Selbständigkeit braucht geeignete Rahmenbedingungen. In Deutschland steht für Unternehmer die erzielbare Rendite in keinem befriedigenden Verhältnis mehr zu den Risiken: Die Steuer- und Abgabenlast hat eine bisher nie dagewesene Höhe erreicht. Unter diesen Bedingungen kann keine Risikokultur wie in Amerika gedeihen. Nur wenn der Gefahr des Scheiterns große und verlockende Gewinnchancen gegenüberstehen, wird investiert, werden Arbeitsplätze geschaffen oder erhalten.

Aber die deutsche Gesellschaft ist eher eine risikoscheue Arbeitnehmergesellschaft. Die Selbständigkeit reizt hierzulande nur wenige, denn sie bedeutet, sich ohne Fürsorge eines Arbeitgebers immer wieder neu um Aufträge bemühen müssen.

Alle Versprechungen jedoch, die Welt so zu erhalten, wie wir sie uns eingerichtet haben, sind illusionär. Deutschland wird – wie andere Länder auch – Abschied nehmen müssen von dem Traum, es könne eine Garantie für materielle Sicherheit und dauernde Prosperität geben, Abschied nehmen auch von der Wunschvorstellung eines lebenslang gesicherten Arbeitsplatzes.

Die skandalösen Subventionen

Unsere Großunternehmen, die immer herausgestrichen werden, *Siemens* hier und *Mercedes-Benz* oder *Volkswagen* da, sind wahrscheinlich auch heute viel weniger innovativ, als man das in unserem Zusammenhang wünschen möchte. Angesichts der lahmenden Innovationsfähigkeit muß man sich überlegen: Woran liegt das eigentlich?

Es liegt an einer Beharrungsmentalität, die lähmend auf dem ganzen Lande lastet. Nicht zuletzt das Subventionswesen ist in Deutschland in einer Weise ausgeufert, die grell beleuchtet, wie vollkommen wir Ludwig Erhard, dessen hundertsten Geburtstag wir 1997 feiern, vergessen und seine Prinzipien beiseite geschoben haben.

»Es liegt im ureigensten Interesse der Wirtschaft selbst, daß eine expansive und zugleich stabile Wirtschaft sowie die Prinzipien, nach denen die Wirtschaft geordnet ist, erhalten bleiben«, schrieb

Erhard 1956. »Da die erreichte Größenordnung der Einkommensübertragungen über die Sozialhaushalte keineswegs mehr eine *quantité négligeable* ist, sondern einen gewichtigen Faktor im Wirtschaftsprozeß darstellt, besteht heute eine teilweise recht enge Interdependenz zwischen Wirtschaftspolitik und Sozialpolitik. Die volkswirtschaftlich neutrale und autonome Sozialpolitik gehört daher der Vergangenheit an und muß einer Sozialpolitik Platz machen, die mit der Wirtschaftspolitik abgestimmt ist, das heißt die volkswirtschaftliche Produktivität nicht beeinträchtigt und den Grundprinzipien der marktwirtschaftlichen Ordnung entspricht.«[34]

Es ist erstaunlich, in welchem Umfang wir nach wie vor Stützungsfinanzierungen für längst obsolet gewordene, zumindest auslaufende Industriezweige weiterschleppen, sei es die Kohle oder den Schiffsbau, die Stahlindustrie, die Landwirtschaft oder industrielle Restkerne in den neuen Ländern, von denen jeder weiß, daß aus ihnen keine neuen, zukunftsfähigen Industrien wachsen werden. Wir müssen auf Neues setzen, statt sentimental Altes, Überlebtes künstlich am Leben zu erhalten.

Die deutsche Steinkohle an Ruhr und Saar ist die kostspieligste Energie der Welt. Mit einem Preis von 291 Mark pro Tonne ist die deutsche Kohle fast viermal so teuer wie Importkohle. Trotz rückläufiger Fördermengen stiegen die Subventionen in den letzten Jahren kräftig an. Rund zehn Milliarden Mark fließen jedes Jahr aus dem Steuersäckel in die Kohleförderung. Begünstigt werden rund 85 000 Beschäftigte, während beispielsweise im Bau allein im letzten Jahr 100 000 Arbeitsplätze verlorengingen. Somit kostet ein Arbeitsplatz im Bergbau den Steuerzahler jährlich 140 000 Mark.[35] Das entspricht dem Jahresgehalt eines Prokuristen oder jungen Anwalts in einer renommierten Kanzlei. Warum bietet man den Kumpeln nicht eine Abfindung – sagen wir: von rund 300 000 Mark – und schließt die Zechen? Wir können uns die Fülle von künstlich am Leben erhaltenen Industrien schon lange nicht mehr leisten.

Die beiden Berliner Ökonomen Günter Faltin und Jürgen Zimmer haben unlängst ein interessantes Gedankenexperiment angestellt: Einmal angenommen, schrieben sie, die Festung Europa würde nicht nach und nach, sondern von heute auf morgen geschleift, Schutzzölle würden abgeschafft, Importbeschränkungen und Quotenregelungen außer Kraft gesetzt, Waren aus dem Süden frei zugelassen, und statt Markt hinter dem Wall würde es tatsächlich den allen frei zugänglichen Markt geben. Was geschähe dann?

In Deutschland, so fanden die beiden, ginge es in einer solchen Situation zu wie nach einem Atomblitz. Die Textilindustrie wäre weitgehend verschwunden, Berg- und Schiffsbau gäbe es nicht mehr, von der Stahlindustrie blieben kaum Spuren übrig, auch die Auto- und die chemische Industrie wären wir im wesentlichen los, und dort, wo heute subventionierte Landwirte den Boden düngen, würden sich Parklandschaften ausbreiten. Was hätten wir noch auf dem Weltmarkt zu bieten?

Eine gute Frage, die leider bisher keine gute, uns halbwegs beruhigende Antwort findet. Im Europa der EU herrsche, betonen die Autoren, eine marktfeindliche Einstellung: Uns kommt die Arbeit, kommen die Arbeitsplätze abhanden, weil anderswo mehr und billiger gearbeitet wird. Die westeuropäischen Löhne und Lohnnebenkosten stünden zu denen der neu aufstrebenden Länder in einem Verhältnis bis zu 20:1.

Die Schlechtwetterzone, in die die Westeuropäer jetzt geraten, fuhren Faltin und Zimmer fort, habe ihr kleineres Vorspiel in der Bruchlandung der Ex-DDR gefunden, die einen großen Teil ihrer industriellen Substanz verlor. Die Festung Europa werde fallen, so oder so. In ihre Konstruktion sei das Ende bereits eingebaut. Die Konstruktionsfehler hießen Protektionismus, Dequalifizierung und Wettbewerbsunfähigkeit.

Noch gebe es zwar die Festung. Aber in ihrer Innenwelt herrsche ein Drunter und Drüber. Menschen fielen nicht auf die Füße, sondern in die Reste des sozialen Netzes. Nun zeige sich, daß die wertvolle Idee des Sozialstaats zum Gutteil verkommen sei, weil man vielen Menschen die Grundqualifikationen des unternehmerischen Handelns über Jahrzehnte entzogen habe. Es sei nicht auszuschließen, daß sich Europa, vom Realitätsprinzip eingeholt,

34

besinne – auf realistischem Niveau, also weiter unten. Dieser Prozeß werde allerdings eine Weile dauern und von Verwerfungen begleitet sein. Zunächst werde die Zahl der Arbeitslosen weiter wachsen und der informelle zweite Arbeitsmarkt mit unversteuerten, niedrigen Löhnen expandieren. Unternehmerische Initiativen, aus der Not geboren, würden zunehmen. Nach und nach werde man in Deutschland allgemein aus der warmen Badewanne ins kalte Wasser wechseln. Unternehmer sein heiße heute, wieder schwimmen zu lernen. »Je mehr Menschen dies können, desto weniger Katastrophen werden sie erleben.«[36]

Die fatale Arbeitslosigkeit

Auf dem Arbeitsmarkt herrscht in Deutschland augenblicklich eine paradoxe Situation: Offiziell gibt es vier bis fünf Millionen Arbeitslose. Schätzungen der wirklichen Situation gehen jedoch angesichts der verdeckten Arbeitslosigkeit von sechs bis sieben Millionen aus, weil man ABM-Beschäftigte und andere, irgendwo, etwa in Universitäten, als Studenten geparkte Arbeitskräfte hinzurechnen müsse. Die wahre Arbeitslosenquote soll im Westen bei fünfzehn, im Osten bei 25 Prozent liegen.

Auf der anderen Seite gibt es heute ganze Berufssparten, die aussterben. Ob sich solche Mängel durch Einwanderung auf Dauer beheben lassen, ist zweifelhaft. In der sozialdemokratischen Bildungspolitik der späten sechziger und frühen siebziger Jahre war es eine Grundannahme, daß sich die Deutschen allmählich in hochqualifizierte Berufe hinauf bewegten, während einfache Arbeiten Ausländern überlassen würden. Es war verwunderlich, daß eine auf soziale Gleichheit bedachte Partei wie die SPD in diesem Punkt derart elitär dachte und eine horizontale Gliederung in Deutsche oben, Ausländer unten für angemessen und richtig hielt.

Wir werden jedoch nicht umhin kommen, eigenen Landsleuten künftig Berufe nahezulegen, für die sie sich heute noch zu schade fühlen. Das gilt gerade für junge Menschen, die am beruflichen

Anfang stehen. Denn die Jugendarbeitslosigkeit (der natürlich nicht allein auf diesem Wege beizukommen ist) kann sich zu einem sozialen Sprengstoff mit großer Explosionskraft entwickeln. Wenn junge Leute in großer Zahl in unserer Gesellschaft keinen Arbeitsplatz finden, wird das ganz andere Auswirkungen haben, als wenn man Leute mit 55 oder mit 60 vorzeitig in die Rente entläßt.

Nun muß eingeräumt werden, daß das Lehrstellenangebot nicht wachsen wird, indem man den Unternehmern Strafpredigten hält. Auch Auszubildende sind in den letzten Jahrzehnten so stark privilegiert worden, daß es sich für viele Betriebe als lästig, ja untragbar erwiesen hat, Lehrlinge einzustellen. Hier muß künftig größerer Realismus, muß ein vernünftiges Augenmaß walten.

Gerade eine vorurteilsfreie Lageanalyse lehrt uns freilich, daß das Ziel einer möglichst egalitären Mittelstandsgesellschaft sich weniger und weniger als erreichbar erweisen wird. Der Abstand zwischen Arm und Reich wird sich vergrößern, große Teile der Bevölkerung werden sich einschränken müssen, bis es wieder aufwärts geht.

Wenn früher anklagend von der Gefahr einer Zwei-Drittel-Gesellschaft die Rede war, hielt man ein Drittel für bedroht. Heute muß man eher damit rechnen, daß möglicherweise zwei Drittel relativ verarmen werden. Sollte die Entwicklung in diese Richtung weitergehen, werden sich natürlich die staatlichen Kompensationsmöglichkeiten mehr und mehr verringern. Was machen wir, wenn sich die Arbeitslosenzahl verdoppeln – anstatt halbieren – sollte? Man kann nicht die Beiträge entsprechend erhöhen, um Sozialhilfen zu finanzieren. Statt dessen werden die Leistungen immer weiter eingeschränkt werden.

Niemand wird über eine solche Entwicklung frohlocken; aber man muß sie heute für denkbar halten. Wenn sie einträte, hätte das gewiß einen Mobilisierungseffekt. Viele Leute würden feststellen, daß sie auch bei sparsamer Haushaltsführung nicht einmal das Existenzminimum wahren und sich daher irgendeine Zusatzarbeit suchen müssen. Eine derartige Notlage wird, wenn sie anhält, zwangsläufig einen Mentalitätswandel nach sich ziehen. Es wird dann wieder möglich sein, Berufe mit Landsleuten zu besetzen, für die es lange Jahre keine deutschen Interessenten gab.

Auch eine Veränderung der Zumutbarkeitsregelung bei Arbeitslosen ist anzustreben: Man muß sie mehr oder minder sanft dahin bringen, auch unerfreulich erscheinende Arbeiten zu übernehmen. Und darf weiterhin jemand Arbeitslosengeld beanspruchen, der seinen Arbeitsplatz aus freien Stücken, ohne gravierenden Grund, aufgegeben hat? In der gegenwärtigen Regelung spielt es bekanntlich kaum eine Rolle, ob man entlassen worden ist oder selbst gekündigt hat. Das ist aber ein Unterschied, dem stärker Rechnung getragen werden muß.

Daß die Lebensarbeitszeit wie die Wochenarbeitszeiten bei uns so staunenswert niedrig sind, ist um so bedenklicher, als eine Gesellschaft diese Lage verkraften muß, die längst keinen geschlossenen Raum mehr darstellt. Der klassische Begriff der Nationalökonomie ist heute sinnlos geworden. Es gibt keine nationalen Wirtschaftsräume mehr, man kann das eigene Land nicht mehr nach außen abschotten. Bei offenen Grenzen im Zeitalter der Globalisierung ist jeder Protektionismus auf längere Sicht selbstzerstörerisch. Die staatlichen Einwirkungsmöglichkeiten sind sehr viel kleiner, als Politiker aller Sparten und Richtungen bisher zuzugeben bereit sind. Niemand kann das Kapital daran hindern, dort hinzugehen, wo es bessere Ertragsmöglichkeiten findet.

Unlängst berichtete mir ein erfolgreicher Industrieller, ein Arbeitsplatz in seiner Branche koste ihn in Deutschland 50 000 Mark pro Jahr. Er besitze einen Zweigbetrieb in Portugal, in dem er pro Arbeiter bei gleicher Leistung nur 10 000 Mark aufbringen müsse. Außerdem habe er jetzt einen Betrieb in der Ukraine eröffnet, wo ihn ein Arbeiter lediglich 600 Mark jährlich koste. Dort betrage zwar die Produktivität nur ein Drittel der deutschen oder portugiesischen. Doch auch wenn man den dreifachen Betrag nehme, komme man nur auf bescheidene 1800 Mark. Allerdings habe er in der Ukraine jetzt andere Probleme, müsse mit mafiösen Umtrieben und dergleichen fertig werden, was ihn möglicherweise davon abhalte, an diesem Standort zu bleiben. Aber wenn er, was er als Alternative erwäge, nach Litauen gehe, rechne er dort etwa mit den gleichen Kosten wie in der Ukraine.

Die Kluft zwischen Lohnkosten und Produktivität ist in Ostdeutschland natürlich noch ungleich tiefer als in der alten Bundesrepublik. Denn in der Ex-DDR wurden zwar die Löhne rasch dem westdeutschen Niveau angenähert, nicht aber die Produktivität. Dieses Mißverhältnis ist das größte Hindernis für den Aufschwung Ost.

In ganz Deutschland ist die Arbeit nicht nur teurer, die Deutschen haben im internationalen Vergleich die mit Abstand kürzesten Arbeitszeiten. Im Jahr 1994 leistete ein Beschäftigter in der deutschen Industrie im Durchschnitt 1527 Arbeitsstunden jährlich. In den USA lag die Arbeitszeit demgegenüber bei 1994 Stunden, in Japan bei 1964 Stunden. Auch bei den Maschinenlaufzeiten liegt Deutschland mit 60 Stunden pro Woche abgeschlagen auf dem letzten Platz. Im Vergleich dazu laufen die Maschinen in Belgien beispielsweise 98 Stunden in der Woche.[37] Die verheerenden Auswirkungen kann man an der Entwicklung der Auslandsinvestitionen in Deutschland ablesen: 1996 investierten ausländische Unternehmen nur noch 1,1 Milliarden Mark in Deutschland. 1995 waren es immerhin noch 18,2 Milliarden gewesen. Auch die deutschen Investitionen im Ausland sanken innerhalb dieses einen Jahres – von 52 Milliarden 1995 auf 38,8 Milliarden im Jahr darauf.[38]

Momentan ist kein Ende der Schraube nach unten in Sicht. Wir gehen von offiziell gegenwärtig vier bis fünf Millionen Arbeitslosen womöglich auf die doppelte Zahl zu, ohne daß man sähe, wie dieser Trend kurzfristig gestoppt werden könnte. Bis zu welchem Punkt werden Gesellschaft und Staat mit diesem Schwund leben können? Wie werden wir Mittel für Zukunftsinnovationen aufbringen, die Deutschland braucht, wenn unsere Leistungskraft wieder zunehmen soll?

Jeder schöne Entschluß, von dem man liest und dem man applaudiert, daß jetzt auch Verwaltungen sich hier und dort verschlanken, in Behörden ein paar hundert Stellen freigesetzt und

Kosten gespart werden, hat doch die andere Seite, daß man sich fragt: Wo gehen denn alle diese Leute jetzt hin, die man erfreulicherweise eingespart hat? Sie vermehren das Heer der Arbeitslosen, und dieser Trend setzt sich bei den Sparimpulsen in allen gesellschaftlichen Sektoren fort. Das unbedingt erforderliche Sparen auch des Staates setzt seinerseits neue Arbeitslosenheere in Gang.

Andererseits muß man auch fragen, wie die heutigen Arbeitslosenzahlen zu interpretieren sind, da von einem Massenelend, etwa wirklichem Hungerleiden, wie wir es aus Berichten und von Bildern der frühen dreißiger Jahre kennen, bisher offensichtlich keine Rede sein kann. Wie setzt sich das Millionenheer der Arbeitslosen zusammen? Welche Auswirkungen hat die Beschäftigungslosigkeit für die einzelnen Gruppen? Wie sieht die reale finanzielle Situation der einzelnen aus? Haben sie Nebenverdienste, gut verdienende Partner? Wie explosiv ist die Situation wirklich? Wie viele alleinverdienende Väter – und Mütter – mehrköpfiger Familien sind ohne Arbeit?

Das sind landauf, landab heiß diskutierte Fragen, angesichts derer jedermann ratlos wirkt. Denn alle Industriegesellschaften brauchen immer weniger Arbeitskräfte. Auch Aufschwungsphasen führen keineswegs zwingend zu neuen Beschäftigungswellen. Zunehmend wird überall menschliche Arbeit durch Maschinen ersetzt, weil sie sich als berechenbarer und letzten Endes auch als billiger erweisen. Es ist ein durchgängiger Grundtrend, der allen Gesellschaften weltweit zusetzt.

Doch was soll aus ungelernten oder angelernten Arbeitskräften dann werden? Noch 1960 betrug bei uns der Anteil der Hauptschulabsolventen, also der niedriger Qualifizierten, an der Erwerbstätigenrate achtzig Prozent. Heute ist das Abitur der häufigste Schulabschluß. Wenn diese Entwicklung weitergeht, wird eine Gesellschaft entstehen, in der Hauptschüler knapp sind und Abiturienten die große Mehrheit darstellen. Unsere gesamte Statuspyramide aber geht bisher davon aus, daß es einen Zusammenhang zwischen Bildung, Einkommen und Prestige gibt. Je höher die Qualifikation, heißt es, desto knapper ist sie auch. Diese

Einschätzungen und Erwartungen werden tendenziell zusammenbrechen. Wir werden daher in völlig neue gesellschaftliche Strukturen hineinwachsen.

Aber nicht nur der Anspruch an die Qualifikation verändert sich. Angesichts der demographischen Entwicklung in unserem Land müssen wir auch zu einer neuen Arbeitsteilung zwischen den Generationen kommen. Ältere Menschen haben Qualitäten, die sie sinnvoll und gewinnträchtig in die Erwerbsgesellschaft einbringen können. Ältere sind meist besser, wo es auf Erfahrung, Verantwortung, Selbständigkeit, Genauigkeit und Routine ankommt. Und es gibt Bereiche, für die natürlich Jüngere geeigneter sind: körperliche Anstrengungen, Zeitdruck, Nacht- und Schichtarbeit, Reaktionsvermögen, ungleichmäßige Belastungen, Informationserfassung. Alter bedeutet keinen Leistungsverlust, sondern einen Leistungswandel. Immer mehr Rentner sind in hohem Maße aktiv und mobil, zumal sie oft über ein hohes Bildungsniveau verfügen.[39]

Wird es uns gelingen – mit welchem Rezept auch immer – einen Weg aus der Arbeitslosigkeit zu finden? Werden wir jemals noch genug Arbeit für alle haben? Wie manche andere hält der Amerikaner Jeremy Rifkin in seinem Buch »Das Ende der Arbeit« die Arbeitslosigkeit in den industrialisierten Ländern für strukturell bedingt und damit für irreversibel.[40] Vom Ziel der Vollbeschäftigung jedenfalls werden wir uns wohl verabschieden müssen.

Immerhin stimmt die Tatsache hoffnungsvoll, daß in den USA in den letzten viereinhalb Jahren über zwölf Millionen neue Arbeitsplätze geschaffen worden sind – nur ein Drittel davon in niedrigen Lohngruppen, wie man im 96er Bericht des *Council of Economic Advisers* nachlesen kann. Allein im amerikanischen Dienstleistungsgewerbe sind zwischen 1980 und 1995 nach Angaben des arbeitgebernahen *Instituts der deutschen Wirtschaft* (IW) 24,6 Millionen neue Stellen geschaffen worden. Dem standen nur 1,4 Millionen gestrichene Industriearbeitsplätze gegenüber.[41] Die Annahme, es gebe auf der Welt nur eine begrenzte Zahl von Arbeitsplätzen, sei falsch, meint Bill Gates, der in seinem Software-Unternehmen in den vergangenen Jahren zehntausende neuer Arbeitsplätze geschaffen hat. Denn nicht jedesmal, wenn ein Job fortfalle, bleibe jemand auf der Strecke und müsse seine Zukunft begraben. Glücklicherweise funktioniere die Wirtschaft ganz anders. Sie sei ein weitverzweigtes System, in dem alle Kräfte, die in einem Bereich nicht mehr gebraucht werden, anderen zugeleitet und dort dankbar begrüßt würden. Jedesmal, wenn ein Arbeitsplatz wegrationalisiert werde, bekomme der Mensch, der ihn bisher ausgefüllt hat, die Möglichkeit, etwas anderes zu tun. Im Endeffekt werde auf diese Weise stets mehr geleistet, so daß langfristig der Lebensstandard aller steige. In einer dynamischen Wirtschaft veränderten sich die Berufsbilder ständig. So gebe es heute kaum noch Telefonistinnen, ohne die vor Jahren ein Ferngespräch noch undenkbar war. Die große Mehrzahl der rund 500 Berufe, die das Zensusbüro der Vereinigten Staaten 1990 ausgewiesen habe, war vor 50 Jahren noch unbekannt.[42]

In Deutschland hingegen werden heute kaum neue Arbeitsplätze geschaffen. Wo in Amerika neue Jobs entstehen, gibt es hier allenfalls zeitlich befristete Arbeitsbeschaffungsmaßnahmen. Sie ersetzen den Betroffenen kaum eine echte Beschäftigung und sind für die Wirtschaft meist mehr Belastung als Gewinn.

Obwohl die Arbeitslosigkeit unaufhaltsam steigt, verzeichnete die deutsche Industrie 1996 einen erneuten und frappanten Exportrekord. Der Wirtschaft geht es folglich keineswegs schlecht. Man muß sich fragen, wie lange die Arbeitslosen solche Diskrepanzen noch hinnehmen werden. Denn bisher sind es erstaunlicherweise nur diejenigen, die noch in Lohn und Brot stehen, die streiken, protestieren und Unmut äußern. Die Arbeitslosen dagegen gehen nicht auf die Straße. Warum gibt es eigentlich keine Arbeitslosengewerkschaft? Wie ist die Ruhe zu erklären? Ist die Not bisher noch nicht wirklich bedrückend? Oder hat man an der Aussagekraft und Glaubwürdigkeit der Arbeitslosenstatistik zu zweifeln? Fragen, auf die man in Deutschland noch keine Antworten weiß. Dabei ist kaum ein Thema politisch so wichtig wie genaue empirische Befunde zur Arbeitslosigkeit. Es gibt zum Beispiel keine Erhebung darüber, wieviele der arbeitslos gemeldeten Personen Alleinverdiener und Familienernährer sind und wieviele von ihnen lediglich dazuverdienen. Nach einer Studie des *Instituts der deutschen Wirtschaft* in Köln hatte 1996 nur noch jeder zweite, der neu in die Arbeitslosenstatistik aufgenommen wurde, zuvor einen Arbeitsplatz verloren. Von den 7,142 Millionen Menschen, die sich 1996 arbeitslos gemeldet haben, waren nur vier Millionen vorher berufstätig oder hatten eine Berufsausbildung. Rund 3,2 Millionen waren vorher nicht erwerbstätig. Es gibt auch keine Differenzierung in der Statistik zwischen Hochschulabsolventen, die keine Anstellung finden, und beispielsweise Hausfrauen, die sich nach Jahren entschließen, einen Job zu suchen, um die Familienkasse aufzubessern.[43] Man weiß folglich nicht, wieviel Prozent der Arbeitslosen von wirklicher Not bedroht sind und bei wievielen sich die Situation zwar verschlechtert hat, aber keinesfalls einen Sturz ins Bodenlose bedeutet.

Es ist auch kein Geheimnis, daß es einen breiten Sozialmißbrauch gibt. Bei der gegenwärtigen Höhe von Arbeitslosengeld und Sozialhilfe sind viele finanziell bessergestellt, wenn sie sich arbeitslos melden und nebenher schwarz arbeiten oder einen steuerfreien 590-Mark-Job annehmen. Es kann doch beispielsweise nicht angehen, sollte man denken, daß ein Drogeriebesitzer keine Vollzeit-Verkäuferin findet, keine junge Frau, die bereit ist, einer tariflich bezahlten, regulär versteuerten Tätigkeit nachzugehen, und sich statt dessen mehrfach anhören muß: eine Regelung unter der Hand, am Finanzamt vorbei, würden die Bewerberinnen akzeptieren.

Für manchen, so muß man vermuten, ist die Arbeitslosigkeit zu einem finanziell vorteilhaften Status geworden – vergleichbar einem Studenten, der zwar an der Universität eingeschrieben ist, um durch die Studenten eingeräumten Vergünstigungen Geld zu sparen, sich aber nicht ums Studium, sondern ums Geldverdienen kümmert.

Unser großzügiges Sozialsystem verdirbt die Arbeitsethik und ist außerdem nicht mehr finanzierbar. So einfach ist das.

Lähmende Überbürokratisierung

Ein wichtiges, alle Initiativen hemmendes Problem ist die lähmende Überbürokratisierung des Landes. »Zu beginnen ist bei unserer Gesetzgebung«, schreibt der CDU-Politiker Rupert Scholz. »Wurden auf Bundesebene in der zehnten Wahlperiode (1983 bis 1987) lediglich 612 Gesetzesvorhaben eingebracht, so waren es in der zwölften (1990 bis 1994) bereits 895 und sind es in der laufenden schon knapp 600. Fast 2000 Bundesgesetze und fast 3000 Bundesrechtsverordnungen mit rund 85 000 Einzelvorschriften spiegeln das Maß gesetzgeberischer Überregulierung und damit auch gesellschaftlicher Überforderung wider. Vom allpräsenten Gesetzgeber muß rasch Abschied genommen werden.«[44] Auch Helmut Schmidt spricht von einer »übermäßigen Gängelung durch Abertausende staatlicher Vorschriften«; nur die nackten Gesetzestexte der Bundesrepublik machten über 80 000 Blatt aus.[45] Allein schon das Baurecht ist ein Paragraphendschungel, was natürlich der Korruption Tür und Tor öffnet. Wir sind von einer Regulierungswut besessen, die alles Leben im Keim zu ersticken droht.

So müssen mehr als siebzig Prozent der Steuerfachliteratur in der ganzen Welt in deutscher Sprache gedruckt werden.[46] Nur wir leisten uns ein derart unübersichtliches und damit praktisch auch unüberprüfbares Steuersystem, das letztlich Schlupfloch-Akrobaten begünstigt, Redliche benachteiligt und außerdem den Verwaltungsapparat aufbläht. Für die deutsche Wirtschaft sind jährliche Bürokratiekosten von mehr als 58 Milliarden Mark errechnet worden – allein durch behördliche Auflagen, gesetzliche Genehmigungs- und Planungsverfahren bis hin zu extrem komplizierten Steuergesetzgebungen. Davon hat der Mittelstand allein 56 Milliarden Mark zu tragen. Jedes Unternehmen sieht sich jährlich so mit mehr als 62 000 Mark belastet. Hierin liegt eine entscheidende Schwächung des Wirtschaftsstandorts. Gegenüber unseren europäischen Nachbarn, von den USA und Japan ganz zu schweigen, nehmen Planungs- und Genehmigungsverfahren hierzulande ein Mehrfaches an Monaten, mitunter Jahren in Anspruch.

Die Regelungsdichte und die Dauer der Genehmigungsverfahren stellen für neue Unternehmen, gerade für junge Leute, die sich selbständig machen wollen, starke, oft unüberwindbare Handikaps dar. Auch der deutsche Umweltschutzaufwand ist ein Thema, das uns unbedingt neues Nachdenken abverlangt. Haben wir vielleicht des Guten zuviel getan? Hat man immer den Grundsatz der Verhältnismäßigkeit beachtet? Ist den Umweltschützern hinreichend deutlich klar, daß wir dazu verurteilt sind, ob wir wollen oder nicht, eine Industriegesellschaft zu bleiben, die sich künftig unter verschärften Wettbewerbsbedingungen behaupten, also wieder kreativ und innovativ werden muß?

Ganz allgemein müssen sich unsere Bürokratien künftig auf ihre eigentliche Arbeit konzentrieren. Der moderne Staat ist, von seinen hoheitlichen Aufgaben abgesehen, nichts anderes als ein Dienstleistungsunternehmen für seine Bürger. Daran muß sich unser öffentlicher Dienst oft erst noch gewöhnen. Dabei wird man sich immer wieder überlegen müssen, ob die jeweiligen Aufgaben nicht wirksamer und wirtschaftlicher durch Privatunternehmen wahrgenommen werden können. Auch Formen der Kooperation mit Privaten in Teilbereichen staatlicher Tätigkeit sind denkbar.

Bleibt eine Aufgabe staatlich, muß die unerträgliche Zersplitterung und Überspezialisierung der Ämter, in aller Regel eine Folge detailversessener Gesetzgebungen, abgebaut, die Verwaltung aller Stufen drastisch verkleinert und vereinfacht werden, sonst bleibt alles Bemühen um einen »schlanken Staat« folgenloses Gerede. So werden heute etwa 153 staatliche Sozialleistungen von insgesamt 37 verschiedenen Sozialbürokratien gewährt, ohne daß zwischen diesen eine hinlängliche Koordinierung ersichtlich wäre. Wenn es um die Genehmigung eines bestimmten gewerblichen Vorhabens geht, müssen unterschiedliche staatliche und kommunale Verwaltungen angegangen werden, die alle auf unterschiedlichen gesetzlichen Zuständigkeiten basieren und deren nur allzuoft unkoordiniertes Nebeneinander wiederum zu überflüssigen Kosten und Verfahrenskomplikationen, ja Interessenkonflikten führen kann.

Nicht zuletzt ist die Besteuerung der Gewinne von erheblichem Belang. Liegt es wirklich im Interesse des Landes, zwar das Risiko eines Unternehmens dem einzelnen voll zu überlassen, den Gewinn aber eilfertig höchstmöglich wegzusteuern? Neiderfüllt, wie Deutschland leider weithin ist, gönnt man dem Erfolgreichen sein großes Geld nicht, beklagt aber zugleich das Fehlen schöpferischer Unternehmer-Initiativen.

Hinderlich sind auch Ängstlichkeit und Formalismus der Banken, nicht weniger der überzogene Kündigungsschutz, dessentwegen sich jeder Unternehmer zehnmal überlegen muß, ob er einen neuen Mitarbeiter einstellt, den er kaum je wieder entlassen kann. Man denke nicht zuletzt an den Mieterschutz, der den Erwerb von Wohnungseigentum und dessen Vermietung zunehmend unattraktiv erscheinen läßt. Es ist heute leichter, die eigene Ehe scheiden zu lassen, als einen lästigen Mieter loszuwerden.

Zu all diesen Verkrustungen und Fehlentwicklungen ist es natürlich nicht von ungefähr gekommen. Die Bevölkerung hat sich in den letzten Jahrzehnten mehr und mehr daran gewöhnt, immer neue Aktivitäten des Staates einzufordern. Die Politiker waren unklug genug, auf alle diese Forderungen bereitwillig einzugehen, ja ihrerseits großzügige Staatsleistungen zuzusagen. Sie gefielen sich in der Rolle spendabler Mäzene und glaubten, sich nur auf diese Weise die Zustimmung ihrer Wähler bewahren zu können.

Die Folgen sind verheerend: Im Lande hat eine Mietermentalität, ein oft antriebsarmes Angestelltendenken Platz gegriffen. Selbstverantwortung und Initiative sind rar geworden. Für eine Zeit der Schwierigkeiten und des notwendigen Neuanfangs ist das ein bestürzender Befund. Denn wer kann – und mit welchen Worten und Mitteln – diese Betonierung der Gesellschaft noch aufbrechen?

Das verrottete Bildungswesen

Wenn es um die Frage geht, wie Deutschland erneut eine heraus-
ragende, ökonomisch progressive Industriegesellschaft werden
kann, darf nicht unerwähnt bleiben, in welchem Maße wir unser
Bildungswesen haben verrotten lassen. Das gilt freilich nicht im
gleichen Umfange für alle Gebiete Deutschlands. In Bayern, auch
in Baden-Württemberg, sieht es sehr viel besser aus als in lang-
zeitig sozialdemokratisch regierten Gebieten. Der dort propagierte und ja nicht unsympathische Gedanke einer erstrebens-
werten Gleichheit der Bildungschancen hat dazu geführt, daß hier
das Bildungswesen in den letzten Jahrzehnten quantitativ sehr
gewachsen, qualitativ aber stark geschrumpft ist. Die Förderung
von Hochbegabten, Spitzenleistungen, überhaupt der Leistungs-,
der Führungs- oder Elitegedanke, sind nämlich gleichzeitig weithin zurückgetreten und vernachlässigt worden.

Nach den lebhaften, breiten Diskussionen der sechziger Jahre
über »Die deutsche Bildungskatastrophe«, die Georg Picht 1964
konstatiert hatte – er meinte damals, daß die Bundesrepublik Bil-
dungsreserven in den unterprivilegierten Schichten sträflich ver-
nachlässige, womit sie ihre Zukunft gefährde[47] –, ist es seit den
Reformen vom Ende jenes Jahrzehnts niemals wieder zu einer
großen, umfassenden Debatte über den Zustand unseres Bildungswesens gekommen.

Schulreformen, von denen oft geredet wird (allerdings auch nur
das), setzen gedanklich am falschen Ende an. Man nimmt lediglich Strukturen und Organisationsfragen von oben in den Blick,
vergißt dabei aber Inhalte und Menschen. Die Schule ist mit Aufgaben, die eigentlich nicht die ihren sind, längst überfordert. Oft
muß sie heute die fehlenden Elternhäuser ersetzen. Außerdem soll
sie von der sozialen Gerechtigkeit über die Ausländerintegration,
die Medien- und Umwelterziehung bis hin zur Drogenprävention
alles denkbar Erstrebenswerte leisten.[48] Leider kommen die
eigentlichen Inhalte dabei zu kurz. Lehrer müssen nicht nur fach-
lichen, sondern vor allem menschlichen Maßstäben gerecht werden. Ein guter Lehrer macht auch unter schlechten Bedingungen

guten Unterricht, ein schlechter selbst unter guten schlechten. Lehrer sollen junge Menschen erziehen, ihren Charakter formen. Zu diesem Beruf gehören, wie schon Thomas von Aquin sagte, Wahrheitsliebe *und* Menschenliebe. Die Schule muß eine Atmosphäre schaffen, in der junge Menschen Zutrauen zu ihren eigenen Fähigkeiten entwickeln.

Inzwischen sind dreißig Jahre vergangen, eine ganze Generation. Obwohl rasch mit dem offenkundigen Debakel der Reformpolitik konfrontiert, hat man jahrzehntelang keine Veranlassung gesehen, über Spezialgremien und betroffen lamentierende Eltern oder Lehrer und Hochschullehrer hinaus, sich ernsthaft mit der Frage auseinanderzusetzen, was dieser Fehlschlag, was die Kehrseiten einer im Ansatz plausiblen Bildungspolitik denn eigentlich für unser aller Zukunft bedeuten.

Man kann übrigens die Schläfrigkeit des Landes, den Mehltau auf allen öffentlichen Angelegenheiten kaum irgendwo sonst so deutlich nachweisen wie bei dieser Frage. Man hat nicht den Eindruck, daß Entsetzen unser Land gepackt hätte, als sich herausstellte, daß deutsche Schüler in Mathematik und naturwissenschaftlichen Fächern beim internationalen Vergleich »nur das untere Mittelfeld« erreichen.[49] Dabei sollte unmittelbar einsichtig sein, daß es sich hier nicht um Spezialanliegen und Detailklagen marginaler Berufsgruppen handelt, sondern um den wahrscheinlich wichtigsten Faktor der Zukunftssicherung. Offenkundig ist ein rohstoffarmes Land, das vom Erfindungsreichtum seiner Bürger lebt, auf ein leistungsfähiges Bildungswesen stärker angewiesen als andere Gesellschaften.

Unsere einzigen Rohstoffe sind die Köpfe der jungen Generationen! Rußland kann aus seinen Bodenschätzen noch lange Zeit enorme Vorteile ziehen, wir aber, auf schmalem Raum mit einer zahlreichen Bevölkerung, sind auf die Qualifikationen unserer Menschen entscheidend angewiesen. Wenn die nachwachsenden Generationen nicht – oder doch nicht hinreichend gut – ausgebildet sind, haben wir künftig keine Chance.

Dabei ist ein leistungsfähiges Bildungs- und Ausbildungswesen traditionell unsere ganz große Stärke gewesen.[50] An der raschen

Entwicklung des Reiches nach 1871 hatte auch das reformierte Schulsystem großen Anteil. »Die Inhalte modernisierten sich«, schreibt Thomas Nipperdey, »nicht nur elementare Kenntnisse und Kulturtechniken, sondern auch Denk- und Ausdrucksschulung und ein bestimmtes Maß an Realienkunde, Unterricht über die eigene Gegenwart und die Technik, die Arbeitswelt, die ›große‹ Welt des Deutschen Reiches.«[51]

Hier schuf man die Grundlagen für eine aufstrebende Industrienation, hier bewies sich, wie modern, wie zukunftsgewandt man sein konnte und wollte. Bildung expandierte und intensivierte sich zugleich. In den Gymnasien, die sich inzwischen auch für Aufsteiger öffneten, unterrichtete man kommende Eliten, die dringend benötigt wurden. Neben althergebrachten Werten wie Autorität und Gehorsam vermittelten die Schulen des Reiches ihren Schülern liberale Ideen. Man vereinte Tradition und Wandel und brachte so ein großes Stück Bürgerlichkeit auf den Weg.

Ähnliches gilt übrigens für das Japan der Tokugawa-Zeit, also vor der Meiji-Restauration von 1868. Das Schulsystem war, verglichen mit anderen Ländern, außergewöhnlich effizient und damit eine entscheidende Voraussetzung für die rasche und erfolgreiche Industrialisierung.

Die vielen, heute ganz offenkundigen Indizien, daß unser Bildungswesen nicht mehr leistungsfähig, nicht auf der Höhe der Zeit ist, hätten uns schon längst alarmieren müssen. Jetzt hört man laute Klagen, daß kaum noch ausländische Studenten aus hochentwickelten Ländern zu uns kommen, vielmehr nur noch Studierende aus Ländern zweiten oder dritten Ranges, während begabte junge Leute, auch aus Ostmitteleuropa, beispielsweise aus Ungarn, in großem Umfang in andere Erdteile streben und vor allem nach Amerika gehen.

Das einstige Land der Dichter und Denker hat erheblich an Attraktivität verloren. Rund 140 000 Ausländer sind zur Zeit an deutschen Universitäten eingeschrieben Doch zieht man davon die Bildungsinländer ab – beispielsweise in Deutschland geborene Türken –, machen Ausländer gerade noch vier Prozent der Studenten aus. Damit liegt die Bundesrepublik als Studienort nicht nur hinter den USA. Auch innerhalb Europas sind die Deutschen abgeschlagen: In Österreich etwa sind mehr als ein Zehntel aller Studenten Ausländer, in Belgien acht Prozent und in Frankreich gut sechs Prozent.

Die Abstinenz ausländischer Kommilitonen hat Deutschlands Unternehmer aufgeschreckt. Kürzlich sagte Jörg Engelmann, Bildungsexperte beim *Deutschen Industrie- und Handelstag*, es sei gerade in Auslandsstandorten der Wirtschaft wichtig, Leute einzustellen, die die deutsche Kultur kennengelernt haben. In ihre Heimatländer zurückgekehrt, würden die ehemaligen Studenten zu wichtigen Ansprechpartnern für deutsche Manager. Vor allem die wirtschaftsbezogenen Studiengänge sollten daher mehr Ausländer anziehen als bisher. Doch in diesen Bereichen seien wir längst nicht mehr gut genug, was sich daran zeige, daß der Großteil ausländischer Studenten bei uns Kunst- und Musikstudien treibe.

Außerdem müßten besonders junge Studenten aus dem asiatischen Raum für deutsche Universitäten angeworben werden. Die Zahl der Japaner, die im Ausland studieren, hat sich in den vergangenen Jahren verfünffacht, Deutschland hat jedoch von dieser Welle nichts mitbekommen. Nur knapp 1600 Japaner und rund 4300 US-Amerikaner studieren in Deutschland, im Vergleich dazu fast 20000 Türken und knapp 10000 Iraner.[52]

Zu dieser Problematik gesellt sich eine weitere Entwicklung, die den Bildungs- und Wissenschaftsstandort Deutschland schwächt: die Abwanderung unserer Hochschulelite. Als ich 1992/93 nach Princeton ging, bekam ich kurz vorher zufällig ein taschenbuchdickes, aktuelles Verzeichnis der *Studienstiftung des deutschen Volkes* in die Hand, das die Berufe und Anschriften der permanent in den USA lebenden, ehemaligen Stipendiaten dieser renommiertesten deutschen Studentenförderungs-Institution enthielt. Das muß man sich vor Augen halten und in seinen Konsequenzen klarmachen: Nur eine einzige Stiftung füllte, nur für die USA, mit den Adressen ihrer Absolventen ein ganzes Taschenbuch! Allein für die Region Princeton waren es mehrere Dutzend Leute.

Dieser gewaltige *brain drain*, eine Abwanderung unserer Spitzenbegabungen – denn nur eine Minderheit kehrt zurück – hat niemals das öffentliche Bewußtsein in Deutschland erschreckt, nie zu entsprechendem Nachdenken oder gar tatkräftigen Schlußfolgerungen geführt. Dabei müßte doch klar sein, was es für Deutschland bedeutet, wenn große Teile unserer Eliten auf Dauer in die Vereinigten Staaten wechseln. Die Amerikaner haben zwar selbst immer noch ein viel schlechteres Schulwesen als wir, doch ihre Attraktivität auf einer höheren Etage, in Spitzenuniversitäten, in führenden staatlichen und privaten Forschungseinrichtungen, erlaubt ihnen, von der gesammelten intellektuellen Kraft anderer Länder zu profitieren. Es gehen ja nicht nur Deutsche hinüber; Japaner wie Chinesen sind heute sehr stark vor allem an der Westküste der USA vertreten. Wir aber sehen dem Exodus unserer eigenen Leute gleichsam mit Achselzucken zu, obwohl er uns ungeheuer beunruhigen müßte.

Es liegen eine ganze Reihe komplizierter Untersuchungen darüber vor, warum wir in Deutschland heute so wenig innovativ sind. Den wichtigsten Grund der Antriebslähmung muß man wohl in Fehlentwicklungen des Egalitätsdenkens in allen Parteien seit den späten sechziger Jahren sehen. Man hat nicht nur im Bildungswesen, ähnlich wie in der ehemaligen DDR, die Gleichheit der Bürger in den Mittelpunkt gerückt und darüber die Förderung der Spitzenbegabung, der ungewöhnlichen, außerordentlichen Leistung vergessen. Wenn man heute Studenten ermuntert, sich in England oder Amerika umzutun, kommen sie geradezu erleuchtet zurück, weil sie nämlich dort gesehen haben, was Universitäten sein können, sein müssen.

Weithin haben unsere Universitäten mit denen dieser anderen Länder nur noch den Namen gemeinsam, sind eigentlich nur Fachhochschulen, wobei sich der Niedergang ihrer Bedeutung auch in ihrer äußeren Verwahrlosung zeigt. Wenn es in den akademischen Gebäuden so aussieht wie in vielen unserer Universitäten, kann man getrost daraus auf den inneren Zustand der Institution schließen: Diese Faustregel ist eigentlich immer richtig, nicht nur bei Schulen und Hochschulen.

In den nächsten Jahren muß das Pendel unbedingt zurückschwingen von der Breiten- zur Spitzenförderung. Der Bundespräsident hat unlängst dankenswerterweise – so unbefangen, wie er ist – Elitenförderung angemahnt, und zwar ohne langatmige Vordiskussionen und Verhinderungsinitiativen.[53] Man muß die Leistungsfähigsten und Leistungswilligsten schon in den Schulen und erst recht in den Universitäten fördern, aber auch fordern, muß endlich auch bei uns demokratische Elitenbildung für eine zentral wichtige, gemeinsame Aufgabe halten. Ein Hochschulstudium muß nach Auffassung des Berliner Publizistikprofessors Stephan Ruß-Mohl wieder zu dem werden, was es eigentlich sein sollte: ein Privileg – nicht für die Reichen, wohl aber für die begabten zwanzig bis dreißig Prozent eines Jahrgangs. Eine Massenuniversität, die jedermann aufnimmt, wird zwangsläufig zur Volkshochschule.[54]

Für die Mehrheit der Studenten muß angesichts der heutigen Abbrecherquoten, die bis zu siebzig Prozent in manchen Fächern ausmachen, dringend etwas geschehen. Ein Abschluß nach drei Jahren, mit dem sie sich für einen Beruf qualifizieren, wäre das Richtige. Über eine solche akademische Grundqualifikation hinaus sollten nur noch diejenigen weiterstudieren, die eine wissenschaftliche Laufbahn, zumindest die Promotion, anstreben. Diese Studenten müßten viel mehr als heute gefordert und gefördert werden.

Für den Ausweg aus der Hochschulkrise gibt es freilich keine durchweg einfachen Rezepte. Wer jetzt den Eindruck vermittelt, ein neues Hochschulrahmengesetz werde alles richten, sollte sich an einen Satz Klaus von Dohnanyis erinnern: Wenn man Ordnung schaffen, einen Neuanfang im Hochschulwesen ermöglichen wolle, sei die *Abschaffung* des Hochschulrahmengesetzes die erste Voraussetzung. Die zweite sei die Aufhebung der meisten Vereinbarungen unserer Kultusministerkonferenzen, denn nur dann werde der Weg frei zu einem wirklichen bildungspolitischen Wettbewerb der Länder untereinander.

Wir haben in der Bundesrepublik nur noch formal einen Föderalismus, sind vielmehr auf fast allen Gebieten ein dezentraler Einheitsstaat geworden. Selbst im Kulturbereich, der doch eigentlich der zentrale Verantwortungsbereich der Länder, ihr ausstrahlungsstärkstes Element sein müßte, beobachten wir eine fast völlige Vereinheitlichung. Helmut Schmidt hat darauf hingewiesen, daß wir entgegen der Absicht des Grundgesetzes unser Hochschulwesen nicht in der Hoheit der Länder belassen, sondern faktisch vereinheitlicht haben wie in einem Zentralstaat. Wettbewerb zwischen den Universitäten sei auf diese Weise weitgehend unmöglich gemacht worden.[55]

Das Hochschulrahmengesetz des Bundes schreibt überflüssigerweise die Gruppenuniversität, die Grundsätze der Beteiligung aller Gruppen an den Entscheidungsgremien der Hochschulen verbindlich fest. Es war ein Fehler von Anfang an, daß die Hochschulgesetzgebung seit den späten sechziger Jahren immer nur Organisationsstrukturen verändert hat, während die Frage, was uns inhaltlich wichtig ist, was die Substanz der Universität ausmacht, sie positiv verändert und erneuert, eigentlich nie im Mittelpunkt stand, nie in aller Breite diskutiert oder gar verbindlich formuliert worden ist.

Dergleichen kann und soll ein Gesetz, zumal eins des Bundes, auch gar nicht für alle Bereiche und Gebiete verbindlich dekretieren. Aber es muß sich ein neuer Konsens bilden: was uns wichtig ist, worauf wir mit der Bildung, den Schulen und Universitäten hinauswollen, und unter welchen äußeren Bedingungen sich Erziehung und Bildung am besten entfalten. Wahrscheinlich kann heute am ehesten eine umfassende Experimentierklausel helfen, wie sie jetzt Berlin, allerdings leider nur für Teilmaterien, überraschend beschlossen hat.

Man sollte vielerlei Formen der Beteiligung und Entscheidungsfindung ermöglichen. Man sollte die Chance eröffnen, Studiengänge, Examensvoraussetzungen, Grundsätze von Forschung und Lehre, Semestereinteilungen und Studienzeiten neu zu gestalten. Zunächst sollte nur in einer Fakultät, nur einem Fachbereich Neues ausprobiert werden, nicht in einer ganzen Universität und schon gar nicht flächendeckend überall gleichzeitig in Deutschland. Wir müssen in einer derart festgefahrenen

Situation, die seit Jahrzehnten als Mißstand erkennbar war, aber nicht behandelt worden ist, zunächst erst einmal lokal, in kleinen, überschaubaren Bereichen herausfinden, was nun wirklich hilft, was den Bildungsmißmut vertreibt und neue Ansätze blühen läßt. Nur praktische, unvoreingenommene Erfahrung vor Ort kann uns voranbringen.

Bisher haben wir allenfalls etwas hilflose Einzelansätze. Wir müßten, heißt es da etwa, Studiengebühren einführen. Sicher müssen wir sie irgendwann durchsetzen; denn was nichts kostet, ist nichts wert. Doch niemand kann glauben, daß die Studiengebühren allein und für sich schon eine Reform bedeuten und uns eine höhere Leistungsfähigkeit aller Seiten – der Studenten wie der Professoren – bescheren würden. In Amerika bedeuten die außerordentlich hohen Studiengebühren an den Spitzenuniversitäten, die inzwischen mehr als 20 000 Dollar im Jahr betragen (nur die Gebühren, nicht die Lebenshaltungskosten, die in ungefähr gleicher Höhe aufgeschlagen werden müssen!), für viele Eltern erhebliche Entbehrungen. Beispielsweise können sich manche jahrelang keinen Urlaub mehr leisten. Das löst einen entsprechenden Leistungsdruck bei den Studierenden aus. Sie möchten und müssen möglichst rasch fertig werden, ein Umstand, der wiederum als Druck von den Studentinnen und Studenten an das Lehrpersonal weitergereicht wird. Wenn das Studium so teuer ist, kann man eine angemessene Betreuung durch die Professoren erwarten und wird daher darauf achten, daß Lehrveranstaltungen nicht ausfallen, Professoren sich genug Zeit für individuelle Betreuungsgespräche nehmen und dergleichen mehr.

Studiengebühren werden also ein Element der Reform sein müssen, freilich nicht das einzige. Deutsche Studenten mit Studienerfahrungen in England haben immer wieder betont, man brauche bei uns im Grunde nur einen einzigen Sachverhalt zu ändern, der dann aber alles umkrempeln und weitreichende Auswirkungen für Lehrkräfte wie Studenten haben würde: Jeder Student müsse dort in einem einstündigen Prüfungsgespräch pro Woche seinem Tutor – und zwar nicht einem fortgeschrittenen Studenten, sondern einer ausgebildeten, vollamtlichen Lehrperson – Rede und Antwort stehen über das in den vergangenen sieben Tagen Erarbeitete. In der Tat, wer eine Stunde pro Woche seinem Betreuer Rechenschaft geben muß, was er gelesen, was er geschrieben hat, steht unter enormem Leistungsdruck, muß ganz erheblich ackern; denn eine Stunde intensiven wissenschaftlichen Gesprächs ist lang.

Diese eine Änderung würde zweifellos viel bringen, aber der Weg zu ihrer Verwirklichung ist alles andere als kurz. Denn sie bedeutet eine Intensität der Betreuung und des Engagements auf beiden Seiten, von der bei uns weithin nicht die Rede sein kann (wobei zuzugeben ist, daß die Verhältnisse auch von Fach zu Fach, von Universität zu Universität verschieden liegen).

Ich glaube wirklich, daß wir im Bildungswesen, natürlich auch im Schulwesen (anders als in der Weimarer Zeit, in der es viele interessante Schulexperimente gegeben hat), viel zu unbeweglich geworden sind. Man braucht pädagogisch überschaubare, abgestufte, verantwortliche, kleine Einheiten. Aber noch immer geistert vielerorts die absurde Idee umher, die Gesamtschule sei die rechte Lösung, obwohl man inzwischen weiß, daß deren Leistungen hinter denen anderer Schultypen merklich zurückbleiben.

Wenn irgendwo tausend Blumen blühen sollen, dann im Bildungswesen. Bei Schulen und Hochschulen finden wir das erste Feld, auf dem man Neues – oder zu Unrecht vergessenes Altes – ausprobieren muß. Die private Universität Witten-Herdecke hat in vieler Hinsicht überraschend positive Ergebnisse gebracht, und zwar bei relativ geringen Kosten. Solche Ansätze, Anläufe müßten wir an vielen Orten haben. Den etablierten Universitäten freilich wird heute leider niemand besonderen Hang zu Innovationen nachsagen können.

Man hat zeitweilig gemeint, das liege an der Binnenpolitisierung durch die Gremienarbeit, die die Energie der Beteiligten völlig absorbiere. Sie sähen das große Ganze, die Außenwelt, gar nicht mehr, weil sie so stark mit dem internen Überlebenskampf beschäftigt seien. Das mag eine Zeitlang gegolten haben. Heute aber ist es an den Universitäten weithin nicht anders als in der Gesamtgesellschaft: Sie dämmern, dümpeln dahin ohne nennenswerte Anstrengungen innovativer Art im Innern und nach außen.

Die Vergreisung der Gesellschaft

Wenn von den Zukunftschancen der deutschen Gesellschaft die Rede ist, muß auch unsere demographische Entwicklung zur Sprache kommen. In den siebziger Jahren des vergangenen Jahrhunderts kamen, wie schon erwähnt, hundert junge Deutsche unter zwanzig Jahren auf zehn über fünfundsechzig, während es jetzt einen Gleichstand gibt: zehn unter zwanzig, zehn über sechzig. Die Geburtenrate hat sich in Deutschland seit 1960 nahezu halbiert. Während damals jährlich rund 1,2 Millionen Kinder geboren wurden, waren es 1994 nur noch annähernd 700 000.[56] Das ist zwar kein ausschließlich deutsches Phänomen – die Geburtenzahl geht in allen entwickelten Industrieländern zurück –, doch bekommen die deutschen Frauen mit durchschnittlich 1,4 weniger Kinder als die Französinnen mit 1,8.[57] Nur die Italienerinnen liegen mit 1,2 Kindern im Durchschnitt noch hinter Deutschland.[58]

Wie es angesichts dieser Entwicklung um das Gemeinwohl, die Solidarität, die Überlebensfähigkeit der Völker steht, schildert eindringlich Professor Meinhard Miegel. Stark vereinfacht ist seine These, daß in der westlichen Welt, also nicht nur in Deutschland, immer mehr die Einzelperson und ihre Bedürfnisse Beurteilungsmaßstab sind, gegenüber Gemeinschaftsinteressen Vorrang haben. Indem der »schöpferische Egoismus« des einzelnen, gerade nun auch der Frauen, mobilisiert werde, steigere sich zwar zunächst enorm die kulturelle Leistungsfähigkeit der Gesellschaft. Längerfristig werde aber zugleich deren biologische Fortexistenz untergraben, allmählich auch ihre ethnische und kulturelle Identität. Ohne Veränderung des derzeitigen Trends, meint Miegel, dürfte in Deutschland dieser Zeitpunkt in etwa einem Jahrhundert erreicht sein.

»Lebensgenuß ist in individualistischen Gesellschaften neben Selbstverwirklichung vorrangiges Lebensziel. Entsprechend hoch ist der Rang materieller Wohlhabenheit in der Hierarchie der Werte. Das gilt auch im Verhältnis ... zu den Kindern. Häufig erscheinen Kinder weder ihren Eltern noch der Gesellschaft den Aufwand wert, den sie verursachen ... Folge dieser Einstellung ist die Erwartung vieler Eltern, die Gesellschaft müsse ihnen ... (mindestens) den materiellen Aufwand und möglichst auch die Opportunitätskosten ersetzen, die ihnen durch Kinder entstehen. Aufgrund derselben Einstellung sträubt sich jedoch die Gesellschaft, die Kinderlasten der Eltern mitzutragen. Wenn Kinder schon ihren Eltern nicht wert sind, was sie kosten, um wieviel weniger muß die Gesellschaft dafür einspringen – so ein verbreitetes Grundgefühl ... Dabei legt sich die individualistische Gesellschaft kaum Rechenschaft ab über die mittel- und langfristigen Folgen ihres Verhaltens.«

Welche Folgen sind schon heute absehbar? Zunächst nimmt die Zahl der Schüler, Lehrlinge und Studenten zügig ab. Etwas später zeigen sich die demographischen Veränderungen auf dem Arbeitsmarkt, was Rückwirkungen auf die Sozialsysteme hat. Kamen in den sechziger Jahren drei Beitragszahler auf einen Rentner, ist das Verhältnis heute zwei zu eins, wird aber in etwa dreißig Jahren bei eins zu eins liegen. Das würde bedeuten, wenn man die Alten wie bisher versorgen wollte, daß die Beitragszahler mindestens die Hälfte ihrer Bruttoarbeitseinkommen für die sozialen Sicherungssysteme opfern müßten. Hinzu kämen Steuern, so daß dem durchschnittlichen Arbeitnehmer dann nur etwa ein Drittel seines Bruttolohns verbliebe.

Das wird, meint Miegel, weder ethisch vertretbar noch politisch durchzusetzen sein, was umso mehr gilt, als in einer zahlenmäßig schrumpfenden, alternden und zunehmend von Einwanderern durchsetzten Bevölkerung vermutlich auch die Wirtschaftskraft sinkt. Denn ob in einer alternden Bevölkerung Innovationsfähigkeit und Veränderungsbereitschaft vorausgesetzt und damit die Arbeitsproduktivität gesteigert werden kann, ist zweifelhaft.

»Verschärfend kommt hinzu, daß in einer sich so verändernden Gesellschaft Vermögenswerte wahrscheinlich verfallen. Viele alte Menschen könnten gezwungen sein, zu beinahe jedem Preis Leistungen bei einem klein gewordenen Kreis von Erwerbsfähigen und -willigen nachzufragen. Die Übertragung einer Immobilie könnte dann beispielsweise durchaus als angemessenes Entgelt für einige Jahre der Betreuung und Pflege eines alten Menschen angesehen werden. Insgesamt dürften sich schrumpfende und alternde Bevölkerungen darauf einzurichten haben, daß auf eine Phase vergleichsweise rascher und leichter Vermögensbildung eine Phase nicht minder raschen Vermögensverzehrs folgt.«[59]

Das markiert nun eine ganz fundamentale Veränderung. Wenn wir beide Faktoren – die Überalterung unserer Bevölkerung wie die unserer Industrie – zusammennehmen, dann scheint mir die Formulierung nicht allzu überzogen, daß wir heute im Begriff sind, ein Altersheim in einem Industriemuseum zu werden. Wenn diese beiden Schrumpfungen den Deutschen bewußt werden – und vielen dämmern sie inzwischen –, wird diese Erkenntnis das Selbstgefühl wie auch die Stabilität der Nation im Innern und nach außen erschüttern. Bisher hat unser schleichender Niedergang freilich noch immer nicht wirklich das allgemeine Bewußtsein aufgeschreckt.

In dieser Situation muß man sich – erstens – überlegen: Was kann man selbst tun? Wie, mit welchen Anrechnungen, Renten- und Steuerprivilegierungen, kann man junge Frauen dazu bringen, einige Jahre ihres Lebens Kindern zu widmen, also eine berufliche Tätigkeit zeitweilig zurückzustellen?

Oder gibt es – zum zweiten – Modelle, die geeignet sind, beides – Kinder und Beruf – miteinander zu verbinden? Hier ist nicht nur der Staat in der Verantwortung, sondern auch die Wirtschaft kann einen Beitrag leisten. Seit kurzem gibt es beispielsweise einen Wirtschaftspreis für familienfreundliche Unternehmen. Der Firmenkindergarten von *Schering* in Berlin ist nur ein erfreuliches Modell unter manchen anderen in diesem Bereich. Auch bei der Kindererziehung ist die Eigenverantwortung der Eltern natürlich das Wichtigste, aber sie brauchen Unterstützung: Familien, Freundschaften und Nachbarschaften. Eine interessante Beobachtung läßt sich dabei in Frankreich machen: Im Vergleich mit anderen Ländern gibt es mehr berufstätige Frauen, aber trotzdem weniger kinderlose Frauen.

Die Entscheidung, für Kinder mehrere Jahre zu Hause zu bleiben, wirkt sich natürlich nicht nur auf die Karriere der Frauen aus. Junge Paare überlegen sich heute sehr genau, ob sie sich Kinder auch finanziell leisten können. Der *Deutsche Arbeitskreis für Familienhilfe* hat errechnet, daß Eltern nach dem Aufziehen zweier Kinder im Durchschnitt um fast eine Million Mark schlechter dastehen als ein kinderloses Paar.[60]

Weil in Deutschland Kinderlose die Früchte des Aufziehens von Kindern ernten, ohne sich substantiell an den Kosten des Heranwachsens einer neuen Generation zu beteiligen, werden Forderungen nach einem Erziehungsgehalt für Eltern laut, nach einem Familienlastenausgleich, der Kindererziehung als Beruf einstuft. Doch nur dann noch Kinder zu planen und zu bekommen, wenn es sich »rechnet«, kann auch nicht die Patentlösung darstellen.

Zugleich muß nüchtern geprüft werden, wie durch eine wirklich gezielte Zuwanderung unserem Nachwuchsmangel abgeholfen werden kann. Nur eine wohlüberlegte Einwanderungspolitik – also nicht das Zufallsprinzip, wie wir es jetzt im Ergebnis bei Asylsuchenden oder illegalen Einwanderern faktisch walten lassen – verspricht, wenn überhaupt, eine langfristige Stabilisierung.

Für eine unsentimentale Einwanderungsregulierung

Wenn irgendjemand in der weiten Welt beschließt, nach Deutschland zu gehen, um sich hier niederzulassen, darf dieser Entschluß für unseren Staat keinesfalls ausreichen, dem Einreisenden vorerst für Jahre, dann für Jahrzehnte, materielle Versorgung, Bleiberecht und gar Einbürgerung zuzugestehen. Eine Einwanderungspolitik, die diesen Namen verdient, muß sich an den Interessen unseres Landes orientieren und daher, wie in allen anderen Einwanderungsländern, Quoten vorsehen und dabei nach Herkunftsländern, Gesundheitszustand, Geschlecht, Alter, kulturellem Hintergrund, Sprachkenntnissen und Berufserfahrungen differenzieren.

Ein wesentlicher Grund, warum wir Deutsche uns an die Lösung dieses Themas bisher nicht heranwagen, ist die Tatsache, daß alle Kriterien den gern gebrauchten Vorwurf des »Rassismus« nahelegen. Denn natürlich würde sich rasch zeigen, daß die Deutschen, wie andere Nationen auch, junge Leute als Zuwanderer gegenüber alten bevorzugen, Gesunde gegenüber Kranken, Männer gegenüber Frauen. Wir würden berufliche Fähigkeiten, die bei uns mangeln, höher schätzen als das Fehlen solcher Qualifikationen. Uns würden Menschen mit deutschen Sprachkenntnissen willkommener sein als Zuwanderer ohne, und wir würden gleiche Religionen, verwandte Kulturen und Hautfarben eher für assimilierbar halten als die fremder Kontinente.

Die vielleicht menschenfreundliche, vielleicht auch nur gedankenlose Sentimentalisierung unserer Politik kann man wohl an keinem Thema so deutlich festmachen wie an dem der Ausländerzuwanderung nach Deutschland. Jede vernünftige Diskussion unserer Notwendigkeiten ist durch die frei erfundene, diffamierende Dauerbehauptung, wir Deutschen seien als solche ausländerfeindlich, im Keim erstickt worden. Eine sachliche, differenzierte Erörterung dieses Themas läßt noch immer auf sich warten. Dabei gehören schon heute die Probleme der bereits bei uns lebenden Ausländer zu den wichtigsten, größten Tabus jeder Situationsanalyse. Das liegt daran, daß man gerade beim Ausländerthema davor zurückschreckt, den Konsequenzen der Wirklichkeit ins Auge zu blicken.

Regelungsbedarf ist unabweisbar, weil die Sicherung unserer Zukunft als Industriegesellschaft natürlich auch Klarheit über die Frage geeigneter, notwendiger Arbeitskräfte voraussetzt. Der Vorteil der Zuwanderer liegt darin, daß sie meist jünger, flexibler und mobiler sind als Deutsche. Sie lassen sich, jedenfalls um Fuß zu fassen, unter Tarif bezahlen und unter ihrer Qualifikation beschäftigen. Die Zuwanderung von arbeitswilligen, jungen Menschen habe, findet der Münchner Volkswirtschaftsprofessor Klaus Zimmermann, durchweg positive Wirkungen auf Wirtschaftswachstum, Arbeitsmarkt und Staatshaushalt. Der wirtschaftliche Erfolg der Bundesrepublik sei unmittelbar mit dem Aufstieg zum ersten Einwanderungsland Europas verbunden.[61]

Inzwischen ist Deutschland, das (anders als seine westeuropäischen Nachbarländer) mit ihrer Jahrhunderte alten Kolonialtradition im Umgang mit Ausländern zunächst ungeübt war, zum größten Zufluchtsland neben den Vereinigten Staaten geworden. Auch wenn man einräumt, daß die Angehörigen afrikanischer oder asiatischer Nationalitäten etwa in Frankreich oder Großbritannien vielfach französische oder britische Staatsbürger sind, ist Deutschland dennoch, gemessen an seiner Wohnbevölkerung unter den großen westlichen Industrienationen das Land mit dem größten Anteil von Ausländern. Ihre Zahl stieg von 686 160 im Jahr 1961 über 2 438 600 (1970) auf 7 314 046 im Jahr 1996. Damit sind in Deutschland rund acht Prozent der Wohnbevölkerung Ausländer, in Frankreich dagegen 6,5, in Großbritannien sogar nur 3,5 Prozent. Im Jahresschnitt kamen zwischen 1983 und 1988 auf 100 000 US-Bürger 245 Einwanderer, in Kanada 479, in Australien 694. Im gleichen Zeitraum waren es in der alten Bundesrepublik 1022. Durch den Zusammenbruch des Ostblocks stieg die Zahl der nach Deutschland Zugewanderten 1993 sogar auf 1566 pro 100 000 Einwohner.[62]

Doch die Einwanderungsdebatte ist hier zu einer Art neuen Kulturkampfs, ja Glaubenskampfs geworden, den die Deutschen untereinander führen.[63] Die Argumente in diesem Streit sind ganz verschieden: Die einen finden, daß der enorme Zuwanderungsdruck Quoten wie in den USA erfordere, andere halten die Zuwanderung generell für überlebenswichtig für unser teures Sozialsystem; wieder andere sind der Meinung, daß Deutschland aus humanitären und historischen Gründen für jedermann offen sein müsse.

Alle Argumentationslinien übersehen einen entscheidenden Gesichtspunkt: Für eine Zuwanderungspolitik – welcher Art auch immer – sind kaum Spielräume vorhanden. Im Grunde sind die politischen Möglichkeiten schon jetzt ausgereizt, weil sich Deutschland bei der unvergleichlich großzügigen Gewährung von Zuflucht für Asylsuchende finanziell übernommen hat. Bis zur Verschärfung der Gesetze sind zuletzt jährlich etwa eine Million Menschen, Asylsuchende und Bürgerkriegsflüchtlinge, nach Deutschland gekommen. 1996 wurden in ganz Westeuropa 232 820 Asylanträge gestellt, die Hälfte davon – nämlich 116 367 – in Deutschland. Dies ist fast soviel wie in den USA mit 122 643. Italien hingegen hatte lediglich 573 Anträge zu bewältigen.

Bis 1995 hat Deutschland 1 650 000 Flüchtlinge und Asylbewerber aufgenommen. Davon sind nur 288 800 Asylberechtigte und deren Familienangehörige. 372 000 sind Asylbewerber mit laufendem Verfahren und 400 000 umfaßt die Gruppe der Bürgerkriegsflüchtlinge aus dem ehemaligen Jugoslawien. Die größte Gruppe sind die 550 000 »De-facto-Flüchtlinge«. Dazu gehören unter anderem Personen, die keinen Asylantrag gestellt haben oder deren Asylantrag abgelehnt worden ist, denen aber aus humanitären oder politischen Gründen die Rückkehr in ihr Heimatland »nicht zumutbar ist«.[64]

Angesichts dieses Zustroms fordern viele eine »Ruhepause« für Deutschland, weil sich bestimmte Wanderungsbewegungen auf absehbare Zeit mit zunehmender Tendenz ohnehin fortsetzen werden.[65] Noch auf Jahre hinaus werden etwa Rußlanddeutsche zu uns kommen, etwa 200 000 pro Jahr. Auch die deutsche Binnenwanderung von Ost nach West wird weitergehen. Unsere Nachbarländer haben in der Frage der Zuwanderung längst auf die Bremse getreten. Selbst die liberalen Skandinavier nehmen bei weitem nicht mehr so viele Asylbewerber und Flüchtlinge auf wie in den siebziger und achtziger Jahren. Auch Frankreich hat die Einwanderungsgesetzgebung verschärft. Das böse Wort des ehemaligen Innenministers Pasqua, man habe es mit »Einwanderungsterroristen« zu tun, hat großes Aufsehen erregt, das aber dem Wort, nicht dem Tatbestand galt. Schweizer zu werden, war schon immer besonders schwer.

Deutschland wird weder heute noch in Zukunft alle Einwanderungswünsche erfüllen können. Ebensowenig kann es freilich Zuwanderung vollständig verhindern. Man muß eine moderne Einwanderungspolitik fordern, die die Zuwanderung nach klaren, nachvollziehbaren Kriterien regelt. Man muß unterscheiden zwischen dem Asyl- und Flüchtlingsrecht, das auf humanitären Verpflichtungen beruht, und dem Recht jedes Staates, die Einwanderung nach Maßgabe der eigenen Interessen zuzulassen oder zu begrenzen.[66]

Symptomatisch für die orientierungslose Halbherzigkeit unserer Ausländerpolitik, die floskelhaft wiederholt, Deutschland sei kein Einwanderungsland, uns in Wirklichkeit jedoch sehenden Auges dazu macht, ist die Praxis der sogenannten »Duldung«. An sich versteht der einschlägige Paragraph 55 des Ausländergesetzes darunter nur eine zeitweise Aussetzung der Abschiebung eines ausreisepflichtigen Ausländers, wobei es drei verschiedene Formen der Duldung gibt: erstens bei rechtlicher oder tatsächlicher Unmöglichkeit der Abschiebung, zweitens bei einer schweren, individuell konkreten Gefährdung von Leib, Leben oder Freiheit, und drittens bei einer allgemeinen Aussetzung der Abschiebung durch die obersten Landesbehörden, etwa aus völkerrechtlichen oder humanitären Gründen.

Wenn sich die Bundesländer im notwendigen Einvernehmen mit dem Bund dazu entschließen, zum Beispiel 400 000 Ausländern aus dem ehemaligen Jugoslawien Duldung zu erteilen, würde das zu Recht als humanitäre Großtat gefeiert werden können – wenn es dabei auf Zeit und aus gegebenem Anlaß bliebe. Bereits das humanitäre Versprechen als solches bringt für jedes Gemeinwesen hohe Belastungen mit sich. Man spricht von bis zu 14 Milliarden Mark, die den Bund, die Länder und Gemeinden die Unterbringung der jugoslawischen Kriegsflüchtlinge kosten. Viel schlimmer ist jedoch, daß von einer *zeitweisen* Aufnahme keine Rede sein kann. Man hat gewußt – oder hätte wissen müssen –, daß sich eine derartige Zuwanderung kaum rückgängig machen läßt. Hat man das Beharrungsvermögen der libanesischen Bürgerkriegsflüchtlinge oder das der Polen nach Beendigung des dortigen Kriegsrechts inzwischen wirklich vergessen? Die einen wie die anderen sind in Deutschland seßhaft geworden.

Da die Bundesländer nicht willens oder in der Lage sind, die anstehenden Abschiebungen konsequent und wirksam in die Tat umzusetzen (man spricht hier von einem »Vollzugsdefizit«), läuft die Duldung letztlich auf verdeckte Einwanderungsquoten hinaus, die später als sogenannte »Altfallregelungen« oder auf sonstige Weise den diffusen Zufluß im Lande versickern lassen. Mit leichtfertiger Lässigkeit verzichtet der Staat auf sein Recht, unser Gemeinwesen zu schützen.

Deutschland braucht ein nüchternes Zuwanderungsgesetz. Das Unangenehme, aber gleichermaßen Notwendige daran ist, daß es nicht ohne die Offenlegung der politischen Ziele, die Festschreibung der Kriterien und die Auswahl der notwendigen Instrumente entwickelt werden kann.

Hinzu tritt ein weiteres Problem: Wie soll man erklären und angesichts unserer hohen Arbeitslosigkeit rechtfertigen, daß wir Jahr für Jahr 1,2 Millionen Arbeitserlaubnisse für Ausländer erteilen – davon zwei Drittel an Nicht-EU-Bürger?[67] Weil es um Tätigkeiten geht, für die man bisher immer noch keine deutschen Bewerber findet. Die ausländischen Arbeitskräfte fanden ihre Marktlücken vornehmlich im Bau-, Gaststätten- und Reinigungsgewerbe oder in körperlich anstrengenden Bereichen wie der Eisen- und Stahlindustrie, nicht zuletzt auch in Pflegeberufen. Gerade bei diesen muß uns das aufmerken lassen; denn unsere Gesellschaft überaltert zunehmend. Die Familienverbände werden immer kleiner, jeder zweite Haushalt in einer deutschen Großstadt ist heute schon ein Einpersonen-Haushalt. Und die Zahl der Eheschließungen ist in vier Jahrzehnten um 40 Prozent zurückgegangen. All das läßt natürlich den Bedarf an Pflegekräften ständig steigen, was personell wie finanziell unvermeidlich stark wachsende Schwierigkeiten mit sich bringt.

Die verbreitete Annahme, daß Ausländer durchweg ersetzen könnten, was eigene Landsleute nicht mehr zu tun gedenken, hat Kurt Biedenkopf früh illusionär genannt. Wer dergleichen glaube, sei sich offenbar nicht im klaren darüber, was die Integration großer Ausländermassen psychologisch wie finanziell bedeute. Auch Heinz Kühn, der frühere Ministerpräsident von Nordrhein-Westfalen, hat schon vor Jahrzehnten gewarnt, er persönlich sei überzeugt, daß bei einem Ausländeranteil von zehn Prozent die Lage kritisch zu werden beginne, zumal sich die Einwanderer nicht gleichmäßig übers Land verteilen, sondern in bestimmten Gebieten, meist Großstädten, konzentrieren – was dazu führt, daß die Deutschen dieser Gebiete oft in eine Minderheitenposition geraten. Das werde Ressentiments auslösen.

Diese Sorge gilt heute natürlich um so mehr, wenn man bedenkt, daß die Arbeitslosenquote bei Ausländern mit gut 20 Prozent doppelt so hoch liegt wie im Bevölkerungsdurchschnitt.[68] Dabei soll der Fragenkomplex, welche zusätzlichen Anstrengungen eine Breiteinwanderung erforderlich machen würde, hier nur angedeutet werden. Steht Ausländern beispielsweise ein Anteil am Verwaltungspersonal in Gebieten zu, wo sie die Mehrheit bilden? Wie hat man es dort mit einer eigenen Polizei, wie mit eigenen Schulen und Lehrplänen in fremden Sprachen zu halten? Und was erfordert dieses Fremdgefüge zudem an speziellen Sozialleistungen? Man muß diese Fragen nur stellen, um zu zeigen, welche Schwierigkeiten die Integration massiver Einwanderungsströme mit sich brächte.

Fachleute schätzen, daß der Ausländeranteil ein Drittel unserer Gesamtbevölkerung ausmachen müßte, entsprechende Arbeitsplätze einmal vorausgesetzt, wenn das deutsche Sozialniveau auf Dauer gehalten werden soll. Was würde das für das Lebensgefühl der Deutschen, für ihren Zusammenhalt, ihre Sicherheit, ihr kulturelles Selbstverständnis bedeuten? Zweifellos würde ein solcher Zustrom auch gewaltige psychologische Probleme mit sich bringen.

Deutschland ist ein Einwanderungsland wider Willen geworden. Das Gefühl, künftig nicht mehr im eigenen Land das Sagen zu haben, beunruhigt die Deutschen. Denn es handelt sich bei der Einwanderung leider nicht nur, wie Thomas Schmid einmal ironisch geschrieben hat, um einen permanenten »linken Ringelpiez zum Anfassen«, also ein dauerndes, farbenfrohes Straßenfest mit

Folklore und den jeweils landesspezifischen Gerichten, sondern um das Heraufziehen harter Verteilungskämpfe.[69] David Schoenbaum und Elisabeth Pond haben jüngst an die Tatsache erinnert, daß auch in den klassischen Einwanderungsländern die Immigration seit jeher nicht nur das Leben würze und die Wirtschaft bereichere, sondern auch Wellen schlage, Wertvorstellungen in Frage und die Grenzen menschlicher Toleranz auf die Probe stelle.[70]

Auf solche Prüfungen ist unser Land nicht vorbereitet. Doch man sieht in England, Frankreich und anderen europäischen Demokratien, in welchem Umfang die Einwanderung soziale Krisen heraufbeschworen und nationalistischen Parteien wie der Le Pens in Frankreich Auftrieb gegeben hat. Niemand darf glauben, daß uns bei massivem Ausländerzustrom und zunehmender Wirtschaftskrise Konflikte und Krawalle erspart bleiben werden.

Schon der lange Zeit übliche Begriff »Gastarbeiter« verrät, daß wir zunächst überhaupt keine Vorstellung davon hatten, was die Zuwanderung bedeuten würde. Reichlich naiv nahm man an, wie jeder wohlerzogene Gast würden sich die Hereingeholten irgendwann ganz von selbst wieder verabschieden. Wir hatten, falls das eine Entschuldigung ist, keinerlei Erfahrung mit Einwanderungen.

Auch der Asylartikel ist bekanntlich ins Grundgesetz aufgenommen worden in der 1948/49 natürlich naheliegenden Annahme, daß er, und zumal über Europa hinaus, praktisch keine Relevanz haben werde. Wer konnte damals ahnen, daß Deutschland je im heutigen Maße ein Magnet für Ausländer werden könnte, die in den sozialen und politischen Verhältnissen ihrer Heimat Grund zur Unzufriedenheit haben?

Anfangs gab es ja auch keine Probleme. Lange hatten wir Zuwanderer überhaupt nicht nötig, weil bis 1961 genügend Menschen aus den ehemaligen Ostgebieten und der DDR zu uns kamen. Erst später begannen viele unserer Firmen nahezu hektisch, Ausländer anzuwerben. Die vielen Millionen Deutsche aus dem Osten sind, nach anfänglich großen Schwierigkeiten, im Verlauf der fünfziger Jahre im Westen gut integriert worden, was eine bemerkenswerte Leistung der Nachkriegsgesellschaft war. Aber bei den Türken seit den sechziger Jahren lag das alles – sprachlich, kulturell und religiös – entschieden komplizierter. Da haben dann der gute Wille – und das Geld – allmählich nicht mehr gelangt.

Beim Ausländerthema scheut man hierzulande noch mehr als bei anderen Problemen eine vorurteilslose und realistische Erfassung der Gegebenheiten. Es ist nun einmal eine Tatsache, daß von 2,5 Millionen Sozialhilfeempfängern in Deutschland 500 000 Ausländer sind. Sie sind damit in dieser Gruppe doppelt so stark vertreten wie im Bevölkerungdurchschnitt.

Ebenso unbestreitbar ist der Anteil von Ausländern an den in Deutschland begangenen kriminellen Taten. Schon die offiziellen Statistiken sprechen da eine deutliche, beunruhigende Sprache: Unter den von der Polizei ermittelten Tatverdächtigen für das Jahr 1995 besaßen 28,5 Prozent nicht die deutsche Staatsbürgerschaft.[71] Der Anteil der ausländischen Häftlinge in den Berliner Justizvollzugsanstalten betrug im Jahre 1994 fast 33 Prozent, der Anteil der Untersuchungshäftlinge sogar über 55 Prozent. An erster Stelle standen Türken, gefolgt von Polen, Jugoslawen, Libanesen, Rumänen, Bulgaren, Vietnamesen und GUS-Bürgern.[72] Wohlgemerkt: Hierbei handelt es sich nicht um deutsch sprechende, schon lange hier ansässige und ins gesellschaftliche Leben eingebundene Ausländer. Diese sind im Schnitt sogar eher weniger kriminell als die Deutschen.

Noch drei andere Zusammenhänge macht ein Blick auf die Statistik ganz deutlich. Erstens halten sich die tatverdächtigen Ausländer zu einem großen Teil illegal in Deutschland auf oder bewerben sich um Asyl. Die Zahl der ermittelten tatverdächtigen Rumänen etwa lag in Berlin mit 2862 höher als die Zahl ihres melderechtlich registrierten Bevölkerungsanteils (2545).[73]

Zweitens besteht ein Zusammenhang zwischen Ausländerkriminalität und Arbeitslosigkeit. Nur 16,7 Prozent der ausländischen Tatverdächtigen 1995 gingen einer regulären Arbeit nach. Jeweils rund zwanzig Prozent lebten illegal in Deutschland oder bewarben sich hier um Asyl.[74]

Drittens ist der Anteil von Ausländern bei den sogenannten gravierenden Gewaltdelikten wie Raub, Vergewaltigung oder Mord und Totschlag wie auch im Rauschgifthandel überdurchschnittlich hoch.[75] Allein diese amtlichen Zahlen geben genug Anlaß zum Nachdenken. Doch sie sagen noch nicht die ganze Wahrheit. Jeder Polizist, Strafrichter oder Staatsanwalt in einer beliebigen deutschen Großstadt wird bestätigen, daß die Realität noch trauriger aussieht, die Statistiken geschönt sind, weil man beispielsweise die Zahl der eingestellten oder gar nicht erst eröffneten Ermittlungsverfahren gegen Ausländer unterschlägt. Hinzu kommen die hohen Dunkelziffern. Wenn wir außerdem hören, daß 85 Prozent der Schlepperbanden, die Illegale nach Deutschland schleusen, von Ausländern gelenkt werden, dann ist auch das ein Alarmzeichen, aus dem Schlüsse ziehen muß, wer den inneren Frieden, wer seine Landsleute schützen will. »Das in der EU einmalige Ausmaß der Einschleusung von Menschen aus dem Ausland (Asylbewerber, Schein-Asylanten, Flüchtlinge und Aussiedler) hat eine zusätzliche Belastung der Sozialbudgets bewirkt«, konstatiert Helmut Schmidt in einem SPD-internen Papier und fordert: »Dieser Einschleusungsprozeß bedarf dringend der Kappung.«[76]

Hamburgs Erster Bürgermeister Henning Voscherau sagte kürzlich: »Ich habe den Verdacht, daß wir Schönwettergesetze haben.« Das Zusammenwirken von Strafprozeßordnung, Strafgesetzbuch, Aufenthaltsrecht, Verwaltungsgerichtsordnung und Asylverfahren werde der »heraufziehenden Schlechtwetterfront« nicht gerecht. Es sei »zu gutwillig, zu lau, zu langsam«. Auf den Hinweis, die Haftanstalten seien in Hamburg heute schon überbelegt, sagte Voscherau, das stimme, »aber sie sind voller ausländischer Straftäter«. Es sei nicht sein Ehrgeiz, »den Strafvollstreckungsanspruch des deutschen Staates zulasten der deutschen Steuerzahler an jedem ausländischen Täter in Deutschland abzuarbeiten«. Diesen Ausländern gehe es »teilweise zu Hause viel schlechter, also sollen sie doch abgeschoben werden, statt in Fuhlsbüttel oder am Holstenglacis die Knäste zu verstopfen«. Er sei »ein großer Anhänger von strafrechtlichen Nebenfolgen bei ausländischen Tätern, die den Aufenthalt beenden«.[77]

Angesichts unserer vagen Vorstellungen dessen, was Integration heißen könnte, hat die Parole, die Zielvorstellung eines multikulturellen Miteinanders, große Verwirrung angerichtet. Man verband damit lange, ja bis heute viel zu weitgehende, allzu optimistische Hoffnungen. Was tatsächlich möglich, was realistischerweise zu bewerkstelligen ist, kann man ganz gut anhand der Verwaltungspraxis der Habsburger Monarchie begreifen. Etwa in der Bukowina oder in Siebenbürgen, wo herkömmlich unterschiedliche Kulturen mit- und nebeneinander lebten, stellte sich die verzwickte Frage, wie man ihnen allen Gerechtigkeit nicht nur individuell, sondern auch kollektiv zuteil werden lassen könne – mit Schulen und beim Behördenverkehr in der jeweils eigenen Sprache, bei der Duldung verschiedener Religionsgemeinschaften, ihrer Riten, Sprachen, Gebäude ohnehin.

Heute bei uns liegt es umgekehrt. Hier geht es nicht um das Verhältnis ortsansässiger, kulturell geschlossener Gruppen zueinander, sondern um die Eingliederung einzelner Menschen und Familien unterschiedlichster Prägung und Herkunft. Natürlich muß man diese Verschiedenheiten achten; das versteht sich von selbst. Doch die bewußte Förderung dieser Unterschiedlichkeiten ist etwas anderes – und sie ist problematisch.[78] Henry Kissinger behauptet, wenn in einem Einwanderungsland mit maßgeblicher Leitkultur die Achtung jeder einzelnen Minderheitengruppe zu weit getrieben werde, schade man ihren Angehörigen, statt ihnen, was man doch wolle, zu nützen. Als er 1938 in die USA gekommen sei, nach New York, habe in seiner jüdischen Umgebung jedermann deutsch gesprochen. Wäre er ermutigt worden, es dabei zu belassen, hätte er nie seinen Weg in die amerikanische Gesellschaft gemacht. Weil man, um etwas zu werden, Englisch lernen mußte, sei ihm die Integration und der gesellschaftliche Einstieg möglich geworden.

Je mehr man Einwanderer in ihrer ethnischen Sonderrolle bestärkt, desto weniger macht man sie fähig, allmählich ins Gastland einzuwachsen, beruflich und gesellschaftlich aufzusteigen, zu Mitbürgern zu werden. Nicht nur David Schoenbaum und Elisabeth Pond wundern sich darüber, daß wir ohne Ironie von

»ausländischen Mitbürgern« bei denen sprechen, die gerade keine Mitbürger sind.[79]

Das Thema der Integration wird noch dadurch kompliziert, daß die Frage, was einen Deutschen ausmacht, unsere Identität bestimmt, uns selbst höchst unklar ist. Wenn man beispielweise ein Bürger-Examen für Einwanderungswillige plante, wäre denkbar, verfassungspatriotisch nach Grundelementen der Verfassung zu fragen, weil sie die verbindliche Grundlage unserer staatlichen Existenz ist. Aber sind wir uns einig und darüber im klaren, daß alle Ausländer, die Mitbürger werden wollen, sich zur Beachtung des Grundgesetzes bereitfinden müssen – und zwar in allen seinen Teilen? Für einen kämpferischen, gewaltbereiten Fundamentalismus, gleich welcher Prägung und Richtung, ist bei uns auch für Ausländer kein Raum; Rechtsstaat wie Pluralismus gehören zum Kernbestand unseres gemeinsamen Selbstverständnisses.[80]

Zu fragen wäre außerdem natürlich nach Sprachkenntnissen, aber auch nach einigen Elementen deutscher kultureller Identität. Doch nach was? Da wären wir Deutschen untereinander bestimmt bei jedem Thema uneinig. Darf man zum Beispiel nach der Bedeutung des Speyerer Doms fragen? Kaum. Nach Luther? Zu umstritten. Goethe? Meine beiden großen Töchter haben Abitur gemacht, ohne je ein Wort von ihm oder über ihn gehört zu haben. Das sind keine Einzelfälle. Ein Großteil der meinungsbildenden Gruppen bei uns würde also gegen jede denkbare Frage protestieren und betonen, daß er dergleichen selbst nicht wisse, außerdem für überflüssig halte. Prüfungen solcher Art, würde es weiter heißen, zeigten eine Verachtung anders geprägter Erfahrungen. Den Einwanderer müsse man nach seinen eigenen Prägungen fragen, dem Islam beispielsweise, der Moschee.

Aber leuchtet das ein? Es geht doch um die Akkulturation, die Integration in unseren Kulturkreis. Unsere vornehme Zurückhaltung ist in Wahrheit ein Zeichen tiefer eigener Unsicherheit. Wer den Gast zum Mitbürger machen will, muß ihn zu einer Anstrengung des Lernens, des Mentalitätswandels auffordern – zu seinem eigenen Besten. Diese Benennung und Betonung deutscher Identitätsmerkmale ist freilich ein Appell, den wir Deutschen untereinander heute gar nicht mehr zu äußern, auf den wir nicht einmal anzuspielen wagen.

Die Vereinigung als psychologische Belastung

In die bislang geschilderten Schwierigkeiten wäre die alte Bundesrepublik auch geraten, wenn sich der Glücksfall der Wiedervereinigung nicht ereignet hätte. Allerdings hätte man in den alten Bundesländern wahrscheinlich noch ein wenig länger so weitermachen können wie bisher, ehe uns die Probleme in ihrer vollen Tragweite bewußt geworden wären. Die Vereinigungskrise hat die Krise des Industriestandorts Deutschland nicht verursacht, sondern verschärft.

Die Vereinigungskrise hat sehr verschiedene Seiten. Ihre sichtbarste Wirkung ist der gewaltige Finanztransfer in die neuen Länder. Finanzminister Theo Waigel hat im Jahre 1996 erklärt, daß bis dahin über 1000 Milliarden Mark an öffentlichen und privaten Mitteln in die neuen Länder geflossen sind. Leider muß man hinzufügen: mit enttäuschendem Ergebnis. Von »blühenden Landschaften« kann keine Rede sein, ja nicht einmal von einem Industriestandort Ost, der in den neuen Ländern entstanden wäre oder demnächst dort entstehen könnte. Wenn das aber so ist, dann wird trotz massiver Gegensteuerung des Bundes die Industrie da bleiben, wo sie ist, also im Westen, und die Stagnation dort, wo sie jetzt schon ist, im Osten. Natürlich gilt das nicht für alle Regionen in gleicher Weise.

Im Kern zeigt sich sehr deutlich, daß die mentalen Verarmungen und Verwüstungen des Sozialismus, insbesondere die starken Abwanderungen mittelständischer Unternehmen, des Bürgertums, des Mittelstands insgesamt, bisher in keiner Weise durch entsprechende Zuwanderungen ausgeglichen worden sind. Das Verhältnis der Westwanderung im Vergleich zur Ostwanderung beträgt zwar nicht mehr 10:1 wie noch 1990, aber noch immer verzeichnen die neuen Länder wesentlich mehr Fortzüge als Zuzüge.[81]

Die Entvölkerung beträchtlicher Teile der früheren DDR, die mangelnde Lebensfähigkeit ganzer Regionen, ohne daß ein Ende des Elends abzusehen wäre, sind Begleiterscheinungen einer umfassenden Entindustrialisierung. Auch infolge antiwestlicher, antikapitalistischer Ressentiments, die sich in den neuen Ländern zunehmend beobachten lassen, wird sich dieser Abwärtstrend vermutlich nicht leicht umkehren, nur schwer ins Konstruktive wenden lassen.

Die psychologische und emotionale Seite des lahmenden Wiedervereinigungsprozesses ist ungemein wichtig, weil für beide Seiten folgenreich. Im westlichen Teil wird man sich auf die Dauer mehr und mehr überanstrengt fühlen durch das, was die Existenz der neuen Länder erfordert. Im Osten hingegen hat man zunehmend das Gefühl, daß nicht genug getan wird, die Jahrzehnte der Entbehrung nicht wirklich von der alten Bundesrepublik kompensiert werden.

Es gibt also Gründe berechtigter Ressentiments im Westen wie im Osten, und diese ungünstige Motivlage wird die Zukunft Deutschlands vielleicht noch länger und stärker belasten, als wir das heute für möglich halten. Wahrscheinlich kann es gar keinen raschen Ausweg aus diesem Dilemma geben. Die Folgen der Entfremdung werden erst in sehr langen Zeiträumen verblassen. Das gilt besonders dann, wenn die Zuwanderung in die neuen Länder so spärlich bleibt wie in den letzten Jahren.[82] Ein großer Teil der Zuwanderung ist zudem noch immer nur temporär: Viele gehen für einige Jahre dorthin und kehren dann in den Westen zurück, wo die Familie sehr häufig ohnehin geblieben ist. Eine wirkliche Neubesiedlung der früheren DDR durch breite, mittelständische Schichten hat bisher nicht stattgefunden. Die Familien, die nach 1945 diese Gebiete verlassen haben, sind ganz überwiegend nicht zurückgekehrt. Dieser Verlust wird die Entwicklung der neuen Länder stark belasten und ihre Rekonstruktion verlangsamen.

Ein weiteres psychologisches Problem besteht darin, daß nicht nur Politik und Verwaltung, Universitäten und Medien großenteils mit Westdeutschen besetzt sind, sondern auch Banken und Unternehmen meist in westlicher Hand sind. Die Gesellschafter vieler GmbHs in den neuen Ländern sitzen in den weit überwiegenden Fällen in Westdeutschland. Nicht einmal der Zeiss-Konzern, ja überhaupt kein einziges der früheren Prestige-Unternehmen, hat es für nötig befunden, jetzt an seinen früheren Standort in Ostdeutschland zurückzukehren. Bei mittelständischen Betrieben handelt es sich ohnehin fast nur um Filialen des Westens.

Es bleibt eben nicht folgenlos, daß die DDR die bürgerliche Führungsschicht der vorkommunistischen Zeit, vom tüchtigen Facharbeiter bis hin zum Unternehmer, Rechtsanwalt, Universitätsprofessor, entweder mundtot gemacht, entmutigt oder außer Landes getrieben hat. So fehlen heute vielfach bodenständige Führungsfiguren, die ihre ostdeutschen Landsleute motivieren könnten. Statt dessen begegnen wir verbreitet forderndem Jammern oder jammerndem Fordern, was die kraftlose mentale Befindlichkeit der früheren DDR weithin kennzeichnet.

Viel Murren rührt freilich auch daher, daß nicht wenige Ostdeutsche Honeckers Vision des Sozialstaates DDR verinnerlicht haben. Mit Recht ist immer wieder diagnostiziert worden, der Sozialismus in der DDR sei wesentlich nicht an seinem Zwangscharakter, seiner politischen Unterdrückungspraxis gescheitert, sondern vor allem »an den Zukunftsvorstellungen der Menschen, an der von ihnen immer stärker wahrgenommenen Gefahr ..., daß ihr gegenwärtiges, bisher als gesichert geltendes Lebensniveau künftig nicht mehr gewährleistet sein könnte«.[83]

Man sitze einem Vorurteil auf, schrieb etwa Lothar Fritze, »sobald man glaubt, die Masse der DDR-Bürger habe im Herbst 1989 und später bei den Volkskammerwahlen im März 1990 *in erster Linie* für Freiheit und Demokratie votiert ... Das *Hauptmotiv*, sowohl die DDR zu verlassen als auch das realsozialistische Experiment zu beenden und den Beitritt zur Bundesrepublik zu wählen, war *wirtschaftlicher* Natur ... Wir sollten uns keiner Illusion hingeben: Hätte es die Partei- und Staatsführung geschafft, einen ähnlich hohen Lebensstandard (einschließlich Reisefreiheit) wie in der Bundesrepublik zu garantieren, wäre es dem normalen DDR-Staatsbürger, der politische, intellektuelle oder künstlerische Interessen nur in einem durchschnittlichen Maße verfolgt hat, wesentlich leichter gefallen, sich mit den diktatori-schen Verhältnissen und deren freiheitsbeschneidendem Charakter abzufinden.«[84]

Die Ablehnung des *diktatorischen* Sozialismus schließe keineswegs aus, betont Fritze, daß ein großer Teil der DDR-Bevölkerung sozialistische Ideen, insbesondere sozialistische Wertvorstellungen verinnerlicht habe. Insofern mögen viele DDR-Bürger in der Bundesrepublik nicht so sehr eine anti-sozialistische Alternative gesehen haben als vielmehr bloß eine effizientere Variante des Sozialstaats. Je mehr sich erweist, daß diese Effizienz an Grenzen stößt, desto freundlicher könnten viele Erinnerungen an die untergegangene DDR werden. Zugespitzt kann man sagen, daß Honeckers Staat erst jetzt, nach seinem Ende, seine eigentliche Blütezeit erlebt, ja eine gewisse Anhänglichkeit seiner Bürger gewinnt. Schon Marcel Proust hat gemeint, alle Paradiese seien verlorene Paradiese.

Ein entscheidender Schwachpunkt, der eine rasche Konsolidierung verhindert, ist die unter unseren neuen Landsleuten verbreitete Mentalität. Es hieß zeitweilig in zahlreichen Publikationen, der Antrieb zum Aufbau neuer, eigener Existenzen im Osten werde ähnlich stark sein wie im Westen nach der Währungsreform von 1948. Das war ein Irrtum. Es hat eine entsprechende Bereitschaft, die »Ärmel hochzukrempeln«, in weiten Bereichen der ehemaligen DDR nach 1990 nicht gegeben. Eher war es wohl so, daß sich Teile der DDR-Bevölkerung mit dem Gefühl zurücklehnten: jetzt komme endlich der Westen, und jetzt sei man ein für allemal die tägliche Plackerei los, die der Sozialismus bedeutet hatte. Nie hat sich die Einstellung durchgesetzt, jetzt gelte es wirklich, anzupacken und loszulegen; man habe keine andere Wahl.

Von Polen lernen?

Besonders drastisch treten Stagnation und Müdigkeit in Ostdeutschland vor Augen, wenn man sie mit dem enormen Aufschwung vergleicht, der zur gleichen Zeit unseren Nachbarn in Polen gelingt. Anders als in der DDR kam der Wandel in Polen nicht als *big push* von außen, sondern hatte autonome Ursachen. In Polen habe sich der Übergang zum neuen System wesentlich auf innere Kräfte gestützt, stellte der Warschauer Ökonom Jerzy Kleer 1996 fest. Sie seien mindestens seit der zweiten Hälfte der siebziger Jahre immer stärker geworden und hätten ihre Krönung im Runden Tisch des Frühjahrs 1989 gefunden. Die polnischen Parlamentswahlen im Juni jenes Jahres hätten einen relativ normalen Übergang vom totalitären zum demokratischen System herbeigeführt. Bei aller Anerkennung für die Dissidentenbewegungen in Ostdeutschland müsse man hingegen feststellen, daß es dort auf Seiten der Opposition wie der Machthaber an hinreichenden Energien gefehlt habe, um diesen Sprung aus eigener Kraft zu bewerkstelligen.

Mit diesem Unterschied der Ausgangsbedingungen hing ein anderer, entscheidender zusammen. Der früheren DDR sei fast über Nacht das neue, westdeutsche Modell von Marktwirtschaft und Demokratie von außen übergestülpt worden. Ganz anders sei es natürlich in Polen gewesen, wo man teils nach der Methode »Versuch und Irrtum«, teils nach dem Vorbild liberaler ökonomischer Modelle verfahren sei. Die unterschiedlichen Optionen der politischen Kräfte seien »nicht bis ins letzte eindeutig definiert« worden, also etwas vage geblieben. Der Streit um das richtige Modell dauere bis heute an.

Ein dritter mächtiger Unterschied war und ist das »Einspeisungssystem« der entstehenden Marktwirtschaft, die Unterstützung der jeweiligen »primären Akkumulation«. Während sich der deutsch-deutsche West-Ost-Nettotransfer bis heute auf 1000 Milliarden DM belief, waren es in Polen »bei optimistischster Rechnung« nur rund 30 Milliarden DM, also ein winziger Bruchteil der Mittel, die in die östlichen Bundesländer flossen. Polen muß im wesentlichen die eigenen, internen Kräfte mobilisieren, was den Lebensstandard der Bevölkerung allerdings niedrig hält.

Ein vierter und letzter, erheblicher Unterschied zeigt sich bei den Eliten in Staat und Wirtschaft: Während es bei ihnen in Polen »eine gewisse Kontinuität« gab und gibt, wurden sie im heutigen Ostdeutschland »fast vollständig ausgewechselt«. Angesichts dieses völligen Elitenaustauschs und der enormen Transferzahlungen könnte man bei oberflächlicher Betrachtung vermuten, daß die Lage in der früheren DDR heute weitaus rosiger aussähe als in Polen. Doch das ist nicht der Fall: Polens Aussichten sind Jerzy Kleers Befund zufolge besser als die ostdeutschen. Woher kommt das?

Das Chaos, in dem das neue polnische System entstand und weiter entstehe, meint er, habe anscheinend die Entwicklung des Individualismus, die rasche Anpassung an die neuen Regeln außerordentlich konstruktiv beeinflußt – unabhängig von der Frage, inwieweit die polnische Gesellschaft dieses neue System völlig akzeptiere. »In den östlichen Bundesländern hat es dieses belebende Chaos nicht gegeben, oder seine Rolle war äußerst bescheiden.« Die Gesellschaft der früheren DDR sei in überwältigendem Maße von außen manipuliert worden.

»Wir wissen nicht, wie sich die ostdeutsche Wirtschaft im Falle autonomer Veränderungen verhalten hätte, wenn es also keine deutsche Vereinigung gegeben und man sich selbst auf die neuen Spielregeln und die Außenwelt hätte einstellen müssen. Heute kann man nur soviel sagen, daß es Polen ohne besonders große Hilfe, ohne übermäßige Auslandsinvestitionen gelungen ist, die große Wirtschaftskrise der ersten Phase der Transformation (zwischen 1989 und 1992) relativ schnell hinter sich zu lassen. Dies ist, wie ich meine, buchstäblich der Entwicklung des privaten Unternehmertums von unten zu verdanken, der Gründung Hunderttausender kleiner und mittlerer Betriebe ... (Es) hat sich in recht großem Umfang ein eigenes Führungspersonal, ein eigenes Management (in Polen) herausgebildet, das die Regeln des Marktes nicht nur theoretisch, sondern auch praktisch beherrscht. Ich vermute ..., daß es in Polen mehr gute Führungskräfte gibt als in den östlichen Bundesländern.«

Wer hat es besser geschafft, Polen oder die ehemalige DDR, mit den neuen ökonomischen Verhältnissen zurechtzukommen, erfolgreich zu sein? Jerzy Kleers Antwort ist bei aller Zurückhaltung eindeutig. Die polnische Volkswirtschaft habe sich weitaus mehr geöffnet als die ostdeutsche; die polnischen Unternehmer hätten auf den Auslandsmärkten stärker Fuß gefaßt als die der ehemaligen DDR. Bestimmt lebe es sich in den östlichen Bundesländern besser als früher, und die Anpassungsprozesse seien dank des reicheren Bruders erheblich weiter fortgeschritten. »Doch ich bin überzeugt, daß das Unternehmertum in Polen weitaus stärkere Wurzeln geschlagen hat als in der früheren DDR.«[85]

Wenn also ein Großteil unserer Landsleute mit einer gewissen Herablassung oder gar Verachtung von Polen spricht, entbehrt das jeder Grundlage. Die Polen haben den Sprung in die Marktwirtschaft besser geschafft als die Ostdeutschen, und zwar wesentlich aufgrund der Tatsache, daß es in Polen, anders als in der Ex-DDR, keinen großen Bruder gibt. Polen war auf Selbsthilfe, auf die Mobilisierung der eigenen Basis angewiesen, und das hat sich in einem erstaunlichen Maße als eine günstige Voraussetzung des Aufstiegs erwiesen.

Eine Gesellschaft, die auf ihre eigene Kraft vertraut, weil der einzelne gar keinen Adressaten seines eigenen Wehklagens hat, ist in sich stabiler als eine Gesellschaft, in der das nicht der Fall ist. Man liest das etwa an der Zahl neuer Unternehmensgründungen (und seien es auch kleine Unternehmungen) in Polen ab, auch an der Entwicklung neuer Vorort-Villenquartiere um viele Städte herum. Wenn man heute nach Polen reist, fällt auf, daß in großem Maße rund um alle Städte neue bürgerliche, mittelständische Siedlungen entstehen: ganze Viertel privat finanzierter Einfamilienhäuser.

Das deutet wohl darauf hin, daß in Polen zum ersten Mal in seiner Geschichte so etwas wie ein eigener Mittelstand entsteht. Er bestand früher, sehr vereinfacht gesagt, entweder aus Deutschen oder aus Juden, während es ein eigenständiges polnisches Bürgertum in nennenswertem Umfang nicht gab. Das hat sich in den letzten vier, fünf, sechs Jahren erstaunlich rasch geändert. Die

Dynamik der polnischen Industrie zeigt sich im privaten Sektor, auch in ihrem Wachstum (das sich im Augenblick zwar etwas abschwächt, 1997 wird nur mit etwas über fünf Prozent gerechnet, im Jahre 1996 aber sieben Prozent betrug). Solche Zahlen zeigen, daß wir in Polen eine ganz andere Dynamik vor uns haben als in Deutschland und zumal in den neuen Bundesländern.

Die deutschen Vereinigungen von 1871 und 1989

Bei alledem spielt die Frage, ob Helmut Kohls Versprechen »blühender Landschaften« eigentlich verantwortlich gewesen ist, eher eine untergeordnete Rolle, obwohl da immer wieder nachgekartet wird. Es wäre in der Situation von 1990 für den Bundeskanzler fast ausgeschlossen gewesen, die Wahlen zu gewinnen, wenn er damals nachdrücklich Opfer gefordert hätte. Der Fehler lag nicht im Jahr 1990, sondern später. Nach den Wahlen vom Dezember 1990 kam die große Erschöpfung Bonns, die sich schon beim Golfkrieg zeigte, der die Deutschen, Regierung wie Opposition, verblüffte und lähmte, weil sie, wie auf die Wiedervereinigung, auch auf ihn nicht vorbereitet waren, obwohl er sich ein halbes Jahr lang angekündigt hatte. Diese Erschöpfung setzte sich 1991 und in den folgenden Jahren fort. Bonn gestaltete nun die Vereinigung nicht, mobilisierte für sie weder Enthusiasmus noch Energie.

1990 allerdings haben sich die Regierenden ganz richtig verhalten – schon aufgrund der Tatsache, daß Oskar Lafontaine die Wiedervereinigung damals für zu teuer erklärte und statt dessen lieber die DDR subventioniert hätte – und dies noch in einem Moment, wo sie faktisch bereits mehr oder weniger verschwunden war.

Hinzu kommt, daß Kohl an die »blühende« Perspektive wohl ehrlich geglaubt hat, weil sie ihm viele erstrangige Fachleute suggeriert hatten. Nicht wenige dieser Wirtschaftsexperten haben damals tatsächlich angenommen, innerhalb von drei bis vier Jahren würden die neuen Gebiete den Stand des alten Bundesgebietes erreicht haben.

Das ist ein weiterer, erstaunlicher Beleg dafür, wie wenig in Deutschland Realitäten frühzeitig erkannt und anerkannt werden. Für unsere Augentrübung ist die Anfangseinschätzung der DDR-Chancen ein extremes Beispiel. Aber auch im Blick auf die heutigen Realitäten der Bundesrepublik ist es um unsere Urteilsfähigkeit nicht besser bestellt.

Stärker als durch alle richtigen oder falschen Prognosen erklärt sich die Zähflüssigkeit des Vereinigungsprozesses mit etwas ganz anderem: dem Fehlen einer wirklichen, einer breiten und anhaltenden Begeisterung der Bevölkerung auf beiden Seiten der ehemaligen Zonengrenze. Es gibt nach wie vor infolge der jahrzehntelangen Spaltung zwei deutsche Völker, die erst ganz allmählich wieder zusammenwachsen werden, was ein Jahrhundert dauern mag.

Ein Vergleich mit der ersten deutschen Vereinigung von 1871 macht den Unterschied zwischen Historie und Gegenwart ganz deutlich. Weswegen war denn die Bismarcksche Reichseinigung, die in vieler Hinsicht ganz anders ablief als die Wiedervereinigung, ein derart großer Erfolg schon im knappen ersten Jahrzehnt des Reiches? Hinter dem maßgeblichen Mitgestaltungswillen der Nationalliberalen, hinter Bismarcks innerer Reichseinigung, stand die Erfahrung der deutschen Nationalbewegung. Diese Nationalbewegung war keine geschlossene Organisation mit Eintrittskarten und Mitgliedsbüchern. Sie ist ein Sammelbegriff für eine verwirrende Vielzahl von Personen, Gruppierungen, Parteiungen, publizistischen Organen, von Festen, Studentenverbindungen, Turn- und Gesangsvereinen. Ausgehend vom Schock der napoleonischen Eroberung Deutschlands gab es seit dem frühen 19. Jahrhundert bei uns eine Fülle von Visionen und Bemühungen, die neben der Bismarckschen Politik wirkten, aber im Ergebnis, soweit sie nicht großdeutsch blieben, mit dieser zusammenströmten im 1871 geeinten Reich.

Diese Nationalbewegung müßten wir jetzt nachholen. Es ist offenkundig, daß wir seit 1989/1990 in einer Situation leben, auf die wir, anders als damals, in keiner Weise vorbereitet waren und sind. Deshalb hatten wir auch keine Rücklagen für den Fall der Wiedervereinigung gemacht, hatten keine Pläne in den Schubladen, keine Konzepte entwickelt. Im Ernst nahm niemand – oder doch kaum jemand – an, daß diese deutsch-deutsche Chance uns in absehbarer Zeit zuteil werden könnte. Viele meinten sogar, daß es nie zu ihr kommen werde, ja kommen dürfe, weil die Teilung eine gerechte Strafe für die in unserem Namen begangenen Verbrechen sei oder weil das vereinte Deutschland wieder ein europäischer Störfaktor werden könne. Das Provisorium des Weststaates wurde in der alten Bundesrepublik längst nicht mehr als ein solches verstanden. Man sah unter den Westdeutschen spätestens seit den siebziger Jahren in Bonn wirklich die Hauptstadt – was jetzt noch immer bedeutet, daß man sich vom Rhein nicht leicht trennt.

Kurz und gut: eine deutsche Nationalbewegung muß nachgeholt werden. Natürlich würde sie heute nicht so heißen. Man könnte von Solidarität der Deutschen oder einem neuen Gemeinschaftssinn sprechen, einer wirklichen »Aktion Gemeinsinn«. Ihr Ziel wäre, die Nation sich ihrer selbst wieder bewußt werden zu lassen, damit sie neu zusammenwachsen kann.

Die Illusion gleicher Lebensverhältnisse

Freilich kann dieser Wunsch nicht bedeuten, daß beim Zusammenwachsen der Deutschen alle Unterschiede zwischen Ost und West verschwinden müßten. Insofern werden mit der uns angeblich aufgetragenen »Vollendung der inneren Einheit« oft übertriebene Vorstellungen verbunden. Es gab auch früher ein Niveaugefälle von West nach Ost, gab immer auch Mentalitätsunterschiede zwischen Nord und Süd. Der Lebensstandard Mecklenburgs war immer niedriger als der Badens, er hat sich nach 1871 nie angeglichen, und dabei wird es wohl auch bleiben. Dennoch haben wir im Grundgesetz die seltsame Regelung des

Artikels 106, die auf die »Einheitlichkeit der Lebensverhältnisse im Bundesgebiet« zielt. Sie bremst in ihrer heutigen Auslegung eine wirkliche Konkurrenz der Länder untereinander; was nicht gerecht ist, weil damit Leistungskraft zumindest teilweise um ihren Lohn gebracht wird. Daher ist von Baden-Württemberg und Bayern anderen Bundesländern immer wieder vorwurfsvoll entgegengehalten worden, daß sie, wegen des Länderfinanzausgleichs, einen allzugroßen Teil der Früchte ihrer Anstrengungen abgeben müßten. Hinzu kommt der noch umfangreichere, verdeckte Finanzausgleich über die Bundesanstalt für Arbeit in Nürnberg. Im Grunde genommen sind wir, hier zeigt es sich erneut, kein wirklich föderatives Gebilde.

Vielleicht muß man künftig dem Artikel 106 des Grundgesetzes eine andere, begrenztere Bedeutung geben. Der sächsische Ministerpräsident Kurt Biedenkopf hat schon vor Jahren darauf hingewiesen, das verfassungsrechtlich vorgegebene Ziel könne nicht sein, *gleiche* Lebensbedingungen zu sichern, »sondern die Gewährleistung *vergleichbarer* Lebensverhältnisse«. Sonst werde der Finanztransfer zwischen allen Bundesländern das Maß des für die Altbundesländer Erträglichen in Zukunft übersteigen. Man müsse daher Möglichkeiten eines Finanzausgleichs ersinnen, die sie nicht überforderten.

Ein solcher Weg könne nur gefunden werden, wenn wir bereit seien, mehr Ungleichheit unter den Ländern zu akzeptieren. »Größere Ungleichheiten innerhalb der föderalen Struktur sind politisch nur akzeptabel, wenn die Einheiten, die sich unterscheiden, eine gewisse Selbständigkeit aufweisen«, schrieb Biedenkopf. »Sie müssen eine betonte Identität besitzen; eine Identität, die die Vergleichbarkeit der Regionen reduziert und es damit leichter macht, Ungleichheiten zu akzeptieren. Eine betonte Regionalisierung ist damit Voraussetzung für eine größere Ungleichheit unter den Ländern.«[86]

Im Klartext: Wenn eine baldige Angleichung der ost- an die westdeutschen Lebensverhältnisse nicht zu bewerkstelligen ist, muß man bewußt mehr Differenzierung, mehr Regionalismus, mehr Selbständigkeit, ein Sonderbewußtsein der einzelnen Länder fördern und dadurch zu einem neuen Selbstgefühl zumal im Osten beitragen. Dann darf, fordert Biedenkopf, niemand mehr den ostdeutschen Ländern hineinreden, wenn sie beispielsweise in der Hochschulpolitik eigene Modelle entwickeln und ausprobieren.

Ähnlich argumentierte auch der Schriftsteller Günter Kunert. Er nannte die Forderung nach »Vollendung der Einheit« unsinnig und illusionär. »Wie andere Völker auch werden wir mit Differenzen aller Art in unserem ›uneinigen Vaterland‹ zu leben haben. Es will mir nicht einleuchten, warum so etwas wie eine Ausschaltung von Gegensätzen und Widersprüchen wünschenswert sei, eine Harmonie, die ausschließlich durch Uniformität zu gewinnen wäre, eine mentale Gleichheit, wie sie nur für Zombies vorstellbar ist. Unsere Werturteile und Vorurteile werden wir ohnehin nicht los. Wir müßten nur mit ihnen gelassener umgehen.«[87]

Die Selbstüberforderung der Politik

Es ist ausgeschlossen, die Lebensverhältnisse in Ost und West einander kurzfristig anzugleichen. Wer das versucht, muß entweder scheitern oder den Staat in den Bankrott treiben. Es ist bedauerlich, daß unsere Politiker dennoch immer wieder Versprechungen machen, die sie nie werden einlösen können. Es entspricht freilich ihrer gefährlichen Neigung zur Selbstüberforderung. Politiker in Deutschland neigen seit langem dazu, sich und der Politik zuviel zuzutrauen und dem Gemeinwesen, der Gesamtheit der Bürger, zu große Verpflichtungen aufzuladen.

Das gilt nicht nur bei den Lasten der Wiedervereinigung, sondern auch – um ein anderes Beispiel zu nennen – für das Problem der Arbeitslosigkeit. Wenn Helmut Kohl daran festhält, sein Ziel sei es, bis zum Jahr 2000 die Zahl der Arbeitslosen zu halbieren, darf er sich nicht wundern, daß ihm Opposition und Medien Monat für Monat bei der Bekanntgabe der neuen Ziffern »Versagen« vorwerfen. Die politische Klasse schaufelt sich ihr eigenes Grab, wenn sie auf diese Weise bei der Bevölkerung Erwartungen weckt, denen sie nie und nimmer gerecht werden kann.

Sie hat sich in den letzten drei Jahrzehnten aufs Glatteis begeben – nicht vorher. Spätestens von Karl Schiller an – Ludwig Erhard dachte und redete anders – hat sie den Anschein erweckt, daß sie die Konjunktur im Griff habe, nach wissenschaftlichen Kriterien und Methoden gestalten könne. Wie ein moderner Zauberer verbreitete Schiller die Zuversicht, er könne mit der »konzertierten Aktion«, dem Regelwerk der Globalsteuerung, unsere industrielle Zukunft zielsicher und verläßlich gestalten. Heute muß man nachdrücklich betonen, daß die Politik gut beraten wäre, sich so rasch wie irgend möglich von solchen Versprechungen zu verabschieden, weil ihre Inhaltsleere inzwischen offenkundig geworden ist.

Margaret Thatcher hat immer wieder gepredigt, der Staat könne nicht einen einzigen produktiven Arbeitsplatz schaffen. Hingegen könne und müsse er Initiativen seiner Bürger fördern, zumindest sich frei entwickeln lassen, statt sie zu gängeln und zu behindern. Solche Sätze sollte man auswendig lernen! Statt dessen herrscht bei uns immer noch die Vorstellung, die auch in der jetzigen Diskussion eine große Rolle spielt, der Staat könne aus eigener Kraft die Konjunktur beleben, einen Aufschwung in Gang setzen. Solche Erwartungen lassen die neuen, gründlich veränderten, nämlich drastisch eingeschränkten Rahmenbedingungen staatlichen Handelns außer acht. Was der Staat zuwege bringen kann, sind steuer- bzw. schuldenfinanzierte Arbeitsbeschaffungsmaßnahmen, für die es aber keine finanzielle Grundlage mehr gibt.

Freilich hat das Problem eine tiefe historische Wurzel. Die Mentalität in Deutschland hat sich anders entwickelt als in den angelsächsischen Ländern. Ralf Dahrendorf hat wiederholt die Unterschiede zwischen Bürgergesellschaften (wie England) und Staatsgesellschaften (wie Deutschland oder Frankreich) beschrieben. In England komme man ganz gut ohne den Staat zurecht, meinte Dahrendorf. »Zuerst kam das freie Spiel der Kräfte und dann die zögerliche Einsicht, daß gewisse staatliche Institutionen nötig sind.« Wenn etwas zu tun sei, versuche man daher zunächst, sich selbst zu helfen.

Deutschland und Frankreich dagegen seien Staatsgesellschaften. Die Gesellschaft, das freie Spiel der Vereine und Unternehmen, habe in ihnen erst dem Staat abgetrotzt werden müssen. Er sei bis heute allgegenwärtig. Wenn ein Problem auftauche, erschalle hier sofort der Ruf nach staatlicher Abhilfe.[88]

Die Deutschen erwarten spätestens seit der Sozialgesetzgebung Bismarcks vom Staat Garantien gegen alle Wechselfälle des Lebens, inzwischen sogar die Garantie des gewohnten Lebensstandards. Diese umfassende Erwartungshaltung wird unseren Mitmenschen schwer abzugewöhnen sein. Die Anpassung an neue Lebensumstände kann lange dauern, falls nicht die wachsende Krise ein beschleunigtes Umdenken erzwingt.

Hans-Georg Betz hat vor einigen Jahren in der Zeitschrift *Kommune*, die den Grünen nahesteht, auf diesen Zusammenhang hingewiesen und bemerkt, in dieser Lage müsse man sich in einem Punkte sogar Franz Schönhuber zum Vorbild nehmen.[89] Auf die Frage, welche Medizin er den Deutschen verschreiben würde, habe Schönhuber in einem Zeitungsinterview geantwortet: »Damit anfangen, eine ehrliche Politik zu machen; den Leuten sagen, daß die guten Jahre vorüber sind und daß man nicht so tun kann, als sei nichts geschehen. Wir machen eine tiefe Rezession durch. Deutschland ist nicht mehr das Land der Wunder.« Die Deutschen müßten lernen, die Wohlstandsspirale zurückzuschrauben. »Das heißt unter anderem: weniger Sozialleistungen für Bessergestellte, mehr Zumutbarkeit in bezug auf Arbeitsplätze, mehr geleistete Arbeitsstunden, moderatere Tarifabschlüsse.«

Nur zu gern haben die Deutschen vor dreißig Jahren Karl Schiller geglaubt, daß der Staat fähig und bereit sei, das Wirtschaftsleben verläßlich zu gestalten. Wenn man die Deutschen jetzt dahin bringen muß, Ludwig Erhard neu zu entdecken, der ein großer Liberaler war, bedeutet dies: Sie müssen sich eine Mentalität aneignen, ein persönliches Verantwortungsgefühl entwickeln, das sie von Natur aus nicht besitzen, weil die preußische Tradition, dann die erfolgreiche Einigungspolitik Bismarcks den Staat derart in den Vordergrund geschoben hat. Doch es hilft nichts: die staatliche Lenkbarkeit der Konjunktur, die Modellierbarkeit der Industriestrukturen, eine von daher garantierte, großzügige Sozialstaatlichkeit, sind liebgewordene, aber falsche Prämissen, von denen wir uns unter dem Druck neuer Realitäten rasch trennen müssen.

Die große Müdigkeit im Land

Doch wann werden wir tatkräftig zu reagieren beginnen, wann aufwachen und anpacken? Schon mehrfach ist auf diesen Seiten von der großen Müdigkeit im Lande die Rede gewesen; Elisabeth Noelle-Neumann spricht davon, unsere Gesellschaft sei heute »wie gelähmt«.[90]

Die deutsche Antriebsarmut hat unterschiedliche Ursachen. Im Osten ist sie wohl einerseits die Folge einer sechs Jahrzehnte andauernden Überforderung. Nationalsozialismus wie Sozialismus waren anstrengend, verlangten Opfer, Einsatz, Entbehrungen. Andererseits war die rote Diktatur zum Teil auch gemütlich; von der Wiege bis zur Bahre kam man ohne jegliche Eigeninitiative irgendwie über die Runden. Überforderung dort, Unterforderung hier machen es den DDR-Landsleuten schwer, sich in den neuen, kapitalistischen Zeiten zurechtzufinden.

Im Westen ist die Antriebsarmut das natürliche Verhalten von Generationen, die in Jahrzehnten unerhörten Wohlstands aufgewachsen sind. Man kennt gar nichts anderes, kann sich Not bei uns, in Deutschland, eigentlich gar nicht recht vorstellen. Hinzu kommt, daß in der zeitlich zweiten Hälfte der alten Bundesrepublik, während der siebziger und achtziger Jahre, nicht wenigen Zeitgenossen der Wohlstand mehr und mehr als Prämie für unsere erfolgreiche Vergangenheitsbewältigung erschien – keiner neuen, eigenen Anstrengung bedürftig. Im Grunde hielt man seit der

Mitte der sechziger Jahre die Marktwirtschaft für einen verläßlichen Automatismus – einen Mechanismus, der selbsttätig Wohlstand schafft. Linke haben immer über eine gerechtere Verteilung, über die Notwendigkeit der Umverteilung gesprochen, nicht über neue Produktivität. Sie interessierte nicht, weil man den Fortschritt für selbstverständlich hielt. Bei einem Zusammentreffen Anfang der neunziger Jahre in Hamburg fragte mich Gregor Gysi, weshalb ich denn immer wieder von der Notwendigkeit der Entwicklung neuer Technologien spräche, um Deutschland als Industriestandort zukunftsfähig zu machen. Es reiche doch völlig aus, meinte er, wenn wir weitermachten wie bisher. Die Bundesrepublik sei wirtschaftlich auch so erfolgreich und mächtig genug.

Der Münchner Wirtschaftshistoriker Knut Borchardt vertritt die These, daß der ökonomische Niedergang einsetzte, als die Westdeutschen nicht mehr vom »Wirtschaftswunder« sprachen, also nicht mehr staunten über das, was nach 1948 durch eine ungeheure Kraftanstrengung unseres Volkes in Gang gesetzt worden war.[91] Inzwischen hielten sie ihren neuen Reichtum für selbstverständlich, sahen in ihm einen Selbstläufer, obwohl er doch auf dem Zusammenwirken einer ganzen Reihe verschiedener Faktoren beruhte, die schon in den siebziger Jahren weitgehend verschwunden waren. Seither lebte die Bundesrepublik stets über ihre Verhältnisse.

Man erntete die Früchte, erbte, wurde bequem und vergaß neue Impulse. Trotz aller Hiobsbotschaften herrscht weithin immer noch das Gefühl vor, wir seien ein reiches Land, so daß man sich zufrieden auf den Lorbeeren der ersten beiden Nachkriegsjahrzehnte ausruhen dürfe.

Der sieche Sozialstaat

»Die Krise des Sozialstaates ist keine reaktionäre Erfindung«, schrieb Peter Lohauß 1996 in der Zeitschrift *Kommune*. Es sei in der jetzigen Situation unverantwortlich, die politische Auseinandersetzung an der Alternative »Abbau oder Verteidigung des Sozialstaates« festzumachen. Denn auch eine Regierung aus anderen politischen Kräften habe nicht die Möglichkeit, zu den sozialen Zuständen der siebziger Jahre zurückzukehren.[92] Buchstäblich kein einziger der bisher gemeinsam bejahten Grundsätze sozialer Sicherung behalte heute unangefochten seine Gültigkeit. Von der Lohnfortzahlung im Krankheitsfall bis zur Beitragsfinanzierung des Alterseinkommens, vom Niveau der Sozialhilfe bis zur Anerkennung der Tarifautonomie seien die bisherigen Selbstverständlichkeiten des bundesrepublikanischen Sozialstaates quer durch alle politischen Lager in Frage gestellt.[93]

Dabei seien Kritiker wie Verteidiger »bemerkenswert ratlos«, welche Folgen denn der allseits beschworene Umbau unseres Sozialstaats haben werde. »Diese Krise trifft den Kern unseres gesellschaftlichen Selbstverständnisses.« Sie habe weniger subjektive als vielmehr objektive ökonomische und soziale Ursachen.

Zu den Herausforderungen einer völlig veränderten internationalen Umwelt, der ökonomischen Globalisierung, träten im Inneren auch unseres Landes die problematischen Folgen der Individualisierung, einer Vereinzelung der Bürger, die zunehmend frühere soziale Bindungen an Schichten, Klassen und Milieus ersetze. »Der Sozialstaat ist ein recht undurchsichtiger bürokratischer, in vielem auch ungerechter, unpersönlicher Verteilungsmechanismus ... Der ausgebaute Sozialstaat stiftet weder Identität noch Solidarität. Den Bürgern des ausgebauten Sozialstaates entgleitet allmählich die Erkenntnis, daß das Lebensniveau der Mehrheit ganz wesentlich vom Sozialstaat getragen wurde und wird.«

In vielen Köpfen – auch der Politiker – gibt es daher einen selbstverständlichen Rechtsanspruch auf staatliche Zuwendungen. Die SPD ging sogar soweit, in einer Broschüre mit dem Titel »Tips und Hilfen für den Umgang mit Sozialämtern« offen zum Sozialhilfemißbrauch aufzufordern. »Wenn Sie Sozialhilfe beantragen, dürfen Sie in der Regel kein Auto haben«, kann man darin beispielsweise lesen. Die von der »Koordinierungsstelle gewerkschaftlicher Arbeitslosengruppen Bielefeld« erarbeitete, mit einem Vorwort von Rudolf Scharping versehene Aufklärungsschrift weiß Rat: Fettgedruckt und mit dem Symbol einer Glühlampe versehen – dem Leser soll offenbar ein Licht aufgehen – wird der Hinweis hervorgehoben: »Gehört das Auto nicht Ihnen, sondern einem Verwandten oder Freund, der es Ihnen zum Fahren überläßt, kann das Sozialamt natürlich den Verkauf nicht fordern.«[94] Raffiniert ist auch der Rat, größere Geldvermögen einfach auszugeben, bevor sie das Sozialamt anrechne. Als mögliche »Investitionen« werden Urlaubsreisen oder Anschaffungen im Haushalt genannt.

Es stimmt hoffnungsvoll, daß Niedersachsens Ministerpräsident Gerhard Schröder sich von dieser »Anleitung zum Abzocken von Sozialleistungen« in aller Öffentlichkeit distanziert hat, als er im Landtag sagte, diese Broschüre sei »völlig daneben«.[95]

Selbst wenn das Heft inzwischen aus dem Verkehr gezogen wurde, bleiben andere Ratgeber dieser Art aus unterschiedlichen Quellen im Umlauf. Auch private »Selbsthilfegruppen« tüfteln Schliche aus, den Staat – also uns alle – zu betrügen. So muß, wer Wohngeld beantragt, zum Nachweis der Mietkosten einen Mietvertrag vorlegen. Ob die darin genannte Höhe der tatsächlichen Miete entspricht oder ob der Vermieter zum Schein mehr angibt, kann niemand nachprüfen. Unser Sozialstaat lädt zum Mißbrauch geradezu ein, findet Werner Bruns, Referent im niedersächsischen Sozialministerium. Der Wohlfahrtsstaat ist inzwischen derart ausgeweitet worden, daß heute auch breite Schichten mit mittlerem Einkommen zu Nutznießern der sozialen Sicherungssysteme geworden sind. Der Sozialstaat ist nicht mehr nur auf besonders schwache Randgruppen und Bedürftige ausgerichtet. Er ist längst zu einem Transferstaat geworden mit dem Ziel der Umverteilung nicht von den Reichen zu den Armen, sondern von Menschen mit vergleichbarem Lebensstandard untereinander.

Bruns sieht Mißbrauch in drei Formen: Steuerumgehungen, unrechte Subventionen, erschlichene Sozialleistungen. Nach seinen Schätzungen werden etwa 15 Prozent der vom Staat gewährten direkten Sozialleistungen wie Arbeitslosengeld, Sozialhilfe, Kindergeld, Wohngeld und Bafög mißbräuchlich in Anspruch genommen. Das entspricht mindestens 10,8 Milliarden DM jährlich. Der Gesamtverlust des Staates durch den Mißbrauch öffentlicher Leistungen beläuft sich Bruns zufolge auf jährlich weit über 110 Milliarden. Das ist ein Betrag, der – beispielsweise – dem Bruttosozialprodukt des EU-Mitgliedes Griechenland entspricht.[96]

Die Krise der Staatsfinanzen

Die Krise des Sozialstaates zeigt sich am deutlichsten in der katastrophalen Lage der Staatsfinanzen. Die Verbindlichkeiten der öffentlichen Hand sind zwischen 1949 und 1989 von 20 auf 900 Milliarden Mark angewachsen. In den folgenden sechs Jahren hat sich die Schuldenlast verdoppelt.[97] 1996 mußte Bundesfinanzminister Theo Waigel Kredite in Höhe von rund 195 Milliarden Mark aufnehmen. Der größte Teil davon, nämlich 135 Milliarden Mark, ist nicht für den Bundeshaushalt bestimmt, sondern dient zur Tilgung früher aufgenommener Kredite. Aber auch die Nettoneuverschuldung wuchs 1996: auf 78,3 Milliarden Mark, das waren 18,4 Milliarden Mark mehr als im Haushaltsplan vorgesehen. Die Schuldenquote (gemessen am Bruttosozialprodukt) stieg von 41 Prozent im Jahr 1989 auf 60,5 Prozent Ende 1996. Damit überstieg sie erstmals den nach Maastricht-Kriterien zulässigen Grenzwert.[98] Entsprechend hoch ist der Schuldendienst: Die Zinslast des Bundes wächst und wächst. Im Jahr 1990 reichten noch knapp 35 Milliarden aus, um die Schulden zu bedienen. 1996 rechnete der Bundesfinanzminister mit 53,8 Milliarden Mark Zinsausgaben. Das sind fast zwölf Prozent der Gesamtausgaben des Bundes. Und die Belastung wird in den kommenden Jahren noch steigen. Denn weil der Bund Jahr für Jahr neue Schulden macht (im Dezember 1996 betrug sein Schuldenberg fast 800 Milliarden Mark), nimmt auch die Zinslast weiter zu. Nach Berechnungen, die Waigel Ende 1996 in seiner mittelfristigen Finanzplanung anstellte, werden die Zinsausgaben im Jahr 2000 gut 68 Milliarden Mark betragen; jede siebte Mark, die der Bund dann ausgibt, fließt in den Zinsendienst. Rechnet man die Schulden von Ländern und Gemeinden hinzu, kommt man glatt auf das Doppelte, also weit über hundert Milliarden Mark nur für Zinsen!

Die Ausgaben für den Sozialstaat 1996 entsprachen in etwa einem Drittel der volkswirtschaftlichen Gesamtleistung Ost- und Westdeutschlands. »Jede dritte Mark in unserem Staat wird nach wie vor für Soziales ausgegeben«, brüstete sich Norbert Blüm im Juni 1996 vor dem Bundestag und fügte stolz hinzu: »Das gibt es fast auf der ganzen Welt nicht mehr.«[99]

Ähnlich froh ließ sich auch Theo Waigel vernehmen. Die Summe aller Sozialleistungen habe 1995 rund 1106 Milliarden Mark betragen, schrieb er im *Handelsblatt*.[100] Dies entspreche in etwa einem Drittel des Bruttoinlandsprodukts. Eine »beeindruckende Zahl«, fand Waigel. In der Tat. Aber auch eine erschreckende. Statt stolz darauf zu sein, daß jede dritte Mark bei uns sozial umverteilt wird, hätte man alarmiert sein müssen. Die exorbitante Höhe der Sozialausgaben war zugleich der Beweis dafür, daß die Bundesrepublik, weit davon entfernt, ein kapitalistischer Staat zu sein, längst jene Synthese von Kapitalismus und Sozialismus verwirklicht hat, nach der von Theoretikern eines »Dritten Weges« zwischen beiden Systemen so oft vergeblich gesucht worden war. Soziale Sicherheit, so der Grundkonsens bei uns, war und ist die Grundlage der deutschen Demokratie. »Von Texas aus gesehen«, meinte jüngst ironisch Christoph Stölzl, herrsche in Deutschland »immer noch der Bolschewismus«.[101]

Das erklärt auch, weshalb der Staat in die heutige, bankrotte Lage geraten ist. Zum einen sinken die Einnahmen. Während die Steuereinkünfte des Bundes 1989 noch 11,1 Prozent des Bruttoinlandsproduktes betrugen, sind es in diesem Jahr nur noch 9,6

Prozent. Das bedeutet für den Bund einen Einnahmeverlust von 55 Milliarden Mark.[102] Zum anderen haben wir seit Jahrzehnten über unsere Verhältnisse gelebt, haben Geld ausgegeben, das wir längst nicht mehr besaßen. Noch immer herrscht die Illusion, der Staat könne durch Schuldenmachen Wohlstand schaffen. Es sei kein Problem, dachte man, über die eigenen Verhältnisse zu leben, Geld auszugeben, das man nicht habe, weil die Investitionen, die daraus folgten, sich am Ende von selber auszahlen würden. Dabei übersahen die meisten, daß sich das Verhältnis von Gegenwartskonsum und Zukunftsinvestition immer weiter verschob.

Wurde 1970 für die soziale Sicherung auf der einen und für den Erhalt des Produktionspotentials auf der anderen Seite noch ungefähr gleichviel ausgegeben (nämlich etwa 175 Milliarden Mark), so übersteigt heute der Konsum die Vorsorge für die Zukunft um rund 360 Milliarden Mark.[103] In Wirklichkeit finanzieren wir Bürger also viele der für selbstverständlich gehaltenen öffentlichen Leistungen mit unseren privaten Ersparnissen.

Die zweite Illusion war, daß das Umlageverfahren in der Renten- und Krankenversicherung auf Dauer durchzuhalten sei – unabhängig von Produktivität und Geburtenrate. Man könne durch diese Systeme Belastungen, so hoffte man, gering halten und zugleich eine umfassende Versorgung dauerhaft sicherstellen. Die Deutschen genossen diese beiden Illusionen in den vergangenen Jahrzehnten wie Drogen, meint Meinhard Miegel. Sie hätten in einer Art Rauschzustand gelebt, der die Welt rosiger erscheinen ließ, als sie tatsächlich war. »Nunmehr verlieren diese Drogen an Wirkung und allenthalben stellen sich Entzugserscheinungen ein.«[104] Denn beide Illusionen, denen das bisherige Sozialsystem naiv anhing, sind inzwischen durch neue, harte Tatsachen widerlegt.

Alle Finanzminister der Bundesrepublik mußten sich gegen die Begehrlichkeit der Sozialpolitiker wehren – meist erfolglos. Die Kanzler standen, von Adenauer bis Kohl, nicht hinter ihnen. Allen fehlte die politische Kraft und der entschiedene Wille, offensichtliche Übertreibungen der Sozialpolitik abzuwehren, Fehlentwicklungen den Weg zu verlegen. Unlängst hat Gerhard

Stoltenberg in der ihm eigenen, norddeutschen Nüchternheit vornehm zurückhaltend angedeutet, welche Konflikte er als Finanzminister nach 1982 mit den CDU-Sozialpolitikern Norbert Blüm und Heiner Geißler auszufechten hatte, wie vergeblich seine Mahnungen zur Sparsamkeit blieben.[105] Bei den Sozialdemokraten war es nicht besser. Vor kurzem hat Hans Apel, Bundesfinanzminister von 1974 bis 1978, freimütig eingeräumt, den Grundstock zum heutigen Schuldengebirge hätten seinerzeit er und sein Nachfolger Hans Matthöfer gelegt. »Die Verschuldung war das Ergebnis vieler nicht sachgerechter Kompromisse.« Die Gestaltungskraft des Finanzministers sei viel begrenzter, als die öffentliche Meinung wahrhaben wolle. Wenn ein Finanzminister Schlimmeres verhüte, habe er seine Sache schon gut gemacht.[106]

Die Rentenproblematik

Schon die Einführung der dynamischen Rente 1957[107] beruhte auf illusionären Annahmen. Mit der bekannten Begründung Adenauers, Kinder bekämen die Leute immer, trösteten sich die Politiker über alle schon damals geäußerten Zweifel hinweg und meinten, die demographische Zukunft wie die fortdauernde industrielle Leistungsfähigkeit seien ohne weiteres gesichert. Doch schon Mitte der sechziger Jahre kam die Pille auf und die Geburtenrate sank drastisch fast auf die Hälfte.

Dennoch dauerte es drei Jahrzehnte, bis diese ganz unbestreitbare Widerlegung einer für selbstverständlich gehaltenen, tragenden Prämisse der Reform von 1957 zum öffentlichen Thema wurde. Statt die Rentensysteme entsprechend zu entlasten, bürdete man ihnen wegen einwandernder Aussiedler, dann wegen der Wiedervereinigung große, zusätzliche Lasten auf, obwohl sich längst zeigt, daß wegen sinkender Beschäftigungszahlen die Einnahmen der Kassen zurückgehen, während zugleich durch längere Lebenserwartung und zunehmende Frühpensionierungen die Ausgaben steigen. Es ist geradezu unglaublich und läßt sich, milde gesagt, nur als grobe Fahrlässigkeit bezeichnen, daß man dennoch dieses System bedenkenlos weitergeführt hat, das – anders als in einigen anderen Ländern – nicht auf der Kapitalisierung der eingezahlten Beträge, sondern auf einem Umlageverfahren ohne Rücklagen beruht. Man lebt von der Hand in den Mund – von einer immer kleineren Hand in einen immer größeren Mund.

Die Generationen, die jetzt ins Berufsleben eintreten, sagen rundheraus, was jeder sehen kann, der Augen und Ohren offen hält, daß sie keine Chancen sehen, für die Beiträge, die sie heute einzahlen, je eine angemessene Rente zu erhalten. Auch die Politik beschränkt Aussagen über die zukünftige Sicherheit der Rente inzwischen auf heutige Rentner. Helmut Kohl meinte im vergangenen Jahr: »Ich habe überhaupt keine Zweifel, daß die Renten sicher sind für die jetzige Rentnergeneration.«[108] Für die nachfolgenden Generationen wird es wohl auch nach seiner Überzeugung riskant.

Man konnte das seit langem absehen. Das Rentensystem ist ein Problem, das man nicht dem kurzfristig orientierten Vierjahres-Rhythmus der Legislaturperioden ausliefern darf. Man muß über Generationen hinweg verantwortungsbewußt handeln, muß Probleme frühzeitig anpacken, langfristig lösen, weil bei den absehbaren, langfristigen Trends keine positiven, also ausgabensenkenden Überraschungen möglich sind.

Selbst wenn es jetzt plötzlich, wofür leider nichts spricht, zu neuer Vollbeschäftigung und einer bemerkenswert gesteigerten Geburtenfreudigkeit deutscher Frauen käme, wovon der schöngerechnete Blümsche Rentenreformvorschlag auszugehen scheint[109], und wenn wir außerdem eine kräftige Zuwanderung qualifizierter, berufstätiger Ausländer registrieren könnten, würde das die große Lücke, die zwischen der Mitte der Sechziger und der Mitte der Neunziger entstanden ist, nicht mehr füllen. Langfristige, relativ sichere Prognosen haben seit vielen Jahren vorgelegen. Sie blieben unbeachtet, wurden politisch ignoriert, obwohl es mehrere Institute gab und gibt, die sich mit diesen Fragen beschäftigen.

Wer heute in Rente geht, kann davon ausgehen, daß seine »Rendite« – Rente gegen früher gezahlte Beiträge gerechnet – bei etwa sechs Prozent liegt, hat der Mannheimer Volkswirt Axel Börsch-Supan errechnet. In den fünfziger und sechziger Jahren schien das Umlageverfahren durchaus profitabel zu sein. Damals wuchs die Zahl der Arbeitnehmer noch schneller als die der Rentner, die Produktivitätsgewinne waren so hoch, daß ein guter Teil an die Rentner weitergegeben werden konnte und immer noch genug für die Arbeitnehmer übrigblieb. Diese goldenen Zeiten sind vorbei. Heute nimmt die Zahl der Rentner schneller zu als die der Erwerbstätigen. Außerdem läßt das Produktivitätswachstum nach. Die reale Rendite des Umlageverfahrens wird für die jetzt 30- bis 40jährigen kaum über Null liegen, meint Börsch-Supan. Das Umlageverfahren sei daher weder ökonomisch attraktiv noch weise, schreibt er, »weil die jüngeren Arbeitnehmer merken, daß bei einem Beitragssatz von über 20 Prozent des Bruttoeinkommens die spätere Rendite recht bescheiden ist. Früher oder später lassen sie sich vorrechnen, daß bei einer Verzinsung von vier Prozent eine Ersparnis von sechs Prozent des Einkommens ausreicht, um während eines 40jährigen Erwebslebens das Kapital aufzubringen, das eine Annuität in Höhe der jetzigen Rentenansprüche deckt.«[110]

In der Tat: Wer heute jung und gescheit ist, weiß, daß ihm das jetzige System keine Chancen bietet. Bei diesen trüben Aussichten kann es auf die Dauer zwischen den Generationen nicht gut gehen. Die Jungen werden kaum friedlich und freundlich rapide steigende Lasten zugunsten der Alten bei sinkenden eigenen Aussichten hinnehmen. Man fragt sich, wenn immer wieder vom »Generationenvertrag« die Rede ist, worin denn eigentlich die *Gegen*leistung der Alten für die Einzahlungen der Jungen besteht. Die 25- bis 55jährigen müßten heute feststellen, bemerkte jüngst Meinhard Miegel, »daß die Alten – wie sollte es anders sein – die ihnen erbrachten Leistungen mit ins Grab nehmen und sie selbst mit ziemlich leeren Händen dastehen.«[111] Kurt Biedenkopf hat deswegen treffend bemerkt: »Den Generationenvertrag, einen Vertrag im Sinne von Einklagbarkeit, hat es nie gegeben.«[112] Statt von einem Vertrag zwischen den Generationen sollte man eher von einem Glücksspiel nach dem Schneeballsystem sprechen, wie wir es kürzlich in Albanien erlebt haben, wobei bei uns die Alten vorerst weiter die Gewinner, die Jungen auf jeden Fall die Verlierer sein werden.

Jede Problemskizze zeigt, wie mühsam und opferreich alle denkbaren Lösungen sein werden. Alle werden natürlich Abstriche erzwingen. Die gegenwärtige Regierung und die deutsche Sozialdemokratie neigen allerdings immer noch dazu, das Thema auf die lange Bank zu schieben, Zwischenlösungen zu suchen, also die Beiträge sanft zu erhöhen, Leistungen sanft zu senken. Damit kann man sich eine Weile lang durchwursteln. Auf die Dauer aber wird es sich als unmöglich erweisen, das Arbeitsverhältnis als Grundlage der Rentensysteme beizubehalten – und zwar einfach deshalb, weil die Zahl der Beschäftigten unaufhaltsam sinkt.

Will man das Rentensystem zukunftsfähig machen, das Vertrauen neuer Generationen in seine Verläßlichkeit stärken, führt wohl kein Weg um eine Kapitalisierung der Renten-Beitragszahlungen herum. Aber auch in diesem Fall blockieren Ängste und Zaudern die notwendigen Innovationen. »Doppelt so viele Menschen glauben in Deutschland an Ufos wie an die Eignung von Aktien zu ihrer Altersvorsorge«, brachte Werner G. Seifert, der Vorstandsvorsitzende der *Deutschen Börse AG*, die allgemeine Zaghaftigkeit auf den Punkt.[113] Dabei muß sich eine Investition für den eigenen Lebensabend nicht auf Aktien beschränken. Auch in Lebensversicherungen, Pensionsfonds oder Immobilien könnte der Bürger sein Geld anlegen. Man erhofft sich, griffen diese Gedanken um sich, in Wirtschaftskreisen durchaus eine Ankurbelung der Konjunktur. »Die Gesellschaft bezahlt die politische Entscheidung für das Umlageverfahren mit einem niedrigen Wachstum«, meint Hans Glismann vom Kieler *Institut für Weltwirtschaft*.[114]

Wie könnte eine eigenverantwortliche Altersversorgung aussehen? Kurt Biedenkopfs Konzept einer »Bürgerrente«[115], die mit Blüms hinhaltenden, halbherzigen Reformvorhaben innerhalb der CDU – leider vergeblich – konkurriert, nimmt sich ebenso vernünftig wie realistisch aus: Ab dem Jahr 2000 soll die Rente nur noch aus Steuern finanziert werden, sich nach heutigem Stande bei 1540 Mark monatlich einpendeln. Diese »Grundrente« soll einen Sockel, nicht aber den Lebensstandard sichern. Dafür wird vielmehr die eigene Initiative gefordert. Der Bürger muß das Geld für seine Altersvorsorge in Zukunft selbst aufbringen und verwalten. Er spart andererseits die Summen, die er in das bisherige Umlageverfahren einzahlte. Zugleich bekommt er – nach Biedenkopfs Modell – den bisherigen Rentenbeitrag seines Arbeitgebers zu siebzig Prozent in die eigene Hand; die restlichen dreißig Prozent spart der Arbeitgeber.

Von einem »Generationenvertrag« wird man künftig nicht mehr sprechen. Jede Generation wird für sich selbst sorgen, unabhängig von der demographischen Entwicklung unseres Landes. Der Generationenvertrag, falls er je existierte, ist längst zur leeren Floskel, zu einer Verhüllungsvokabel geworden.

Biedenkopfs Vorstellungen haben sich zwar innerhalb der Union nicht durchsetzen können, finden aber beim Koalitionspartner Unterstützung. Die FDP, besonders Guido Westerwelle, fordert schon seit längerem Generationengerechtigkeit. Was der Generalsekretär der Liberalen sich darunter vorstellt, ist mit Biedenkopfs »Bürgerrente« nahezu deckungsgleich. Nur noch eine elementare Versorgung könne der Staat gewähren, sagte er. Diese gesetzliche Alterssicherung werde »das wichtigste Standbein« bleiben. Hinzu komme die private Zusatzvorsorge, etwa durch Lebensversicherungen oder Wohneigentum.[116]

Westerwelle zieht außerdem in Betracht, Arbeitnehmer an ihren Betrieben zu beteiligen, sie dafür aber auf Lohnzuwachs verzichten zu lassen; auch so könne Altersvorsorge gesichert werden. »Sparlohn statt Barlohn«, nennt Westerwelle dieses Konzept. Er fordert, mit den Reparaturen des längst überholten, nicht mehr angemessenen Rentensystems Schluß zu machen.

Darin pflichtet ihm Meinhard Miegel bei, als Berater Biedenkopfs auch Mitglied der Blümschen Rentenkommission. Er denkt daran, die Beiträge in den nächsten zehn Jahren abzubauen, zugleich die Steuern zu erhöhen, so daß es in dieser Zehnjahresphase nicht zu Einnahmeausfällen der Bürger komme.[117] Der Wirtschaftsexperte plädiert darüber hinaus dafür, alle Bürger bei der Grundversorgung gleichzubehandeln. Denn besonders Kindererziehende erführen im bestehenden System »eine extreme Ungleichbehandlung«. Auch sei es notwendig, die Renten von der Arbeit zu entkoppeln, da das System bei anhaltend hoher Arbeitslosigkeit nicht aufrechterhalten werden kann.

Von unerwarteter Seite haben alle diese Vorschläge Unterstützung erfahren: Der Diözesanrat des Kölner Erzbistums formulierte im Januar 1997 ein Reformvorhaben, das auf drei Säulen ruht: einer Grundsicherung, die – angepaßt an die dynamischen Lebenshaltungskosten – jetzt bei 1050 Mark liegt, dazu einer obligatorischen Eigenversorgung als zweitem tragenden Element und schließlich staatlich finanzierten Beiträgen für Erziehungsleistungen. Auch hier würden die Rentenbeiträge entfallen und alle Bürger gleichermaßen zur Privatvorsorge verpflichtet. [118]

Doch der Bundesausschuß der CDU hat sich nach monatelanger Diskussion im März 1997 auf Blüms Reparaturen festgelegt.[119] Kurt Biedenkopf hat seine Vorschläge gar nicht erst in Antragsform gefaßt. Der Wille zur Beharrung hat sich in der Union noch einmal, wohl nicht zum letzten Male durchgesetzt. Die geplante, langsame Senkung des Rentenniveaus auf 64 Prozent, die von der SPD überdies vehement abgelehnt wird, ist schon heute Makulatur. Das neue Reformvorhaben der CDU kann nichts daran ändern, daß der Generationenvertrag längst von demographischen Realitäten gebrochen wurde.

Die Misere der Krankenversicherung

Vor vergleichbaren Schwierigkeiten steht das Krankenversicherungswesen. Rund 440 Milliarden Mark verschlingt es in Deutschland momentan im Jahr. Das sind zehn Prozent des Bruttoinlandsprodukts.[120] Der Explosion der Krankheitskosten ist bei allem Respekt vor den Eindämmungsversuchen des Gesundheitsministers Horst Seehofer mit den gegenwärtigen Methoden vermutlich nicht beizukommen. Wenn die Ausgaben und damit auch die benötigten Einnahmen der gesetzlichen Krankenkassen von Jahr zu Jahr steigen – allein zwischen 1991 und 1995 etwa um mehr als 55 Milliarden Mark –, hat das weniger damit zu tun, daß die Deutschen immer kränker werden. Kostentreibend sind vor allem die neuen medizinischen Mittel und ihre wenig gezielte Anwendung.

Hinzu kommt, daß die gesetzlichen Krankenkassen bekanntlich keine Meister effektiver, kostensparender Verwaltung sind, sondern häufig ihre Administration unnötig aufblähen. Immer wieder kritisiert Seehofer die steigenden Verwaltungs- und Werbeausgaben der Krankenkassen, auch Mehrkosten bei Massagen, Heil- und Arzneimitteln, die medizinisch nicht zu begründen seien. Meist erfolglos.

In weitaus größerem Umfang als bisher geplant, wird man den einzelnen Patienten in die Verantwortung für sich selbst einbinden müssen. Das beginnt mit der einfachen, schriftlichen Information durch den Arzt oder die Krankenkasse, welche Kosten seine Behandlung verursacht hat. Das wird mit der dritten Stufe der Gesundheitsreform endlich verwirklicht: Innerhalb von vier Wochen nach Quartalsende müssen Ärzte nun die Kassenpatienten schriftlich über die Kosten ihrer Behandlung informieren. Anschließend wird der Versicherte in zumutbarem Maße an diesen Kosten zu beteiligen sein. Dabei sollten ihm, seiner eigenen Abschätzung der Risiken gemäß, Wahlmöglichkeiten eingeräumt werden.

Warum, so fragte kürzlich der Zürcher Ökonom Peter Zweifel auf einem Kolloquium der *Robert Bosch Stiftung* über Gesundheitsversorgung im Alter, sollten die Leute nicht die Freiheit der Wahl haben, weniger in ihre medizinische Versorgung zu investieren und dafür mehr in ihre Wohnung? Vielleicht bringe das mehr für ihre Gesundheit.[121] Zugespitzt gesagt, wird der einzelne entweder die Kosten für die vielen alltäglichen, kleinen Krankheiten übernehmen müssen oder die der relativ seltenen, großen Risiken wie Operationen und Krankenhausaufenthalte.

Man könnte auch den niedergelassenen, vertrauten Hausarzt – wie in den Niederlanden – zu einer Art Türsteher des Gesundheitswesens aufwerten, der den Patienten durch das Versorgungssystem schleust und entscheidet, wann der Facharzt oder das Krankenhaus die weitere Behandlung übernimmt. Selbst Privatversicherte werden in Holland in der Regel nur aufgrund einer Überweisung durch den Hausarzt anderswo behandelt. Damit ist der schnelle, oft unnötige Wechsel von einem Arzt zum anderen, wie er in Deutschland möglich und üblich ist, ausgeschlossen. Teure Mehrfachuntersuchungen unterbleiben. Außerdem ist der Hausarzt über alle externen Behandlungen seines Patienten stets informiert und muß nicht immer wieder von vorne anfangen.[122]

Es ist auch nicht zu begründen, warum die Solidargemeinschaft für Krankheiten und Verletzungen aufkommen muß, die sich der einzelne selbst zuzuschreiben hat, weil er sehenden Auges Gesundheitsrisiken eingeht. Das gilt zum Beispiel für Raucher, aber auch für Menschen, die gefährliche Sportarten betreiben. Solidarität kann nicht heißen, daß die Gemeinschaft bewußt in Kauf genommene Risiken einzelner mitträgt. Raucherzuschläge oder Zusatzversicherungen für Skifahrer sind – so kompliziert sie auch erscheinen – ein Gebot der Gerechtigkeit wie ökonomischer Vernunft. Jeder kann und muß selbst entscheiden, wieviel ihm sein sportliches Hobby oder der Genuß von Zigarretten oder Zigarren wert ist.

All das spricht für die Umwandlung der bestehenden gesetzlichen in private Krankenversicherungen, die erfahrungsgemäß flexibler auf die unterschiedlichen Erwartungen der Kunden reagieren und vor allem kostengünstiger wirtschaften können. Selbstverständlich müßte die Versicherungspflicht des einzelnen auch im neuen System beibehalten werden – etwa nach dem Vorbild der privaten Kasko-Versicherung für Autos.

Den Staat benötige man in diesem Zusammenhang nur als die Instanz, welche die Regeln festsetzt, nach denen gespielt wird, hat Norman van Scherpenberg bemerkt, lange Jahre Staatssekretär im niedersächsischen Finanzministerium und später Generalbevollmächtigter bei der Präsidentin der Treuhandanstalt. »Wir brauchen den Staat sozusagen als den Mann im schwarzen Trikot, der immer mit Argusaugen dort ist, wo das Spiel stattfindet, mit Pfeife, gelber und roter Karte ausgestattet und mit der Autorität, diese auch einzusetzen. Aber er würde das ganze Spiel durcheinanderbringen, wenn er plötzlich anfinge, als dritte Partei selbst mitzuspielen.«[123] Unser Staat hingegen wirkt noch immer wie ein Schiedsrichter, der am liebsten allen Beteiligten den Ball wegnähme, weil er allein zu wissen vorgibt, wie das Ergebnis aussehen muss. Und auf allzu vielen Feldern hat er längst den Ball in der Hand – hilflos.

Die Fortsetzung des gegenwärtigen Systems der Krankenversicherung scheint unmöglich, deren weitere Ausdehnung wäre politisch fahrlässig. »Die Einführung der Pflegefallversicherung war ein Fehler«, schreibt Helmut Schmidt.[124] Die Explosion der Kosten zwingt zu Einschränkungen, die den heutigen Einkommensverhältnissen und einer zumutbaren Selbstverantwortung des einzelnen Versicherten gleichermaßen Rechnung tragen müssen.

Fortbildungen und Betreuungen

Das Thema zumutbarer Kostenreduzierungen läßt sich erweitern. Sind wirklich alle Bildungsurlaube und Fortbildungsveranstaltungen sinnvoll, ja notwendig? Kaum. Wenn man sich vergegenwärtigt, was heute in Behörden, Betrieben und kulturellen Einrichtungen für solche Erfindungen der Begegnungsindustrie von der Arbeitszeit abgeht, wenn man die inzwischen üblichen Überstundenregelungen hinzunimmt, kommt man kaum an der Feststellung vorbei, daß in diesen Bereichen enorme Reserven stecken, die ohne Schaden für den sachlichen Ertrag gestrichen werden können. Und wieviel Geld könnte allenthalben gespart werden! Ist nur von Ausnahmen oder von Regelfällen die Rede, wenn Heidi Schüller behauptet, unter dem Mantel der Jugendhilfe habe die Sozial- und Pädagogikbranche himmelschreienden Mißbrauch getrieben?»Allzuoft wurden selbst überzogene Forderungen – sei es aus Bequemlichkeit, sei es aus dem Eigeninteresse der Betreuer – unterstützt. In der Familie, aber auch in der Drogenberatung, bei der Sozialisierung von Verweigerern oder im allzu moderaten Strafvollzug ... So entstand Erlebnispädagogik in Portugal oder Nepal für Schwererziehbare mitsamt ihren erlebnishungrigen Sozialbetreuern. Für bis zu 12 000 Mark pro Person und Monat schicken Jugendämter schwererziehbare Jugendliche auf Segeltörns in die Karibik oder auf Fahrradtouren durch Neuseeland. Die horrenden Kosten solcher öffentlich finanzierten Spaßreisen dürften in keinem Verhältnis zum allenfalls bescheidenen pädagogischen Erfolg stehen. Auch Kifferseminare mit fachkundiger Anleitung für den ›richtigen‹ Drogengebrauch am Rande der *Love Parade* oder als Dauerinstitution entziehen sich meinem Pädagogikverständnis«, schreibt die Autorin.

»Wie viele Stellen im Sozialdienst stünden ad hoc zur Disposition«, meint Heidi Schüller weiter, »wenn man der Verweigerungsjugend mehr Eigenengagement und Eigenverantwortung abverlangen würde? Auch hier wäre Ressourcenverknappung – bei Licht betrachtet – der hilfreichere Weg. Fernab von den Idealisierungen wabernder Sozialpolitik muß sich auch hier bald der Aufwand am Effekt messen lassen. Es ist wirklich nicht einzusehen, daß gerissene ›Abweichler‹ und Schwererziehbare mitsamt ihren Betreuern in einzelnen Luxusprojekten kostenträchtig ›geparkt‹ werden. Statt schlicht eine Wohnung für 400 Mark anzumieten und die Ausbildung in einem Betrieb zu begleiten, werden einzelne Jugendliche in betreuten Wohnprojekten für rund 2800 Mark dauerumsorgt, während gleichzeitig Schulen und Hochschulen verkommen und leistungswilligen, engagierten Kindern die Ausstattungsbasis beschnitten wird.«[125] Wie wäre es statt dessen mit Ernteeinsätzen in Brandenburg oder Landschaftspflege an der Ostseeküste?

Man muß der Politik mit der Forderung nach radikalen Schnitten Mut machen, alle heutigen Tabus beherzt zu thematisieren, Prioritäten neu zu setzen – und dann das Erforderliche auch konsequent zu tun.

Das Ende des Wohlfahrtsstaates

Es ist vollkommen klar und unbestreitbar, daß die Sozialleistungen wie die Staatsschulden und damit der Zinsendienst kräftig sinken müssen, wenn unser Land seine Zukunft sichern will. Zwar hört man manchmal, eher seien Posten wie der Verteidigungsetat, der schon so oft herhalten mußte, weiter reduzierbar. Aber das verkennt die weiterbestehende Wichtigkeit einer raschen Abwehrbereitschaft wie die Proportionen: der Verteidigungshaushalt ist, relativ gesehen, klein; er betrug 1996 mit 47 381 Milliarden Mark nicht einmal ein Drittel dessen, was allein der Sozialetat des Bundes verschlang, nämlich 167 386 Milliarden Mark.

Es ist ein Gebot der Selbstachtung unserer Gesellschaft, dafür zu sorgen, daß Hilflose und Schwache, unverschuldet zeitweilig in Not geratene Mitbürger, nicht auf der Strecke bleiben. Das ist so selbstverständlich, daß es kaum der Erwähnung bedarf. Aber wenn von der unerläßlichen Überprüfung des Wohlfahrtsstaates die Rede ist, geht es nicht um die Unterstützung, der, wie man früher gesagt hätte, »verschämten Armen«, sondern um die Masse jener Staatsleistungen, die wir alle als willkommene Annehmlichkeiten der letzten Jahrzehnte betrachtet und gern in Anspruch genommen haben. Viele haben sich so sehr an diese Wohltaten gewöhnt, daß sie sie längst für selbstverständlich halten, sich oft gar nicht mehr der Tatsache bewußt sind, in welchem Maße ihre Lebensverhältnisse durch öffentliche Mittel erleichtert, verschönt, bereichert worden sind.

Das ist jetzt, einfach aus Mangel an Masse, bedauerlicherweise zu Ende. Die Kassen sind leer, Bund, Länder und Gemeinden gefährlich überschuldet. Leider kann man dennoch bisher keineswegs sicher sein, ob der notwendige Prozeß des Umdenkens leicht und bald in Gang kommt. Unerläßlich sind so geduldige wie hartnäckige Versuche, unsere Mitbürger aufzurütteln und ihnen klarzumachen, daß es wie bisher auf keinen Fall weiter geht. Ob wir von Notgemeinschaft, Solidarität oder Patriotismus reden, ist unerheblich. Wichtig ist allein die Einsicht, daß die

101

guten Jahre vorüber sind. Stürme ziehen auf, und wir alle gemeinsam müssen auf Deck mithelfen, unser Schiff wetterfest zu machen. Sonst könnte es kentern.

Natürlich muß darauf geachtet werden, daß alle Bevölkerungsteile gleichermaßen belastet werden. Daher gehören die Steuerreform mit Beseitigung vieler Abschreibungsmöglichkeiten, die Renten- und die Gesundheitsreform, der Abbau von Sozialleistungen und von Subventionen notwendig zusammen, weil es jeweils um andere Gruppen und Interessen geht. Nur wenn eine große Mehrzahl Landsleute die Überzeugung gewinnen kann, jeder sei im Maße seiner Möglichkeiten von Einschränkungen betroffen, wird der soziale Friede gewahrt bleiben.

Ein Beispiel mag genügen. Die Hauptstadt Berlin hat gegenwärtig Steuereinnahmen von 17 Milliarden. Der öffentliche Dienst kostet 14 Milliarden, der Sozialetat fünf. In dieser Rechnung ist, wie man sieht, noch keine Mark für alles andere enthalten, etwa von der Kultur, gar einer repräsentativen, hauptstädtischen, mit keinem Wort die Rede. Die Berlin-Hilfe aus Bundesmitteln hatte sich in den Jahrzehnten seit den fünfziger Jahren enorm ausgeweitet. Daran haben sich die Berliner so gewöhnt, daß ihnen der Abschied schwer fällt, sie sich nicht auf die neuen Realitäten einstellen. Wie lassen sich angesichts der Haushaltsmisere weiterhin eigene Kegelbahnen der defizitären *Berliner Verkehrsbetriebe* (BVG), eigene Tennisplätze und Erholungsstätten rechtfertigen, die von der öffentlichen Hand finanziert werden? Warum kauft der Bausenator zwei Christo-Bilder für insgesamt zwei Millionen Mark für seine Behörde? In der Hauptstadt herrscht noch immer die Geisteshaltung der »Großzügigkeit, Bequemlichkeit und großen Gesten. In Schwung hält es der öffentliche Dienst, geschmiert wird es auf Partys und in Kungelrunden. Und jetzt, wo das Land ohnehin bald pleite ist, gibt jeder lieber schnell noch was aus, bevor es andere machen.«[126]

Selbstverständlich muß ein derart riesiger Verwaltungsapparat, auch durch Gesetzesänderungen, entrümpelt werden, was bekanntlich schwierig ist, weil im Parlament allzu viele Vertreter des öffentlichen Dienstes sitzen. Viele Staatsdiener müßten, natürlich nicht nur in Berlin, betriebsbedingt in die vorzeitige Minimalrente geschickt werden. Das ist das eine.

Das andere ist, daß auch sämtliche Sozialausgaben auf den Prüfstand gehören. Vor allem muß dabei mit dem Prinzip gebrochen werden, daß sich Leistungen der Gesamtgesellschaft für den Einzelnen als Fürsorge von selbst verstehen und keiner Gegenleistung bedürfen. Horst Seehofer sprach in diesem Zusammenhang vor einiger Zeit geradezu von einer »Perversion des Sozialstaats«.[127] Das neue Grundprinzip muß lauten, daß der einzelne für alles, was er von der öffentlichen Hand bekommt, seinerseits etwas zu leisten hat. Er muß also seine Arbeitskraft in angemessenem Umfang der Öffentlichkeit für sonst unerledigte Aufgaben von allgemeinem Interesse unentgeltlich zur Verfügung stellen.

Diese einschneidenden Veränderungen sind nicht die Folge einer Feindschaft gegenüber dem Sozialstaat, sondern seiner offensichtlichen Unbezahlbarkeit. »Jedes Land kann sich nur so viel Wohlfahrtsstaat leisten, wie es bezahlen kann«, meinte unlängst Bundesbankpräsident Hans Tietmeyer.[128]

Tiefe Einschnitte sind daher keine Frage bloßen Meinens mehr. Bisher wird zwar von Gegnern solcher Veränderungen immer noch gerne so getan, als ob sie mit etwas gutem Willen abgewendet werden könnten. Das wird sich als Illusion erweisen. Je länger man sich weigert, der Verschwendung von Mitteln, die man gar nicht mehr hat, sondern in großem Umfang pumpen muß, Grenzen zu setzen, indem man Entbehrliches opfert, desto härter werden am Ende die Streichungen ausfallen.

Außerhalb Deutschlands versteht kein Mensch, warum wir es beispielsweise für eine soziale Demontage halten, wenn Kuren von vier auf drei Wochen reduziert werden. Andere Länder kennen diese erfreuliche Einrichtung gar nicht, und es ist absehbar, daß man auch bei uns wieder von ihr abkommen, zu viel größeren Schnitten kommen wird, so schmerzlich das für die betroffenen Bäder und Gemeinden sein mag. Nach und nach wird man sämtliche Kuren streichen müssen. Sie waren angenehm, wie alle sozialen Wohltaten einer Gesellschaft, die sich dergleichen leisten konnte. Wir waren stolz auf viele soziale Errungenschaften guter Zeiten. Natürlich wird die Umstellungsphase Härten bringen. Aber alles Jammern hilft nichts. Der Wohlfahrtsstaat ist an sein Ende gelangt, und ein abmagernder Sozialstaat muß sich künftig auf wirkliche Notfälle, auf unverschuldet zeitweilig Hilfsbedürftige beschränken.

Nun weisen Gegner eines rigiden Sparkurses immer wieder vorwurfsvoll auf angebliche Parallelen zur Deflationspolitik des Reichskanzlers Heinrich Brüning hin. Wenn Kohl und Waigel weiterhin an ihrer Sparpolitik festhielten, so warnen sie, dann drohe Massenelend wie in den letzten Jahren der Weimarer Republik und eine politische Radikalisierung der Bürger.

Was ist von dieser Warnung, diesem Vergleich zu halten? In der Tat springen auf den ersten Blick einige Gemeinsamkeiten ins Auge. Zunächst einmal: Beide hatten bzw. haben bei ihrem Sparkurs wesentlich außenpolitische Ziele im Auge. Brüning wollte den Siegermächten des Ersten Weltkriegs die Unmöglichkeit weiterer Reparationszahlungen demonstrieren, Kohl will Frankreich durch die Erfüllung der Maastricht-Kriterien die Einführung des Euro ermöglichen. Ähnlich wie Brüning will Kohl den Staatshaushalt konsolidieren und versucht dies, indem er auf Kostensenkungen und Einsparungen hinwirkt. Daß beide dennoch keinen dogmatisch neoliberalen Kurs verfolgen, zeigt etwa der Unmut der Arbeitgeber, dem sie sich gelegentlich gegenübersehen. Gleichzeitig hinderten und hindern organisierte Interessen beide Kanzler daran, den Abbau von Subventionen für unrentable Wirtschaftszweige entschieden voranzutreiben. Zu Zeiten Brünings war dies vor allem die Landwirtschaft. Heute kommen beispielsweise der Bergbau und die Schiffsindustrie hinzu.

Freilich täuschen diese oberflächlichen Ähnlichkeiten über den grundlegenden Unterschied hinweg: Brüning verfolgte seine Sparpolitik ungleich kompromißloser als die Bundesregierung. Er begrenzte mit seinen ersten beiden Notverordnungen vom Juli 1930 nicht nur die Ausgaben des Reiches für die Arbeitslosenversicherung, sondern führte darüber hinaus eine Ledigensteuer und ein Notopfer für Beamte und Angestellte ein. Keine drei Monate später legte er bereits nach: Die Beamtengehälter wurden um sechs Prozent gekürzt, die Beiträge zur Arbeitslosenversicherung um zwei Prozentpunkte angehoben. Die »Zweite Notverordnung zur Sicherung von Wirtschaft und Finanzen« vom 6. Juni 1931 kürzte dann auch die Renten von Invaliden und Kriegsversehrten. Sie senkte außerdem die Unterstützungssätze der Arbeitslosenversicherung um zehn bis zwölf Prozent. Zuviel gezahlte Lohnsteuer wurde nicht mehr zurückerstattet. Die Gehälter von Beamten und Angestellten schrumpften erneut, diesmal um vier bis acht Prozent.[129]

Brüning tat das alles, weil er es tun mußte. Einmal waren die Handlungsspielräume seiner Währungs-, Wirtschafts- und Finanzpolitik unter den Bedingungen des völkerrechtlich abgesicherten Golddevisenstandards stark eingeschränkt. Dagegen läßt das heutige internationale Währungssystem der Bundesregierung weitgehend freie Hand. Zum anderen besaß die Reichsregierung damals so gut wie keine Möglichkeiten der Zwischenfinanzierung auf dem Geldmarkt. Brüning war gezwungen, den Haushalt auszugleichen. Ein Defizit zog auf der Stelle spürbare Konsequenzen nach sich: Der Staat hätte dann zum Beispiel die Gehälter der Beamten oder die Heizkosten der Kasernen nicht mehr bezahlen können.

Die Sparpolitik der Regierung Kohl steht unter keinem vergleichbaren Zwang. Sie spart, um ein Ziel zu erreichen, das sie sich selbst gesetzt hat. Und deswegen spart sie natürlich viel weniger radikal. Von wirklich spürbaren, einschneidenden Kürzungen kann bislang kaum die Rede sein.

Unter Brüning hörte die Verschuldungszunahme schließlich völlig auf. Es war einfach kein Geld mehr zu bekommen. Weil aber die Tilgungszahlungen weiterliefen, wurde die Verschuldung real abgebaut. Im Gegensatz dazu geht es heute lediglich darum, die Nettoneuverschuldung zu senken. Das heißt, die staatliche Schuldenlast soll nicht etwa vermindert werden. Sie soll bloß langsamer wachsen.

Aber die Folgen der Sparpolitik seien doch damals wie heute

die gleichen, mag man einwenden: nämlich die steigende Zahl der Arbeitslosen. Auch das ist nicht ganz richtig. Denn Anfang 1933 gab es in Deutschland nur noch 12 Millionen Beschäftigte, die Arbeitslosenquote lag bei mehr als 30 Prozent. Auf einen Arbeitslosen kamen nur drei in Lohn und Brot. Heute dagegen sind es – bei 34 Millionen Stellen – acht Beschäftigte. Zudem war vor 65 Jahren die Massenarbeitslosigkeit vor allem eine Folge der Konjunkturkrise. Als sich Deutschland von der Wirtschaftskrise erholte, sank die Arbeitslosenzahl sofort rapide, nicht nur wegen Hitlers Aufrüstung.

Heute dagegen haben wir es mit strukturellen Fehlentwicklungen und einer von Rezession zu Rezession wachsenden Sockelarbeitslosigeit zu tun. Deren Ursachen – Rationalisierung, Globalisierung, Qualifizierungslücke, fehlende Flexibilität des Arbeitsmarktes – werden nicht verschwinden, auch wenn sich die Konjunktur wieder erholt. Überdies sind Arbeitslose heute natürlich sehr viel besser versorgt als Anfang der dreißiger Jahre. Wirkliches Massenelend gibt es bei uns gegenwärtig nicht. Allerdings wird die Versorgung der Erwerbslosen durch diejenigen, die Arbeit haben, zu einer zunehmenden Belastung der Volkswirtschaft.

Eine Gleichsetzung der heutigen Situation mit der damaligen Malaise legt deswegen ein ganz falsches Rezept nahe. Nach allem, was wir jetzt wissen, war es tatsächlich verkehrt, daß der Reichskanzler eisern an seinem finanzpolitischen Kurs festhielt. Wäre es ihm gelungen, neue Kredite aufzutun, hätte eine Politik des *deficit-spending* vermutlich den Aufschwung beschleunigt und womöglich auch die Unterstützung durch die Bürger mobilisiert, die Brünings Präsidialkabinett so bitter benötigte.

Heute ist eine Zunahme der Staatsverschuldung zwar leicht zu bewerkstelligen, sie hätte jedoch keine positiven konjunkturellen Folgen mehr. Im Gegenteil, die ohnehin horrenden Zins- und Tilgungslasten würden weiter in die Höhe getrieben, die Immobilität der Politik wüchse. Es reicht nicht, eine Neuverschuldung nur zu begrenzen, wie das die Bundesregierung derzeit versucht, sondern Schulden müssen auch einmal zurückgezahlt werden.

Sonst bürdet man die Last der nächsten Generation auf. Etwas mehr Brüning würde Kohl und Waigel daher ganz gut tun.

Was heißt das konkret? Zunächst und vor allem: Umdenken. Die Bundesregierung sollte aufhören, vom Sparen bloß zu reden. Sie muß Taten folgen lassen. Nicht eine Begrenzung der Neuverschuldung darf das Ziel sein, sondern ein völliger Schuldenstop. Bund, Länder und Gemeinden müssen ihre Haushalte grundsätzlich ohne Kredite führen. Daß dies möglich ist, zeigt das Beispiel Neuseelands. Dieser Inselstaat hat Ende der achtziger Jahre – ebenfalls in einer schweren Wirtschaftskrise – seine Ausgaben derart zurechtgestutzt, daß er danach mit den Steuereinnahmen auskam. Auch der Wiederaufbau Westdeutschlands nach dem Zweiten Weltkrieg gelang ohne nennenswerte Schuldenaufnahme. Zwischen 1949 und 1969 machten die Bundesregierungen insgesamt nur 25 Milliarden Mark Schulden – soviel wie jetzt in sechs Monaten.[130]

Wenn man ernsthaft zu einer solchen Finanzpolitik zurückkehrt, werden sich weitere Anleihen bei Brünings Sparprogramm zwangsläufig ergeben: Senkung der Gehälter im öffentlichen Dienst, drastische Kürzung des Sozialetats, wahrscheinlich auch »Notopfer« der einen oder anderen Art. Man muß sich unter dem Druck der Lage vom Konzept einer umfassenden »Daseinsvorsorge« des Staates verabschieden, wie sie zu Zeiten des Dritten Reiches von Ernst Forsthoff erwogen und geplant, in der Nachkriegszeit nach und nach auch praktiziert wurde. Das Zeitalter solcher Doktrinen ist in unseren Tagen zu Ende gegangen. Die Vorstellung vom Staat als einer Instanz, die für alle Lebensverhältnisse verantwortlich ist und für deren Krisen aufkommen muß, hat sich überlebt. Sie ist von den neuen Verhältnissen widerlegt worden und muß leider zu Grabe getragen werden.

Die verbreitete Idee, daß der einzelne eine Wahlfreiheit der Lebensgestaltung besitze, die Folgekosten dieser Wahl aber der Allgemeinheit aufbürden dürfe, ist naiv. Das Risiko der eigenen Lebensführung muß beim einzelnen liegen. Wer glaubt, daß eine Arbeit ihm nicht zumutbar ist, riskiert künftig, daß ihm die Unterstützung gestrichen wird.

Man muß den Bürgern die Verantwortung für ihr eigenes Leben zurückgeben. Jeder muß von nun an für seine wirtschaftliche und soziale Existenz und Zukunft selbst einstehen, für sich und die Seinen Konsequenzen tragen. Das ist nicht nur eine Last. Es kann längerfristig auch eine Befreiung sein, einen Zuwachs an Selbstvertrauen zur Folge haben. Zunächst müssen wir freilich alle lernen, daß die Freiheit nicht mehr gemütlich ist, sondern kalt und fordernd sein kann.

Hat eigentlich der bisherige Sozialstaat die in ihn gesetzten Hoffnungen erfüllt? Hat er nicht vielmehr das Selbstvertrauen der Betroffenen abgetötet, weil sie sich, abhängig geworden, nicht mehr zutrauten, aus eigener Kraft ihr Leben zu meistern? Hinzu kommt, daß die Abhängigkeit von einer anonymen Bürokratie Ängste schafft, zumal im gleichen Maße, in dem staatliche Sozialinstanzen entstanden, ursprüngliche Solidarverbände – wie Familien, Nachbarschaften, Berufskollegen, freiwillige Zusammenschlüsse – sich zurückbildeten, ja ganz verschwanden.

Spontane, auch genossenschaftliche Hilfsbereitschaft kann nicht wachsen, sobald man man allgemein Behörden für zuständig hält. Denn weshalb soll man sich mit Nachbarn oder Kollegen hinsetzen und konkrete Solidaritätsaktionen für einen in Not Geratenen planen, wenn es dafür doch Ämter gibt, die für die Lösung solcher Probleme aus Steuermitteln bezahlt werden? Die private Mildtätigkeit ist leider deshalb sehr zurückgegangen, weil viele fanden, sie sei überflüssig geworden. Die Zurückdrängung, ja Zerstörung ehrenamtlichen Engagements hänge mit dem »fast schon manischen Zwang zur durchgängigen Professionalisierung sozialer Dienstleistungen« zusammen, fand der SPD-Politiker Joachim Becker, Oberbürgermeister von Pforzheim.[131] »Der Wohlfahrtsstaat, der direkt eingreift und die Gesellschaft ihrer Verantwortung beraubt, löst den Verlust an menschlicher Energie und das Aufblähen der Staatsapparate aus, die mehr von bürokratischer Logik als von dem Bemühen beherrscht werden, den Empfängern zu dienen«, schrieb auch Papst Johannes Paul II. in seiner Enzyklika *Centesimus Annus*. »Hand in Hand damit geht eine ungeheure Ausgabensteigerung. Wie es scheint, kennt tatsächlich derjenige die Not besser und vermag die anstehenden Bedürfnisse besser zu befriedigen, der ihr am nächsten ist und sich zum Nächsten des Notleidenden macht.«[132]

Diese Haltung wird vom allzuständigen Wohlfahrtsstaat jedoch systematisch entmutigt: Denn der Arme kann einen entsprechenden Antrag stellen, dann kriegt er das Nötige. Warum soll man daher Geld in den Klingelbeutel legen oder irgendwohin überweisen, wenn ohnehin alles von der öffentlichen Hand übernommen wird oder durch die weitgehend öffentlich finanzierten, sogenannten privaten Wohlfahrtsverbände?

Diese Entwicklung hat, wie gesagt, die Vereinzelung des einzelnen enorm befördert. Er fühlt sich nicht mehr in irgendwelche Gruppen eingebunden, die ihm im Notfall helfen werden, sondern sieht sich an eine anonyme Bürokratie mit wechselnden Sachbearbeitern verwiesen – und das erhöht sein Unsicherheitsgefühl, statt psychische Stabilität zu schaffen. Wenn das aber der Fall ist, wenn Menschen durch eine Abhängigkeit, die ihr Selbstgefühl untergräbt, ängstlicher, innerlich unfreier werden, dann ist der ganze Sozialstaat womöglich auf einer falschen Prämisse errichtet.

Wer dagegen eine grundstürzende, umfassende Veränderung des öffentlichen Bewußtseins fordert, muß sich darüber im klaren sein, daß man ihm Hartherzigkeit und soziale Unsensibilität (bis hin zu Rechtsradikalismus) vorwerfen wird. Man wird sagen, weil der existierende Sozialstaat als links gilt, müsse, wer sein Ende konstatiere, notwendig politisch rechts sein. Aber der Einwand wird nicht durchschlagen, weil ihm die Fakten widersprechen. »Der größte Feind der neuen Ordnung ist, wer aus der alten seine Vorteile bezog«, heißt es schon bei Machiavelli.

Ist die Bevölkerung opferbereit?

Das führt zu einer politisch entscheidenden Frage: Wie wird die Bevölkerung auf die neuen, härteren Zeiten reagieren? Wird das Echo in den verschiedenen Altersgruppen verschieden sein? Denn es macht natürlich einen Unterschied, ob man den Krieg, und sei es als Kind, noch erlebt, erlitten hat, ob man in den satten Nachkriegsjahren geboren wurde und aufwuchs oder ob man heute die großen Schwierigkeiten beim ersten Berufseinstieg am eigenen Leibe zu spüren bekommt.

Es spricht einiges dafür, daß die älteste Generation sich am leichtesten auf Einschränkungen einstellen, mit Kürzungen abfinden wird. Die Älteren haben weitaus schlimmere Zeiten gesehen als die heutigen Schwierigkeiten. Sie wissen, daß es nicht immer aufwärts geht, der Wind mitunter beißend ins Gesicht blasen kann. Sie haben das schon früher einmal erlebt und wissen: das überlebt man. Es könnte sein, daß diese Generation stärker opferbereit ist als die dann folgende Generation, mag auch Norbert Blüm offenbar eine Rentnerrevolte oder Protestwahlen fürchten. Ich glaube nicht daran.

Die ganz junge Generation wiederum erlebt die Härte des Existenzkampfes schon jetzt unmittelbar. Denn wer sich heute in die Berufslandschaft begibt, hat größte Mühe, seinen Weg zu finden, irgendwo Fuß zu fassen. Seit den frühen achtziger Jahren wird von vielen (längst nicht allen) fleißig und tüchtig gelernt und studiert, und doch haben auch die Guten Mühe, irgendwo eingelassen zu werden, eine Stellung zu finden. Diesen jungen Menschen braucht man das Krisenbewußtsein nicht nahezubringen. Sie haben es schon.

Entscheidend wird werden, wie sich die mittleren Generationen – sagen wir: die zwischen 1942 und 1962 Geborenen – verhalten. Sie stellen ohnehin in der Breite (nicht an der Spitze) die heute politisch und beruflich maßgeblichen Jahrgänge. Sie haben immer nur Aufstieg, steigenden Lebensstandard, gute Berufsperspektiven erlebt, sitzen längst in guten Positionen. Nun droht der Einbruch. Werden sie auf ihn gelassen oder zornig reagieren?

Werden sie sich den Mentalitätswandel zu eigen machen, ihn vielleicht sogar anführen, was wichtig wäre, oder hartnäckig an den Prämissen des untergehenden Sozialstaats festhalten, die Einlösung früherer Versprechungen energisch anmahnen? Von der Antwort auf diese Frage hängt ab, wie es in Deutschland weiter geht.

Eine entscheidende Hilfe bei dem notwendigen Mentalitätswandel könnten die Erfahrungen sein, welche die Ostdeutschen während des Untergangs der DDR und danach gemacht haben. Friedrich Dieckmann hat 1996 diesen »Erfahrungsvorsprung« der DDR-Bürger beschrieben.[133] Es handele sich dabei um den geschichtlichen Vorsprung von Menschen, »denen die Hinfälligkeit der Weltordnung auf drastische Weise vor Augen geführt worden ist«. Sie stießen, meint er, nun auf die Einwohner einer Gesellschaft, nämlich der alten Bundesrepublik, die sich weigere, ihrer eigenen Hinfälligkeit innezuwerden. Dieckmann meint, nicht zuletzt diese Erfahrung des Scheiterns sei es, die die DDR in das größere Deutschland einbringen könne – »des Scheiterns einer gesellschaftlichen Ordnung, die sich selbst ihre allseitige Überlegenheit immer wieder zwingend nachgewiesen hatte«.[134] Viele Ostdeutsche hätten ein ausgemachtes Déjà-vu-Erlebnis, wenn heute etwa für die Lohn- und Subventionspolitik gestreikt werde. Denn die Abkoppelung der Löhne vom Ertrag sei doch eigentlich eine sozialistische Erfahrung. Wohin das führe, habe die DDR vorgemacht.

Die Krisensymptome der untergehenden DDR, bemerkt Dieckmann, fänden sich sämtlich auch in der heutigen Gesellschaft wieder: die Abgehobenheit der Eliten, die Ineffizienz der Apparate, das Ausmaß der Staatsverschuldung und der Abstand zwischen Konsumtionsniveau und Arbeitsproduktivität, von der ökologischen Krise ganz zu schweigen. »So gibt denn die Wirtschaft Parolen aus, die der alten DDR nur zu geläufig waren: Weltniveau, die allzu hoch liegende Latte, heißt die eine, die andere Steigerung der Arbeitsproduktivität. Wir sehen berühmte Auto- und Elektrokonzerne hinter ein Weltniveau zurückfallen, das sie lange Zeit selbst bestimmten; die Etats seufzen unter dem Druck einer Schuldenkrise, die schon vor der Einheit schwindelerregende Dimensionen hatte. Auf in jeder Hinsicht höherem Niveau hat sie dieselben Hintergründe wie in der DDR der Honecker-Ära: die Fülle der Subventionen, das Ausufern der Verwaltungsapparate, Löhne, die nicht erwirtschaftet werden.«[135]

Diese Erfahrung in beiden Teilen unseres Landes nutzbar zu machen, wäre die geistige Aufgabe der deutschen Vereinigung gewesen, findet Dieckmann. Doch die Frage, die 1990 durch das westliche Land ging, was die DDR einbringen könne in das größere Deutschland, sei lediglich rhetorisch gewesen. Der Einheitsschock saß im Westen viel zu tief, meint er, als daß man von den Neubürgern aus dem Osten eine Erfahrung oder gar einen Ratschlag angenommen hätte.

Dieckmann steht mit seiner Meinung nicht allein. Auch Jens Reich hat wiederholt auf Parallelen zwischen dem Ende der DDR und der heutigen Lage hingewiesen. Jürgen Habermas, berichtet Reich, habe Anfang 1992 in einer Diskussion gesagt, es sei ihm rätselhaft, warum die ganze DDR überhaupt so lange gehalten habe. Genau dies, meint Reich, sei schon geraume Zeit auch die Frage kopfschüttelnder DDR-Bürger gewesen – und zwar nicht nur derer, die »dagegen« waren, sondern auch vieler gut informierter Anhänger: wie es denn komme, daß die Karre immer weiter laufe, obwohl man längst pleite sei. Er sei überzeugt, daß alle Betroffenen das Ende nicht nur der DDR, nein, des ganzen Ostblocks viel zu spät herbeigeführt hätten. »Die Agonie hat viel zu lange gewährt; schon viel früher hätte der Koloß zusammensacken können.« Auf das Wann wolle er sich nicht festlegen, allerdings betrübt bekennen, daß er lieber schon mit dreißig und nicht erst mit fünfzig aus dem Käfig entkommen wäre.

Ein Gutteil ihres allzu langen Lebens verdanke die DDR dem Arrangement ihrer Bürger mit dem Zwangsstaat nach dem Motto: Wir können ja doch nichts ändern! Das sei eine fatalistische Selbstentschuldigung gewesen, die nicht nur von der DDR-Bevölkerung in den siebziger und achtziger Jahren vorgebracht worden sei, sondern die man ebenso, auf die gegenwärtige Lage in Deutschland bezogen, heute von den Bürgern der alten Bundesrepublik zu hören bekomme. Mit dem Erfahrungsvorsprung, dem untergangserprobten Blick des ehemaligen DDR-Bürgers stellt Reich die beunruhigende Frage: »Wer weiß, ob nicht in 25 Jahren diejenigen unter uns, die dann noch dabei sind, dieselbe Frage stellen: Wie konnten wir so lange sehenden Auges die Rutschpartie mitmachen?«[136]

Die strukturelle Analogie der gegenwärtigen Pattsituation mit dem Zustand der spätsozialistischen Gesellschaften sei doch auffällig, schrieb Reich an anderer Stelle. »Auch damals ging ewig lange rein gar nichts und ging dann auf einmal doch alles. Was lange Zeit fehlte, war die emotionale Mobilisierung des nachdenkenden Teils der Bevölkerung. Der Leidensdruck der Krise mußte stark werden, um die allgemeine Lethargie aufzulösen.«[137]

Die große Frage ist, wie stark die Belastung heutzutage werden muß, um zumindest von Teilen der Bevölkerung als unerträglich empfunden zu werden. Es mag sein, daß die Belastungsfähigkeit heute geringer ist als früher. In den frühen dreißiger Jahren konnten sich viele Menschen nicht einmal mehr eine eigene Mahlzeit leisten. Die nackte Not bedrohte tatsächlich die Existenz des einzelnen.

Muß man heute fürchten, daß der Verwöhnungsgrad so groß ist, daß schon vergleichsweise geringe Einschnitte katastrophale Folgen haben können? Wo liegen die Belastungsgrenzen? Und was passiert, wenn sie überschritten werden? Wird die Bevölkerung revoltieren?

Nicht unbedingt, vermutet Meinhard Miegel. Sie könne sich auch an einen allmählichen Niedergang gewöhnen. »Schleichende Verarmung erzeugt, vor allem wenn sie alle gleichmäßig trifft, kaum Widerstand. Die Straßen werden eben holpriger, die Grünanlagen kümmerlicher, die Wohnungen schäbiger und die Urlaubsreisen kürzer.« Es sei erstaunlich, womit sich Menschen abfänden. Letztlich seien es Minderheiten, die den Takt vorgäben: So oder anders wollen wir leben![138]

Das mißvergnügt Maulige in der öffentlichen Stimmung heute stimmt nicht hoffnungsvoll. Es ist aber meist passiv. Zudem sind die Einschnitte, die man bisher zu verkraften hat, nicht so gewaltig, daß wortstarke Empörung gerechtfertigt wäre. Die Wortwahl der Gewerkschaften ist erstaunlich schrill, die der Arbeitgeber widersprüchlich und eher ungeschickt. Der Streit des Jahres 1996 um die Lohnfortzahlung bei Krankheit war für alle Seiten blamabel. Die Regierungskoalition stand am Ende dumm da, weil sie nach schweren internen Anstrengungen etwas durchgebracht hatte, das nachher auf wütenden Widerspruch der Gewerkschaften und wenig Lob der Industrie stieß. Wäre alles vielleicht besser gelaufen, wenn man sich auf Karenztage konzentriert hätte, um die es wegen der vielen Montags- und Freitagskranken doch offenbar eigentlich ging? Das Gesetz ziele auf die »Blaumacher«, treffe aber die Langzeitkranken, hieß es selbst im nicht als sonderlich regierungsfeindlich bekannten *Rheinischen Merkur*.[139]

Die Unternehmensverbände machten keine gute Figur bei dieser Frage. Sie haben lange etwas gefordert, was sie dann, als es durchgesetzt war, weithin aus Angst nicht genutzt haben. Die Gewerkschaften ihrerseits haben wenig Augenmaß bewiesen. Denn die Regelung war in Anbetracht der Gesamtlage durchaus nicht indiskutabel. Wer für eine *Woche* Krankheit einen Urlaubs*tag* opfern muß, also bei einer Erkrankung von fünf Wochen lediglich eine Woche Urlaub verliert, hat die heutigen Probleme nicht begriffen, wenn er hier eine unerträgliche soziale Demontage zu entdecken glaubt. Spielt bei alledem nicht eine Rolle, daß sich der Urlaubsanspruch in Deutschland seit den fünfziger Jahren im Durchschnitt von drei auf sechs Wochen verdoppelt hat?

Ist das Beispiel typisch? Läßt es Schlüsse auf künftige Auseinandersetzungen zu? Sind die sozialen Errungenschaften so stark verinnerlicht, daß auch vergleichsweise geringe Einschränkungen schon als unzumutbar, als Katastrophe, ja als Provokation und Kampfansage betrachtet werden? Hoffen wir, daß es anders ist und besser um uns steht, als dies Beispiel nahelegt.

Das Scheitern dieser Republik ist möglich

Andernfalls bliebe, leider Gottes, nur die Prognose, daß ein all-
mählicher Abstieg, die Fortsetzung jenes schleichenden Niedergangs, den wir seit langem erleben, die wahrscheinlichste Entwicklung ist, vergleichbar dem Verfall Großbritanniens in den
sechziger und siebziger Jahren.

Der lebenskluge Albert O. Hirschman hat mir gegenüber die
Meinung vertreten, erst unter dem Eindruck großer Katastrophen
änderten sich Gesellschaften. Bis dahin schlügen sie alle War-
nungen in den Wind und setzten ihre eingewurzelten Verhaltensweisen immer weiter fort. Das gelte für ökonomisch-soziale
Lethargien ebenso wie für die immer noch vorherrschende öko-
logische Sorglosigkeit, aus der die Menschheit wohl nur dann
plötzlich aufwachen und sich zu durchgreifendem Handeln
bereitfinden werde, wenn zuvor Millionen in einer gewaltigen
Katastrophe zu Tode gekommen seien.

Unsere weitaus weniger dramatischen deutschen Verhältnisse
im Blick, fragt man sich natürlich, welche Faktoren in unserer
gegenwärtigen Situation eine derartige krisenhafte Verschärfung
der Lage und damit den Umbruch herbeizwingen könnten. Eine
drastische Reduzierung sozialer Leistungen? Die Abschaffung der
Deutschen Mark? Das Aufkommen einer neuen, radikalen, politischen Bewegung?

Ein solcher dramatischer Anstoß neuer Willensbildung, der
große Menschenmassen unerwartet in Erregung versetzt und sich
heftig Bahn bricht, kann naturgemäß allenfalls vorausgeahnt,
nicht aber verläßlich vorausgesagt werden. Die Einführung des
Euro könnte eine solche Mobilisierung bewirken, aber sicher ist
das keineswegs.

Eberhard Jäckel hat in seinem Buch über das zwanzigste, »das
deutsche Jahrhundert«, anschaulich dargelegt, wie in der Weimarer Republik zwei große Gruppen um die Macht kämpften:
auf der einen Seite jene, die er bewußt vereinfachend »Monarchisten« nennt, auf der anderen Seite die »Demokraten«, die die
Weimarer Koalition trugen und die Republik bejahten. Beide Sei-

ten waren ohne Mehrheit, nachdem sich die SPD gespalten und die KPD etabliert hatte. Doch dann trat plötzlich ein neuer Mitspieler auf, nämlich Hitler mit seiner NSDAP – eine Kraft, die weder Restauration noch Republik wollte. Die »Monarchisten« glaubten zwar, daß sie mit der Nazi-Partei eine Hilfstruppe gewonnen hätten, die für sie alles richten, die Kastanien aus dem Feuer holen würde. Aber es kam bekanntlich am Ende umgekehrt. Hitler ließ die Konservativen eine Weile mitfahren, um sie dann vom Zug zu stoßen.[140]

Etwas Vergleichbares könnte sich in unseren Tagen durchaus wiederholen, natürlich unter völlig anderen Vorzeichen: Denn angesichts unserer Vergangenheit der Jahre 1933 bis 1945 und der Lehren, die wir aus ihr gezogen haben, erscheint es ganz unwahrscheinlich, nahezu ausgeschlossen, daß eine existentielle Gefahr für die Republik nochmals von rechts kommen könnte.

Viel eher könnte es heute zu einer populistischen, undemokratischen Partei oder Bewegung am extrem linken Rand kommen. Die Linke, der Sozialismus, sind im Osten, aber auch im Westen Deutschlands noch immer, oder immer wieder, trotz des dramatischen Scheiterns der DDR, Leitbegriffe und Zielvorstellungen, die sich breiter Sympathien erfreuen. War die öffentliche Meinung während der Weimarer Republik mehrheitlich rechts der Mitte angesiedelt, ist sie in der alten Bundesrepublik, in der DDR ohnehin, aber auch im vereinten Deutschland zu einem Großteil im linken Spektrum zu Hause. Entsprechend hat sich das gesamte Parteienspektrum der Bonner Republik nach links verschoben, während es in der rechten Ecke nur unbedeutende, einflußlose Splittergruppen gibt.

Es hängt mit unserem Geschichtsverlust zusammen, unserem mangelhaften historischem Vorstellungsvermögen, daß wir uns das Scheitern, ein Ende der Bonner Republik nicht vorstellen können. Doch wenn man auf unsere Geschichte der letzten 150 Jahre schaut, läßt sich nur mit Betretenheit registrieren, daß die Regime, die wir zwischen 1871 und 1945 gehabt haben, immer kurzlebiger wurden. Das Bismarck-Reich, der wilhelminische Hegemonismus, die Weimarer Republik und der Hitler-Staat zusammen dauerten insgesamt weniger als 75 Jahre, also kaum mehr als ein Menschenleben. Die ersten beiden bringen es auf 20 bis 30 Jahre, die beiden letzten aber haben es nur ein Dutzend Jahre lang ausgehalten. Das lag nicht nur an internen Unzulänglichkeiten, sondern wesentlich an äußeren Einflüssen, an den beiden Weltkriegen. Aber man kommt kaum um den Schluß herum, daß der Normalzustand deutscher Staatlichkeit seit der Reichsgründung eher der Regimewechsel war als eine ungebrochene Kontinuität. Die lange Dauer, die uns nach 1945 beschieden war, stellt vielleicht nur eine Ausnahme dar und ist insofern künstlich, als zwischen 1945 und 1990 die Rahmenbedingungen durch die beiden Blöcke, in die wir eingeschmolzen waren, so stabil blieben.

Diese Feststellung soll die großen Verdienste der Nachkriegsgenerationen beim Aufbau einer leistungsfähigen Demokratie natürlich nicht schmälern. Möglicherweise wird aber Mitteleuropa inzwischen doch wieder zu dem, was es jahrhundertelang war: ein Feld großer tektonischer Verschiebungen. Es könnte sich herausstellen, daß die Bundesrepublik nicht wegen ihrer lange Zeit bewundernswerten wirtschaftlichen und sozialen Leistungen so dauerhaft war, sondern wegen der westlichen Einhegung, die uns der außen- und sicherheitspolitischen Eigenverantwortung enthob.

Insofern ist der Gedanke, daß das heutige Regime, weil für andere Verhältnisse und unter Ausnahmebedingungen konstruiert, scheitern könnte, vielleicht nicht so abwegig, wie er auf den ersten Blick erscheinen mag. Dürfen wir sicher sein, daß unser Staat wetterfest, daß er inneren und äußeren Krisen gewachsen ist? Oder dauert die Mißwirtschaft schon so lange, daß man anfangen kann zu hoffen, sie werde ohne Katastrophe ablaufen?

Harry Graf Kessler hat diese letzte Frage im Herbst 1906 Walther Rathenau gestellt. Dieser erwiderte: »Sie irren sich, eine Bank wie die Deutsche Bank kann fünf Jahre von gänzlich unfähigen Direktoren geleitet werden, ohne daß draußen jemand etwas merkt; aber dann wird allmählich der Abstieg beginnen. Bei einem Staat wie Deutschland kann ein Mißregiment vielleicht zwanzig Jahre ohne großen Schaden dauern; dann melden sich aber plötzlich überall die Folgen.«[141]

II. Kapitel

Außenpolitischer Wandel

*Durch das Ende der sowjetischen Bedrohung sind
die Konturen der europäisch-atlantischen Integration
vage geworden. Es gibt einen einheitlichen
Westen nicht mehr . . .*

Die ganz normale Anarchie

Nicht nur schwere interne Krisen sind denkbar. Auch bedrohliche
äußere Belastungen können nicht ausgeschlossen werden, so
abwegig diese Sorge auf den ersten Blick auch erscheinen mag.
Das vereinte Deutschland befinde sich heute, frohlockte der Bundeskanzler im September 1996 vor dem Bundestag, »in einer
Situation wie nie zuvor in diesem Jahrhundert. Wir haben«, fuhr
er fort, »sehr gute, herzliche und freundschaftliche Beziehungen
zu den Vereinigten Staaten, Frankreich, Großbritannien und
Rußland. Wann hat es das je so in der deutschen Geschichte gegeben?«[1]

Wir haben tatsächlich viel Grund zu stiller Genugtuung. An der
Oberfläche sieht alles günstig aus, und der umwerfende Optimismus Kohls ist ganz dazu angetan, seine Landsleute in Sicherheit zu wiegen. Aber: »Pourvu que ça dure« – wenn es doch nur
so bliebe – pflegte Napoleons Mutter zu seufzen, als jahrelang
unaufhörlich Siegesmeldungen ihres Sohnes eintrafen. Auch wir
können nicht sicher sein, daß die heute für Deutschland günstige
Konstellation anhält, ja nicht einmal, daß sie wirklich so gut aussieht, wie der Kanzler meint.

Wir müssen unsere Stabilität in der Mitte Europas, zwischen
Ost und West, dauerhaft zu sichern versuchen. Denn das Gefühl,
daß es erneut nach mehreren Seiten hin schwierig werden könnte,

kehrt zurück, wie der Jugoslawien-Konflikt gezeigt hat. Bei der Lösung der aktuellen Balkan-Probleme hat sich immer wieder eine diplomatische Konstellation ergeben, bei der Frankreich, Großbritannien und Rußland auf der einen Seite standen – und wir, gemeinsam mit den Amerikanern, auf der anderen. Das führt dann zwar meistens zu vernünftigen Auswegen. Wenn man aber die Amerikaner einen Moment lang beiseite läßt, dann stehen wir in Europa allein auf weiter Flur. Diese Einsamkeit Deutschlands gleicht nicht unbedingt einer außenpolitischen Isolation. Darauf wies Christoph Bertram vor einiger Zeit in einem Vortrag mit dem sprechenden Titel »The Power and the Past: Germany's New International Loneliness« hin. Darin führte er aus, daß sich unsere Nachbarländer zwar nicht bewußt von Deutschland entfernen, doch ihre Bindungen an unser Land deutlich lockern. Wir laufen Gefahr, daß die Distanzen zu unseren Partnern wachsen.[2]

Das deutliche Erschrecken, das am Anfang jeder Debatte über unsere künftige außenpolitische Lage stehen muß, rührt von der bedrückenden Erkenntnis her, daß seit 1990 in einem erstaunlichen Maße, trotz der europäischen Integration der letzten Jahrzehnte und aller Beschwichtigungsreden, viel von jener Rivalität innerhalb Europas wieder auftaucht, die man in der langen Nachkriegszeit für ausgeräumt und abgestorben hielt. Vielleicht war sie das, unter den damaligen Umständen, tatsächlich.

Heute aber ist die Lage Deutschlands vollkommen neu, wenn wir die Situation der Deutschen vor 1989 im Auge haben – und gleichzeitig überhaupt nicht neu, wenn wir an das Deutschland vor 1945, vor 1933 denken. Allein diese beiden Daten reichen aus, uns Deutsche – und zahlreiche Ausländer – tief zu erschrecken. Viele unserer Landsleute freilich wollen es vor allem deshalb nicht wahrhaben, daß die neue Lage in wesentlichen Zügen der alten des Deutschen Reiches ähneln könnte, weil sie sich der historischen Tatsache bewußt sind, wie wenig wir diese Lage gemeistert haben.

Das Hauptproblem nach 1871 war und blieb immer, unseren Nationalstaat in der Mitte Europas durch Allianzen so zu sichern, daß er bestandsfest wurde. Man darf wohl sagen, daß sich

Deutschland vor 1945 dieser Aufgabe leider nie gewachsen gezeigt hat. Wir haben nach 1945 geglaubt, daß das an der früheren Neigung Deutschlands zu einer Schaukelpolitik gelegen habe – im Kaiserreich und auch in der Weimarer Republik. Man sei in Berlin damals aus Verblendung, aus Selbstüberschätzung nicht klarsichtig genug gewesen, wohin man sich dauerhaft orientieren könne, auf welche Verbündete man sich konzentrieren müsse. Konrad Adenauer, dem hierbei alle Westdeutschen mehr oder weniger bereitwillig gefolgt sind, hat diese Neigung des vergangenen Reiches zur Nichtfestlegung, die Entscheidung für eine völlig unabhängige Großmachtrolle, immer wieder deutlich kritisiert. Indem die Bundesrepublik sich unter seiner Führung in den Westen integrierte und dort zu einem verläßlichen Bündnispartner wurde, glaubten alle, wir hätten die fällige Lektion endgültig gelernt.

Dabei haben wir einiges übersehen. Wir haben uns nämlich vor allem deshalb sehr viel leichter mit der Lage nach 1945 abgefunden, weil uns die eindeutige Option von den Siegermächten vorgegeben wurde. Wir waren aufgrund der Niederlage, durch die alliierte Entscheidung vom 5. Juni 1945, die Verantwortung für unser eigenes außen- und sicherheitspolitisches Schicksal losgeworden. Wir Deutschen im Westen waren darüber keinesfalls unglücklich, sondern haben uns in den Jahrzehnten nach 1945 die Westintegration mit Erleichterung zu eigen gemacht.

Gleichzeitig waren wir durch sie aus der Mittellage in Europa erlöst, weil der Eiserne Vorhang, der Ost-West-Konflikt, jede eigene deutsche Ostpolitik lange Zeit ausschloß, später eng begrenzte. Wir waren der östlichste Teil eines großen westeuropäisch-atlantischen Verbunds geworden und damit aus all den Orientierungsschwierigkeiten entlassen, die die alte Lage mit sich gebracht hatte.

Unser Hauptproblem heute ist deren tendenzielle Rückkehr. Denn es wird immer deutlicher, daß mit dem Ende der Sowjetunion weit mehr zugrunde gegangen ist als nur die UdSSR und ihr Imperium. Man kann am Alterungsprozeß der Nato, aber auch an offenkundigen Krisenerscheinungen der westeuropäischen Einigung deutlich ablesen, daß viele Institutionen – von der Europäischen Union bis zur CDU – fest an die Ost-West-Mauer angebaut waren. Nun, da sie eingestürzt ist, haben auch diese westlichen Institutionen und Allianzen ihre frühere Standfestigkeit eingebüßt. Ein Teil der Stabilität, die der Kontinent in seiner Westhälfte besaß, ist aufgrund der Veränderungen seit 1990 geschwunden.

Auch das wird deutlich, wenn man den jugoslawischen Konflikt betrachtet. Als dessen Lehre schält sich heraus, daß Serbien für die beiden Westmächte ein traditioneller Alliierter war, für Rußland ohnehin, für uns hingegen ein gefährlicher Störenfried – und zwar jenseits aller historischen Erwägungen. Denn geschichtliche Erfahrungen oder gar geopolitische Erinnerungen und Absichten sind in unserem politischen Denken gar nicht mehr präsent. Sie haben daher bei unserer aktuellen Balkanpolitik, etwa bei der Anerkennung Kroatiens, überhaupt keine Rolle gespielt, auch wenn uns das im Ausland manchmal unterstellt wird.

Typisch für uns ist nämlich der umgekehrte Befund: ein totaler historischer Erinnerungsverlust. Das Dritte Reich bleibt für die meisten Deutschen der große Riegel gegenüber aller Vergangenheit. Auch ich selbst, insofern ein typisches Produkt der alten Bundesrepublik, habe mich vor 1990 zwar intensiv mit Europa und der Bundesrepublik, also den Jahrzehnten nach dem Zweiten Weltkrieg beschäftigt, aber nur wenig mit den Jahrzehnten und Jahrhunderten Deutschlands zuvor, weil ich zu der Auffassung neigte, daß das, was vor 1933 war, für die Probleme der Gegenwart und Zukunft eher irrelevant geworden sei. Die Bismarcksche Balancepolitik, selbst wenn man sie für richtig gehalten hätte, besaß keinerlei Anwendungschance in der Situation nach 1945.

Es gab die beiden festen Blöcke, wobei die Deutschen im Westen Gott sei Dank in dem besseren, dem humaneren Lager gelandet waren. Erst recht bot sich natürlich keine Möglichkeit einer selbständigen, unabhängigen Großmachtpolitik, wie sie alle Kanzler von Bismarck bis Hitler für notwendig und daher möglich gehalten hatten.

Das wird jetzt – wenn man davon absieht, daß wir keine Groß-macht mehr sind, sondern nur eine respektable Mittelmacht – ein wenig anders. Vor dieser Herausforderung haben die meisten unserer Politiker freilich solche Angst, daß sie die europäische Einigung unbedingt so weit vorantreiben wollen, daß sie unum-kehrbar und unauflöslich wird. Auch wenn man das Ziel billigt, wird man fragen dürfen, ob Angst je ein guter Ratgeber gewesen ist – ganz abgesehen davon, daß es nach meiner Kenntnis nie unumkehrbare, nicht revidierbare Entscheidungen, Bündnisse oder Zusammenschlüsse gegeben hat. Der Bundeskanzler war daher nicht unbedingt gut beraten, als er sagte, die europäische Währungsunion werde zur Frage von Krieg und Frieden im näch-sten Jahrhundert. Das ist ihm im Ausland teilweise sehr übel genommen, nämlich als Drohung verstanden worden – ganz im Gegensatz zu seinen Intentionen. Der *Daily Express* etwa warf dem Kanzler vor, er habe Deutschlands Nachbarn erklären wol-len, daß »uns nur die deutsche Weisheit vor einem weiteren Krieg bewahre«. Selbst eine so gemäßigte Zeitung wie der *Independent* schrieb, man müsse prinzipiell vorsichtig sein, wenn jemand von Panzern rede.[3]

Letztlich könnte Kohls Versuch, Deutschlands immer denkbare Isolierung durch eine europäische Währungsunion zu verhin-dern, paradoxerweise gerade wegen der Heftigkeit und der Hart-näckigkeit scheitern, mit der sich der Bundeskanzler dieses ursprünglich französische Projekt zu eigen macht und voranzu-treiben versucht. Denn infolge seines Drängens erscheint es mehr und mehr als deutsches Projekt – was auch mit der Stabilitäts-politik der Bundesbank zu tun hat, so daß der Widerstand ande-rer europäischer Staaten und Politiker antideutsche Untertöne annimmt. Der Kanzler droht damit gerade das herbeizuführen, was er unbedingt vermeiden will: eine Isolierung Deutschlands. Aufzuhalten ist diese Entwicklung wohl nur, wenn sich Deutsch-land von seiner Politik der Stabilität lossagt, um sich dann einer der Aufweichung und Nachgiebigkeit anzuschließen, die einige unserer Nachbarn in Sachen Euro seit langem praktizieren. Man-ches deutet darauf hin, daß Bonn diesen Kurs eingeschlagen hat.

Problematisch ist auch Kohls häufig gebrauchte Formulierung, die Deutschen müßten zu ihrem eigenen Besten dauerhaft eingebunden werden: Das erweckt den Anschein, als ob wir nicht ganz zurechnungsfähig seien und durch Europa vor uns selber geschützt werden müßten. Eine solche Argumentation, für die das heutige Deutschland wirklich keinen Anlaß bietet, muß uns Pressionsversuchen unserer Partner aussetzen. Denn wenn wir uns nach dem Urteil unserer politischen Klasse für unzuverlässig und damit auch für gefährlich halten, muß uns die Einbindung, die unserem eigenen Besten dienen soll, doch viel wert sein, so daß wir sie uns etwas kosten lassen müssen.

Werden die Deutschen aber nicht künftig, wird manchmal besorgt gefragt, wenn dieser eine vernünftige Riese gegangen ist, wieder eine falsche Politik machen? Dafür spricht überhaupt nichts. Wenn man für etwas seine Hand ins Feuer legen kann, dann dafür, daß es keine Abenteuer geben wird, die Deutschland je auf eigene Faust in irgendeine Windrichtung zu unternehmen gedächte. Im Gegenteil, der Multilateralismus, auf den wir uns seit Jahrzehnten eingelassen haben, die zurückhaltende, kooperative Interessenwahrnehmung von unserer Seite, ist eine der beruhigenden, bleibenden Folgen der Nachkriegszeit.

Unsere Außenpolitik wird an der Westintegration festhalten, die die wichtigste, auch positivste, eine rundum begrüßenswerte Folge der Situation nach 1945 gewesen ist. Freilich muß man hinzufügen, daß diese Westintegration heute weniger bedeutet als vor 1990. Natürlich gehören wir zum Westen, sind ein Land der westlichen Wertewelt – was denn sonst. Aber was heißt heute und künftig Integration? Das Wort war immer unpräzise; gerade deshalb wurde der Begriff verwandt. Durch das Ende der sowjetischen Bedrohung sind die Konturen dieser transatlantischen Integration vage geworden. Es gibt einen einheitlichen Westen nicht mehr, weil in London, Paris, Washington – und Bonn! – die Welt heute sehr verschieden interpretiert wird.

Wenn Jürgen von Alten mit seinem anregenden Buch »Die ganz normale Anarchie« recht hat, dann sind wir zur Staatenwelt des Jahres 1910 zurückgekehrt. Das heiße natürlich nicht, sagt Alten, daß wir uns vier Jahre vor dem Ersten Weltkrieg befänden. Doch es stelle sich jetzt heraus, daß die nach Autarkie strebenden Großräume der Zwischenkriegszeit und die aus Jalta folgenden Blockbildungen vorübergehende Erscheinungen gewesen seien, Ausnahmen und nicht die Regel, nur denkbar unter ungewöhnlichen Umständen, bei ideologischen Überwältigungen. Nachdem alle diese Großprojekte in die Luft geflogen, gescheitert seien, kehrten wir zurück in eine Welt, die wesentlich nach wie vor aus Einzelstaaten bestehe, dem Gewusel kleiner, mittlerer, größerer und großer Staaten, eben der »ganz normalen Anarchie«.

Bemerkenswert bleibe, wenn man auf 1910 blicke, wie stabil das Weltstaatensystem sei, wie wenig sich trotz aller Umwälzungen geändert habe. »Ins Auge springt, daß die ›Großmächte‹ weitgehend dieselben geblieben sind und nicht einmal ihre Rangfolge untereinander [. . .] sich wesentlich geändert hat.« Das werde deutlich, wenn man die großen Metropolen der Welt Revue passieren lasse. »Das sind nach wie vor, in fast unveränderter Reihenfolge und unverwechselbar, New York, London und Paris, Rom und Madrid, nicht etwa Jakarta oder Nairobi. Das gilt sogar für das geschundene, lange in eine Insel, gar in eine ›Frontstadt‹ verwandelte Berlin mit seiner parvenuhaften, aber nicht einmal von der eigenen Regierung zerstörbaren Vitalität. Gewiß, einige Verschiebungen hat es gegeben; Tokio ist aufgestiegen, Wien in eine Randlage gerückt; ob der Rollentausch zwischen St. Petersburg und Moskau bleibt, ist noch nicht ausgemacht.«[4]

Diese Deutung mag für das 20. Jahrhundert noch angehen. Doch was ist im 21. Jahrhundert mit Peking, Delhi, Jakarta, Sao Paulo, Seoul? Ist deren Aufstieg nicht Teil des europäischen Abstiegs? Und was ist mit der Europäischen Union? Richtig ist möglicherweise, daß alle regionalen Zusammenschlüsse weniger Bindekraft haben werden als vermutet, sich eher schwächen als stärken werden. Insofern wird man heilfroh sein können, wenn die EU hält, beisammen bleibt, nicht überlastet wird mit waghalsigen Projekten, die ihren immer noch fragilen Zusammenhalt lockern oder gar auflösen. Das wirtschaftliche Eigeninteresse am Gemeinsamen Markt ist bei allen Beteiligten groß. Doch man sollte sich vielleicht darauf einstellen, daß mehr als er nicht möglich ist, dieser Gemeinsame Markt also nur eine partielle Integration bleibt.

Mit einer solchen Einsicht können gerade die Deutschen, wenn sie die Geschichte des alten, ganz alten Reiches noch ein wenig im Kopf haben, recht gut leben. Das römisch-deutsche Kaiserreich vor 1806 war auch ein nur sehr partiell integriertes Gebilde, eine riesige Landmasse mit wenigen gemeinsamen Institutionen. Es hat damit, für die damaligen Verhältnisse, ganz passabel existiert. Es ist auf seine Weise, zu seiner Zeit durchaus eine eindrucksvolle Konstruktion gewesen. Partielle Integrationen sind mithin durchaus nicht lebensunfähig, haben sehr wohl ihren Wert, müssen keineswegs zwangsläufig entweder enger zusammenwachsen oder auseinanderdriften und scheitern. Die gern zitierte sogenannte Fahrrad-Metapher – wenn Europa nicht weiter fahre, falle es um – ist deshalb falsch.

Drei verschiedene Europa-Konzepte

Gegen die Vermutung, der Kontinent werde immer enger zusammenwachsen, spricht allein schon, daß es unter den drei wichtigsten europäischen Ländern – Frankreich, Großbritannien und Deutschland – keine Übereinstimmung über das anzustrebende Ziel gibt, sondern drei verschiedene Vorstellungen von Europa und damit drei Wegweiser für das weitere Verfahren.

Die deutsche Vorstellung oder Hoffnung ist immer noch eine unaufhörlich fortschreitende Integration, eine immer engere Union, obwohl selbst der Bundeskanzler nicht mehr von einem europäischen Bundesstaat spricht. Mag im einzelnen auch alles vage sein: Die Politik unserer drei wichtigsten Parteien zielt nach wie vor unbeirrt auf ein einiges, vereintes Europa, also zumindest einen unauflöslichen europäischen Staatenverbund.

Immer wieder hört man in Deutschland – auch von hoher, von höchster Stelle –, der Nationalstaat habe sich überlebt. Eine sich rasant entwickelnde Weltwirtschaft werde die bisherigen Grenzen und Staaten, Überlieferungen und Herkünfte obsolet machen. Die Globalisierung ziehe das Ende der Nationen nach sich, werde vielleicht einen Weltstaat, zumindest einen Zusammenschluß im regionalen Rahmen, auf europäischer Ebene, unausweichlich machen.

Dabei hat sich die Mehrzahl unserer Landsleute wahrscheinlich längst von diesem Traum verabschiedet, der wesentlich eine Kompensation für den 1945 verlorenen Nationalstaat war. Noch hält die Politik an ihm fest, wenn auch ohne echte Überzeugungskraft, sondern eher formelhaft und blaß. Doch es ist deutlich erkennbar: Der Nationalstaat bleibt vom Phänomen der Globalisierung unberührt. Nichts kann an seine Stelle treten. Weder gibt es eine globale politische Macht, die seinen Platz übernehmen will, noch den Willen der Menschen, sich eine solche, umfassende Führung zu geben.

Auch wer die Chancen eines Weltstaates demgemäß gering veranschlagt, mag durchaus einen regionalen Zusammenschluß, einen Eurostaat erhoffen. Daraus wird jedoch nichts werden, wenn man dem New Yorker Europa-Experten Tony Judt Glauben schenkt. Genauso wie es keine wirklich internationale Gemeinschaft gebe, schrieb er, könne man eine wirklich europäische nicht entdecken. Man finde in Europa lediglich größere und kleinere Mächte, die mehr und mehr ihre eigenen Ziele verfolgen. Deutschland sei da noch unentschlossen, aber Paris und London fänden allmählich zurück zu alter diplomatischer Autonomie.[5]

Zugleich beobachten wir, wie übernationale Gebilde – Uno, Nato und EU – zu verblassen beginnen. Zweckbündnisse kommen wieder in Mode, Länder, Regionen mit gleichen Interessen rücken zusammen. Konsultation, Koordination, Kooperation müssen zunehmen. Aber mehr ist nicht zu machen. Die Staatenwelt bleibt.

Auch deshalb ist die Einheit Europas ein Mythos. Weit entfernt, die Probleme dieses Kontinents zu lösen, ist Europa zur Ausrede geworden, um sie nicht erkennen und anpacken zu müssen. Natürlich wären auf vielen Gebieten europäische Lösungen wünschenswert. Aber sie sind in wirtschaftlich schlechter werdenden Zeiten immer schwerer erreichbar. Wir können von Glück reden, wenn es in den kommenden Jahren gelingt, das bisher europäisch Geschaffene, vor allem den Gemeinsamen Markt, auf Dauer zu sichern. Visionen wie ein europäischer Beschäftigungspakt, eine Sozialunion, haben künftig keine Chance mehr – falls sie denn je eine besaßen.

Wie der schrumpfende Sozialstaat, so bleiben auch Rechtsstaat und Demokratie an die Nation gebunden. In der Krise blicken die Deutschen gebannt auf Bonn, in Zukunft auf Berlin, sicher nicht auf Brüssel oder Straßburg. Noch gibt es keine wirklich europäischen Parteien, mithin keine europäischen Repräsentanten. Das Europäische Parlament bleibt ein Kunstprodukt von eher marginaler Bedeutung, der Europarat natürlich erst recht. Wir haben bisher nicht einmal eine gemeinsame europäische Meinungsbildung. Die politischen Medien, Presse, Funk und Fernsehen, sind national verfaßt. Man denkt ganz unverkennbar überall nur an sich, von sich aus, hat wesentlich die eigenen Probleme, die eigene Sicht vor Augen.

Dieser Trend wird sich in kommenden Notzeiten noch verstärken. Nur das eigene Volk kommt als Schicksals- und Opfergemeinschaft in Frage. Wie anders sollte das Einstehen aller füreinander gerechtfertigt und gesichert werden? Wären die Westdeutschen zu vergleichbaren Opfern für französische oder portugiesische Arbeitnehmer bereit, wie sie das für ihre ostdeutschen Landsleute gewesen sind? Natürlich nicht.

Es hilft alles nichts: die Zeit der Großräume und Blockbildungen liegt hinter, nicht vor uns. Eine immer dichtere internationale Zusammenarbeit ist zweifellos erforderlich, doch einen Zusammenschluß bisher selbständiger Staaten wird es nicht geben. Die Nation wird nicht verschwinden, Deutschland sich nicht in Europa auflösen.

Margaret Thatcher schreibt in ihren Erinnerungen, das Bedürfnis der deutschen Politiker, ihr Nationalbewußtsein mit einer weiter gefaßten europäischen Identität zu verschmelzen, sei zwar verständlich, doch stelle es die selbstbewußten Staaten Europas vor

Probleme. »Weil die Deutschen eine Scheu davor haben, sich selbst zu regieren, versuchen sie ein europaweites System zu schaffen, in dem sich keine Nation mehr selbst regiert.« Auf lange Sicht könne ein derartiges System keine Stabilität besitzen, und angesichts des deutschen Übergewichts könne in ihm unmöglich Ausgewogenheit herrschen.

Die zwanghafte Beschäftigung mit einem europäischen Deutschland, fährt Frau Thatcher fort, berge die Gefahr in sich, daß ein deutsches Europa entstehe. Die Deutschen täuschten sich, wenn sie glaubten, auf diese Weise ihre Probleme lösen zu können. Außerdem lenke dieser Ansatz die deutschen Staatsmänner von ihrer eigentlichen Aufgabe ab, die darin bestehe, die nach 1945 entstandene westdeutsche Demokratie unter den veränderten und zugegebenermaßen schwierigeren Bedingungen der deutschen Wiedervereinigung zu stärken und zu vertiefen. »Dies würde nicht nur dem Wohl Deutschlands dienen, sondern auch der Beruhigung seiner Nachbarn.«[6]

Die Bemerkungen Margaret Thatchers geben in diesen Punkten nicht nur ihre eigene Meinung wieder. Die Mehrheit der Engländer würde sich mit ihnen fraglos identifizieren. Damit ist klar, was man auf der Insel von der Idee eines integrierten Europa hält – nichts oder zumindest nicht viel. Das Vereinigte Königreich ist gegen die Integration, gegen jede Form politischer Integration und würde sich, wenn es wirklich zu ihr käme, wahrscheinlich rasch aus ihr verabschieden. Auch *New Labour*, überlegener Wahlsieger im Mai 1997, weicht von diesem Kurs nicht ab.

Frankreich schließlich befindet sich konzeptionell zwischen Deutschland und Großbritannien. Dort ist man für die Integration, aber nur bis zu dem Punkt – und das ist entscheidend –, an dem die nationale Entscheidungsgewalt in der Sicherheits- und Außenpolitik verloren ginge. Diesen Verlust würde Paris keinesfalls hinnehmen. Die Beseitigung der Bundesbank als unerträgliches deutsches Machtinstrument war bei der Währungsunion das entscheidende französische Motiv. Hingegen wollen die Franzosen eigene Machtmittel behalten – den Sitz im Weltsicherheitsrat ebenso wie die *Force de frappe*. International verwendbare

Machtinstrumente anderer Nationen sind möglichst auszuschalten, nicht Machtmittel an sich, wenn sie Frankreich zur Verfügung stehen. Daran wird die neue französische Regierung aus Sozialisten, Kommunisten und Grünen nichts ändern wollen. Im Gegenteil: Die Linke in Frankreich ist seit jeher betont patriotisch.

Die französische Konzeption der Europapolitik war von Anfang an sichtbar. Schon der Schuman-Plan von 1950, bei dem es um die Kontrolle des Ruhrgebiets ging, der damals noch für entscheidend gehaltenen Kohle- und vor allem Stahlindustrie, beruhte auf dem Gedanken, daß die dauerhafte Kontrolle Deutschlands nur möglich sein werde, wenn man sich, pro forma, gleichzeitig von den Deutschen kontrollieren lasse.

Dieser Gedanke stellte zweifellos einen Fortschritt gegenüber der Zeit nach 1918 dar, als Frankreich die einseitige Niederhaltung Deutschlands versucht hatte und damit gescheitert war. Aber auch der fromme Robert Schuman war vom Gedanken einer wirklichen Gleichrangigkeit und damit Gleichberechtigung der beiden Völker weit entfernt – verständlicherweise, nur fünf Jahre nach Hitlers Zweitem Weltkrieg.

Es war vollkommen klar, daß nach Lage der Dinge, aufgrund der deutschen Schuld und entsprechender deutscher Komplexe, eine wirkliche Kontrolle Frankreichs durch Deutschland nicht in Frage kam. Wenn man liest, was Charles de Gaulle über seine erste Begegnung mit Adenauer im September 1958 in seinen Memoiren schrieb, weiß man, daß der Bundeskanzler in der französischen Sicht der Dinge eindringlich über die deutsche Schuld und entsprechend begrenzte deutsche Handlungsmöglichkeiten redete, während der Franzose seine Vision entwickelte, wie demnach Europa auszusehen habe. Es war beiden Seiten bewußt, daß Deutschland den französischen Impulsen folgen sollte und sich mit der zweiten Rolle zu begnügen hatte.[7]

Frankreich und sein »Rang«

Das blieb auch bei Mitterrand und Kohl so und ist bis zum heutigen Tage die Situation. Sie stellt sich insofern nicht problematisch dar, als wir selber offenkundig keine andere als die zweite Geige spielen wollen. Da Frankreich führen will und wir nicht, gibt es keinen Konflikt. Er wird nur dann aufbrechen, wenn vitale Interessen Deutschlands verletzt werden und Deutschland das zum Anlaß nimmt, die bisherige Rollenverteilung zu überprüfen und in Frage zu stellen.

Das kann einerseits bei Turbulenzen der Währungsunion, andererseits bei einer immer wieder verschobenen Osterweiterung passieren. Unabhängig von solchen konkreten Anlässen könnte natürlich eine deutsche Politikergeneration der Zukunft zu dem Schluß kommen, es sei im Interesse Gesamteuropas gar nicht wünschenswert, die Führung des Kontinents so stark wie nach dem Zweiten Weltkrieg französischen Impulsen zu überlassen. Man müsse eine andere Konstellation herbeiführen, beispielsweise in enger Zusammenarbeit mit London. Das wäre dann eine ganz neue Lage. Von ihr sind wir heute noch weit entfernt. Freilich wäre diese Umorientierung bei nüchterner Abwägung unserer Interessen durchaus nicht unvernünftig. Die Zuneigung hingegen, die unsere Staatsmänner gegenüber Frankreich hegen, ist mehr sentimental als rational bestimmt – fast könnte man sie ein Berufsleiden deutscher Bundeskanzler nennen.

Auch sie begann – wie fast alles im Westdeutschland der Nachkriegszeit – mit Konrad Adenauer. Für den katholischen Rheinländer, der fünf Jahre nach dem deutsch-französischen Krieg von 1870/71 geboren worden war und als erwachsener Mann zwei entsetzliche Kriege zwischen diesen beiden Ländern erlebt hatte, stand Frankreich stets im Mittelpunkt seines außenpolitischen Denkens.

Zwar begriff er nach 1945 früher als die meisten seiner Landsleute die entscheidende Bedeutung der USA für uns. Aber nach dem Tod seines Partners John Foster Dulles begann er doch, mehr und mehr an der Verläßlichkeit der Amerikaner, an der Dauer ihrer Präsenz in Europa zu zweifeln, und wandte sich dem Frankreich des Generals de Gaulle zu. Wie sehr sich dabei dem mißtrauischen Realisten Adenauer auf seine alten Tage der Blick für die Realitäten trübte, ist bekannt und oft genug kritisiert worden.

Weniger geläufig sind die frankophilen Adern der beiden sozialdemokratischen Bundeskanzler. Beide waren protestantisch geprägte Hanseaten, bei denen man eher eine Neigung zur angelsächsischen Welt vermuten würde. Doch Willy Brandt bekannte in seinem Memoirenband »Begegnungen und Einsichten«, daß ihm Frankreich sowohl wegen der Sprache als auch der Kultur lange Zeit näher gestanden habe als England oder Amerika.[8] Kürzlich hat Egon Bahr, der Brandt kannte wie kaum ein zweiter, diese Einschätzung in seinen Erinnerungen bekräftigt: Innere Verbundenheit mit Amerika habe er bei Brandt nicht finden können. Wohl gab es Loyalität zu unserem wichtigsten Verbündeten, »aber für sein Lebensgefühl stand ihm Frankreich näher«.[9]

In dieses Bild fügt sich Willy Brandts Abschiedsrede vom 14. Juni 1987, die testamentarische Züge trug. Darin erwähnte er die USA überhaupt nicht, während von Europa, Westeuropa, wiederholt die Rede war. Brandt sagte ausdrücklich, daß es töricht sei, »ohne EG sein zu wollen«. Eine vergleichbare Warnung vor dem noch viel gefährlicheren Wunsch, die Allianz mit den Vereinigten Staaten aufzukündigen, fehlte hingegen.[10]

Noch komplizierter, weil emotionaler, ist das Verhältnis Helmut Schmidts zu unseren beiden wichtigsten Verbündeten. Obwohl man das gerade bei dem kühl sachbezogen wirkenden Hamburger nicht erwarten würde, zeigt seine Beziehung zu den USA »die klassischen Symptome enttäuschter Liebe«, wie Werner Weidenfeld schon vor Jahren scharfsinnig beobachtet hat.[11]

Schmidt, als Experte für Sicherheitspolitik und Verteidigungsminister lange Zeit überzeugter Atlantiker, zog im Laufe seiner Kanzlerjahre die Berechenbarkeit und Stetigkeit der USA zunehmend in Zweifel. Darin ähnelte er Konrad Adenauer. Und auch die Konsequenz, die Schmidt aus seiner Enttäuschung zog, erinnert an den ersten Bundeskanzler: Er setzte zunehmend auf

Frankreich, mit dessen Staatspräsidenten Valery Giscard d'Estaing ihn gegenseitige Wertschätzung, ja Freundschaft verband. »Mir war sehr bewußt, daß Giscard d'Estaing und ich beide ursprünglich stärker in atlantischer Richtung tendiert hatten«, schrieb Schmidt Jahre nach seinem Sturz. »Vietnam, Watergate, der Fehlschlag im Iran und die Unberechenbarkeit Jimmy Carters, viele Enttäuschungen über die Vereinigten Staaten hatten uns inzwischen beeinflußt. Gleichwohl wären wir auch ohne alle diese Enttäuschungen zur Einsicht in die Notwendigkeit gelangt, die deutsch-französische Freundschaft auszubauen. Wir wollten beide – darüber gab es zwischen uns keinen Zweifel – am Bündnis mit Amerika festhalten. Doch wollten wir unsere Nationen nicht zu Klienten werden lassen, die von wechselvollen Stimmungen und Strömungen in Amerika abhängig sein würden.«[12] Heute erklärt Schmidt ganz offen, daß Frankreich für uns wichtiger sei als die USA, unser Platz an der Seite Frankreichs ist. Deutschland werde zwar in der Allianz bleiben, schrieb er ausgerechnet in der führenden amerikanischen Zeitschrift *Foreign Affairs*, aber die europäische Integration – die Fortentwicklung der EU und die engere Kooperation mit Frankreich – werde zunehmend wichtiger.[13]

Der gegenwärtige Kanzler schließlich hat die Frankreich-Fixierung seiner Vorgänger noch vertieft, man darf sagen: dogmatisiert. Leute, die ihn gut kennen, berichten, nur zwei Dinge seien Helmut Kohl noch wichtig: Einmal seine historische Bedeutung, die er auf jeden Fall sicherstellen wolle. Kohl sei entschlossen, nicht nur als Kanzler der deutschen, sondern auch der europäischen Einheit in die Geschichte einzugehen. Auch der zweite Impuls sei ein sehr persönlicher, privater: Sein Bruder ist im Krieg gegen Frankreich gefallen. So etwas dürfe nie wieder geschehen. Deswegen müsse die Aussöhnung mit unserem westlichen Nachbarn unumkehrbar gemacht werden.

Aus diesen beiden Gründen nimmt das Verhältnis zu Frankreich einen alles überragenden Platz im Denken des Kanzlers ein. Bei seinem sorgfältig inszenierten Talkshow-Auftritt mit Alfred Biolek im September 1996, als sich Kohl so zeigen durfte, wie er gern gesehen werden möchte, wurde das ganz deutlich. Der Kanzler berichtete von seinem ersten Amtstag: Nur drei Stunden nach der Vereidigung des Kabinetts sei er bereits im Elysée-Palast gewesen – zum Antrittsbesuch beim französischen Präsidenten Mitterrand.

Die sentimentale Bindung an Frankreich trübt freilich immer wieder unser nüchternes Urteil darüber, was von diesem Partner im Ernstfall zu erwarten ist. Es war erheblicher französischer Druck, der den Kanzler in Maastricht dazu brachte, sein Junktim aufzugeben, also der Währungsunion, diesem zentralen Ziel Frankreichs seit 1969, ohne gleichzeitige politische Union zuzustimmen. Dabei war das Junktim durchaus vernünftig: eine gemeinsame Währung setzt im Grunde einen Staat voraus, der sie stützt.

Man kartet nicht nach, wenn man ab und zu an fundamentale Differenzen im Verhältnis zu Frankreich erinnert. Es geht dabei nicht um historische Rechthaberei, sondern um die Einsicht, die Deutschen schwer fällt, daß nämlich Allianzen keine Liebesverhältnisse oder gar Ehen sind, von Freundschaften zwischen Völkern im Grunde nicht die Rede sein kann. Es gibt immer nur mehr oder weniger große Übereinstimmungen, gemeinsame Interessen auf bestimmten Feldern, die dann für kürzere oder längere Zeit zur Zusammenarbeit führen. Daneben bestehen natürlich oft kulturelle Verwandtschaften, gemeinsam vertretene Wertordnungen, Sympathien in den Bevölkerungen füreinander. Uns täte aber auch die Einsicht gut, daß es erhebliche Verschiedenheiten, ja Gegensätze zwischen den französischen und deutschen Interessen gibt.

Anfang der neunziger Jahre hatte ich eine bezeichnende Unterhaltung mit dem damaligen französischen Botschafter. Er begann das Gespräch mit der Frage, was ich denn für »die Mission Deutschlands« hielte. Ich war so verblüfft, daß ich zurückfragte, ob er mir das für Frankreich beantworten könne. Da sah er mich etwas strafend an, als ob er sagen wollte: Das sollten Sie eigentlich selbst wissen! Doch dann machte er geduldig klar, wofür Frankreich, wie unvollkommen auch immer, einstehe. Seit 1789 habe es mit den Forderungen nach Freiheit, Gleichheit und Brüderlichkeit ein Ideal in die Welt gebracht, das über die ganze Erde hin Anklang und Gefolgschaft finde. Frankreich folge einer historischen Mission, die weit über die eigenen Grenzen hinaus seinen Rang ausmache.

Le rang. Der Rang Frankreichs. Mit solchen Kategorien wissen wir gar nichts anzufangen. Wir haben kein Gefühl dafür, was das sein könnte. Deutschland hat nie den Versuch gemacht, mit einem zivilisatorischen Programm, entsprechenden Parolen, den eigenen Machtanspruch ideologisch zu überhöhen. Das moderne Deutschland entbehrt einer »ostensiblen Missionsidee«, meint Klaus Hildebrand. »Im Vergleich mit dem angelsächsischen Zivilisationsauftrag der Briten und Amerikaner; mit dem republikanischen Bürger- und Menschenrechtsprogramm der Franzosen; mit dem grimmig aggressiven Panslawismus und Kommunismus der Russen und Sowjets verfügte das Reich über ›Nichts-als-Staatlichkeit‹.«[14] Diese Charakterisierung des Bismarck-Reiches kann man bruchlos auf die Bundesrepublik übertragen. Deutschland hat in der Tat nie einen größeren zivilisatorischen Gedanken entwickelt, der die eigene Position überzeugend auch für andere attraktiv gemacht hätte.

Was uns an den Franzosen besonders imponiert und doch zugleich am fremdesten ist, dürfte diese Betonung ihres Ranges sein. Der Rang der französischen Nation – das können wir, damit fängt das Unbehagen schon an, gar nicht vernünftig übersetzen. Wir haben kein Gespür für die Machtchance, die in einer solchen Selbsterhöhung steckt. Über vage Bekundungen weltumspannenden guten Willens hinaus geht uns die Überzeugung völlig ab, wir könnten eine spezifisch Deutschland aufgegebene zivilisatorische Sendung haben, eine Verpflichtung, die aber natürlich auch Einfluß bedeutet. Frankreich hingegen will offensichtlich eine bedeutendere Rolle in der Weltpolitik spielen, als seine Kräfte und Möglichkeiten an sich erlauben. Beispiele auch aus jüngster Zeit fehlen dafür nicht.

So war Chiracs Reise nach Syrien, in die Palästinensergebiete und nach Israel im Oktober 1996 ein Versuch, im Nahen Osten einen französisch inspirierten europäischen Mitgestaltungsanspruch auszuüben (der allerdings die Lage vor Ort kompliziert, ohne sie einer Lösung näherzubringen, und lediglich aus Prestigegründen die amerikanische Vermittlerrolle relativiert).

Mit seinem Besuch in Moskau Anfang Februar 1997 wollte Chirac zeigen, daß Paris die westliche Rußland-Politik nicht Kohl und Clinton überlasse, sondern gerade im Hinblick auf die anstehende Nato-Osterweiterung eine aktive diplomatische Rolle spiele.

Bei der Frage der Osterweiterung der EU wie der Nato wird sich zeigen, ob und wie Paris unsere zentralen Interessen unterstützt, sie sich zu eigen macht. Das kann zur eigentlichen Bewährungsprobe des deutsch-französischen Vertrages und der Europäischen Union werden. Wir wären jedenfalls schlecht beraten, wenn wir uns dazu verstehen würden, den französischen Zielen ohne Rücksicht auf unsere eigenen Interessen zu folgen.

Wir müssen also unserem französischen Alliierten klar sagen, wo die Grenzen unserer Toleranz liegen. Und wir müssen ihn behutsam warnend darauf aufmerksam machen, daß er sich möglicherweise übernimmt, seine eigenen Kräfte überanstrengt. Wenn Frankreich in vielen Teilen der Welt, vor allem in Afrika, Ordnungsmacht und gleichzeitig in Europa Führungsmacht sein möchte, dann liegt das außerhalb von Frankreichs Machtproportionen. Eine solche spätimperial ausgreifende Politik kann ohne unsere – direkte oder indirekte – Hilfe kaum gelingen.

Aus der französischen Interpretation der eigenen Interessenlage heraus mag eine europäische Führungsrolle der »Grande Nation« naheliegen, bei deren Ausfüllung man sich auch der deutschen Potentiale bedient. Eine solche Arbeitsteilung entspricht jedoch nicht unserem Interesse. Man wird beim deutsch-französischen Verhältnis gelegentlich an die Nibelungentreue erinnert, die das Deutsche Reich vor dem Ersten Weltkrieg gegenüber Österreich-Ungarn walten ließ. Die unbedingte Unterstützung Wiens lag ebensowenig im deutschen Interesse wie heute die Bereitschaft einer willfährigen Gefolgschaft gegenüber Paris. Sie entsprang einer auch emotionalen Zwangslage. Berlin fürchtete damals, seinen letzten europäischen Verbündeten unter den Großmächten zu verlieren, wenn es sich selbst unzuverlässig zeigte. Diese Sorge vor Isolierung mag in unserem heutigen Verhältnis zu Frankreich auch eine Rolle spielen. Wir sollten uns aber erinnern, welche Folge unser freiwilliges Abhängigkeitsverhältnis zu Österreich hatte. Es trieb uns 1914 in einen Konflikt hinein, an dem nicht nur Deutschland, sondern auch Österreich-Ungarn selbst kein wirkliches Interesse haben konnte – obwohl man das damals in Wien und Berlin leider anders sah.

Schädlich für uns ist vor allem, daß Frankreich so viel Scharfsinn darauf verwendet, dem angeblichen Hegemonie-Anspruch der USA machtvoll entgegenzutreten. Denn er ist, falls es ihn je gab, längst eine Schimäre. Wir müssen nicht die Dominanz der Amerikaner in Europa befürchten, sondern vielmehr ihr Desinteresse. Es ist ein gefährlicher Zug der europäischen Einigungspolitik, daß Frankreich ihr immer wieder eine antiamerikanische Richtung zu geben versucht. Sie wäre berechtigt, wenn die Vereinigten Staaten in der Tat imperiale Ambitionen gegenüber Europa hegten. Doch das ist eben nicht der Fall.

Die wachsende Gleichgültigkeit der Vereinigten Staaten

Ein Kardinalproblem Europas ist die Abwendung der USA von Europa, zumal von Deutschland. Denn wir müssen eine solche Abkoppelung mehr fürchten als andere. Leo Wieland, Korrespondent der *Frankfurter Allgemeinen* in Washington, hat im Frühjahr dieses Jahres ein alarmierendes Bild der heutigen Lage gezeichnet: Nach der spektakulären Wiedervereinigung Deutschlands, schrieb er, sei in der Berichterstattung der Medien das Interesse an Deutschland erlahmt. Korrespondenten-Generationen hätten gewechselt, Fernsehanstalten aus Geldmangel ihre Bonner und Berliner Büros geschlossen. Sprachlich wenig versierte Reporter hätten jetzt den Auftrag, von Sizilien bis Hammerfest europäisch »alles abzudecken«, Deutschland eingeschlossen.

Zusammen mit der Landeskenntnis habe die Qualität des Geschriebenen und Gesendeten ab-, die Naivität und das Gewicht mitgebrachter Vorurteile zugenommen.

In der Tat hat das bisweilen zur Karikatur geschrumpfte Deutschlandbild immer weniger mit der Gegenwart, hingegen zunehmend mit der trüben deutschen Vergangenheit zu tun. Je mehr das so lange dominierende »kommunistische Gespenst« in die Grauzone des Vergessens rückt, desto stärker tritt wieder der »Holocaust« als gruselig telegener und für alle möglichen Gruppeninteressen geeigneter Popanz hervor.

Die einst nicht raren Deutschlandkenner in der Washingtoner Regierung und die Deutschland freundlich gesinnten Senatoren und Kongreßabgeordneten, die »Germanisten« aus den Denkfabriken, sind verstummt. Ohne den bedrängenden Gegner hinter dem Eisernen Vorhang ist zwar noch nicht der Vorrat an Gemeinsamkeiten, wohl aber die amerikanische Solidarität einer wachsenden Gleichgültigkeit gegenüber Deutschland gewichen.[15]

Bezeichnenderweise ist in den letzten vier Jahren, also in der 1997 abgelaufenen ersten Amtszeit von Präsident Clinton, kein Senator und kein Mitglied des Repräsentantenhauses in Deutschland gewesen. Amerikahäuser und Konsulate in deutschen Städten werden geschlossen; amerikanische Sprachstudenten kommen seltener in unser Land, und auch die Reduzierung der US-Truppen zeitigt schon Folgen. Trugen in den vergangenen fünfzig Jahren Millionen heimkehrender Soldaten zum positiven Deutschlandbild bei, so ist aus diesem Strom heute ein Rinnsal geworden.

Die Amerikaner finden uns zunehmend uninteressant, nicht zuletzt deshalb, weil der Ostküste der USA nicht mehr die entscheidende Rolle zukommt, die sie früher spielte. Es war deshalb ein Fehler des Bundespräsidenten Herzog, erst in seinem dritten Amtsjahr nach Amerika zu fahren. Die Entwicklung zeigt, daß gerade wir Deutschen große Anstrengungen unternehmen müßten, die Amerikaner stärker für Europa aufzuschließen. Denn ohne sie haben wir auf unserem Kontinent einen schweren Stand.

Doch genau das Gegenteil geschieht. Im Bundestag ist eine

erstaunliche Provinzialisierung zu beobachten. Schon Europa
wird oft phrasenhaft-oberflächlich wahrgenommen und behandelt. Erst recht sind die USA hinter dem Horizont unserer meisten Parlamentarier verschwunden. Da vertrocknet vieles, was in
der Ära des Kalten Krieges an menschlichen Verbindungen
gewachsen war. Otto Graf Lambsdorff warnte im April 1996 vor
dieser entstehenden »transatlantischen Kontaktschwäche«.[16] Ein
jahrzehntelanger, intensiver Dialog besonders zwischen der politischen Klasse beider Länder drohe jetzt in zwei Monologe zu zer-
fallen: »Wir Deutschen und Amerikaner reden zuviel übereinan-
der und zuwenig miteinander. Leute, die nicht miteinander reden,
lernen einander nicht kennen, und Leute, die aufhören, zueinander zu sprechen, werden Fremde.« Lambsdorff ist einer der wenigen Atlantiker, der seine amerikanischen Kontakte pflegt. Doch
wie lange noch? Wenn ein anderer amerikakundiger Außenpoli-
tiker wie Karsten Voigt (SPD) 1998 aus dem Parlament aus-
scheidet und schon heute weitgehend kaltgestellt ist, wenn auch
in den anderen Parteien keine Nachfolger in Sicht sind, dann
bedeutet dies, daß sich die Entwicklung zur Inkompetenz bei uns
rapide fortsetzt.

Ähnliches gilt für die Regierung selbst. Während Helmut
Schmidt sich noch regelmäßig tagelang zu intensiven Diskussionen in Washington aufhielt, sich ganze Nächte mit wichtigen
Gesprächspartnern um die Ohren schlug, hat man dergleichen
vom gegenwärtigen Kanzler nicht mehr vernommen, so gut er
sich mit George Bush verstand. Alles ist seither blasser geworden.
Und ist es nicht bezeichnend, daß ein Spitzenpolitiker der SPD
wie Gerhard Schröder 1997 zum ersten Mal seit 17 Jahren wieder in den USA war?

Kohl ist zwar überzeugt von der Wichtigkeit, der Unverzicht-
barkeit unserer USA-Partnerschaft. Er hat in neuerer Zeit auch
dankenswerterweise die entscheidende Rolle der USA bei der
Wiedervereinigung hervorgehoben. Früher freilich, vor allem bei
den Festakten zur Wiedervereinigung, haben weder er noch der
damalige Bundespräsident oder andere Spitzenpolitiker die ausschlaggebende Rolle der USA öffentlich angemessen gewürdigt.

Während man Gorbatschow immer wieder pries, wurde den westlichen Alliierten gemeinsam pauschal gedankt, was diese wahrlich nur in sehr unterschiedlichem Maße verdienten. Denn solange es irgend ging, versuchten Paris, London und natürlich Moskau, den Prozeß anzuhalten.

Es lag allein an Washington, daß die Einheit zustande kam. »Sieben Jahre nach der Wiedervereinigung«, schreibt Detlef Junker, Direktor des *Deutschen Historischen Instituts* in Washington, »ist es eine gesicherte historische Erkenntnis, daß die Deutschen ihre Einheit ohne die entschlossene und konsequente Unterstützung durch die Vereinigten Staaten nicht gewonnen hätten.«[17] Es ist nicht nur undankbar, es ist töricht, weil es die wahre Lage Deutschlands verschleiert, wenn wir diese fundamental wichtige Erfahrung uns nicht immer wieder vergegenwärtigen.

Angesichts seines ungewöhnlich starken Einsatzes für unsere Interessen war Präsident Bush begreiflicherweise enttäuscht darüber, daß bei den anschließenden Gatt-Verhandlungen (die lange Zeit dauerten, weil Frankreich zäh gegenhielt) die Deutschen nicht die amerikanische Seite stützten, was er als Zeichen deutscher Dankbarkeit für den amerikanischen Beitrag zur Wiedervereinigung wohl erwartet hat.

Im Bewußtsein der Öffentlichkeit war und ist die entscheidende Rolle der USA 1989/90 nicht präsent. Erst jetzt, mit dem Memoirenwerk Kohls, wird es langsam besser.[18] Diese Bewußtwerdung drängt auch, damit das deutsche Publikum nicht weiterhin die Bedeutung der USA für uns unterbewertet – und gleichzeitig die Frankreichs überschätzt. Die Wiedervereinigung bot die seltene Chance einer Stunde der Wahrheit, wie es in der westlichen Partnerschaft um uns steht. Ohne die USA, ohne Bush und Baker, ohne die schon früh im Herbst 1989 nachweisbare Entschlossenheit Washingtons, den Deutschen zur Einheit in Freiheit und im Bündnis zu verhelfen, wäre es gewiß nicht so zügig – und damit überhaupt kaum – zum Ergebnis des 3. Oktober 1990 gekommen.

Die schleichende, gegenseitige Entfremdung zwischen Amerikanern und Deutschen könnte in naher Zukunft einen weiteren

Schub erfahren – und zwar erstens aufgrund der französischen Absicht, einen europäisch abgeschotteten Protektionsraum zu schaffen, und zweitens wegen der Neigung Frankreichs, durch Abwertungen den Export anzukurbeln. Sowohl der Sozialist Lionel Jospin als auch der Gaullist Alain Juppé betonten bei Wahlkampfauftritten im Mai, der Euro dürfe nicht so stark sein, daß er den Absatz französischer Produkte auf dem Weltmarkt erschwere und das Wirtschaftswachstum hemme.[19] Wir würden uns, wenn es dazu käme, in große Turbulenzen hineinbegeben, die einer Schimäre entspringen: einer nach französischem Urteil angeblich erforderlichen Selbstbehauptung Europas gegen die USA. Diese Absicht Frankreichs widerspricht völlig unseren Interessen, ja als wesentlich vom Geltungsbedürfnis Frankreichs gespeiste Zwangsvorstellung ist sie für uns besonders gefährlich.

Wenn wir tatsächlich unsere Verbindung nach Amerika einschlafen ließen oder gar kappten, in der illusionären Erwartung, mit Frankreich zusammen einen europäischen Block zu bilden, der einen vergleichbaren Schutz böte, würden wir bald feststellen müssen, daß die Franzosen nicht nur ungleich schwächer sind, sondern daß auf sie auch weit geringerer Verlaß ist – in vieler Hinsicht, aber gerade auch in der Sicherheitspolitik – als auf die Amerikaner. Diese haben sich im letzten halben Jahrhundert, alles in allem, immer als unbedingt zuverlässig erwiesen.

Man muß sich nur einen Augenblick lang vor Augen halten, wie uns zumute wäre, wenn Rußland wieder auf die Beine käme und als Militärmacht erneut bedrohlich würde. Angesichts eines wiedererstarkten Rußlands – und es wird sich über kurz oder lang regenerieren –, aber auch im Blick auf die Rivalitäten Frankreichs und Großbritanniens uns gegenüber, würden wir die USA dann alsbald schmerzlich vermissen.

Westliche Einbindung Deutschlands kann in Zukunft also nicht mehr heißen, daß wir uns weiterhin in einem festen Verbund von Staaten befinden, der eine gemeinsame, von den Vereinigten Staaten vorgegebene Linie verfolgt, um die Sowjetunion auf Distanz zu halten. Diese einfache Konstellation, ein Ergebnis starken Außendrucks, hat sich aufgelöst. In der heutigen Phase geringerer Gefährdung und damit einer wachsenden Renationalisierung treten die wesentlich unterschiedlichen Interessenlagen aller Beteiligten viel deutlicher als früher hervor.

Das zwingt uns, die eigene Position präziser zu bestimmen und deutlich, wenn auch kooperationsbereit, unseren Partnern nahezubringen. Ganz so einig, wie es im Rückblick scheint, ging es ja auch vor 1990 im westlichen Lager nicht zu. Es gab stets die Rivalität zwischen Frankreich und den USA, gab immer wieder die Schwierigkeit, der Bündnistreue im Westen und den Zwängen jeder Ostpolitik so gut wie möglich Rechnung zu tragen.

So hat Bonn in der Zeit des Kalten Krieges durchaus nicht erfolglos einen mittleren Kurs zwischen Paris und Washington gesteuert. Durch die deutsche Entspannungspolitik wurde das Spiel dann freilich komplizierter. David Calleo hat das in den achtziger Jahren anschaulich beschrieben. Man könne, meinte er, die westdeutsche Außenpolitik der Nachkriegszeit schematisch als den Versuch darstellen, drei Beziehungskreise ins Gleichgewicht zu bringen: die atlantischen, west-europäischen und innerdeutschen Beziehungen. Sie stünden in einem Spannungsverhältnis zueinander, hätten aber in der bipolaren Umwelt Europas nach 1945 verhältnismäßig leicht nebeneinander existieren können.

Die Bundesrepublik hat jede dieser drei Optionen bis zu dem Punkte verfolgt, von dem an sie die anderen beiden gefährdete. »So machten deutsche Diplomaten den Amerikanern klar, daß sie keine Unterstützung für eine atlantische Politik erwarten könnten, die die deutschen Bindungen an Frankreich ernsthaft gefährde; sie machten den Franzosen deutlich, daß eine europäische Politik, welche die Allianz mit den Amerikanern gefährde, von den Deutschen nicht getragen würde. Schließlich wurde beiden Partnern bedeutet, daß man von Deutschland nicht verlangen könne, auf die Verbesserung der Beziehungen zur DDR und zum Osten allgemein zu verzichten – selbstverständlich mit der Einschränkung, daß die Ostpolitik nicht so weit getrieben werden könne, daß sie die Westpolitik gefährde.«[20]

Das Verblassen der gemeinsamen Bedrohung aus dem Osten

und damit der Notwendigkeit, sich gegenüber Moskau auf eine gemeinsame Linie zu einigen, macht den Versuch eines deutschen Mittlerkurses schwieriger. Die Anforderungen an unsere Balancefähigkeiten wachsen. Wir lavieren zwischen Washington und Paris wie eh und je. Mehr und mehr aber folgen wir lieber einer offenbar emotional bestimmten Option für Frankreich.

Rußland muß sich selbst regenerieren

Die deutsche Neigung zu einer gefühlsbetonten Betrachtung und Handhabung der Außenpolitik ist nicht nur im Hinblick auf Frankreich, sondern mehr noch im Verhältnis zu Rußland problematisch. Das Empfinden, von dem wir uns in diesem Falle leiten lassen, ist freilich weniger die Sehnsucht nach Zuneigung und Treue, sondern eine Mischung aus Furcht, Dankbarkeit und maßloser Überschätzung der eigenen Möglichkeiten.

Die deutsche Dankbarkeit gilt vor allem Gorbatschows Zustimmung zur Wiedervereinigung. Beim berühmten Staatsakt in der Berliner Philharmonie am 3. Oktober 1990 wurde Gorbatschow mehrfach gedankt, während – wie schon skizziert – kein einziger Redner die entscheidende Rolle der Amerikaner eigens würdigte. Dankbarkeit war auch der Ausgangspunkt der großzügigen Hilfe, die Bonn Rußland hat zukommen lassen, obwohl sich das Land schon seiner schieren Größe wegen unseren Möglichkeiten wirksamer Einflußnahme entzieht.

Rußland ist fast 48mal größer als Deutschland. Wenn im Sommer am westlichsten Punkt Rußlands, an der Ostsee, die Sonne unter den Horizont sinkt, geht sie im äußersten Osten, an der Beringstraße, Alaska gegenüber, bereits wieder auf. Angesichts seiner gewaltigen Ausdehnung und chaotischen Innenverfassung zerflattert jeder Versuch einer wirksamen äußeren Einflußnahme. Das würde selbst dann gelten, wenn sich der gesamte Westen zu einer koordinierten Aufbauhilfe entschlösse. Es gilt natürlich erst recht und von vornherein für uns Deutsche allein. Großstaaten

142

wie Rußland, China, Indien oder Brasilien sind gleichsam Kontinente in sich, die nur von innen heraus stabilisiert werden können, durch eigene Anstrengungen.

Es kann gleichwohl kaum einen vernünftigen Zweifel daran geben, daß Rußland der Wiederaufstieg möglich ist und eines Tages auch gelingen wird. Es bedarf auch insofern zumindestens keiner materiellen Stützung, als das Land über einen gewaltigen Reichtum an Bodenschätzen verfügt. Kurz und gut, wir sollten Rußland alles erdenklich Gute wünschen, auch Rat geben, wo er konkret gesucht wird. Vielleicht können wir auch ab und an ein Pilotprojekt programmieren, etwa eine Pipeline ökologisch vorbildlich reparieren. Niemand aber glaubt hoffentlich mehr, daß wir in Rußland Entscheidendes ausrichten können. Daher müssen wir uns im wesentlichen freundlich heraushalten und – offen gesprochen – aufs Gesundbeten beschränken.

Wie wenig man von außen bewirken kann, hat sich bei den stattlichen westlichen Krediten gezeigt, die in den neunziger Jahren nach Rußland geflossen sind, wo sie überhaupt nichts genützt haben. Wir haben im Grunde unser Geld für Rußland – 80 Milliarden waren es im Ergebnis – aus dem Fenster geworfen. Große Teile dieser Summe (man spricht von vierzig Prozent) sollen auf russischen Privatkonten im Westen gelandet sein. Wir haben also – anders als andere westliche Länder, die zurückhaltender waren – eine Fehlinvestition getätigt, die nur in dem Maße gerechtfertigt ist, in dem sie als Dankesgabe für die Wiedervereinigung gelten konnte. Seither aber ist jeder Staat von allen guten Geistern verlassen, der weiter Geld nach Rußland rollen läßt.

Es ist eine immer noch nachwirkende Folge unserer wesentlich rhetorischen Ersatz-Außenpolitik, die sich, von Geldspenden abgesehen, weithin auf gut gemeinte Absichtserklärungen beschränken mußte, allen – nicht nur den Russen, nein, aller Welt – alles nur Wünschenswerte zu versprechen. Wir haben uns noch nicht hinreichend bewußt gemacht, daß sich unsere Situation geändert hat, wir die Souveränität zurückerhalten haben und daher für jedes unserer Worte von nun an voll einstehen müssen. Deshalb sollte unsere Außenpolitik weniger aus dem Fenster hinaus reden und Zusagen, ehe wir sie machen, sorgfältiger abwägen. Nur wenn wir uns durch Realismus Vertrauenswürdigkeit erwerben, dürfen wir hoffen, mit unseren Partnern und Nachbarländern Beschlüsse zustandezubringen, die gleichermaßen im eigenen wie in deren Interesse liegen.

Ein weiterer Grund für unsere so hochherzig aufgeschlossene wie optimistische Haltung gegenüber Rußland ist die ausgeprägte Neigung und Fähigkeit des Kanzlers, Beziehungen zu ausländischen Staatmännern stark zu personalisieren. Überall entdeckt er Freundschaften und pflegt sie dann auch. Eine beneidenswerte Gabe. Indessen führt sie ihn mitunter dazu, die Bedeutung solcher persönlichen Beziehungen zu überschätzen. Trotz aller Freundschaftsbeteuerungen ist es ihm zum Beispiel nicht gelungen, den Widerstand Jelzins gegen die Nato-Erweiterung auszuräumen, ihm seine Besorgnisse auszureden.

Es ist fraglich, ob die Konzilianz Kohls – und die anderer westlicher Politiker – nicht im Gegenteil die russische Position permanent verhärtet hat. Man hat Moskaus Widerspruch eine Bedeutung zukommen lassen, die zeitweilig sogar fürchten ließ, er werde die geplante Stabilisierung Ostmitteleuropas vereiteln. Auch bei Themen zweiten Ranges ist die Freundschaftsdiplomatie des Kanzlers nicht weit gekommen: Er hat die Rückführung der im Krieg geraubten Kunstschätze nach Deutschland bislang nicht bewerkstelligen können.

So fragt es sich, wer eigentlich wen mehr benutzt und zu welchen Zwecken. Denn wir dürfen nie außer acht lassen, daß herzliche deutsch-russische Umarmungen, das beiderseitige Du und die Intimität, die Kohl und Jelzin offen zur Schau stellen, auch die Aussicht auf eine enge deutsch-russische Kooperation, in den ostmitteleuropäischen Ländern, die sich noch gut an den Hitler-Stalin-Pakt erinnern, natürlich mit äußerstem Mißtrauen betrachtet werden. Auch in westlichen Staaten hat das historische Stichwort »Rapallo« noch immer keinen guten Klang. Insofern war es gewiß nicht zufällig, daß Boris Jelzin beim Baden-Badener Treffen mit Helmut Kohl im April 1997 als Gastgeschenk den Nachlaß Walter Rathenaus beziehungsreich offerierte – die

Papiere jenes Außenministers, der fast auf den Tag genau 75 Jahre zuvor den Vertrag zustande gebracht hatte, der seither als Symbol deutsch-russischer Verständigung gilt und Anlaß westlichen Argwohns ist.

Partner Polen?

Eine wesentliche Aufgabe, die erneut auf uns zukommt und die wir traditionell nicht besonders glücklich – um das mindeste zu sagen – gelöst haben, besteht in der Schwierigkeit und Notwendigkeit, zu Rußland und Polen (das als wichtigstes ostmitteleuropäisches Land hier stellvertretend für den ganzen Raum zwischen uns und den Russen steht) ein gleichermaßen positives Verhältnis zu entwickeln.

Das Problem stellt sich seit dem 18. Jahrhundert, seit dem Westdrang Rußlands, der mit Peter dem Großen begann. Damit einher ging die – von außen geförderte – Schwächung Polens, die das Land als Barriere zwischen Deutschland, damals wesentlich Preußen, und Rußland immer poröser werden ließ. Spätestens mit dem Einzug russischer Truppen im Oktober 1760 in Berlin – während des Siebenjährigen Krieges – mußte der preußischen Monarchie klar werden, daß mit Rußland fortan als einem neuen maßgeblichen Faktor in der unmittelbaren Nachbarschaft gerechnet werden mußte, weil Polens Existenz nicht länger die Russen von uns fernhielt, wie es das vorher, über Jahrhunderte hinweg, getan hatte.

Nur mit Beklemmung erinnert man sich daran, wie das Dilemma dann, beginnend 1772, in drei Schüben gelöst wurde: mit der Begründung einer deutsch-russischen Nachbarschaft und der Aufteilung Polens. Sie erschien den Deutschen im Laufe der Zeit geradezu als die natürliche, die vernünftigste Lösung. Noch in der Weimarer Republik vertrat man in allen Lagern von rechts bis links, Kommunisten und Sozialdemokraten eingeschlossen, mehrheitlich die Meinung, die Lösung der polnischen Frage bestehe in der Beseitigung des am Ende des Ersten Weltkriegs wiederbegründeten polnischen Staates. Übrigens wirkt Gustav Stresemann, im Vergleich zu vielen Zeitgenossen, im Rückblick auch hier eher maßvoll und vernünftig.

Nach den Greueln des Dritten Reiches will vom damaligen weitgehenden Konsens bei uns natürlich niemand mehr etwas wissen. Aber was heißt das positiv für das Verhältnis zu Polen heute? Nach wie vor hat in unserer Öffentlichkeit, auch in den politisch führenden Schichten des Landes, Rußland einen völlig anderen Stellenwert als Polen. Dem Werben um Jelzins, vorher um Gorbatschows Gunst, entspricht nichts Vergleichbares gegenüber Polen – bei aller Sympathie, die der Kanzler und alle Parteien bei vielen Gelegenheiten den Polen zeigen. Die deutsch-polnische Parlamentarier-Gruppe ist sogar die größte ihrer Art. Aber will das viel besagen?

Nein. In der Rangordnung der Wichtigkeit lassen wir allgemein die Russen weiterhin mit großem Abstand vor den Polen rangieren. Nicht ohne Grund hat Berndt von Staden nachdrücklich davor gewarnt, mit dem Nato-Rußland-Rat ein zweites reguläres Gremium neben dem *Ständigen Gemeinsamen Rat,* dem Nato-Rat zu schaffen, also die Strukturen der westlichen Allianz und die ganz anderen eines Systems kollektiver Sicherheit gefährlich miteinander zu vermengen. Es sei ungewiß, ob der Konsens der Sechzehn unter dem russischen »Basiliskenblick« Bestand haben werde.[21]

Bei allem Verständnis für russische Interessen und Wünsche wäre der Westen schlecht beraten, wenn er die Interessen der Ostmitteleuropäer vernachlässigte. Niemandem dort ist gedient, wenn wir die Nato in eine Lage manövrieren, bei der am Ende niemand weiß, wer nun wen gegen wen schützt und wer wem was garantiert. Der polnische Staatspräsident hat bei seinem Bonn-Besuch im April 1997 in scharfer Form eine gefährliche Privilegierung Rußlands bedauert. Sollte Rußland im Nato-Rußland-Rat den Vorsitz einnehmen, müsse Polen sich überlegen, ob es einer solchen Nato noch beitreten wolle. Schließlich sei sein Land schon einmal Mitglied in einem Pakt gewesen, in dem Rußland der »Führer« gewesen sei.[22]

Wegen unserer Halbherzigkeit ist das deutsche Verhältnis zu Polen keineswegs so ungetrübt, wie es zunächst scheinen mag. Auf den ersten Blick ist freilich alles in schönster Ordnung. Die Grenze ist wiederholt feierlich anerkannt worden, Deutschland der wichtigste Fürsprecher einer Aufnahme Polens in Nato und Europäische Union. Handel und Wandel entwickeln sich beinahe stürmisch; die viele Kilometer langen Lastwagenstaus auf den Autobahnen vor der Grenze beweisen es eindrucksvoll. Die Polenmärkte auf dem östlichen Ufer von Oder und Neiße florieren, werden von Jahr zu Jahr komfortabler, bringen dem polnischen Staat einen Gutteil seiner Deviseneinnahmen. So weit, so gut. Nachdenklich aber stimmt, was Adam Krzemiński schreibt: »Wenn man die kleinen polnischen Händler vollgepackt und die von ihnen angewiderten ›Ostisch‹ auf einem Bahnsteig in Frankfurt an der Oder sieht, dann wünscht man sich doch einen stabileren Ausgleich zwischen Deutschland und Polen«.

Die Brücken über Oder und Neiße zu den neuen Nachbarn der Bundesdeutschen sind zwar seit 1989 immer zahlreicher geworden, doch sie bleiben, von den Einkaufstouristen abgesehen, weitgehend ungenutzt. Schon wenige Kilometer hinter der Grenze findet man in Polen kaum noch deutsche Besucher. Der landesweite Fremdenverkehr besteht deutscherseits zum einen aus Heimwehtouristen, zum anderen aus unternehmungslustigen jungen Leuten, die mit Fahrrädern oder Faltbooten neugierig das Land erkunden. Aber die einen wie die anderen sind vergleichsweise nicht eben zahlreich. Selbst unsere Jugendlichen reisen, wie die Älteren auch, meist nach Westen und Süden, kaum nach Osten. Ist das normal? War das auch früher so?

In öffentlichen Reden bei uns wird stereotyp die »Rückkehr zur Normalität« zwischen Deutschland und Polen behauptet, wobei man sich vergeblich fragt, wann in den vergangenen Jahrhunderten das Verhältnis dieser beiden Völker je normal gewesen ist. Man braucht nur daran zu erinnern, daß kein deutsches Staatsoberhaupt zwischen Kaiser Otto III. und Richard von Weizsäcker, also fast tausend Jahre lang, Polen besucht hat. Georg Ferdinand

Duckwitz, der als Staatssekretär des Auswärtigen Amtes am Ende der sechziger Jahre die Entspannung zwischen Bonn und Warschau auf den Weg brachte, hat immer behauptet, daß es im deutschen Verhältnis zu zwei Ländern, nämlich zu Israel und zu Polen, auf lange Zeit keine Normalität geben könne. Israels Außenminister Shimon Peres betonte 1995 demgemäß, daß das Verhältnis seines Landes zu uns Deutschen angesichts dessen, was geschehen sei, niemals normal werden könne.

Die Frage ist, ob für Polen nicht das Gleiche gilt. Viele Deutsche scheinen das zu fürchten und versuchen daher, mit ritualisierten Versöhnungsgesten die Vergangenheit aufzuheben. Als im Sommer 1996 deutsche Studenten, die sich für eine Sommerakademie in Krakau beworben hatten, gebeten wurden, ihren Teilnahmewunsch zu begründen, schrieben alle ohne Ausnahme über die Notwendigkeit der Versöhnung angesichts dessen, was das Dritte Reich Polen angetan habe.

Den wenigsten unserer Landsleute ist klar, daß viele Polen inzwischen ungehalten auf solche Bekundungen reagieren und sich gereizt den »Versöhnungskitsch« verbitten. Ein prominenter Pole sagte mir kürzlich, er neige mehr und mehr zu Heftigkeit, ja zur Grobheit, wenn er sich weiter solche Phrasen anhören müsse. Derart bittere Reaktionen werden den meisten Deutschen unverständlich sein. Sie wissen gar nicht, wie ihnen geschieht, wenn sie dergleichen erleben. Offensichtlich wollen sie doch das Beste, wenn sie reuig die Schrecken des Generalgouvernements, erst recht die der Konzentrationslager beschwören. Warum stört also die Polen unsere Dauerzerknirschung?

Sie glauben, eine Gedankenlosigkeit zu spüren, die sie ärgert, auch untergründig erschreckt. Denn sie fürchten nicht ohne Recht, daß wir sie nach wie vor nicht wirklich ernsthaft wahrnehmen, eigentlich kein tieferes Interesse an ihnen haben, nicht im Traum daran denken, in ihnen Partner zu sehen, mit denen man positiv etwas anfangen sollte. Die meisten Deutschen wüßten auch gar nicht zu sagen, was das Gemeinsame sein könnte, wo sich also deutsche und polnische Interessen zum beiderseitigen Nutzen verbinden ließen.

Wir denken überhaupt nicht gern an Interessenlagen, sprechen nie von ihnen, halten hingegen viel von erhebenden Gefühlen, Freundschaftsgesten und hochherzigen Absichtsbekundungen. Der gegenwärtige Kanzler, auch darin sehr deutsch, inszeniert nichts lieber (wenn auch mit unterschiedlichem Geschick) als symbolisch befrachtete Begegnungen mit ausländischen Staatsmännern. Das Treffen von Kreisau mit dem damaligen Ministerpräsidenten Mazowiecki im November 1989, wenige Tage nach dem Fall der Mauer, war allerdings nur halb geglückt und fand in beiden Völkern kaum Widerhall. In Meinungsumfragen rangieren die Polen bei uns nach wie vor weit unten. Unfreundliche Klischees überwiegen.

Die wenigsten Deutschen sind sich recht bewußt, wie groß Polen ist: fast so ausgedehnt wie das vereinigte Deutschland und bei einer Bevökerungszahl von vierzig Millionen das bei weitem wichtigste Land Ostmitteleuropas. Wer weiß bei uns schon, wie tüchtig und erfolgreich Polen heute ist, wer kennt seine erstaunlich hohen Wachstumsraten, die höchsten in Europa. Jetzt nämlich erlebt Polen sein Wirtschaftswunder. Polens Lage ist überhaupt nicht zu vergleichen mit dem Fehlschlag des »Aufbaus Ost«, der Misere der neuen Bundesländer. Wir haben davon schon gesprochen.

Der Realsozialismus hat in der ehemaligen DDR weitaus tiefere Spuren hinterlassen als bei unseren katholischen Nachbarn. In Polen wächst heute etwas heran, was das Land bisher nie besaß: eine breite, dynamische Mittelschicht, ein selbstbewußtes Bürgertum. Von diesen Veränderungen nimmt man bei uns selbst unter Gebildeten wenig wahr, weil man sich nicht dafür interessiert. Auch in Polen scheint mir, von Wirtschaftskreisen abgesehen, das Interesse an den Deutschen leider eher gering. Allerdings weiß man weit mehr über unser Land als Deutsche über Polen.

Dieses beiderseitige Desinteresse ist gefährlich. Weiße Flecken können schnell von Ressentiments besetzt werden. Haben sich nicht die Danziger Werftarbeiter, die Helden der »Solidarność«, während kurzer Zeit in Gruppen von Autodieben verwandelt? Wer den anderen nicht kennt, hält bei ihm alles für möglich.

Nun wird man in Warschau nicht müde, uns zu suggerieren: Wenn sich jemand für die Erweiterung von Nato und EU einsetze und für die Aufnahme Polens in diese beiden Gemeinschaften stark mache, dann könnten das nur die Deutschen sein. Ich werde dabei aber nicht das Gefühl los, daß wir hier in vieler Hinsicht die Rhetorik Genschers fortsetzen, aller Welt alles Gute zu wünschen oder auch zu versprechen – freilich ohne die wirkliche Entschiedenheit, das dann auch bei unseren Alliierten, in diesem Fall besonders Frankreich, durchzusetzen.

Übrigens ist das Gerede oberflächlich, wir müßten mit Polen das gleiche gute, freundschaftliche Verhältnis entwickeln wie mit Frankreich. Zum einen sind die Beziehungen zwischen Paris und Bonn viel komplizierter, auch krisenanfälliger, als die Verbundenheitsrhetorik ahnen läßt. Symbole verdecken weithin uneingestandene Gegensätze, schwelende Konflikte. Zum anderen existiert zwischen Polen und Deutschland keine nach beiden Seiten offene, ausgleichend wirkende Grenzregion. Es gibt im Osten kein Gegenstück zum Elsaß, das sich kulturell und politisch nach Frankreich, wirtschaftlich nach Deutschland orientiert.

Als ich vor drei Jahren auf einem Podium in Warschau äußerte, die Grenzregion an der Oder müsse und werde in beiden Richtungen zum Bindeglied zwischen den Völkern werden, widersprach mir energisch ein bekannter polnischer Wissenschaftler. Ich wüßte doch wohl selbst, sagte er, daß die beiden Regionen unvergleichbar seien. Im Elsaß habe die angestammte Bevölkerung sich in einem jahrhundertelangen Wandlungsprozeß langsam aus dem deutschen Kulturkreis entfernt und in den französischen integriert. Östlich der Oder-Neiße-Grenze hingegen habe man die deutsche Bevölkerung völlig vertrieben. Die jetzt dort ansässige polnische Bevölkerung sei ihrerseits aus den verlorenen Ostgebieten Polens gewaltsam umgesiedelt worden. Zumindest in den älteren Jahrgängen dieser Neusiedler trauere man noch immer der alten Heimat nach. Solche traumatischen Erfahrungen wirken, sagte er, viele Generationen nach. Sie würden noch lange auf dem Verhältnis zwischen den betroffenen Völkern lasten: Deutschen, Polen, Litauern, Weißrussen, Ukrainern.

Die gegenseitige Aufgeschlossenheit der Politik in Deutschland und Polen, die positive Wende in den beiderseitigen Beziehungen, wird nur dann dauerhaft sein, wenn Polen und Deutsche über sich selbst und voneinander neu zu denken lernen, wenn sie einen vorurteilsfreien neuen Anfang machen. Den Deutschen ist weithin bewußt, was ihnen die sogenannte Erbfeindschaft zwischen Deutschland und Frankreich angetan hat, wie notwendig daher ein gutes Verhältnis zu diesem Nachbarn ist. Gegenüber den Polen fehlt eine entsprechende Erkenntnis, weil die wichtige Rolle Polens uns Deutschen bisher nicht bewußt ist.

Zwar gab es in den dreißiger Jahren des vorigen Jahrhunderts bei uns eine große Polenbegeisterung – aber die war bald vorbei, als es 1848 ernst wurde. Und auch wenn man, weit zurück, den sächsischen Kurfürsten August den Starken bemühen kann, der auf dem polnischen Thron saß und auf dem Wawel, in der Krakauer Kathedrale, begraben ist – das, was deutsch-polnische Normalität heißen könnte, werden wir vergeblich historisch irgendwo festzumachen suchen, als eine Beziehung nämlich, wie wir sie mit vielen anderen Ländern haben.

Kazimierz Wóycicki hält es für verblüffend, daß den Deutschen östlich ihrer heutigen Grenzen in diesem Jahrhundert alles verlorengegangen sei, was sie in einer langen und friedlichen kulturellen Expansion erreicht und geschaffen hatten. Denn sie seien stets stärker gewesen als ihre sämtlichen ostmitteleuropäischen Nachbarn. Weshalb scheiterten sie dann? Weil sie die Bedeutung dieser Region immer nur von ihrem eigenen Standpunkt aus – also nicht im gesamteuropäischen Kontext – betrachteten und daher völlig verkannten. Diese Blindheit habe sie, fährt Wóycicki fort, beispielsweise zu dem Versuch veranlaßt, Polen dauerhaft seiner Selbständigkeit zu berauben.

Wenn die Deutschen die eigene Geschichte verstehen und etwas aus ihr lernen wollten, müßten sie sich fragen, wie es eigentlich kam, daß das schwache, im späten 18. Jahrhundert hoffnungslos vom Zarenreich, von Österreich-Ungarn und Preußen zerteilte Polen nach dem Zweiten Weltkrieg, den es nicht gewonnen hatte, sondern in dem es fast ausgelöscht worden wäre, ein Drittel

Deutschlands zu annektieren vermochte. Polen hat diesen Erd-
rutsch nicht auslösen können. Welche Konstellation aber dann?
Das Scheitern Deutschlands in der Mitte Europas hat weniger an
der Unfähigkeit Berlins gelegen, die Beziehungen zum Westen zu
ordnen, meint Wóycicki, als am mangelnden Verständnis für die
Erfordernisse einer dauerhaften Stabilität östlich der deutschen
Grenzen.[23]

Es ist nicht zu leugnen: Von Friedrich dem Großen bis Hitler
haben Deutsche in allen politischen Lagern, von links bis rechts,
die Existenz Polens für überflüssig gehalten. Nun schämen sie sich
ihrer Untaten. Aber sie wissen nach wie vor nicht, welche positive Rolle dieses mutige, freiheitsliebende Volk für Deutschland
und Europa künftig spielen soll und kann. Ebensowenig ist uns
klar, welche Rolle wir bei der Sicherung der neuen Demokratie
Polens, der Dritten Polnischen Republik, zu übernehmen haben.

Wenn wir Polen als wichtigen Partner entdecken wollen, setzt
das allerdings voraus, daß wir den überkommenen westeuropäischen Hochmut ablegen, der in der arroganten Annahme besteht,
es existiere ein starkes kulturelles West-Ost-Gefälle. Zumindest
zwischen Deutschland und Polen gilt das keinesfalls. Die Polen
sind in vielem westlicher als wir. Wir können jedoch nicht auf
Dauer davon ausgehen, daß die Polen ein ganz und gar westlich
orientiertes Land bleiben, wenn die westliche Gemeinschaft ihnen
ungebührlich lange die kalte Schulter zeigen sollte. Wenn die Bei-
trittsverhandlungen verschleppt werden und eine polnische West-
perspektive sich immer weiter in die Zukunft verschiebt, dürfte
das sehr negative Auswirkungen auf die polnische Innenlage
haben.

Schon heute lassen sich Klimaveränderungen ausmachen. Die
katholische Kirche, die zunächst, sehr abendländisch orientiert,
nach Europa strebte, ist jetzt aufgrund vieler Mißstände – wie den
Drogen, der Prostitution etc. –, die wie im Westen nun auch in
Polen heimisch werden, kritisch und abweisend geworden. Dieser Umschwung auch in anderen Bereichen, vor allem in der
früheren Solidarność-Bewegung, hat jetzt die verblüffende Folge,
daß wir mit den Ex-Kommunisten inzwischen besser zu Rande

kommen als mit unseren eigentlichen Verbündeten aus der Anfangsphase der neuen polnischen Republik.

Ob also die Westorientierung Polens, von der wir als einer festen Größe ausgehen, ewig bleiben wird, läßt sich in Frage stellen. Warum sollte Polen nicht irgendwann versuchen, statt das östlichste Mitglied eines westlichen Systems, das westlichste eines östlichen Systems zu werden? Weshalb nicht die alten jagiellonischen Tendenzen wiederentdecken, warum nicht eine Vorreiterrolle für Litauen und die Ukraine übernehmen und sich als Primus einer solchen Gruppierung etablieren? Undenkbar ist das alles nicht.

Parallelen zur Zwischenkriegszeit

Wir haben bisher viel zu wenig darüber nachgedacht, wie es wohl in Ostmitteleuropa weiter geht, wie wir uns die Zukunft dort vorstellen. Zunächst einmal gehen wir eher naiv davon aus, daß die jetzt bestehenden Regime sich halten werden. Wir sehen sie allesamt, wenn auch mit sehr unterschiedlichen Geschwindigkeiten, auf dem Wege zu Marktwirtschaft und Demokratie.

Bei Rumänien war bis vor kurzem zweifelhaft, ob es sich schon um ein neues Regime handle oder lediglich um das neu getünchte alte der kommunistischen Zeit. Was von der Slowakei zu halten ist, bleibt vorab zweifelhaft; seit zwei Jahren nähert Mečiar sein Land wieder Moskau an. Weißrußland betreibt offen die Heimkehr ins Russische Reich und ist eine kaum verhüllte Diktatur. Ob die Ukraine sich festigt, wird die Zukunft zeigen. Ebensowenig ist ausgemacht, wie es in den baltischen Staaten weitergeht. Kurz und gut, Ostmitteleuropa ist weit entfernt von stabilen, geschweige denn sozial erträglichen und demokratischen Verhältnissen – und dies bisher fast ganz ohne destabilisierende Einflußnahmen von außen, von Seiten der früheren Vormacht. Für die Zukunft können solche Interventionsversuche natürlich nicht ausgeschlossen werden. Sie würden möglicherweise die inneren

Krisen gefährlich aufladen. Es kann also noch schlimmer kommen, und schon heute ist es vielerorts schlimm genug.

Erinnern wir uns an die Geschichte der Zwischenkriegszeit in diesem Raum, denken wir daran, mit welchen Hoffnungen man nach den Pariser Vorortverträgen die neue demokratische Staatenwelt der unabhängig gewordenen Völker betrachtete. Doch wie rasch änderte sich das: Schon kurze Zeit nach dem Ersten Weltkrieg hatten sich fast alle Staaten der Region, krisengeschüttelt, wie sie waren, in sehr unangenehme und zugleich unfähige Regime verwandelt. Außer der Tschechoslowakei war kein Staat in einer Verfassung, die man als wirtschaftlich, sozial und politisch stabil und gleichzeitig als (halbwegs) demokratisch hätte ansehen können.

So muß man sich heute fragen, ob vergleichbare Entwicklungen nicht erneut drohen. Denn sind diese Völker und Staaten ein Dreivierteljahrhundert später besser dran, haben sie größere Erfolgsaussichten als damals? Das läßt sich bezweifeln, und zwar wegen der jahrzehntelangen sowjetisch-sozialistischen Beherrschung und der dadurch bedingten wirtschaftlichen, sozialen und mentalen Verwahrlosung. Es ist nicht nur die frühere DDR, die viele ideologische Verwirrungen und moralische Verwerfungen zu verarbeiten hat. In allen Ländern des etablierten Sozialismus, Jugoslawien und Albanien eingeschlossen, werden die Verheerungen, die er hinterlassen hat, es den Völkern sehr schwer machen, stabile, lebensfähige Strukturen aufzubauen.

Wir täuschen uns sehr, wenn wir die weitere Konsolidierung der Westeuropäischen Union für unsere wichtigste Aufgabe halten. Das hier Erreichte muß jetzt nicht unbedingt weiter verfestigt werden. Östlich von uns liegen hingegen gewaltige Problemzonen. Im Osten Europas wird sich die Zukunft des Kontinents entscheiden, weil das dortige Krisenpotential so gewaltig ist. Daher muß man heute für die Erweiterung der westeuropäischen Bündnisse und nicht in erster Linie für ihre Vertiefung plädieren.

Aber – so wird oft eingewandt – wirft die Erweiterung der westlichen Bündnisse und Gemeinschafts- Einrichtungen nach Osten nicht neue Gefahren für uns auf? Kann uns das Engagement für

Polens Nato-Beitritt nicht unnötig in Konflikte mit Rußland stürzen? Neben dem schwierigen Spagat zwischen Paris und Washington hätten wir dann die zusätzliche Spannung mit Moskau auszutragen. Wir würden Polen zwar helfen, doch ob die Polen uns das danken würden, sei völlig offen. Denkbar sei auch, meinen manche Skeptiker, ob sie nicht versuchen würden, traditionell, nun auch innerhalb der Nato, mit Frankreich gegen Deutschland Front zu machen.

Solche Befürchtungen scheinen mir unbegründet, die skizzierten Gefahren eher unwahrscheinlich. Was Rußland angeht, werden klare Verhältnisse, eindeutige Zuordnungen, beruhigend wirken. Nichts wäre so krisenanfällig wie eine Grauzone zwischen uns und den Russen, in der Moskau versucht wäre, mit allerlei Machenschaften seinen früheren Einfluß zurückzugewinnen.

Was Frankreich betrifft, so ist ein Rückblick auf die Zwischenkriegszeit mitunter erhellend. Schon damals zeigte sich, was sich auch jetzt deutlich abzeichnet: daß nämlich Frankreichs Versuch, östlich von uns einen Cordon sanitaire gegen Deutschland aufzubauen, seinerzeit wie heute an den begrenzten Möglichkeiten Frankreichs scheitert. Leider fehlt es in Paris damit aber auch an einer wirklich intensiven Beschäftigung mit Polen. Denn natürlich wäre es für die Beteiligten und Europa insgesamt am besten, wenn das »Weimarer Dreieck« mit einer aktiven Beteiligung aller drei Staaten zu einer wirkungsstarken Zentralachse würde.[24] Angesichts all der Aufgaben, die sich Paris weltweit auflädt, ist vermutlich für Polen mehr französisches Engagement als bisher nicht auf die Beine zu bringen. Das war schon zwischen den beiden Weltkriegen ähnlich. Es bedeutete damals aber auch, daß die französische Entschlossenheit, Polen gegen Hitler-Deutschland beizustehen, mehr oder weniger nur auf dem Papier stand. Die französisch-britische Garantieerklärung für Polen und die entsprechenden Abmachungen vom Frühjahr 1939 hielten dem Ernstfall nicht stand. Sie blieben eher im Rahmen der bisherigen Appeasement-Politik und waren als eine Warnung an Hitler-Deutschland zu verstehen. Den Bündnisfall bei einem deutschen Angriff auf Polen signalisierten sie jedoch nicht.

Das zeigte sich spätestens im September jenes Jahres, als die Westmächte, Frankreich und England, Deutschland während des Polenfeldzuges nicht angriffen und auch im »drôle de guerre«, dem Sitzkrieg der Wintermonate, abwartend blieben. Bis zum Mai 1940, bis zum deutschen Angriff im Westen, rührte sich nichts. Und dann? Marc Bloch hat die Blamage, diese »seltsame Niederlage«, eindringlich beschrieben.[25]

Im Ernstfall – so kann man daher sagen – war das Interesse dieser beiden westlichen Länder an Polen doch sehr begrenzt. Auch umgekehrt darf man sich das polnische Interesse an Frankreich nicht übertrieben groß vorstellen, auch wenn sich natürlich heute die Polen wünschen, daß ihnen Deutschland und Frankreich im Rahmen der Europäischen Union gemeinsam zur Seite stehen. Was aber die Bedeutung beider Länder für Polen im 19. und frühen 20. Jahrhundert ausmachte, hat Adam Krzemiński bündig zusammengefaßt: Bücher bestellte man in Paris, Mähdrescher in Berlin.[26]

Unsere Rolle in Ostmitteleuropa

Und doch, ist es eigentlich vernünftig, so wird immer wieder skeptisch gefragt, daß wir derart stark auf der Nato-Erweiterung beharren, obwohl wir wissen, daß Rußland, schon aus Prestigegründen, sie kaum hinzunehmen bereit ist? Moskau hat, so finden die Zweifler, viel opfern, ein ganzes Imperium auflösen müssen. Geht es da nicht zu weit, nun auch noch die Nato-Grenzen nach Osten vorrücken zu lassen? Sollten wir uns nicht damit begnügen, Polen, Tschechien, Slowenien, Ungarn und andere nach und nach allein in die EU aufzunehmen, um die Nato-Erweiterung, das Militärische, lieber auf sich beruhen zu lassen?

Polnische Ohren glauben bei solch besorgten Fragen einen falschen Zungenschlag herauszuhören. Man findet schon den Ausgangspunkt solcher Bedenken falsch. Da täten die Deutschen so, heißt es in Warschau, als ob sie etwas entscheiden müßten, was allein die Polen zu entscheiden haben. Genauer gesagt: die Entscheidung sei doch längst gefallen. Ungezählte Male habe Polen offiziell erklärt, sich den westlichen Bündnissen anschließen zu wollen, weil man natürlich Besorgnisse habe, die den Russen sehr wohl bekannt seien. Auf dem Hintergrund einer langen historischen Erfahrung könne man sie wahrlich nicht grundlos nennen.

Die einzige Frage sei mithin, ob das Selbstbestimmungsrecht der Völker auch in diesem Sinne für Polen gelte, Polen also selbst seine Partner und seine Bindungen wählen könne. Gerade die Deutschen sollten sich daran erinnern, daß sie noch kürzlich im Wiedervereinigungsprozeß das Recht beansprucht und zur Geltung gebracht hätten, in freier Selbstbestimmung auch über die außenpolitischen Beziehungen und Bindungen des vereinten Deutschland zu entscheiden.

Die Vorstellung, der Nato-Beitritt Polens sei gewissermaßen eine Manövriermasse, über die wir und andere mit den Russen zu entscheiden hätten, ist also schon im Ansatz bedenklich. Wer so argumentiert, hat sich noch nicht von jener fatalen Grundannahme getrennt, Ostmitteleuropa sei ein Verfügungsraum für die Russen, vielleicht auch für Deutschland und weitere Staaten, aber jedenfalls nicht ausschließlich und allein für die dort lebenden Völker.

Man kann daher gar nicht oft genug daran erinnern, daß die Initiative zur Osterweiterung der Gemeinschaften nicht vom Westen ausgegangen ist, sondern von den Ostmitteleuropäern, die von vornherein erklärt haben: Wir brauchen diese Mitgliedschaft, um künftig in sicheren Grenzen selbstbestimmt leben zu können. Die Russen besitzen außerhalb ihrer Grenzen keine Rechte auf irgendeine Mitsprache, Mitgestaltung in Osteuropa.

So wie wir Deutschen nicht die Hitlersche Expansionspolitik rechtfertigen, gibt es auch keinerlei Anlaß mehr, die stalinistische zu verteidigen. Beide Imperialismen haben unendliches Leid über die von ihnen unterworfenen Völker gebracht, beide waren skrupellos in Gedanken wie Taten. Die zunehmenden Bestrebungen Moskaus, ostmitteleuropäischen Raum wieder dem eigenen Einfluß zu öffnen, verdienen von vorneherein eine höfliche, aber deutliche Abfuhr.

Auf einer Konferenz in Moskau über Geopolitik (!) hörte ich 1994 einen Vortrag über den Begriff des »nahen Auslands«, in dem nicht nur für die baltischen Staaten, sondern auch für die Staaten des früheren Sowjetblocks Verhaltensmaßregeln formuliert wurden. Folgte man dem Redner, einem Regierungsmitglied, dann war nach seiner Überzeugung für Rußland allein ein Zustand in Ostmitteleuropa akzeptabel, bei dem die Länder der Region sich zu einer Art verschärfter »Finnlandisierung« verpflichteten.

Diese Äußerungen wurden von den deutschen Teilnehmern dieser Tagung mit Betroffenheit aufgenommen. Ich meldete mich zu Wort und widersprach entschieden: Wenn Rußland eine solche Politik wiederaufzunehmen gedenke, um zurückzuholen, was es neuerdings verloren habe, werde es auf den vereinten, heftigen Widerstand des Westens stoßen. Der Zusammenbruch, so glaube man bei uns, den das alte sowjetische Regime erlitten habe, lege Rußland den Schluß nahe, die Kooperation des Westens zu suchen, um sich wirtschaftlich, sozial und politisch zu erholen. Jedenfalls herrsche im Westen die Auffassung, daß dieser Wunsch die Ursache des begrüßenswerten Richtungswechsels in der Gorbatschow-Ära gewesen sei. Doch wenn man nun in Moskau zu der Meinung käme, diese Annäherung sei nicht länger notwendig, blase man wieder zum Kalten Krieg. Das sei natürlich dann auch das Ende der angestrebten, umfassenden Zusammenarbeit.

Meine Nachbarn zur Rechten und Linken, Historiker und Journalisten aus Deutschland, fanden meine Intervention flüsternd zu massiv. Man müsse, meinten sie, die russische Verletztheit, die im Zusammenbruch des Reiches liegende Demütigung, ernster nehmen und vorsichtiger mit ihr umgehen, als ich es getan hätte. Ich war mir daraufhin selbst nicht mehr sicher, ob ich nicht im Ton zu scharf gewesen sei.

Dann folgte eine Kaffeepause, in der ich unbeabsichtigt plötzlich neben dem Minister stand, der uns gerade seinen Vortrag gehalten hatte. Als er mich ansprach, um mir zu danken, war ich so erstaunt, daß mir fast die Tasse aus der Hand fiel. Er aber erklärte mir, was er gesagt habe, sei nur die Linie seiner Regierung: Seit den Duma-Wahlen vom Dezember 1993 gebe es, was wir einen nationalistischen, neo-imperialistischen Zug in der Moskauer Politik nennen würden. Er selbst halte es aber für wichtig, daß man in Moskau erfahre – es seien ja auch die Redenschreiber des Außenministers im Saal gewesen –, der Westen werde diesen erneuten Kurswechsel hin zur alten Linie als Kampfansage betrachten.

Dieses Gespräch war für mich ein Schlüsselerlebnis: Wenn man offen und natürlich höflich den Russen Grenzen deutlich macht, so ist das keine Anmaßung, sondern nur die Zurückweisung einer russischen Zumutung. Moskau kann, was die Polen und andere Ostmitteleuropäer angeht, einfach keine weitere, keine erneuerte Mitsprache beanspruchen. Dieses Recht, falls es überhaupt je bestand, hat Rußland spätestens in den Jahrzehnten der sowjetischen Schreckensherrschaft ein für allemal verspielt. Das kann man nicht frühzeitig und deutlich genug sagen, weil Unklarheiten in diesem Punkte nicht dazu führen, in Moskau die positiven, kompromißbereiten Kräfte zu stärken.

In Grundsatzfragen empfiehlt sich, nicht nur bei Russen, immer Klarheit in der Sache und Deutlichkeit der Sprache. Warum sollten wir leisetreten, vor Drohungen zurückweichen? Was stellt Rußland heute eigentlich noch dar? Der erfahrene Jörg Kastl, in den achtziger Jahren unser Botschafter in Moskau, gibt auf diese Frage eine ungeschminkte Antwort: »Ein Riese geo- und demographisch, ökonomisch ein Krüppel, führt es sich nach außen als Gernegroß auf.« Kastl fordert energisch eine Änderung der deutschen Außenpolitik gegenüber Rußland. Die Bonner Rhetorik baue die russische Position unnötig auf. Militärisch und ökonomisch rechtfertige nichts mehr die Moskauer Drohgebärden. Stabilität in Europa sei auch ohne Rußland zu erreichen. Die Konzessionen an Boris Jelzin bei Fragen der Nato- und EU-Osterweiterung sollten deshalb ein Ende nehmen.

Zwei konkurrierende Machtgruppen üben, Kastl zufolge, Einfluß auf die russische Außenpolitik aus: Auf der einen Seite suchten neo-imperiale Kräfte, verlorene Positionen im einstigen zaristisch-sowjetischen Kolonialreich und seinem nahen Ausland wiederzugewinnen – von Moldawien über die Ukraine bis zu den baltischen Republiken. Deren Annektierung im Jahre 1940 halte der Kreml immer noch für rechtens. Die Reaktionäre forderten zudem Einfluß- und Pufferzonen im nahen Ausland, dem westlichen Vorfeld Rußlands. »In ihren nostalgischen Hirnen hat sich seit den Zaren und Bolschewiki wenig verändert.«

Auf der anderen Seite wachse freilich auch der Einfluß der neureichen, pragmatischen Machteliten in Moskau, die mit klarerem Blick auf die Verhältnisse sähen: »Rußland braucht den Westen weit mehr als der Westen Rußland.« Eine entspannte Beziehung zum Westen sei für Rohstoffexporte und Finanzgeschäfte wünschenswert. Noch bleibe unklar, welche Interessengruppe sich durchsetze. »Je häufiger wir freilich Moskau bedeuten, welche Schlüsselstellung es in Europa einnehme, um so stärker werden sich die Reaktionäre fühlen.«

Dem Kreml widerstrebt – wie wir laufend hören – immer noch, von einer amerikanisch geführten Nato ausgeschlossen zu bleiben. Ministerpräsident Tschernomyrdin behauptet, daß in Europa Fragen der Sicherheit nicht ohne Rußland entschieden werden dürfen. Was aber rechtfertigt ein solches Mitspracherecht? Die russische Armee ist verwahrlost, die Atomwaffen sind teils veraltet, die Bodenschätze aus eigener Kraft nicht mehr zu heben. Immerhin, eines hat der Sturm auf das Weiße Haus in Moskau 1993 und der Krieg gegen die Tschetschenen gezeigt: Noch ist der einstige Kolonialherr ungezähmt. Daher liegt es im deutschen Interesse, die Zwischenstaaten zu unterstützen. In den Worten von Bundespräsident Roman Herzog: »Wenn wir nicht den Osten stabilisieren, dann wird er uns destabilisieren.«[27] Daher muß sich die Nato für die vertrauenswürdigen Länder Ostmitteleuropas jetzt öffnen, noch vor der reformbedürftigen EU.

Auf einige Nato-Mitglieder wie Deutschland hat die Holzhammermethode freilich gewirkt. Kohl sichert Jelzin zu, russische Sicherheitsinteressen zu befriedigen. Wenn man dergleichen hört, muß man freilich fragen, ob sich Rußland jemals mit seiner

Sicherheit zufrieden gegeben hat. Von Einkreisung kann man heute, im Zeitalter des atomaren Patts und einer defensiv eingestellten Nato, wahrhaftig nicht sprechen.

Dennoch hat der Bundeskanzler beispielsweise durchgesetzt, daß über die Aufnahme östlicher Mitglieder in die Nato wegen des siechen Jelzin erst später entschieden werden sollte. Jelzins Pressesprecher zeigte sich daraufhin »zuversichtlich über entgegenkommende Ideen, die im Westen entstünden«. Doch damit nicht genug: Deutschland machte sich früh für ein russisches Mitspracherecht im Konsultationsausschuß der Nato stark, warb für eine Charta strategischer Partnerschaft, die Pariser »Grundakte« vom 27. Mai 1997, um Rußland mehr Einfluß zu sichern. Und nicht zuletzt tritt Bonn dafür ein, Rußland in die Runde der sieben Industrienationen (G 7) als Vollmitglied aufzunehmen: »das größte Entwicklungsland der Welt!« Seit dem Treffen in Denver vom Juni 1997 ist aus dieser Forderung eine Tatsache, aus der G 7 eine G 8 mit Rußland als gleichberechtigtem Partner geworden.

Wenn der Westen Rußland solche Mitspracherechte einräumt, müssen wir uns nicht wundern, wenn Moskau davon künftig auch Gebrauch macht – möglicherweise aber in einem unseren Vorstellungen entgegengesetzten Sinne. Nichts wäre ungünstiger für unsere Stabilität und erst recht natürlich für die der betroffenen Zwischenländer, als wenn sie mit einem russischen und gleichzeitig einem westlichen Mitspracherecht zu leben hätten. Denn was hieße das? Es wäre die Festschreibung jener Grauzone ungesicherter Zuordnung, die zu beseitigen doch das zentrale Anliegen der Westintegration Ostmitteleuropas ist.

Notwendig sind also aus den genannten Erwägungen rasche, klare Grundsatzentscheidungen, während man alle Einzelheiten des Beitritts auf später verschieben kann. Es wäre verhängnisvoll, wenn wir zehn Jahre lang über die Beitrittsmodalitäten verhandeln und während dieser Zeit angesichts der Störungen, die vom riesigen russischen Unruheherd ausgehen können, weiter die Frage der Zugehörigkeit der uns verwandten Länder Ostmitteleuropas zum Westen offenbleiben müßte. Viele Unsicherheiten in den betroffenen Ländern wären die Folge. George Kennan hat einst behauptet, fünfzig Prozent dessen, was die USA mit dem Marshallplan bewerkstelligen wollten – die wirtschaftliche wie politische Stabilisierung (West-) Europas –, habe man bereits im Augenblick der Verkündigung im Juni 1947 erreicht. Denn die Hilfszusage habe implizit die Garantie enthalten – und sie war das Wesentliche –, daß die Amerikaner in Europa präsent bleiben würden. Eine Zusage vergleichbar vertrauenswürdiger Art ist heute für Ostmitteleuropa unerläßlich. Auf sie muß Deutschland im Kreise seiner Verbündeten drängen.

Müssen wir eigentlich, fragen indessen manche Kommentatoren, eine eigene Ostmitteleuropa-Politik treiben, anstatt uns dabei an das westliche Bündnis zu halten? Richtig an diesem Einwand ist, daß für eine selbständige deutsche Ostpolitik unsere Kräfte nicht ausreichen. Selbst wenn sie es täten, würden uns Alleingänge in allen Windrichtungen großes Mißtrauen eintragen. Aber ähnlich wie die Franzosen, die gebannt auf Algerien blicken, weil sie von dorther Unheil erwarten, blicken wir, wenn auch im Augenblick noch gelassener, über Oder und Erzgebirge. Wir haben ein elementares Interesse am Wohlbefinden der Polen, Tschechen, Ungarn, Balten, Rumänen, Bulgaren, Ukrainer, das mit deren Eigeninteressen identisch ist – nicht wegen der bösen Vergangenheit, sondern um einer gemeinsamen, hoffentlich glücklichen Zukunft willen.

Auch umgekehrt ist für die Polen und andere Ostmitteleuropäer die Zusammenarbeit mit uns gerade deshalb unproblematisch, weil wir ein Teil des größeren europäischen Ganzen der EU sind. Unsere neuen Partner im Osten des Kontinents können daher mit Recht davon ausgehen, daß sie kein Risiko laufen, in Abhängigkeit von Deutschland zu geraten, wenn sie mit uns zusammenarbeiten.

So wird es die neue Aufgabe Deutschlands sein, innerhalb des westlichen Bündnisses ein Frühwarnsystem für osteuropäische Gefahren zu entwickeln, vor allem aber eine konstruktive Instanz praktikabler Lösungen zu werden. Da bleibt viel zu tun. Wir müssen eine Kompetenz für osteuropäische Belange erst zurückgewinnen, die wir früher besaßen, dann aber eingebüßt haben. Als der junge George Kennan im Princeton der zwanziger Jahre den Entschluß faßte, sich zum Rußland-Experten zu bilden, ging er nach Berlin, weil es damals das weltweit beste Zentrum der Osteuropaforschung war. Gegenwartsbezogenes, politiknahes Interesse und die Kenntnis der Sprachen, Kulturen und aktuellen Situationen müssen wiederkommen, weil sie Räumen gelten, die uns nahe, benachbart sind und bleiben.

Ein Sitz im UN-Sicherheitsrat?

Auf jeden Fall ist für uns Deutsche ein besonders geschärfter Blick auf die vielfachen Bedingtheiten der eigenen Existenz und die beschränkten eigenen Möglichkeiten wichtig. Auch wenn wir in anderen Erdteilen grundsätzlich nichts zu suchen haben, muß man das natürlich insofern relativieren, als wir Rücksicht nehmen müssen auf die Bündnisse, deren Teilhaber wir bleiben. Damit steht unsere Verläßlichkeit immer wieder neu auf dem Prüfstand. Jürgen von Alten betont mit Nachdruck (und nennt dafür mehrere Beispiele aus jüngster Zeit), daß die Deutschen noch nicht begriffen haben, in welchem Maße sie verläßliche Bündnispartner erst noch werden müssen.[28] Man muß international eindeutig einschätzen können, was mit uns zu machen ist und was nicht.

So wären wir sicher falsch beraten, wenn wir uns etwa der französischen Politik anschließen wollten, um mit Eingreiftruppen in Afrika nach dem Rechten zu sehen. Ob es nun um Zentralafrika, Ruanda oder Mali geht – alle solche Gebiete liegen ganz offenkundig weder im Bereich unserer Interessen noch wäre ein militärisches Engagement dort unserer Bevölkerung zu vermitteln. Eine Demokratie ist aber darauf angewiesen, daß sich die Bevölkerung die Aktionen der Regierung und die Mehrheitsrichtung des Parlaments in großen Zügen zu eigen machen kann. Ein aktives Engagement Deutschlands mit breiter öffentlicher Unterstützung ist nur in unserer näheren geographischen Umgebung zu erreichen, in Gebieten vor der eigenen Tür. Selbst hier wird es nicht leicht sein, ein opferbereites Verantwortungsgefühl für andere Völker zu wecken. Mehr ist meines Erachtens nicht drin.

Der gegenwärtige Außenminister ist daher schlecht beraten, wenn er uns hartnäckig einen permanenten Sitz im UN-Sicherheitsrat zu verschaffen sucht. Denn mit einer weltweiten Präsenz und Verantwortung wären wir völlig überfordert. Wolfgang Wagner hat sich schon vor Jahren so kritisch wie kenntnisreich mit der Forderung nach einem deutschen Sicherheitsratssitz auseinandergesetzt. Seit Klaus Kinkel dieses Begehren im September 1992 vor der UN-Generalversammlung anmeldete, schrieb er, sei dieser Schritt in unserer Öffentlichkeit »mit wohlwollendem Gleichmut« aufgenommen worden. Er habe weder »sonderlich Widerspruch noch großen Beifall« gefunden. Man teile wohl weithin die Ansicht der Bundesregierung, daß Deutschland als eine der wichtigsten Wirtschaftsmächte der Welt und bevölkerungsreicher als Frankreich sowie Großbritannien »auf weitere Sicht keinen Grund mehr habe, hinter diesen Staaten zurückzustehen«. Außerdem sei es Bonn gelungen, den Eindruck zu erwecken, als herrsche international eine ähnliche Stimmung wie in Deutschland: Man halte es weltweit mehr oder minder für selbstverständlich, daß so wichtige Staaten wie Deutschland und Japan in absehbarer Zeit permanent in den Sicherheitsrat einzögen.

Indessen hat die erste Reaktion der Staatenwelt durchaus keine breite Unterstützung für die deutsche Ambition erkennen lassen. War es also klug von der Bundesregierung, solchen Ehrgeiz zu entwickeln? Welche Hindernisse gibt es? Da es um eine Satzungsänderung geht, sind eine Zweidrittelmehrheit in der Generalversammlung und die Zustimmung aller fünf derzeit ständigen Mitglieder des Sicherheitsrates erforderlich. In den vergangenen fast fünfzig Jahren ist nie ernstlich versucht worden, die UNO wesentlich zu reformieren, weil es als aussichtslos galt. Das mag jetzt, nach dem Ende des Ost-West-Konflikts, etwas anders aussehen. Aber auch heute würde ein isolierter Anlauf Japans oder

Deutschlands, in den Kreis der ständigen Sicherheitsratsmitglieder zu gelangen, mit Sicherheit scheitern. »Wenn es überhaupt eine Chance gibt«, sagt Wolfgang Wagner, »dann allenfalls im Rahmen einer Paketlösung, die den Interessen einer ausreichenden Zahl von Mitgliedern und aller bisher ständigen Mitglieder des Sicherheitsrates gerecht wird.«

Anscheinend habe niemand in der Bundesregierung bedacht, meint Wagner, daß Deutschland für einen ständigen Sitz im Sicherheitsrat einen hohen Preis zahlen müsse. »Viele UN-Mitglieder werden für eine Unterstützung des deutschen Wunsches eine Belohnung erwarten ... Deutschland versetzt sich aus freien Stücken wieder in die Lage der Bundesrepublik während der Zeit der Hallsteindoktrin, in der man gezwungen war, sich durch finanzielle Leistungen das Wohlwollen zahlreicher Staaten zu sichern.«

Viele Staaten halten eine veränderte Zusammensetzung des Sicherheitsrates für erforderlich, aber unter ganz anderen Gesichtspunkten als Bonn. Eine Reihe wichtiger Entwicklungsländer ist überzeugt, daß sie nach dem Ende des Kalten Krieges in die Gefahr einer Dominanz der Industriestaaten, zumal der USA, geraten. Sie möchten daher den Sicherheitsrat »demokratischer«, »gerechter« besetzen. »Mit Brasilien, Nigeria, Indien und Indonesien stehen mindestens vier Staaten dieses Bereichs bereit, denselben Anspruch zu erheben wie Bonn und Tokio«.

Die Bundesregierung hat, als sie ihren Anspruch auf einen ständigen Sitz im Sicherheitsrat anmeldete, eher naiv unterstellt, die Plätze an der Spitze der Weltorganisation kämen in erster Linie jenen Staaten zu, die die höchsten Beiträge zu den internationalen Gremien leisteten. Doch es gibt ganz andere Kriterien: Die Ausgewogenheit zwischen dem reichen Norden und dem armen Süden kommt ebenso in Betracht wie die gleichmäßige Berücksichtigung aller Kontinente oder Weltkulturen. Ein Staat wie Indien könnte die Größe seiner Bevölkerungszahl ins Feld führen. Ein weiterer Gesichtspunkt wäre, vor allem an jene Staaten zu denken, die am häufigsten Truppen für Blauhelm-Aktionen zur Verfügung gestellt haben, also etwa Schweden oder Kanada.

Frankreich und die USA haben in Stellungnahmen darauf hingewiesen, daß bei der Erhöhung der ständigen Mitgliederzahl des Sicherheitsrates neben der wirtschaftlichen Bedeutung auch das aktive Interesse an der Übernahme internationaler Verantwortung, die Teilnahme an Friedensaktionen, berücksichtigt werden müsse. »Es ist nicht zu verkennen, daß beide Regierungen die Aspiranten Deutschland und Japan auf Defizite ihrer bisherigen Politik hinweisen wollten, in denen man ein Hindernis für ihre Aufnahme in den erlauchten Zirkel der ständigen Mitglieder sehen kann. Daraus zu schließen«, fährt Wagner fort, »daß ihnen die Anmeldung des deutschen und japanischen Anspruchs zumindestens voreilig erscheint, dürfte kaum abwegig sein.«[29]

Weder der Bundesregierung noch der politischen Klasse Deutschlands scheint in vollem Umfang klar zu sein, worauf man sich mit dem Anspruch auf einen Sicherheitsratssitz einläßt. Bonn hat auch nicht bedacht, wie es in der weiten Welt wirken wird, wenn nach deutschen Wünschen künftig drei europäische Staaten – Großbritannien, Frankreich und Deutschland – im Sicherheitsrat permanent vertreten sind, Rußland hinzugerechnet, sogar vier, womit Europa im Vergleich zu den anderen Kontinenten noch stärker überrepräsentiert wäre als bisher. Es wird kaum zu vermeiden sein, daß Staaten der Dritten Welt hinter dieser Veränderung eine Wiederkehr des europäischen Hochmuts entdecken. Nicht zuletzt ist bei allen Veränderungswünschen zu bedenken, ob durch eine Erweiterung die Wirksamkeit des Weltsicherheitsrates erhöht oder nicht eher beeinträchtigt wird. Die Gefahr der Beschlußunfähigkeit wächst mit der Zahl der Mitglieder, die ein Vetorecht besitzen.

Aus Wagners eindringlichen Erwägungen muß man folgern, daß der Vorstoß des Bundesaußenministers womöglich halbdurchdacht, kostspielig, riskant und im Ergebnis aussichtslos ist. Zudem hat er keine heimische Basis. Sobald die erste größere Gruppe unserer Soldaten aus fremden Erdteilen in Zinksärgen nach Deutschland zurückkehrt – man hat es oft an die Wand gemalt –, werden die Wellen einer nationalen Empörung über allen Parteien, die eine solche Weltpolitik gefordert haben, zusammenschlagen. Wir sind keine Weltmacht, sind es nie gewesen und werden es auch in Zukunft nicht sein. Wir sind eine starke Regionalmacht – nicht mehr, auch nicht weniger – und sollten uns wirklich auf das uns Nächstliegende konzentrieren.

Gegen die hier vertretene Ansicht einer regional beschränkten Verantwortung Deutschlands wird gelegentlich eingewandt, es sei doch durchaus denkbar, daß wir Deutschen, ähnlich wie Briten und Franzosen, gewissermaßen als weitere Viertelweltmacht, im UN-Sicherheitsrat eine ordnende, moderierende Rolle spielen könnten, etwa bei künftigen Großkonflikten wie den von Samuel Huntington befürchteten Kollisionen der Kulturen.[30] Wer unter solchen apokalyptischen Vorzeichen an die Reform des Weltsicherheitsrates denkt, wer mit weltweiten Auseinandersetzungen der Großzivilisationen rechnet, sollte ahnen, daß dann erst recht neben dem britischen, dem französischen und dem russischen Sitz keine vierte europäische Macht einen ständigen Sitz im Weltsicherheitsrat wird beanspruchen können. Jeder weiß doch, daß die Bedeutung unseres Kontinents schrumpft. Es gibt neue Kraftzentren, andere, gewaltige Machtballungen in der Welt, Großreiche wie Indien, Indonesien, Brasilien. Und es gibt ganze Kontinente wie Afrika und Australien, die im Weltsicherheitsrat fehlen.

Wenn man die UNO im Wortsinn zur wirklichen Weltorganisation machen möchte, könnten also viele andere Länder vor uns einen Sitz im Sicherheitsrat beanspruchen. Wir müssen sehr aufpassen, daß wir uns in der Außenpolitik – genauso wie in der Innenpolitik – nicht mehr zumuten, als wir bei vernünftiger Einschätzung unserer Kräfte leisten können.

Lehren der deutschen Geschichte

Die neueren politischen Einsichten der Deutschen sind möglicherweise für andere Europäer, und schon gar in der weiten Welt, weniger einleuchtend, als wir glauben. Unsere Überzeugung, daß der Nationalstaat sich überlebt habe, die Zeit größerer, immer engerer Zusammenschlüsse zwangsläufig gekommen sei, wird kaum irgendwo geteilt. Kein Franzose, Engländer, Italiener oder Däne kommt auch nur im Traum auf die Idee, den Nationalstaat als obsolet zu betrachten. Wenn deutsche Vordenker behaupten, er sei ein Auslaufmodell, wollen sie mit der Beschwörung Europas offenbar nur die eigene Entschlußlosigkeit verschleiern.

Ebenso problematisch ist die These, der Nationalstaat habe in der ganzen Welt nur Unfrieden gestiftet. Denn der Nationalstaat ist bis heute der einzige Garant für Menschen- und Minderheitenrechte. Die Völker organisieren sich in Nationalstaaten; Rechtsstaat und Demokratie sind an den Nationalstaat gebunden, nur er sorgt für soziale Sicherheit. Überdies ist es gewagt, dem Nationalstaat Handlungsfähigkeit abzusprechen, solange offensichtlich die Europäische Union nicht die Kraft hat, schicksalhafte Probleme des Kontinents zu lösen, geschweige denn, in globale Sphären verantwortlich vorzudringen.[31]

Auch unser Eifer beim Werben für universale Menschenrechte wird in anderen Regionen und Erdteilen nicht in dem Maße geteilt, das wir uns wünschen. Wir Deutschen sind wegen unserer historischen Haftung für die Verbrechen der Nazi-Ära auf diesem Felde mit Recht besonders sensibel. Doch wir sollten wissen, wenn man die großen kriminellen Untaten des Jahrhunderts vergleichend betrachtet, daß unsere anhaltende Betroffenheit durchaus eine einsame, eine einzigartige Reaktionsweise ist. Sie scheint mir auch gerechtfertigt. Aber wir täuschen uns, wenn wir sie für den Regelfall und damit für ein weltweit gültiges Modell halten.

Japan hat seine kriminelle Kriegsvergangenheit keinesfalls ähnlich skrupulöser Überprüfung unterzogen wie wir.[32] Erst recht kann keine Rede davon sein, daß Rußland die Verbrechen des Stalinismus zum Gegenstand vergleichbar intensiver Gewissenserforschung macht wie Deutschland. Es gibt sogar ein seltsames Überlegenheitsgefühl dort, eine fast höhnische Art, auf uns und unseren Hitler herabzublicken. Wolfgang Schuller hat auf diesen merkwürdigen Wettstreit zwischen Deutschen und Russen im Verhältnis zur eigenen, schuldbeladenen Vergangenheit hingewiesen. Es sei bis nach Rußland vorgedrungen, daß es hinsichtlich der Massenverbrechen unseres Jahrhunderts in Deutschland eine Einzigartigkeitstheorie gebe. Das wollten manche Russen nicht auf sich sitzen lassen. Daher werde mit astronomischen Opferzahlen operiert, die die unseren weit überträfen. Fast lustvoll werde Hitler gegenüber Stalin als Waisenknabe hingestellt.

In solchen Debatten zeige sich, meint Schuller, ein russisches Leiden am eigenen Lande. Da erweise sich Rußland gleichfalls als schwieriges Vaterland, und wenn man die selbstquälerische Lust an solchen Bekundungen erst einmal verstanden habe, wisse man, daß es sich im deutschen wie im russischen Falle bei dieser Frage um Varianten eines irregeleiteten und etwas peinlichen negativen Nationalismus handle. (Man muß freilich gleich hinzufügen, daß von einem sozusagen positiven Nationalismus natürlich ebensowenig zu halten ist.) Man solle, so betont Schuller mit Recht, das unvermeidlich diffuse Gerede über das, was deutsch und was Deutschland sei, lieber bleiben lassen und sich statt dessen auf die »praktischen nationalen Aufgaben« konzentrieren, die wir nunmehr energisch anzupacken hätten.[33]

Gewiß bleibt die NS-Vergangenheit wegen ihrer Verbrechen im Gedächtnis der Menschen und besonders der Deutschen lebendig. Aber diese Erinnerung gibt für die Frage, was wir heute und morgen zu tun haben, immer weniger her. Es gibt keine einfachen Schlußfolgerungen aus der Geschichte. Aus Erfolgen wie Untaten können nie schlichte Rezepte abgeleitet werden. Daß Mord, erst recht Massenmord, zu allen Zeiten und aus allen Motiven ungeheuerlich ist, versteht sich unabhängig von allen Vergangenheits- und Bewältigungsritualen seit eh und je für zivilisierte Menschen schlicht von selbst.

Eine deutsche Schuldhaftung für die Verbrechen der Hitler-Ära eingestanden und akzeptiert, bleibt die Frage, was sie konkret heute bedeutet, also welche aktuellen Schlußfolgerungen aus ihr zu ziehen sind.

Als Präsident Chirac 1996 nach Israel reiste, mehr noch in den Irak und zu den Palästinensern, gab er zu verstehen, daß Europa, womit er wesentlich Frankreich meinte, eine Mitwirkung am Friedensprozeß dort beanspruche. Solche Forderungen setzen uns in Verlegenheit. Unsere historische Erblast bedeutet gegenüber Israel eine Pflicht zur Loyalität. Aber müssen wir uns deshalb in den schwierigen Friedensprozeß einschalten, müssen wir uns Chiracs Anspruch auf Mitgestaltung zu eigen machen – selbst wenn man ihn von seinen israel-kritischen Akzenten löst? Oder müssen wir aus einem ganz anderen Grunde – um der europäischen Einheit willen, die unsere enge Kooperation mit Frankreich erfordert – die Pariser Sicht auf den Nahen Osten übernehmen? Beide Fragen sind wohl zu verneinen, zumal wir wissen, daß sich die Amerikaner seit langem anhaltend um den Nahostfrieden bemühen und erhebliche Druckmöglichkeit besitzen. Europa, falls es dergleichen gibt, besonders aber wir Deutschen wären deshalb ganz schlecht beraten, wenn wir uns in Nahost nach vorne drängten, obwohl wir dort außer unserer historischen Belastung (die natürlich kein Vorteil vor Ort ist) gar nichts zu bieten haben.

Selbst wenn man also von einer deutschen Pflicht zur Loyalität gegenüber Israel ausgeht, ist nicht leicht zu sehen, was sie praktisch bedeutet. Müssen wir, weil Nazi-Deutschland die Juden Europas weitgehend ausgerottet hat, deshalb einen Ministerpräsidenten Netanjahu unbedingt stützen? Ich denke nicht. Es gibt viele vernünftige Gründe, Israels Partei zu ergreifen. Der wichtigste scheint mir, daß Israel in der ganzen Region die einzige wirkliche Demokratie ist, ein leistungsfähiges, eindrucksvolles Staatswesen. Im Blick auf unsere begrenzten Kräfte aber kann unsere Unterstützung immer nur von marginaler Bedeutung sein.

Unser wichtigstes Aktionsfeld liegt, wie gesagt, in Mitteleuropa, der zentralen Aufgabe deutscher Existenzsicherung. Wir sind dringend darauf angewiesen, möglichst viel guten Willen in Europa um uns herum zu sammeln – aus eigenem Interesse, weil die schwierige geographische Situation am Schnittpunkt verschiedener Welten, in der wir uns befinden, immer wieder Probleme mit sich bringen wird.

Diese Aussage hat nichts mit einer deutschen Selbstüberhebung zu tun und auch nicht entscheidend mit unserer industriellen Bedeutung; denn diese ist im Weltmaßstab heute ungleich geringer, als sie früher gewesen ist. Die unabweisliche Pflicht Deutschlands, der wirkliche, ehrliche Makler, der uneigennützige Sprecher gerade unserer kleineren Nachbarn zu sein, hat einfach damit zu tun, daß alles, was in Europa um uns herum passiert – und das ist schon lange vor der industriellen Revolution so gewesen –, auf uns einwirkt, in irgendeiner Weise durch uns hindurch geht. Wir sind ein Transitland, ein Passagenland, wir sind ein Land, das kulturell vielfältig von Ost und West, Nord und Süd angeregt, durchdrungen, mitgeprägt wird, und gegenläufig dann auch auf alle diese Länder einwirkt.

Daran wird sich nichts ändern. Insofern ist die von Deutschland zu bewerkstelligende Balance der europäischen Binnenlandschaft, obwohl sie im Weltmaßstab an Bedeutung enorm verloren hat und weiter verlieren wird, auch künftig weiterhin wichtig. Das 21. Jahrhundert wird wahrscheinlich nicht mehr ein von Europa geprägtes Jahrhundert sein. Doch die komplizierte Gemengelage Europas wird bleiben und damit auch unsere Offenheit nach allen Seiten. Hier uneigennützig ausgleichend und, weil unserer Stabilität dienlich, eigennützig zugleich konstruktiv tätig zu sein, ist das Maximum dessen, was wir uns zumuten können – aber auch müssen. Es geht um eine bescheidene und zugleich anspruchsvolle, schwierige Aufgabe.

Der Fehler der gesamten deutschen Außenpolitik zwischen 1871 und 1945 hat darin bestanden, daß man in der Führung des Reiches durchgängig der Meinung war, wir könnten uns als Deutsche nur behaupten, wenn wir eine völlig selbständige Rolle spielten, also eine Hegemonialposition in Europa anstrebten. Das Reich sei nur als völlig unabhängige Großmacht lebensfähig.

Natürlich suchte man Verbündete. Preußen war lange fast ein Satellit Rußlands gewesen. Das Reich verließ diese Rolle, die mit seiner unvermeidlichen Bindung an Österreich-Ungarn unvereinbar war. Mit Frankreich aber schien nach 1871 jeder Ausgleich unmöglich. Wohin sich also wenden?

Juniorpartner der USA in Europa!

Der eigentlich naheliegende Gedanke, daß wir uns anlehnen müßten, der stärksten Macht zuordnen, bewußt die bescheidenere
Rolle eines Juniorpartners ausfüllen sollten, wurde nie längerfristig ernsthaft verfolgt – obwohl wir diesen rettenden Ausweg mitunter geahnt, verschiedentlich auch punktuell gesucht haben.
Rußland, mehr und mehr nationalistisch gesonnen, imperial auf
den Balkan ausgreifend, von daher mit Wien zunehmend über
Kreuz, kam als Vormacht nicht mehr in Frage. Frankreich,
geschwächt und ressentimentgeladen, schied von vornherein aus.
Österreich-Ungarn wurde im Zeitalter des nationalen Erwachens
immer fragiler und war noch gefährdeter als wir.

Blieb Großbritannien, das sich zierte, uns auch nicht nötig
hatte. Doch hätte sein Beistand gegen die sich anbahnende fran-
zösisch-russische Allianz wohl gewonnen werden können, wenn
man geduldig auf ein Zusammengehen hingearbeitet und Herausforderungen Londons – wie die Kolonialpolitik und vor allem
die deutsche Flottenrüstung – unterlassen hätte.

Von Bismarck bis Hitler taucht immer wieder der Einfall, die
Hoffnung einer deutsch-britischen Partnerschaft auf. Aber das
blieb Wunsch und Idee, wurde nie Strategie, nie auf seine Konsequenzen hin durchdacht und dann zielstrebig zu verwirklichen
gesucht. Daß wir der geborene Juniorpartner der größten in
Europa präsenten Macht seien, haben wir in der ganzen Entwicklung vor 1945 nie begriffen, als Chance nicht genutzt. Es ver-
trug sich nicht mit unserem Stolz, nicht mit unserem damals über-
schäumenden Kraftgefühl und Geltungsbedürfnis.

Heute ist die Weltmacht USA zugleich die stärkste »europäische« Macht. Das sollte die wichtigste Schlußfolgerung Deutschlands aus diesem Jahrhundert sein: uns als europäischer Juniorpartner der USA zu etablieren und entsprechendes Vertrauen zu
erwerben. Es wäre eine geographisch begrenzte Allianz. Wir sollten Washington offen erklären, daß Südamerika, Asien und
Afrika jenseits unserer begrenzten Möglichkeiten und Interessen
liegen. Aber in Europa, gerade in Ostmitteleuropa, über das die

Amerikaner sich momentan im wesentlichen überhaupt keine Gedanken machen (trotz ihrer vielen polnischen Wähler im eigenen Land), sollte man auf uns zählen, mit uns rechnen können. Die Amerikaner interessiert heute in Europa, in Osteuropa wegen seiner Interkontinentalwaffen leider nur Rußland.

Wir müssen, mit Billigung und Rückendeckung der Vereinigten Staaten, aber möglichst auch aller anderen Bündnispartner, eine maßgebliche Rolle bei der Stabilisierung Ostmitteleuropas spielen. Deutschland sollte also bewußt eine kleine, überschaubare, räumlich klar umschriebene Aufgabe innerhalb der Allianz übernehmen.

Leider ist über die von uns anzustrebende Aufgabenteilung innerhalb der Allianz unter uns Deutschen bisher kein Konsens zustandegekommen. Bisher dominiert in der politischen Öffentlichkeit eher ein vage und weitschweifend weltumarmendes Beglückungsbegehren, herrscht die wunderliche Hoffnung, wir könnten den Menschenrechten allenthalben auf der Erde zum Durchbruch verhelfen, beispielsweise auch in China. Sollte man weiterhin der Vision einer solchen Rolle anhängen, kann nur Enttäuschung die Folge sein. Vermutlich haben die Amerikaner inzwischen längst festgestellt, daß der Mainzer Vorschlag George Bushs vom Mai 1989, Deutschland solle ein »Partner in Leadership« sein, jenseits unserer Möglichkeiten liegt – selbst wenn man die hochherzige Anregung auf Europa beschränkte.

Sicher sind die Amerikaner an einem verläßlichen Partner in Europa interessiert. Wir kommen auch dafür in Frage. Aber der Gedanke einer regionalen Verantwortung hat noch nicht von uns Besitz ergriffen. Uns ist auch bisher noch nicht klar, daß sie viel größere – gedankliche und materielle – Anstrengungen erfordert, als wir sie bisher für nötig und möglich gehalten haben.

Gleichzeitig müssen wir uns bewußt sein, daß wir stärker auf die Amerikaner angewiesen sind als diese auf uns. Gute Beziehungen zu den USA sind nicht selbstverständlich. Sie bedürfen der Pflege, eines beständigen Werbens. Statt dessen verwendet unsere politische Klasse all ihre Energie und Phantasie, all ihr Engagement auf die Illusion eines geeinten Europa. Wie die transatlantischen Bindungen gefestigt, zumindest erhalten werden können, darüber macht man sich viel weniger Gedanken. Wie steht es zum Beispiel mit dem Gedanken einer Nordatlantischen Freihandelszone, die Osteuropa, die EU und die Nordamerikanische Freihandelszone (Nafta) umfassen könnte? Engere Handelsbeziehungen Europas zu den USA könnten als wirtschaftliche Stütze der brüchig werdenden Nato dienen und uns gleichzeitig den Zugang zu den rasch expandierenden Märkten beider Amerikas sichern.[34] Wir müssen der transatlantischen Partnerschaft ein solides Fundament sichern.

Nun hört man immer wieder den Einwand, wenn wir Deutschland als Juniorpartner der USA sähen, vergäßen wir unsere genuin europäischen Aufgaben. Diese Bedenken könnten berechtigt sein, wenn wir tatsächlich am Vorabend eines europäischen Bundesstaates stünden. Unser Europa ist aber leider keine Region eines zunehmenden Zusammenschlusses. An ihn haben viele von uns lange Zeit geglaubt, auf ihn gehofft. Doch dieser Glaube hat sich allmählich ausgedünnt. Heute teilen nur noch wenige Deutsche diese Erwartung, deren illusionäre Grundlage immer deutlicher wird. Die Ausdehnung der Europäischen Gemeinschaft, anders als die der Vereinigten Staaten in ihrer Wachstumsphase, lief schon bisher mehr und mehr auf eine Schwächung der EU hinaus.

Die ursprüngliche Sechsergemeinschaft der fünfziger Jahre – also Benelux, Frankreich, Italien und die Bundesrepublik – war relativ homogen. Sie besaß, wenn wir von Süditalien absehen, ziemlich gleichartige Lebens- und Arbeitsbedingungen, auch einen vergleichbaren Sozialstandard. Diese Gemeinsamkeit der Lebensverhältnisse hat sich seither durch die Erweiterung aufgelöst. Der Lebensstandard innerhalb der heutigen Gemeinschaft klafft viel weiter auseinander als in der alten, ersten von 1957.

Diese Entwicklung begann mit der Aufnahme der Mittelmeerländer Portugal und Spanien – Griechenland sowieso, das man nie hätte eingliedern dürfen. Mit den skandinavischen Ländern kamen wiederum ganz neue Verhältnisse, Sichtweisen und Traditionen ins Spiel. Die Welt stellt sich einfach vollkommen anders dar, wenn man sie von Lissabon oder Wien, von Stockholm oder Dublin aus betrachtet. Für die Iren zum Beispiel war und ist das wirklich Interessante an der Europäischen Union die Relativierung Großbritanniens. Bevor Irland in die Europäische Union kam, war es nicht nur historisch mit den Briten verfeindet, sondern obendrein von ihnen abhängig; zwei Drittel des irischen Außenhandels gingen nach Großbritannien. Jetzt, dank der EU, wickelt Irland nur noch ein Drittel des eigenen Handels mit Großbritannien ab, was die Iren sehr erleichtert. Die Europäische Union ist für sie also schon deshalb vorteilhaft, weil sie die Bedeutung der Briten vor der eigenen Haustür schrumpfen läßt. Was im übrigen auf unserem Erdteil passiert, ist den Iren dagegen mehr oder minder egal.

Die hier angedeutete Heterogenisierung der Europäischen Union – Finnland und Portugal sind da so weit auseinander wie Österreich und Island oder Griechenland und Irland – führt dazu, daß sich regionale Interessen viel deutlicher ausprägen als am Anfang, wo alle Mitglieder aus dem Reich Karls des Großen stammten. Westeuropa, Südeuropa, Nordeuropa, Osteuropa, Mitteleuropa und erst recht Rußland (wo immer es hingehören mag) sind einfach sehr verschiedene Räume mit verschiedenem Herkommen, verschiedenen Interessen, verschiedenen Religionen, verschiedenen Sozialstrukturen und so fort.

Die innere Auseinanderentwicklung der Gemeinschaft als Folge der Erweiterungen wird sich fortsetzen, der Abstand zwischen armen und reichen Mitgliedern sich vergrößern. Die deutsche Absicht, die Europäische Gemeinschaft stärker zu parlamentarisieren, auch die Einführung von Mehrheitsregeln, scheinen mir weltfremd. Es ist ganz undenkbar, in einem so heterogenen Verbund wie der Europäischen Union Mehrheitsentscheidungen bei Fragen möglich zu machen, die irgendein Mitglied als zentrales Eigeninteresse betrachtet. Ohnehin ist es ein Problem, daß bei den Kleinen leicht das Gefühl aufkommt, über sie werde hinweggegangen, sie zählten nicht. Solche Befürchtungen aber würden nach Einführung von Mehrheitsregeln übermächtig. Wenn wir gar ein britisch-französisch-deutsches Direktorium hätten, das wesentliche Fragen vorab allein entschiede, würden die Ressentiments aller kleineren Staaten so ausufern, daß der Fortbestand der Union bedroht wäre.

Wenn die Gemeinschaft also weiter wächst, was sie im Prinzip muß, wird ihr innerer Zusammenhalt immer schwächer werden. Das ist eine Hoffnung, die London mit der Erweiterung verbindet, während diese Aussicht Paris mit Erbitterung erfüllt. Aber was ist Frankreichs europäische Vision? Der französische Gedanke einer partiellen Integration, die die Kräfte der anderen bündelt, um sie dann den eigenen Hegemonialbestrebungen nutzbar zu machen, führt auf die Dauer auch nicht weiter, sondern in eine Sackgasse. Denn die anderen Völker riechen natürlich diesen Braten. Auch wir Deutschen haben ihn mißmutig wahrgenommen, obwohl wir mit Frankreich besonders verbunden sind.

Am Ende werden sich alle übertriebenen, allzu ambitionierten Vorhaben totlaufen. Die EU wird ein relativ lockeres Gebilde bleiben, und innerhalb dieses lockeren Gebildes wird es neue Manövrierspielräume, neue Aktionsfelder einzelner Staaten geben, ob man das nun befürchtet oder begrüßt.

Wir Deutschen müssen immer wieder neu unsere Prioritäten prüfen. Unser oberstes Ziel muß es heute sein, unser eigenes Haus in Ordnung zu bringen. Das ist das Beste, was wir für uns und die Welt tun können. Nur wenn sich Deutschland stabil und leistungsfähig, optimistisch und verantwortungsbewußt zugleich präsentiert, kann es ausgleichend seinen Platz auf unserem Kontinent ausfüllen und eine angemessene Rolle spielen.

Dafür werden künftig genaue Kenntnisse unseres europäischen Umfelds erforderlich sein, eine nüchterne Erfassung der Realitäten, ein Blick fürs Mögliche und vor allem intellektuelle wie moralische Substanz.

Das Fehlen außenpolitischer Eliten

Wenn wir an die deutsche Scheckbuch-Diplomatie zurückdenken, so fällt auf: die Verengung unserer Selbstwahrnehmung und aller Außenwahrnehmung auf finanzielle Gesichtspunkte charakterisierte unsere Nachkriegsentwicklung, jedenfalls in den beiden letzten Jahrzehnten vor 1989. Die entsprechende gedankliche Armut, die damit einherging, leider auch. Wenn wir uns aber künftig nicht mehr mit Geld bemerkbar und beliebt machen können, womit dann?

Wir kennen die nähere und weitere Welt um uns herum wenig, die wir meist nur unter sentimentalen Gesichtspunkten betrachten. Weder von Frankreich noch von Polen haben wir eine halbwegs zutreffende Vorstellung. Was soll man da im Blick auf Korea oder Mexiko erwarten? Bei milchig verschwommener Sicht der Welt glaubt mancher, er habe schon etwas für die Menschheit getan, wenn er formelhaft die Würde des einzelnen im Munde führt. Dergleichen ist ja nicht falsch, aber alles andere als eine praktikable Strategie und dient nur der wohlfeilen Bestätigung des eigenen guten Gewissens.

Nun kann man der Behauptung einer Weltfremdheit der Deutschen entgegenhalten, daß sich gerade die Bundesrepublik seit dem Korea-Boom des Jahres 1950 und bis zum heutigen Tage wie kaum ein anderes Land als Außenhandelsmacht betätigt und bewährt habe. Ganz zwangsläufig führe eine derartige Aktivität zu vielfältigen Verbindungen in alle Welt und damit zu einer entsprechenden Kenntnis der Lebensweisen und Mentalitäten anderer Völker. Als eine Art Außenhandels-Weltmeister hätten wir ganz natürlich und nebenbei erhebliche außenpolitische Erfahrungen gesammelt.

Doch da sind Zweifel angebracht. Ist unser Volk durch den Außenhandel der heutigen Wirtschaft, ja sind unsere Landsleute durch ihren erdumspannenden Tourismus wirklich weltkundiger, weltklüger geworden? Wer kennt denn bei uns die Produktionsverhältnisse, Arbeitsbedingungen, Soziallagen anderer Länder, geschweige denn anderer Erdteile, und wo fließt solche Kenntnis in die öffentliche Meinungsbildung ein? Sogar im eng ökonomischen Sinne sind selbst Fachleuten kommende Entwicklungen, neue Märkte, beispielsweise in Ostasien, allzu lange nicht bewußt geworden. Haben wir uns nicht bis heute viel zu sehr auf die traditionellen westeuropäischen Märkte konzentriert und ostasiatische Wachstumsregionen zu spät wahrgenommen?

Selbst in Kreisen der deutschen Wirtschaft ist ein nüchterner Blick auf die morgen für uns wichtigen Länder vergleichsweise selten. In den ehemaligen »Kolonialmächten«, nicht nur den großen, sondern auch den kleineren wie zum Beispiel den Niederlanden oder Belgien, ist dagegen eine stärkere, breitere Weltkenntnis die Regel. Von dieser Weltkenntnis zehren Großbritannien und Frankreich bis zum heutigen Tage, naturgemäß besonders wenn es um Gebiete geht, die man sich früher einverleibt hatte. Solche Vertrautheit findet man bei uns selten: Es ist erstaunlich, wie wenig Leute sich in unserem Lande zutrauen, ein facettenreiches Bild der Entwicklung anderswo zu zeichnen.

Das liegt vermutlich auch an der Neigung unserer Wissenschaft zur vorschnellen Theorie, zur theoretischen Überhöhung, zum Systembau. Und es liegt zudem am starken moralischen Impetus, der im Lande verbreitet ist. Unser guter Wille sucht gern blindlings humanitäre Betätigungsfelder, möchte stets irgend etwas Hilfreiches in Angriff nehmen. Wir reden am liebsten im Optativ, in der Wunschform. Der Blick auf das realistisch Mögliche wird dadurch verstellt.

In drei ganz unterschiedlichen Ländern, in den USA, in Israel und Südafrika, fällt immer wieder auf, daß Gespräche mit Angehörigen der politischen Elite sofort das Gefühl vermitteln, man sei sich der Verantwortung für die Folgen des eigenen Denkens und Redens bewußt. Man weiß dort, daß alle Aussagen Folgen in der Praxis haben. Wenn man unüberlegt spricht, irrt, falsch kalkuliert, sich falsch verhält (im Falle Südafrikas wie Israels noch deutlicher als in den Vereinigten Staaten), kann das katastrophale Auswirkungen für das eigene Volk wie für andere Völker haben.

Es ist mithin in solchen Ländern ein größerer Ernst der politischen Diskussion zu spüren. Bei unseren Politikern und Parlamentsdebatten hingegen kann man leicht den Eindruck gewinnen, die meisten Aussagen seien nur Redensarten, belanglose Sprüche, aus dem Fenster heraus. Sie scheinen für niemanden, weder für den Sprecher noch für das Parlament oder gar für die Öffentlichkeit, eine ernste Verbindlichkeit zu enthalten. Man entdeckt kein Programm, keine Zusage, für die man mit allen Konsequenzen einzustehen bereit ist. Woran liegt das?

Uns fehlt eine der englischen und französischen vergleichbare politische Elite. Jochen Thies behauptet, in Frankreich oder Großbritannien existiere eine politische Klasse, die in Deutschland nur beschworen werde. Vielleicht spürten jene, die sie im Munde führten, daß es sich in Wahrheit bei uns nur um einen schwachen Aufguß dessen handelt, was in älteren Demokratien vorhanden ist. Man werde daher das Gefühl nicht los, daß auf diesem Gebiet ein großes Vakuum herrsche, Deutschland keine politische Klasse besitze – und gerade deswegen die Entwicklung zur Normalität, zur Übernahme von Verantwortung im internationalen Staatensystem gefährdet sei. Es könne sein, daß der Nationalsozialismus in Deutschland erreicht habe, was zu den Zielen Hitlers gehörte, nämlich die Eliten von Kaiserreich und Weimarer Republik zu beseitigen.

Thies räumt ein, daß in der ersten Generation des bundesrepublikanischen Führungspersonals die Situation besser – ich würde sogar sagen: weitaus besser – aussah als in Weimar. Aber inzwischen begegnet uns allenthalben eine »gewisse Provinzialität«. Zwar reisen die Deutschen viel, aber offensichtlich folgenlos für ihre Urteilsbildung, durch die weite Welt. Und die heutige Generation von Kohl bis Kinkel neigt, weil ihr tiefere Kenntnis und durchdachte Erfahrung fehlt, »zu einer allzu harmonischen, idealisierten Betrachtungsweise der internationalen Beziehungen«.[35]

Tiefsitzende Unverbindlichkeit und Verantwortungsscheu dürfte die wichtigste negative Folge einer fünfzig Jahre lang verhängten, partiellen Entmündigung, dann auch Selbstentmündigung Deutschlands sein. Man verstehe mich recht: Die alte Bundesrepublik war eine große Leistung, sie hatte viele gute, positive, ja vorbildliche Seiten. Aber anderes kam zu kurz, verschwand. Für normale Staaten Selbstverständliches verkümmerte, konnte sich unter den obwaltenden Umständen nicht entwickeln. In Parlamentsdebatten des Kaiserreichs oder der Weimarer Zeit ist noch spürbar, was in der bundesrepublikanischen Parlamentsrhetorik fast verschwunden ist. Heute fällt immer wieder Oberflächlichkeit, eine Neigung zur Phrase unangenehm auf. Es ist kaum zu glauben, um ein Beispiel aus jüngerer Zeit zu nennen, mit welch seichten Gemeinplätzen sich das gesamte Parlament die Probleme der europäischen Währungsunion vom Halse geschafft hat.

Fragen wir uns doch einmal, für welche Länder, nicht in der weiten Welt, nein, unserer wichtigsten Alliierten – die USA, Frankreich, Großbritannien – wir im Bundestag ausgewiesene Experten und damit Meinungsführer haben? An wen soll man denken, wenn es im Parlament darum geht, etwa eine Polenpolitik, einen deutschen Beitrag zur westlichen Balkan-Strategie zu entwickeln und zu vertreten? Wer wüßte für Südostasien, Südafrika oder Lateinamerika, falls Deutschland gebeten würde, gescheite Gedanken beizutragen? Welche Köpfe fallen uns ein? Natürlich der Bundeskanzler, auch, von Amts wegen, der Außenminister; wir haben ja alles Nachdenken über internationale Zusammenhänge im Auswärtigen Amt deponiert. Aber wer sonst? Für Frankreich Karl Lamers, immerhin. Für die USA Karsten Voigt, noch immer, aber nicht mehr lange; Christdemokrat der eine, Sozialdemokrat der andere, Einzelgänger beide.

Der Mangel an außenpolitischer Erfahrung ist in allen Parteien gleichermaßen spürbar. Anders als man erwarten sollte, haben die vielen Jahrzehnte freier, weltweiter Reise- und Bildungsmöglichkeiten, haben ungezählte Parlamentarier-Delegationen ins Ausland erstaunlich wenig politisch relevante Experten hervorgebracht. Das ist eine verwunderliche Feststellung, die man wohl leider verallgemeinern muß, weil sie für die gesamte meinungsbildende Führungsschicht Deutschlands gilt.

Eine gewisse Konsumenten-Weltläufigkeit mag entstanden sein, doch schafft ein weltweiter Tourismus, gerade auch der Parlamentarier, noch längst keine Kompetenz. Immer wieder kommen in den verschiedenen Hauptstädten der Erde, wo unsere Parlamentarier oft in Rudeln auftauchen, die betreffenden Damen und Herren händeringend zu unserem jeweiligen Botschafter gelaufen, um ihn zu fragen, worauf sie um alles in der Welt denn nun die vorgesehenen Gesprächspartner anreden könnten. In Sierra Leone mag das verständlich sein. Aber in Washington?

Joseph Rovan hat vor Jahrzehnten in seinem Buch »Une Idée Neuve: La Démocratie« geschrieben, entscheidend für die Weiterexistenz, den Ausbau der Demokratie, sei ihre Fähigkeit, »Spezialisten der Nichtspezialisierung« heranzubilden.[36] Das ist eine gute Formulierung, weil sie das meint, was bei uns in hohem Maße zu vermissen ist. Wir haben sicher mancherlei Spezialisten, geschulte Kenner zu allen Themen der Außen- wie der Innenpolitik, aber die Einordnung des jeweiligen Spezialwissens in größere Zusammenhänge, die dann auch dem Lande vermittelt werden, fehlt leider allzu oft. Unsere Politik empfindet diesen Mangel nicht, ist sich selbst genug. Wie soll man sonst erklären, daß die CDU nicht schon längst Hans-Peter Schwarz, die SPD Karl Kaiser mit einer wichtigen außenpolitischen Sprecherrolle im Parlament betraut haben?

Alexander Gauland hat unlängst gesagt, die politischen Eliten in Frankreich und Großbritannien seien etwas, worum wir Paris und London beneiden könnten. Doch das falsche Bewußtsein, das sie beide pflegten, ihren selbstgefälligen Irrglauben, noch immer eine hegemoniale Rolle spielen zu müssen, das neideten wir ihnen nicht.

Unser Ziel muß sein, zeitgemäße, also bescheidene, realistische, demokratische Führungsbereitschaft neu herauszubilden. Vor dieser Aufgabe stehen wir wie andere europäische Demokratien. Aber bei uns ist die überragende Wichtigkeit dieser Aufgabe bisher noch gar nicht erkannt.

Mit dem Rücken zur Gefahr eingeschlafen?

Es steht zu fürchten, daß wir wegen der langen und engen Einhegung durch die Allianz, auch wegen der beruhigenden Existenz der Europäischen Gemeinschaft, noch nicht das Gespür dafür zurückgewonnen haben, wie gefährlich die Welt weiterhin bleibt. Wir ahnen nicht, wie aufmerksam man Grundlagen der eigenen Existenz als Volk und Staat sichern muß, wenn man nicht unter die Räder kommen will. Die Deutschen haben immer noch das leider illusionäre Gefühl, sie hegen die fortwirkende Überzeugung, nach wie vor fest eingebunden zu sein, in einem sicheren Geleitzug mitzufahren und sich daher, da andere das Kommando hätten, viele eigene Ideen gar nicht machen zu müssen.

Doch die Lage Deutschlands ist 1990 anders geworden. Wir fahren zwar im Konvoi, doch wir müssen uns künftig überlegen, an welcher Stelle und mit welcher Verantwortung. Wir müssen wissen, wohin wir eigentlich selbst wollen, für welche Ziele, in welcher Richtung wir die anderen zu gewinnen versuchen. Oder kann es uns egal sein, wohin die anderen steuern, weil wir uns nach wie vor von ihnen verstanden und vertreten glauben, unsere Interessen mit den ihren überall restlos für deckungsgleich halten? Dafür spricht nichts.

Wir müssen ein Stück des alten Gefahrensinns zurückgewinnen, denn wir sind mit dem Rücken zu allen absehbaren Gefahren eingeschlafen. Es ist zu hoffen, daß es kein panikartiges Erwachen gibt, wenn irgendeine Bedrohung auftritt, mit der wir nicht gerechnet haben. Das kann leicht eintreten, weil wir dergleichen überhaupt nicht mehr für denkbar halten und uns einen idyllischen Friedenszustand herbeigeträumt haben. Er mag sich im nächsten Jahrhundert wegen der Kostspieligkeit und des Risikos aller Kriege tatsächlich einstellen. Doch im Augenblick ist er noch keineswegs gesichert.

III. Kapitel

Die Europäische Währungsunion

Wer Europa wirklich will, muß hoffen, daß die
Währungsunion jetzt nicht kommt.

Vorteile einer gemeinsamen Währung

Alle Probleme, die in den beiden ersten Kapiteln angesprochen
wurden, verschärft die zum 1. Januar 1999 geplante Einführung
einer gemeinsamen europäischen Währung, des Euro. Dabei soll
nicht geleugnet werden, daß der Euro an sich viele positive Auswirkungen haben könnte. »Die Einführung einer gemeinsamen
europäischen Währung ist die logische Ergänzung zum Binnenmarkt«, heißt es in einer CDU-Broschüre zum Euro.[1] Deutsche
Unternehmen erwarten nach einer Umfrage des *Deutschen*
Industrie- und Handelstages (DIHT) vom Herbst 1996, daß die
»Europäische Währungsunion den Europäischen Binnenmarkt
stärken wird, die Exportchancen sich vergrößern werden, der
Wettbewerb zunehmen wird«.[2]

Der Binnenmarkt wird von allen bisherigen Mitgliedstaaten der
Europäischen Union bejaht und ist Ziel zahlreicher ostmittel-
europäischer Länder, die eine baldige Aufnahme anstreben. Die
deutschen Regierungs- wie die Oppositionsparteien, also alle
maßgeblichen politischen Lager, die Gewerkschaften sowie die
meisten Banken befürworten, zum Teil enthusiastisch, die Einführung des Euro.[3] Allen Argumenten der Euro-Befürworter
gemeinsam ist die Einsicht, daß die Volkswirtschaften Westeuropas durch Politik und Handel bereits jetzt sehr eng miteinander
verflochten sind. Die Vorteile des Binnenmarktes könnten mit
einer gemeinsamen Währung noch besser als bisher genutzt werden. Das deutsche und das europäische Wirtschaftswachstum

werden, so heißt es, zusätzliche Impulse erhalten, die Beschäftigung werde steigen. Der *Deutsche Gewerkschaftsbund* schreibt in einer Broschüre zur Währungsunion: »Es ist völlig unrealistisch zu glauben, daß sich die Wirtschafts- und Finanzpolitiker in Europa auf eine gemeinsame Linie einigen werden, wenn nicht gleichzeitig eine Währungsunion besteht. Die Währungsunion könnte insofern ein wichtiger Katalysator für eine wirklich europäisch abgestimmte Wirtschafts- und Beschäftigungspolitik sein.«[4]

Die meistgenannten Vorteile einer Währungsunion lassen sich in vier Punkten zusammenfassen.

Augenfällig ist als *erstes* der Größenvorteil eines einheitlichen Marktes. Der Wirtschaftsraum der Europäischen Union bildet einen Binnenmarkt von 370 Millionen Verbrauchern mit weitgehend ähnlichem Kaufverhalten und einer jährlichen Wirtschaftsleistung von zwölf Billionen Mark. Auch wenn an der geplanten Währungsunion nicht alle europäischen Staaten teilnehmen, könnte die Alternative zur Gesamtlösung, eine kleine Währungsunion ohne Großbritannien, Italien, Spanien und Portugal, immerhin noch siebzig Prozent des europäischen Bruttosozialprodukts erwirtschaften. Dem steht der amerikanische Markt mit rund 250 Millionen Einwohnern und einem Bruttosozialprodukt von elf Billionen Mark gegenüber. Eine Wachstums- und Effizienzsteigerung der europäischen Wirtschaftsleistung infolge einer einheitlichen Währung würde, so hoffen die Euro-Befürworter, ein stärkeres Gegengewicht gegenüber den Märkten Nordamerika und Asien bedeuten.

Ein größerer Markt schafft ein größeres Nachfragepotential nach Konsum- und Investitionsgütern. Produzenten können auf diese Weise Vorteile, die sich zum Beispiel aus Produktstandardisierungen ergeben, besser ausnutzen. Unternehmen sind infolgedessen in der Lage, ihre Kosten zu senken und somit ihre Wettbewerbsfähigkeit zu verbessern. »Ohne den freien Handel in Europa wäre Deutschland ein armes Land«, preist die CDU die bisherige Bedeutung des EU-Binnenmarktes für Deutschland.[5] In der Tat ist er besonders für unser Land von Vorteil, da es etwa zwei Drittel seines Außenhandels in der EU abwickelt.

Ähnlich verhält es sich mit den Kosten für Produktentwicklungen. Nur wenn entsprechende Absatzpotentiale bestehen, sind Unternehmen zu größeren Entwicklungs- und Forschungsaufwendungen bereit. Ein großer und weitgehend homogener Absatzmarkt wie die Europäische Wirtschafts- und Währungsunion würde also das unternehmerische Risiko in diesem Bereich reduzieren.

Das Bemühen, den Markt Europa zu standardisieren, ist keine Neuerung. Die einheitliche Währung bildet dabei nur einen Faktor neben der Vereinheitlichung von Gesetzen, Auflagen und Vorschriften wie beispielsweise Maßeinheiten, Unfallverhütungsvorschriften, aber auch der Farbe von Autolichtern.

Ein großer Markt hat weiterhin den Vorteil, daß jeder externe Einfluß, etwa in Form eines Handelsembargos durch ein einzelnes Handelspartnerland, auf diesen Markt eine geringere Auswirkung hat. Denn der prozentuale Anteil dieses Einflusses am Gesamthandelsvolumen fällt geringer aus. Ein großer Markt wird daher weniger sensibel reagieren als ein kleiner, etwa ein Markt von der Größe des deutschen Bruttosozialprodukts.

Der Euro könnte zudem durch die hinter ihm stehende Wirtschaftsmacht Europas einen größeren Einfluß auf internationaler Ebene ausüben: etwa im Rahmen der G7, der Wirtschaftsgipfelkonferenz, zu der sich seit 1975 Frankreich, Deutschland, Italien, Großbritannien, USA, Japan und seit 1976 auch Kanada jährlich zusammenfinden. Entsprechendes würde in Preisverhandlungen mit den OPEC-Staaten, dem Kartell der ölproduzierenden Länder, gelten.

Im *zweiten* Argument für den Euro spielt das Größenargument für den Währungsraum der Mark in einem zusätzlichen Zusammenhang eine Rolle. Auf der deutschen Währung lastet aufgrund ihrer Attraktivität zur Zeit die Bürde, daß sie nach dem US-Dollar weltweit die zweitgrößte Reservewährung der Notenbanken ist und dadurch immer wieder von internationalen Kapitalbewegungen stark beeinflußt wird. In der CDU-Broschüre zum Euro heißt es dazu: »Die negativen Folgen internationaler Spekulationen auf die Deutsche Mark . . . werden beseitigt.«[6] Denn Reservewährungen sind unter anderem Mittel der Währungspolitik nationaler Notenbanken zur Verfolgung nationaler und internationaler Interessen. Durch den Wegfall der Mark würden zumindest die Einflüsse solcher Nationalbank-Interventionen auf die innereuropäischen Wirtschaftsbeziehungen neutralisiert. Bisher kann eine ausländische Notenbank durch eine Investition in die deutsche Währung das bestehende Währungsaustauschverhältnis zwischen den beiden Ländern zuungunsten der deutschen Wirtschaft beeinflussen.

Vorausgesetzt, der Euro genießt künftig das Vertrauen in der Welt, das notwendig für eine Reservewährung ist, kann er die zweite Weltreservewährung werden. Die Euro-Befürworter zweifeln nicht daran, daß ihm dies gelingen wird. So schreibt zum Beispiel der *Bundesverband deutscher Banken:* »Um allseitige Stabilität zu erreichen, ist Europa mehr denn je auf eine einheitliche Währung angewiesen. Sie wäre stark genug, um europäische Ankerwährung und internationale Reservewährung zugleich zu sein.«[7] Die Bürde würde sich auf einen größeren Wirtschaftsraum verteilen. Der Einfluß der internationalen Kapitalbewegungen auf die nationalen Wirtschaften wäre vermutlich relativ geringer als heute.

Mit Einführung einer einheitlichen Währung entfallen bekanntlich die Wechselkurse und damit Schwankungen zwischen den nationalen Währungen. Daraus folgt der *dritte* Punkt, ein unmittelbarer Vorteil des Euro, daß nämlich Transaktionskosten eliminiert werden. Der An- und Verkauf von Währungen innerhalb Europas sowie deren Umrechnung zu unterschiedlichen Kursen entfällt. Dies macht sich vor allem für den einzelnen Bürger bei Auslandsreisen bemerkbar – die Umtauschgebühren belaufen sich laut CDU-Broschüre jährlich auf ca. 1,5 Milliarden Mark.[8] Aber auch für Unternehmen werden Gebühren und Provisionen geringer ausfallen.

Auf unternehmerischer Ebene fällt das *vierte* und letzte Argument stärker ins Gewicht: Ohne Wechselkurse werden keine Kurssicherungskosten gegenüber anderen europäischen Währungen mehr erforderlich sein. Zwar gab es seit 1979 das Europäische Währungssystem (EWS) mit dem Ziel der Wechselkursstabilität zwischen seinen Mitgliedsländern. Es konnte allerdings erhebliche Wechselkursturbulenzen nie ausschließen. Es bot und bietet keine Sicherheit, daß die bestehenden Währungsaustauschverhältnisse stabil bleiben, was die Planung insbesondere langfristiger Investitionen im europäischen Ausland erschwert. Aus diesem Grunde müssen zum Beispiel Produkte, die für den europäischen Export bestimmt sind, oft mit einem »Risikozuschlag« kalkuliert werden. Starke Wechselkursänderungen führen daher innerhalb Europas bislang zu temporären, wenn auch nicht dauerhaften Wettbewerbsverzerrungen. »Im Ergebnis werden weniger Investitionen getätigt als bei stabilen Wechselkursverhältnissen,« schreibt der *Bundesverband deutscher Banken*.[9] Der Wegfall dieser Kosten wird die Wettbewerbsfähigkeit der Unternehmen in Europa und auf dem Weltmarkt verbessern.

Eine weitere Erleichterung formuliert eine Broschüre des *Europäischen Währungsinstitutes* in Frankfurt: »Eine europäische Währung wird es den privaten Haushalten und Unternehmen ermöglichen, Waren- und Dienstleistungspreise wirklich grenzüberschreitend zu vergleichen und damit den Leistungswettbewerb zu erhöhen.«[10]

Neben diesen erhofften Vorteilen einer einheitlichen Währung hat die Währungsunion schon vor ihrer Einführung positive Ergebnisse gebracht: Der Vertrag von Maastricht förderte eine Zeitlang erhebliche Stabilitätsbemühungen innerhalb der Europäischen Union. Viele Regierungen hätten ohne diesen Anstoß kaum die Kraft zu notwendigen Sparmaßnahmen und zur Senkung der Überschuldung ihrer Staatshaushalte aufgebracht.

Insofern hatte Maastricht von Anbeginn eine segensreiche Wirkung. Eine bessere, den Wählern gegenüber plausiblere Begründung dafür, daß man die öffentliche Ausgabenflut wegen der für Europa, für den Euro, übernommenen Verpflichtungen eindämmen müsse, konnte es kaum geben. Die politische Verantwortung für die erforderlichen Einsparungen lag mit dieser Argumentation bei Europa, seinem großen Währungsprojekt, und nicht mehr bei der jeweiligen nationalen Politik.

Die Europäisierung der Verantwortung ist überhaupt eine Hoffnung der Euro-Befürworter. Sie erwarten, daß eine gemeinsame europäische Währungspolitik die einzelnen Staaten zu wirtschafts-, haushalts- und währungspolitischer Disziplin anhalten wird. Man hofft, daß die europäische Zentralisierung der Währungsverantwortung den Einfluß nationaler politischer Interessen auf die Währungspolitik ausschalten kann. Analysen wichtiger Weltwährungen haben einen positiven Zusammenhang zwischen der Stabilität einer Währung und der politischen Unabhängigkeit der entsprechenden Notenbank nachgewiesen. Je unabhängiger eine Notenbank von der nationalen Regierung ist, desto größer ist die Währungsstabilität in dem betreffenden Land. Wenn die Währung jedoch weiter, wie bisher, als nationales Statussymbol genutzt wird und Währungspolitik daher zur Sicherung eigener, opportunistischer Interessen dient, ist die Funktion der Währung als Tauschmittel und als verläßlicher Indikator nationaler Wirtschaftsstabilität behindert.

Selbst wenn das europäische Währungsprojekt scheitern sollte, wären die Anstrengungen, die unternommen worden sind, um einen europäischen Mentalitätswandel hin zu einem gesteigerten Verantwortungsbewußtsein in die Wege zu leiten, nicht umsonst gewesen.

Skepsis, Zweifel, Einwände

Dennoch sind Zweifel an der Weisheit der Maastricht-Beschlüsse angebracht. Zunächst ist fraglich, ob die Währungsunion überhaupt die Besserungen erbringen wird, die man sich von ihr erhofft. Die Skepsis beginnt schon bei der wichtigsten Voraussetzung eines Gelingens der Währungsunion und eines stabilen Euro: nämlich bei der Größe des einheitlichen Währungsgebietes. Welche Länder letztlich an der Währungsunion teilnehmen werden, hängt davon ab, ob sie die in Maastricht vereinbarten Konvergenzkriterien erfüllen. Wie sich die Dinge gegenwärtig entwickeln, haben damit alle Länder ihre Schwierigkeiten – mit der einzigen Ausnahme Luxemburg, das im Grunde kein Land, sondern eine Stadt mit Umland ist, halb so groß wie Stuttgart oder Düsseldorf. Wie groß der einheitliche Binnenmarkt nach 1999 sein wird, ist daher alles andere als sicher. Vieles spricht dafür, daß der Euro-Raum eher groß, die gemeinsame Währung ziemlich weich sein wird. Denn die Beitrittsländer – inzwischen auch Deutschland – neigen mehr und mehr dazu, die Maastricht-Kriterien flexibel zu interpretieren, weit auszulegen.

Zudem ist der gegenwärtige Fortbestand nationaler Währungen als solcher im europäischen Binnenmarkt kein Hindernis für Wachstum und Wohlstand. Innerhalb der Welttriade Amerika, Europa und Fernost stellt der europäische Markt bereits jetzt, ohne einheitliche Währung, ein ausreichendes Gegengewicht dar. Das geschlossene Auftreten dieses Marktes in weltweiten Verhandlungen wird auch eine einheitliche Währung nicht erzwingen können. Wenn die europäischen Regierungen heute insofern keinen Konsens finden, wird auch der Euro daran nichts ändern können.

Bei der Annahme, die neue Währung werde eine Mark in einem vergrößerten Markt werden, also eine vergleichbare Stabilität besitzen, ist äußerste Vorsicht angebracht. Wie stabil der Euro wirklich werden wird, kann überhaupt nicht vorausgesagt werden. Die Stabilität der Mark wird er vorerst jedenfalls kaum erreichen, denn der Euro kann in der ersten Stufe der Währungsunion nur so stabil sein wie der Durchschnitt der an ihm beteiligten Währungen. Und hier führt an der Feststellung kein Weg vorbei, daß Europa seit 1945 immer Weich- und Hartwährungen hatte.

Die Mark hat sich über vierzig Jahre hinweg allmählich das Vertrauen als stabile Währung erworben. Sie ist durch die Entscheidungen der Zentralbanken der Welt in die Rolle einer Reservewährung hineingewachsen, also alles andere als eine »Dorfwährung«, wie Klaus Kinkel sie genannt hat.[11] Die wichtigste Voraussetzung dafür war ihre Stabilität.[12] Die Zentralbanken in den USA, in Japan, Taiwan oder Hongkong legen ihre Reserven nur in Währungen an, die möglichst stabil sind, so wie auch intelligente Investoren auf die Stabilität achten. Sie ist für sie genauso wichtig wie für den einfachen Bürger.

Das britische Pfund kann als Beispiel für die hohen Anforderungen an eine Reservewährung dienen. Es war früher einmal eine wichtige Reservewährung. Mit dem wirtschaftlichen Niedergang des Commonwealth, später Englands, hat die Währung aber allmählich das Vertrauen der Anleger verloren.

So ist es keineswegs ausgemacht, daß der Euro automatisch an die Stelle der Mark als Reservewährung treten wird. Die Anleger in der Welt werden sich erst einmal davon überzeugen wollen, ob der Euro auch wirklich die gleiche Stabilität gewinnt und damit gewährleistet, wie das bei der Mark der Fall war. Reservewährungen werden nicht geschaffen, sondern sie entwickeln sich allmählich dazu. Sollte aber der Euro nicht das Vertrauen der internationalen Anleger finden, so wird er auch die Auszeichnung einer Reservewährung nicht erreichen.

Genauso wie man die Erwartungen in Zweifel ziehen muß, die die Euro-Befürworter an die Größe des Währungsraumes und die Stabilität des Euro heften, sind die erhofften Kosteneinsparungen durch wegfallende Transaktionskosten ein stark relativierbarer Betrag. Die Europäische Kommission beziffert die Einsparungen auf 20 bis 25 Milliarden Ecu. Das entspricht nur etwa 0,3 Prozent des Bruttoinlandprodukts in der EU. Die Erwartungen, die demgemäß an eine höhere Wachstums- und Beschäftigungsdynamik geknüpft werden, sind angesichts der gegebenen Größenverhältnisse unrealistisch.

Was die mögliche Einsparung von Währungsabsicherungskosten angeht, so wird eigens in einer Broschüre der CDU-Bundesgeschäftsstelle zum Euro ausgeführt, daß die *Daimler-Benz AG* fur das erste Halbjahr 1995 Kurssicherungsrücklagen von 1,2 Milliarden Mark für ihre Geschäfte im Dollar-Raum gemacht hat. »Ein erheblicher Teil dieser Summe kann künftig in Investitionen fließen und neue Arbeitsplätze schaffen.«[13] Da aber die USA nicht Mitglied der Europäischen Währungsunion werden, wird die Kurssicherung gegenüber dem Dollar-Raum auch nach der Einführung des Euro notwendig bleiben. Dollar-Kurssicherungskosten werden keineswegs überflüssig. Deshalb wird es insofern auch nicht zu den bezifferten Einsparungen von Kurssicherungskosten kommen. Wieso diese also künftig in Investitionen fließen und neue Arbeitsplätze schaffen können, bleibt das Geheimnis der Autoren dieser Broschüre.

Wenn man aber schon alle möglichen Berechnungen über die erwarteten Einsparungen anstellt, die auf die Einführung der Europäischen Währungsunion zurückgeführt werden können, sollte man aus Gründen eines fairen Gleichgewichts der Analyse nicht unerwähnt lassen, daß die ebenso unmittelbar von der Währungsunion verursachten Kosten für die einzelnen Mitgliedsländer beachtliche Größenordnungen erreichen können. Es handelt sich ganz konkret um die Geldschöpfungsgewinne, die zum Beispiel die Deutsche Bundesbank an die Europäische Zentralbank abtreten wird. Dieser Aspekt verdient deshalb besondere Beachtung, weil es sich für Deutschland um Kosten in einer gewaltigen Größenordnung handeln wird. Der genaue Betrag hängt von der Länderzusammensetzung der Europäischen Währungsunion ab. Die errechnete Spanne der auf Deutschland entfallenden Einbußen reicht von 45 bis 90 Milliarden Mark. Frankreich dagegen kann mit Gewinnen zwischen etwa 39 und 50 Milliarden Mark rechnen.[14] Die Einführung des Euro führt also zu einem echten Ressourcentransfer zu Lasten Deutschlands. Unser Land wird durch die Währungsunion einen finanziellen Verlust in vielfacher Milliardenhöhe erleiden. Allein dieser Nettotransfer von Deutschland an Frankreich ist groß genug, um vier weitere Tunnel unter dem Ärmelkanal hindurchzuziehen.

In Maastricht wurden Konvergenzkriterien beschlossen, die jeder Staat erfüllen muß, um an der Währungsunion teilnehmen zu dürfen: Vorschriften über die absolute Höhe der Staatsverschuldung und die Neuschuld, die Inflationsrate, die Zinshöhe und die Wechselkursstabilität. Die Zahlen des Jahres 1997 werden über die Aufnahme entscheiden. Dabei läßt sich schon jetzt absehen, daß die Höhe der Staatsverschuldung wie die jährliche Neuschuld große Probleme aufwerfen werden. Immerhin wurde in Maastricht neben den harten Kriterien hinsichtlich Verschuldung und Defizit eine weiche Ausnahmeregelung ermöglicht, nach der es genügt, daß sich die Länder über mehrere Jahre hinweg auf die harten Kriterien zubewegen. Die Zulassungskriterien sind also nur scheinbar entpolitisiert. Natürlich behält sich die Politik das letzte Wort vor.

Die absolute Staatsschuld ist die gesamte Verschuldung aller öffentlichen Haushalte (einschließlich der Sozialversicherungen) eines Mitgliedstaates im Verhältnis zum Bruttoinlandsprodukt (BIP). Hier wurde in Maastricht der Höchstbetrag von sechzig Prozent zum Jahresende festgelegt. In Belgien betrug die Staatsschuld 1996 130,6 Prozent, Italien lag bei 123,4 Prozent, Irland bei 74,7 Prozent, die Niederlande bei 78,7 Prozent, Dänemark bei 70,2 Prozent, Österreich bei 71,7 Prozent.[15] Es ist völlig aussichtslos, daß diese Länder am Ende des Jahres 1997 auch nur in die Nähe von sechzig Prozent kommen. Dieses Kriterium kann also von ihnen auf gar keinen Fall erfüllt werden. Nimmt man die oft wiederholte Aussage für bare Münze, daß alle Kriterien erfüllt sein müssen, dann hätte man von Anfang an erklären müssen, daß diese Länder für eine Mitgliedschaft 1999 sicher nicht in Frage kommen. Als Theo Waigel letztes Jahr in einer nichtöffentlichen Ausschußsitzung die Teilnahme Italiens in Frage zu stellen wagte, trat er auf eine politische Mine: Die Äußerung kam an die Öffentlichkeit. Waigel erhielt hierfür heftige Ohrfeigen aus Rom, Brüssel und wohl auch aus dem Bonner Kanzleramt. Er mußte daraufhin wahrscheinlich versprechen, nie wieder dergleichen zu denken oder gar zu sagen.

Nun ist aber auch der deutsche Schuldenstand kontinuierlich von 44 Prozent im Jahr 1990 auf jetzt über sechzig Prozent angestiegen. Die Verschuldung hat damit nicht nur die vereinbarte Grenze von 60 Prozent überschritten, sondern hat sich im Verlauf der zurückliegenden sechs Jahre auch noch kontinuierlich in die falsche Richtung entwickelt. Die Zweifel an der Seriosität des geplanten Unternehmens wachsen, wenn man sieht und hört, daß die deutsche Regierung den Euro einerseits immer wieder zum geplanten Zeitpunkt 1999 als beschlossene Sache bekräftigt, andererseits aber die strikte Einhaltung der Maastricht-Kriterien pflichtgemäß verspricht.

Wie soll beides unter einen Hut gebracht werden? Der britische Journalist David Marsh skizziert für Bonns politische Führung drei Verhaltensmöglichkeiten: Die Regierung könne versuchen, die finanziellen Ziele um jeden Preis zu erreichen, indem sie noch stärker als bisher spare, was aber die Arbeitslosigkeit erhöhen werde. Sie könne zweitens eine Aufweichung der Maastricht-Kriterien akzeptieren, was Ländern wie Italien den Zutritt zur Währungsunion erlauben würde. Die letzte Möglichkeit sei eine Verschiebung der Währungsunion – ein Zwischenergebnis, das die Formel, die Stabilität sei wichtiger als Zeitpläne, schon immer ins Auge gefaßt habe.[16] Diese Option ist aber offenbar in den Überlegungen der Maastricht-Planer nicht vorgesehen. Lange Zeit konnte man den Eindruck haben, die Bundesregierung wolle auf die erste Alternative hinaus. Inzwischen scheint Bonn, da es der Haushaltsproblematik nicht mehr Herr wird, zur zweiten zu neigen. Am besten wäre sicherlich die dritte.

Das zweite Konvergenzkriterium, die Neuschuld, besagt, daß das Haushaltsdefizit in einem Jahr nicht höher als drei Prozent des in diesem Jahr erwirtschafteten Bruttoinlandsprodukts sein dürfe. Auch dieses Kriterium erfüllen bisher nicht einmal die beiden Kernländer. Im Jahr 1996 lagen Frankreich wie Deutschland mit jeweils vier Prozent deutlich darüber. Die Österreicher lagen bei 4,3 Prozent, Belgien bei 3,3 Prozent. Finnland liegt ebenfalls bei 3,3 Prozent. Allein Holland, Dänemark und Irland erfüllten dieses Kriterium.

Das dritte Kriterium der Preisstabilität setzt die Inflationsrate fest, die nur um 1,5 Prozentpunkte über der Rate der drei preisstabilsten Länder liegen darf. Die Inflation ist in den letzten Jahren in allen Mitgliedstaaten der EU gesunken, weshalb sie als Vorzeigekriterium für Maastricht dient.[17] David Marsh mahnt aber auch hier zur Vorsicht: »Die Inflation ist in den letzten sechs Jahren überall zurückgegangen, nicht nur in der EU – man braucht nur auf Lateinamerika zu blicken ... Der Hauptauslöser der sinkenden Inflation in der EU war der intensive internationale Wettbewerb, der Kosten und Preise gedrückt und Arbeitskräfte freigesetzt hat.« Marsh folgert aus seiner Analyse der europäischen Wirtschaft, in Wahrheit seien die Auswirkungen der Maastricht-Dossiers, ob gut oder schlecht, auf die wirtschaftlichen Entwicklungen der EU eher bescheiden.[18]

Die beiden letzten Kriterien beziehen sich auf die Zinshöhe und die Wechselkursstabilität. Die Zinshöhe bestimmt den Zinssatz für langfristige Kredite, der nur zwei Prozentpunkte über den Zinsen für Staatsanleihen der drei preisstabilsten Länder liegen darf. Einen stabilen Wechselkurs besitzen die jeweiligen Währungen, wenn sie mindestens zwei Jahre vor der Entscheidung des Europäischen Rats über den Teilnehmerkreis der Währungsunion ohne Spannung mit der normalen Bandbreite am Europäischen Währungssystem teilgenommen haben.

Selbst wenn die Konvergenzkriterien im Stichjahr 1997 erfüllt würden, wären die Schwierigkeiten der Währungsunion noch keineswegs überwunden. Denn das Maastricht-Examen darf auf gar keinen Fall zu einer Momentaufnahme werden. Es kommt vor allem darauf an, daß die Einhaltung der Kriterien dauerhaft, das heißt nachhaltig sichergestellt ist, um damit eine wesentliche Voraussetzung für die Überlebensfähigkeit der Währungsunion zu schaffen. Was aber tun, wenn Mitgliedstaaten, die mit Ach und Krach die Aufnahmebedingungen erfüllen, anschließend die Zügel schleifen lassen? Werden die Kriterien weiter gelten? Man hat in Maastricht gesagt, wenn sich sowohl die absolute Verschuldung wie auch das jährliche Defizit in die Richtung der Maastricht-Kriterien entwickelten, könne man bei der Aufnahme Ausnahmen machen. Wird diese großzügige Milde auch in den Folgejahren gelten – und bis zu welchem Punkt? Wie soll die europäische Zentralbank, wie sollen ihre politischen Kontrolleure zum Beispiel reagieren, wenn ein hochverschuldetes Mitgliedsland eine zur Geldwertstabilisierung notwendige, geplante Zinserhöhung mit dem Mut der Verzweiflung zu verhindern sucht, weil diese den öffentlichen Schuldendienst in unbezahlbare Höhen treiben würde? Das Europäische Währungsinstitut weist deshalb in seinem Konvergenzbericht für das Jahr 1996 eindring-

lich darauf hin, daß der hohe Schuldenstand eines Teilneh-
mers eine stabilitätsorientierte Geldpolitik ernsthaft komplizie-
ren würde.

Eine Zeitbombe für die öffentlichen Haushalte wurde in Maastricht grotesкerweise ganz beiseite gelassen: die öffentlichen Pen-
sionssysteme. Einer unveröffentlichten Studie des *Internationalen Währungsfonds* (IWF) zufolge, belaufen sich allein die nicht
angesparten Pensionsverpflichtungen in Frankreich auf 69 Prozent des Bruttosozialprodukts (BSP), in Italien auf 107 Prozent;
sie erreichen 122 Prozent des Bruttosozialprodukts in Deutschland und 44 Prozent des BSP in Großbritannien.[19] Obwohl
ansonsten die Konvergenzkriterien äußerst strikt definiert worden sind, hat man die Pensionslasten, die bereits heute feststehen
und in manchen Ländern den Haushalt stark belasten (werden),
nicht in die Höhe der Gesamtverschuldung einbezogen. Dabei
gewinnt das Problem mit der immer steiler werdenden Alters-
pyramide von Jahr zu Jahr an Bedeutung. Wenn nämlich Frankreich, Deutschland und Italien diese Strukturproblematik nicht
schnell lösen, werden sie sehr rasch gezwungen sein, entweder die
Steuern zu erhöhen oder aber die Verschuldung in ihren jeweiligen Ländern drastisch ansteigen zu lassen. Großbritannien wurde
deshalb bereits empfohlen, schon aus diesem Grunde der
Europäischen Währungsunion nicht beizutreten, um für den Fall,
daß die Pensionen durch Verschuldung finanziert würden, sich
nicht ohne Not dem Diktat höherer Zinsen auszusetzen.

Es ist vollkommen klar, daß diese Lücke nicht über höhere
Beiträge zur Rentenversicherung geschlossen werden kann, da
dann der Faktor Arbeit in Deutschland und Frankreich gänzlich
unbezahlbar würde. Die Rentenversicherung ist also auf Zuzah-
lungen der öffentlichen Hand angewiesen. Da jedoch diese Zahlungsverpflichtung politischer Natur ist und keine schuldnerische
Zahlungsverpflichtung des Staates darstellt, klammerten die
Maastricht-Planer die Pensionsproblematik kurzerhand aus,
ignorierten also dieses Damoklesschwert über den öffentlichen
Haushalten.

Um sich auch in Zukunft besser vor Verstößen gegen Maastricht-Kriterien zu schützen, hat Deutschland auf einem Stabilitätspakt bestanden, der 1996 in Dublin im Grundsatz, in Amsterdam 1997 endgültig vereinbart wurde. Daß er sehr wirksam im Sinne der Deutschen wird, war bereits nach den Dubliner Verhandlungen stark zu bezweifeln: Waigels damaliger Vorwurf an die Adresse seines französischen Kollegen Arthuis, sich immer weiter vom Geist des Maastrichter Vertrags zu entfernen, blieb ungehört. Schon die *Financial Times* vom 16. Dezember 1996 konstatierte, Arthuis habe es abgelehnt, Waigel nachzugeben. »Am Ende willigten die Deutschen ein, aber nur, weil Kohl schon mehrere Tage vorher entschieden hatte, daß die Risiken der Verschiebung einer Einigung zu hoch seien.«[20] Das galt erst recht ein halbes Jahr später in Amsterdam.[21]

Für die ursprünglich angestrebten automatischen Sanktionen gegenüber Staaten, die die Kriterien nach 1999 dauerhaft nicht erfüllen, hat es im Kreis unserer EU-Partner keine Mehrheit gegeben. Das Ergebnis von Dublin faßte die *Frankfurter Allgemeine Zeitung* pointiert zusammen: In der angestrebten Automatik für die Auslösung von Sanktionen gegen Haushaltssünder habe Waigel jedoch zurückstecken müssen. »Der französische Präsident Chirac bestand mit Härte darauf, daß Geldbußen nach Artikel 104c des Maastrichter Vertrages letztendlich im Europäischen Ministerrat mit Zweidrittelmehrheit beschlossen werden müssen.«[22]

Es verwundert nicht, daß die deutsche Initiative vor allem am Widerstand Frankreichs scheiterte. Denn das Projekt der Europäischen Wirtschafts- und Währungsunion, das sich im Prinzip am deutschen Ordnungsmodell orientiert, paßt nicht in das französische Konzept. Das galt bereits für die von Alain Juppé geführte konservative Regierung und gilt noch viel ausgeprägter für die Regierung Lionel Jospins.

Aus dem ursprünglich in Dublin angestrebten Stabilitätspakt wurde zunächst ein Stabilitäts- und Wachstumspakt. Wenn die Zeichen nicht trügen, wird die französische Regierung nicht ruhen, bis daraus ein Stabilitäts-, Wachstums- und Beschäftigungspakt geworden ist. Dahinter verbirgt sich der Versuch

Frankreichs, auf europäischer Ebene mit kostspieliger keynesianischer Nachfragestimulierung die Arbeitslosigkeit zu bekämpfen. Auf diesem Wege würde zugleich die im Vertrag von Maastricht postulierte Unabhängigkeit der Europäischen Zentralbank relativiert. Das Ziel, die Zentralbank politisch an eine kürzere Leine zu nehmen, verfolgt Frankreich nicht erst seit dem Machtwechsel und nicht nur vage auf lange Sicht. Das anhaltende Verlangen nach einer Wirtschaftsregierung als Gegengewicht zur Zentralbank zeigt bereits jetzt, wie real diese Gefahr ist. Die »Macht« der Zentralbank, also ihre im Maastricht-Vertrag (Artikel 107) vereinbarte geldpolitische Unabhängigkeit, soll durch eine starke europäische »Gegenregierung« in Schach gehalten und, wenn politisch für nötig befunden, gebremst, also notfalls konterkariert werden. Käme es so, könnte die Bank nicht mehr – oder nur noch begrenzt – gegensteuern, wenn einzelne oder mehrere Mitgliedstaaten eine ausufernde Haushalts- und Finanzpolitik betrieben.

Aber selbst wenn es auf dem Papier gelänge, der Zentralbank ihre vereinbarte Unabhängigkeit zu sichern, bleibt fraglich, ob sie auf Dauer in der Lage wäre, einen harten geldpolitischen Kurs durchzuhalten, um den inflationären Folgen exzessiver Haushaltspolitik von Mitgliedsstaaten zu begegnen. Dem Drängen einzelner großer Mitgliedsstaaten im Europäischen Rat, überhaupt allem politischen Druck, dürfte sie stärker ausgesetzt sein als bisher die Bundesbank in Deutschland. Diese hat nämlich ihre wichtigste Stütze in der deutschen Bevölkerung. Öffentliche und veröffentlichte Meinung verteidigen deren Unabhängigkeit wie ihren Augapfel.[23]

Gegenwärtig besteht vor allem die Gefahr, daß die Konvergenzkriterien ohnehin nur als Eintrittskarte für den Beginn der Währungsunion benutzt, nicht aber als ständige Verpflichtung verstanden werden. Langfristig scheinen sie kein Garant für Stabilität zu sein. Vielmehr liefert so manche Regierung, statt sich um dauerhafte Konsolidierung der Staatsfinanzen zu kümmern, stets neues Blendwerk aus der Küche des sogenannten *creative accounting*, der »kreativen Buchführung«, des *fudging* oder *coo-*

king the books, jener Sammlung von faulen Tricks, über die in der Fachpresse fast täglich berichtet wird. Der Euro wird sie nicht verzeihen.

Spektakulärstes Beispiel in Belgien ist die vom *Statistischen Amt der Europäischen Union* im Februar als Mittel zur Senkung des Schuldenstandes gebilligte Nutzung von Erlösen aus Goldverkäufen im Wert von 10,8 Millarden Mark zur Rückzahlung von Schulden in Fremdwährung. In Belgien führte der Interessenausgleich zwischen sozialistischen und christlich-demokratischen Koalitionspartnern in den siebziger Jahren zu der Angewohnheit, Großprojekte für Infrastruktur-Vorhaben nicht in den Haushalt einzustellen. Die damals üblichen Kompensationsgeschäfte hatten zur Folge, daß Belgiens Schuldenstand schließlich die astronomisch anmutende Marke von 137 Prozent des Bruttosozialprodukts erreichte.

In Frankreich entschied im Herbst 1996 die bürgerliche Regierung, eine Sonderzahlung von *France Télécom* an den Staat über elf Milliarden Mark nicht in den Haushalt, sondern in ein Sondervermögen einzustellen. Gleichzeitig wurde diese Vorauszahlung für Pensionsverpflichtungen trotzdem als schuldenmindernde Haushaltseinnahme verbucht. Der Betrag entspricht 0,4 Prozent des erwarteten Bruttoinlandsprodukts für 1997 und trägt damit spürbar zum Rückgang der Neuverschuldung bei.[24]

Im Gegensatz zu Belgien und Frankreich galt Deutschland lange Zeit als Hort haushaltspolitischer Tugend. Davon kann inzwischen keine Rede mehr sein. Das französische Beispiel scheint Bonn ermutigt zu haben, sich seinerseits über die deutsche *Telekom* Geld zu besorgen. Die Bundesregierung wird die restlichen Bundesanteile an der *Telekom* an die staatseigene *Kreditanstalt für Wiederaufbau* veräußern.[25] Ihre *Lufthansa*-Aktien sind dort bereits »geparkt«, die *Postbank*-Anteile sollen folgen. Ähnliche Überlegungen gibt es für die bundeseigene *Autobahn Tank und Rast AG*. Auch mit dem Verkauf der Rohölreserve liebäugelt Bonn. Vorerst mißlungen ist der Versuch, noch 1997 den Buchgewinn aus der Höherbewertung des Bundesbank-Goldes zu nutzen. Die *Neue Zürcher Zeitung* sprach am 30. Mai 1997 von

»Spielernaturen in der Bonner Regierung«. Im Zusammenhang mit dem in jenen Tagen beabsichtigten Zugriff auf die Goldreserven der Bundesbank hatte es am Vortag an gleicher Stelle geheißen, die Bundesregierung fahre in die Leitplanken, wobei ihre Argumente »windig und weich« wirkten. Am 4. Juni konnte man in der *Frankfurter Allgemeinen Zeitung* zum gleichen Thema aus der Feder des Finanzwissenschaftlers Rolf Caesar lesen, »eine so dreiste Infragestellung der Autonomie der Bundesbank« habe es »wohl noch nie gegeben«. Seit einem halben Jahrhundert gelte die Staatsfinanzierung durch Geldschöpfung – »um nichts anderes handelt es sich im Fall der Operation Rheingold« – »als Inbegriff unverantwortlichen Haushaltsgebarens«. Die Aktion sei »ein schlechtes Omen« für die Europäische Währungsunion.[26] Und warum riskiert die Regierung ihren Ruf? Weil sie die Symptome der Krise zu kurieren sucht, statt sich der Substanz der Probleme zuzuwenden. Sie ist ratlos, weil sie partout nicht sparen, die Ausgabenstruktur nicht ändern will.

Auch die italienische Regierung tendiert dazu, die Bilanzen zu frisieren. Sie erhebt für das Jahr 1997 eine spezielle Euro-Steuer, mit der sie durch Einnahme von zusätzlichen 12,5 Trillionen Lire die Maastricht-Kriterien kurzfristig zu erfüllen hofft. Gleichzeitig verspricht sie ihren Bürgern, spätestens 1999 mindestens sechzig Prozent der Steuer wieder zurückzuerstatten. Frankreich und Italien, übrigens auch Spanien, frisierten ihre Bücher auf eine Weise, »die bei Privatleuten sofort das Betrugsdezernat auf den Plan rufen würde«, meinte der britische Autor Frederick Forsyth treffend über das Verhalten der romanischen Staaten.[27]

Alles weist darauf hin, daß fast jede Konstellation des Stabilitätspaktes zu ausführlichen Diskussionen und Abstimmungen in der Europäischen Kommission und dem Ministerrat für Finanzen – den beiden für die Überwachung der Kriterien zuständigen Gremien – führen wird. Das öffnet einer laxen Finanzpolitik, damit einer schwachen Währung, Tür und Tor. Sünder werden über Sünder zu Gericht sitzen. Man wird großzügig miteinander umgehen, weil der eine vom anderen Gleiches in gleicher Lage für sich selbst erhofft.

Ein Europa ohne Wechselkurse?

Die Einführung der Währungsunion bedeutet nichts anderes als eine endgültige Fixierung der Wechselkurse unter den einzelnen Teilnehmerstaaten. Dadurch werden die unterschiedlich starken europäischen Volkswirtschaften mit ihrer jeweils verschiedenen Finanz-, Steuer-, Sozial- und Einkommenspolitik auf Dauer aneinander gebunden. Danach gibt es nicht mehr die Möglichkeit, die Wechselkurse zwischen den Teilnehmerländern der Europäischen Währungsunion zu ändern.

Mit der Abschaffung der Wechselkursflexibilität verschwindet ein Mechanismus der Mitgliedstaaten, wirtschaftliche Schocks, auch längerfristige strukturelle Verwerfungen und Veränderungen abzufedern. Es entfällt die Möglichkeit, das sich in den jeweiligen Währungen spiegelnde, wechselnde Leistungsvermögen der verschiedenen Volkswirtschaften bedarfsgerecht neu auszutarieren.

Die Wirtschaftsgeschichte ist reich an Erfahrungen, daß Währungssysteme mit festen Wechselkursen nicht haltbar sind, wenn ihnen nicht eine politische Union der teilnehmenden Staaten zugrunde liegt. Es sind immer wieder die gleichen Schwierigkeiten, die im Umgang mit fixierten Wechselkursen auftauchen. Die lange, zähe Entwicklungsgeschichte der Europäischen Wirtschafts- und Währungsunion zeigt, daß von Beginn an die gleichen Fragen diskutiert wurden, die auch heute noch auf der Tagesordnung stehen. Es ist erstaunlich, mit welcher Leichtfertigkeit in den aktuellen Beschlüssen die Erfahrungen mit den Problemen der Vergangenheit übergangen werden – Schwierigkeiten, die vormals entweder zur Vertagung beschlossener Währungsangleichungen oder zum Scheitern bereits durchgeführter Währungsverbunde geführt haben. Am Anfang standen die Währungsvereinbarungen der Vereinten Nationen, die 1944 in Bretton Woods (USA) getroffen wurden und als das Bretton-Woods-System bekannt sind. Sie bestanden unter anderem in der Festlegung eines Goldstandards, das heißt einer Gold-Dollar-Parität, und der Einrichtung des Prinzips fester Wechselkurse.

Diese Vereinbarungen hatten bekanntlich keinen Bestand: Anfang der siebziger Jahre mußte US-Präsident Richard Nixon die Goldkonvertibilität des Dollars, den Kernbestand des Bretton-Woods-Systems, aufheben. Handels- und monetäre Probleme in den außenwirtschaftlichen Beziehungen der USA, vor allem mit der EG und Japan, aber auch sicherheitspolitische Diskussionen hatten den Dollar unter erheblichen Druck gebracht. Wollte man die Regulierung der Währungsprobleme durch Protektionismus, Zölle und Kontingente abwenden, war eine Reform des Weltwährungssystems nötig.

Der Zusammenbruch des zweiten Teils von Bretton-Woods, des Systems der festen Wechselkurse, folgte wenig später. Er fiel mit dem Scheitern der ersten europäischen Wechselkursfixierung zusammen, deren Anfänge auf die EG-Gipfelkonferenz im Dezember 1969 in Den Haag zurückgingen. Dort hatten die Mitgliedstaaten der EG zum ersten Mal eine Koordinierung ihrer Wirtschaftspolitik und eine Zusammenarbeit in Währungsfragen vereinbart. Im Februar 1971 verabschiedeten sie dann eine »Entschließung über die stufenweise Verwirklichung der Wirtschafts- und Währungsunion in der Gemeinschaft«.[28]

Die Vorteile, die man sich von einer gemeinsamen Währung erhoffte, entsprachen im wesentlichen denjenigen, die auch heute noch diskutiert werden: Einig war man sich darüber, daß festgelegte westeuropäische Wechselkurse die Wirtschaftsunion stützen, den Handelsverkehr erleichtern und kommerzielle Gewinnspannen kalkulierbarer machen würden. Die Franzosen versprachen sich von einer gemeinsamen Währungspolitik schon damals vor allem einen Schutz vor dem mächtigen Einfluß des Dollar.

Auch 1971 war es die Bundesregierung mit der Deutschen Bundesbank im Hintergrund, die von allen EG-Ländern die höchsten Anforderungen an die Preisstabilität stellte und auf zentrale Überwachungsinstitutionen drängte, um die Mitglieder zu Wirtschafts- und Haushaltsdisziplin anzuhalten. Damals war die Position der Bundesrepublik klar: Sie war nicht gewillt, schwächere Mitgliedsstaaten innerhalb des Währungssystems zu unterstützen, solange sie nicht den strikten deutschen Wirtschaftsprinzipien verpflichtet waren. In diesem Sinne rief 1971 der heutige Präsident der Bundesbank Hans Tietmeyer, damals Ministerialdirigent im Bundesministerium für Wirtschaft und Finanzen, in einem Aufsatz über die Planungen einer Wirtschafts- und Währungsunion zu einer »realistischen Sicht« auf: »Denn Wirtschafts- und Währungsunion bedeutet letztlich eine weitgehende ökonomische und damit auch politische Risikogemeinschaft, in der jeder Mitgliedstaat in seiner Wirtschafts- und Währungsentwicklung die von den anderen verursachten Risiken voll mitträgt.«[29] Wie sich bald zeigen sollte, war diese Vorsicht angebracht.

Der erste Versuch der EG-Länder, schrittweise eine Wirtschafts- und Währungsunion zu bilden, war der europäische Wechselkursverbund von 1972, auch »Schlange« genannt. Aus ihm mußten sich Großbritannien, Irland und Italien bereits vor dem Ausbruch der ersten Ölkrise von 1973 wieder zurückziehen, kurze Zeit später auch Frankreich mit den assoziierten Teilnehmern Schweden und Norwegen.

Bruno Bandulet schreibt dazu in seinem »Maastricht Dossier«, das erste Währungsunion-Projekt sei gescheitert »an ungelösten Meinungsdifferenzen über die Zielvorstellungen und insbesondere an der unterschiedlichen wirtschaftspolitischen Reaktion der Länder auf die erste Ölkrise sowie an der fehlenden Bereitschaft, sich einem gemeinsamen Stabilitätsziel unterzuordnen«[30]. Wechselkursanpassungen im Verbundsystem hätten gezeigt, daß »eine Stabilisierung von Wechselkursen als Vorbereitung auf die Errichtung einer Wirtschafts- und Währungsunion nur auf der Grundlage stabilitätsorientierter Politiken und gleichartiger ökonomischer Entwicklungen möglich« sei. Der Zusammenbruch der »Schlange« 1973 bedeutete die Rückkehr zu freien Wechselkursen.

Der zweite Versuch, das Europäische Währungssystem (EWS) von 1979, unterstützte zwar die Bereitschaft zu stärkerer Konvergenz der Wirtschaftspolitiken in den Partnerländern. Trotzdem mußten sich Großbritannien und Italien auch hier 1992 verabschieden, da sich ihre Währungen zu weit aus den Bandbreiten des EWS entfernt hatten. De facto wurde das EWS bald von der Mark beherrscht, und zwar wegen der »Professionalität und des Prestiges der Bundesbank«[31]. Das EWS scheiterte also ebenfalls an der fehlenden Harmonisierung der Monetär- und Fiskalpolitik der Teilnehmer.

Das immer wieder auftauchende Kernproblem der EG in ihren Versuchen einer gemeinsamen Währungspolitik bestand, schreibt Wolfram Hanrieder, »in der Schwierigkeit, die auseinanderlaufenden Wirtschafts- und Finanzpositionen der Mitgliedstaaten zu harmonisieren. Es erwies sich als unmöglich, die zwischen den Mitgliedstaaten bestehenden Unterschiede in den ordnungspolitischen Konzepten, den Strukturdifferenzen sowie den Konjunkturlagen und stabilitätspolitischen Präferenzen auf einen Nenner zu bringen.«[32] Deshalb lautet Hanrieders Fazit der Geschichte der europäischen Währungsvereinbarungen: »Das EWS stand vor der schwierigen Aufgabe, feste Wechselkursraten aufrechtzuerhalten, obwohl die beteiligten Volkswirtschaften nicht miteinander Schritt hielten, eine Aufgabe, an der das Bretton-Woods-System gescheitert war, für die sich die Währungsschlange der EG als zu schwach erwiesen hatte und die auch die Gemeinschaft in folgenden Jahrzehnten nicht zu bewältigen vermochte.«[33]

Man sieht: Alle Bemühungen, ein System fester Wechselkurse zu etablieren, sind letztlich an der mangelnden Harmonisierung der Geld- und Fiskalpolitik sowie der unterschiedlichen Flexibilität der Faktor- und Gütermärkte gescheitert. Alle Hoffnungen, die internationalen Wirtschaftsbeziehungen auf diese Weise berechenbarer zu machen, wurden immer wieder enttäuscht. Ein wenig erinnert die Idee vom Ende der Wechselkurse an die sozialistische Utopie: ein schöner, in sich folgerichtiger Wunschtraum, dessen Verwirklichung aber immer weiter auf sich warten läßt. Die Geschichte der Systeme fester Wechselkurse zwischen Währungen unterschiedlicher Volkswirtschaften ist also eine Geschichte des ausnahmslosen Scheiterns. Ein Mechanismus wie der Wechselkurs kann, wie die Wirtschaftsgeschichte ohne Ausnahme lehrt, nicht kostenlos außer Kraft gesetzt werden.

Tatsächlich gibt es nur zwei Währungen innerhalb der Europäischen Union, deren Wechselkurs sich während der letzten zwanzig Jahre gegenüber der Mark nicht verändert hat: der Österreichische Schilling und der Holländische Gulden. Alle anderen Währungen haben in beachtlichem Ausmaß gegenüber der Mark abgewertet. Der Belgische Franc hat während dieser zwei Jahrzehnte, also zwischen dem 1. Januar 1976 und dem 1. Januar 1996, um 27 Prozent abgewertet, die Dänenkrone um 39 Prozent, der Französische Franc um 50 Prozent, das Britische Pfund um 58 Prozent, das Irische Pfund um 38 Prozent, die Italienische Lira gar um 76 Prozent. Doch kam Europa einer gemeinsamen Stabilitätskultur in den letzten Jahren näher und wurde mit stabileren Wechselkursen hierfür belohnt. Seitdem die französische Notenbank Ende der achtziger Jahre die »Franc-Fort«-Politik einführte, hat es keine größeren Wechselkursveränderungen gegenüber der Mark mehr gegeben. Aber wie verläßlich ist diese doch relativ junge Entwicklung? Kann man sie bedenkenlos fortschreiben? Man erinnere sich, wie es im September 1992 aus heiterem Himmel zu einer Abwertung des Britischen Pfunds um über zwanzig Prozent und der Lira letztlich um etwa dreißig Prozent kam. Das liegt erst fünf Jahre zurück. Wer kann wirklich glauben, solche Anpassungen an das unterschiedliche Leistungsvermögen der einzelnen Volkswirtschaften würden künftig nie mehr notwendig sein?

Wir haben es also bei der Europäischen Währungsunion mit einem Projekt zu tun, das entweder überflüssig ist oder gefährlich. Im Verhältnis zwischen den Niederlanden, Österreich und Deutschland ist es entbehrlich, weil die Notenbanken dieser Länder über die Währungspolitik hinaus in ihrer Finanzpolitik, ihrer Steuerpolitik und ihrer Budgetpolitik eine konsequente Stabilitätspolitik betrieben haben, die zur Folge hatte, daß keine Veränderungen der Wechselkurse notwendig waren. Wir hatten hier also bereits eine Quasi-Währungsunion, aber eine nicht institutionalisierte und deshalb erfolgreiche. Bei allen übrigen Ländern der Europäischen Wirtschaftsgemeinschaft ist die Währungsunion hingegen ein gefährliches Unterfangen. Keines dieser Länder war und ist daran gehindert, eine Währungs- und Wirtschaftspolitik wie bei uns, in Österreich und den Niederlanden zu verfolgen. Wer vermag zu glauben, daß sie sich gerade jetzt, in wirtschaftlich und sozial schwierigen Zeiten, dazu aufraffen werden?

Fehlende Ausgleichsmechanismen in Europa

Die Euro-Befürworter vertreten die These, die Stabilität der Wechselkurse in Europa sei eine wesentliche Voraussetzung für den wirtschaftlichen Wohlstand und die soziale Sicherheit aller beteiligten Länder. Doch das genaue Gegenteil ist richtig. Die Unveränderlichkeit der Wechselkurse, die man jetzt anstrebt, birgt erhebliche *Risiken* für Wohlfahrt und Sicherheit. Die endgültige Fixierung der Währungen verschiedener Volkswirtschaften untereinander und deren daraufhin erfolgende Umwandlung in eine gemeinsame Währung hat nur dann eine Erfolgschance, wenn die Funktionen der flexiblen Wechselkurse von anderen volkswirtschaftlichen Stabilisatoren übernommen werden. Zur Flexibilität der Wechselkurse gibt es nur vier Alternativen: a) die Senkung der Kosten, insbesondere der Reallöhne, b) die Mobilität der Arbeitskräfte, c) Transferzahlungen und d) protektionistische Maßnahmen. Betrachten wir die vier Elemente im einzelnen.[34]

Ein möglicher Ausgleichsfaktor für die wegfallende Flexibilität der Wechselkurse ist die Möglichkeit, Löhne nach unten anzupassen. Wenn beispielsweise die französischen Automobilproduzenten gegenüber *Mercedes* oder *BMW* weniger konkurrenzfähig werden, haben sie theoretisch die Möglichkeit, ihre Löhne zu senken, um damit ihre Konkurrenzfähigkeit wieder herzustellen. Wachstum und zunehmende Beschäftigung wären die Folge. Doch kann man glauben, daß dergleichen in Europa möglich ist? Wie wahrscheinlich ist es angesichts der etablierten Besitzstandsstrukturen des Arbeitslebens, der eingefahrenen Beziehungen zwischen Arbeitgebern und Gewerkschaften, daß man künftig relativ rasch, geschmeidig und vor allem auch in der notwendigen Größenordnung Löhne nach unten korrigieren kann? In der volkswirtschaftlichen Wirklichkeit können wir mit einem solchen Anpassungsprozeß nur rechnen, wenn die bisherigen Erfahrungen aus der Tarifpolitik durch eine wundersame Veränderung des Verhaltens der Tarifpartner in Zukunft sich nicht wiederholen. Mächtige Interessenverbände haben bisher erfolgreich eine Herabsetzung der realen Einkommen verhindert, die ausgereicht hätte, die Wettbewerbsfähigkeit wiederherzustellen. Da die Zentralbank nicht für die Tarifpolitik zuständig sein wird, ist von der Währungsunion qua Institution schlechterdings nicht zu erwarten, daß sie zusätzlich zu der in ihre Zuständigkeit fallende Währungspolitik auch noch die Arbeitsmärkte funktionsfähiger macht. Solange aber eine die Wechselkursanpassung ersetzende Flexibilität der Reallöhne vor allem nach unten nicht gewährleistet ist, spricht vieles dafür, daß sich das Schicksal der Währungsunion am Arbeitsmarkt entscheiden wird.

Dies wird um so mehr der Fall sein, als mit der Einführung einer gemeinsamen Währung eine größere Transparenz der bestehenden Preis-, aber auch Lohnunterschiede einhergehen wird. Der Ruf nach »Angleichung der Lebensverhältnisse« könnte dann insbesondere aus weniger konkurrenzfähigen Regionen Europas schnell laut werden. Wenn aber die sozialen Standards in Europa nicht auf dem niedrigsten, sondern auf dem höchsten Niveau harmonisiert werden sollen, verringert man die sowieso schon äußerst geringe Flexibilität auf den europäischen Arbeitsmärkten weiter. Es wird noch schwerer, die Löhne betrieblich, regional und sektoral stärker zu differenzieren.

Eine mögliche Alternative zur unzureichenden Lohnflexibilität der Arbeitsmärkte wäre die Mobilität der Arbeitskräfte. Sie hätte zur Folge, daß Arbeitnehmer aus Regionen, in denen die Arbeitslosigkeit besonders hoch ist, in Gebiete umziehen, in denen neue Arbeitsplätze geschaffen und angeboten werden. Der Wirtschaftsraum der USA zeigt, daß etwa siebzehn Prozent der Amerikaner im Jahr ihren Wohnort endgültig verlassen und umziehen, um an einem anderen Ort eine neue Arbeit anzunehmen. So verließen während der jüngsten kalifornischen Wirtschaftskrise zwischen 1990 und 1994 fast 1,2 Millionen Menschen diesen Bundesstaat, um in Utah oder Colorado neu geschaffene Arbeitsplätze in einer Größenordnung von rund einer halben Million anzutreten.[35]

In Europa erreicht dagegen die Mobilität über die Staatsgrenzen hinweg bei weitem nicht dieses Ausmaß. Neben soziokulturellen Unterschieden sind es vorrangig auch die sprachlichen Hürden, die der Wanderung entgegenstehen. Deshalb ist die Annahme unrealistisch, in Europa könnten die regionalen wirtschaftlichen Ungleichgewichte durch eine Mobilität der Arbeitskräfte im gleichen Umfange ausgeglichen werden, wie das in den USA der Fall war und ist. Es kann ausgeschlossen werden, daß eine historisch kaum vorhandene Mobilität sich innerhalb kurzer Zeit mehr als verzehnfacht – was nötig wäre, um den amerikanischen Zahlen zu entsprechen.

Vor Jahren brauchte die *Industrie- und Handelskammer Mittlerer Neckar* Facharbeiter. Damals ging es *Mercedes* noch gut, *Bosch* gut, *SEL* war da, ebenso *Porsche, Hewlett Packard, IBM.* Man hatte im Stuttgarter Raum nicht genügend Arbeitskräfte und heuerte daher aus Schleswig-Holstein über siebzig Fachkräfte an, denen man auch Wohnungen stellte. Nach acht Wochen aber waren nur noch sechs da. Der Rest war wieder zurück nach Schleswig-Holstein gegangen: zu ihrer Familie, ihrem Häuschen, ihrem Kegelclub. Sie wollten auf keinen Fall bleiben. Ein signifikantes Beispiel: Es gibt Schätzungen, denen zufolge die Mobilität in Europa bei einem bis eineinhalb Prozent liegt.

Wenn innerhalb der Währungsunion auftretende wirtschaftliche Ungleichgewichte durch eine entsprechende Senkung der Realeinkommen nicht ausgeglichen werden können und die Mobilität der Arbeitskräfte nicht ausreicht, um ein höheres Maß eines Beschäftigungsausgleichs zu gewährleisten, bleibt als dritte Alternative der Kapitaltransfer. In Amerika findet, was bei uns wenig bekannt ist, ein enorm hoher Finanzausgleich statt. Nur über ihn kann dort der soziale Friede erhalten werden.

Zum Beispiel hat allein im Jahr 1994 Kalifornien elf Milliarden Dollar weniger an Steuern an die Zentralregierung überwiesen, als bei unveränderter Steuerlast Kaliforniens gegenüber den Vorjahren fällig gewesen wären, weil das Wachstum hier 1994 geringer und das Steueraufkommen entsprechend niedriger war, so daß dieser Bundesstaat nur einen gekürzten Betrag nach Washington zu überweisen brauchte. Derartige Abschläge sind nicht der einzige Ausgleichsmechanismus. Hinzu kommen die Zahlungen der *Social Security*, des ganzen *Welfare*-Systems. Trotz der Mobilität der Arbeitskräfte werden zum Erhalt der innenpolitischen Stabilität hohe Summen bewegt.

Auch innerhalb der Bundesrepublik fließen schon heute hohe Transferzahlungen dieser Art. Der Länderfinanzausgleich ist unbedeutend im Verhältnis zu dem Finanzausgleich, der aus Nürnberg von der *Bundesanstalt für Arbeit* kommt. Die Arbeitslosigkeit in Schleswig-Holstein, neuerdings in Mecklenburg-Vorpommern, aber auch im Saarland, ist viel größer als die in Baden-Württemberg oder in Bayern.

Das Instrument finanzieller Transfers ist deshalb auch ein fester Bestandteil einheitlicher Wirtschaftsräume. Es leistet in der Bundesrepublik ebenso wie in der europäische Dimensionen erreichenden Volkswirtschaft der USA einen wichtigen Beitrag zur innenpolitischen Stabilität. Dennoch sind solche Transferzahlungen innerhalb der Europäischen Währungsunion nicht vorgesehen, obwohl die Mobilität der Arbeitskräfte ungleich geringer ist als in den Vereinigten Staaten. »Einen (...) Länderfinanzausgleich«, versicherte Bundesfinanzminister Theo Waigel 1991, »zwischen den Staaten mit großer und denen mit geringerer Wirtschafts- und Steuerkraft, zwischen dem Norden und dem Süden« werde es in Europa nicht geben.[36] Auf welche Hoffnung gründet sich die Erwartung der Euro-Anhänger, daß im Wirtschaftsraum der Europäischen Wirtschaftsgemeinschaft trotz der sehr viel ungünstigeren Rahmenbedingungen als in den Vereinigten Staaten keine Transferzahlungen notwendig sein werden? Selbst enge Berater Kanzler Kohls, auch führende Parlamentarier gestehen inzwischen ein, Deutschland werde im Zuge der Währungsunion

»gewaltige« Transferzahlungen erbringen müssen. Im Augenblick hört man diese Eingeständnisse nur hinter vorgehaltener Hand. Öffentlich werden die zu erwartenden Transferleistungen als »Finanzausgleich . . ., der uns aus dem deutschen Föderalismus vertraut ist«, bagatellisiert[37] und durch den Zusatz gerechtfertigt, Europa sei ein solches Opfer schließlich wert.

Ist es das wirklich? Es gibt zwar auch jetzt schon Standortnachteile in verschiedenen Ländern der Europäische Union, die durch Regionalfonds ausgeglichen werden. Sie sind jedoch gering dotiert im Vergleich zu dem, was mit der Währungsunion auf uns zukommt. Warum schenken uns die Euro-Befürworter keinen reinen Wein ein? Sie wissen doch zumindest in Deutschland, in welchem Umfang Transferzahlungen fällig werden, wenn man zwei unterschiedlich leistungsstarke Gebiete in einer Währungsunion zusammenfaßt!

Alle unsere Politiker behaupten bisher, Transferzahlungen kämen nicht in Frage. Jedermann weiß, was sie bedeuten werden: höhere Steuern, um die Faulenzer, so wird es dann heißen, die an südlichen Stränden in Cafés sitzen, aus unseren Taschen zu finanzieren. Wir haben es dann nicht, wie bei der deutsch-deutschen Währungsunion, mit 17 Millionen ostdeutschen Einwohnern, Landsleuten, die jahrzehntelang unter dem Sozialismus gelitten haben, zu tun, sondern mit hundert Millionen Menschen anderer EU-Staaten, die uns weitaus ferner stehen als die Rostocker oder die Dresdner.

Man muß kein Prophet sein, um vorauszusagen, daß massive Transferzahlungen in schwächere Mitgliedstaaten bei uns (wie in anderen Geberländern) alles andere als populär sein werden. Dennoch werden uns die Anhänger der Währungsunion, wenn es soweit ist, weismachen wollen, es sei besser, diese Konzessionen zu machen, als die Währungsunion auseinanderbrechen zu lassen. Wenn man, wird es dann weiter heißen, die Zerstörung der Währungsunion abwenden wolle, müsse man vorübergehend auch protektionistische Maßnahmen in Kauf nehmen.

Wir können eines Tages vor der Alternative stehen, entweder einer politischen Radikalisierung in den Mitgliedsländern der

Europäischen Währungsunion tatenlos zuzusehen, mit all den damit verbundenen Gefahren für den Freihandel und den damit wiederum einhergehenden Risiken für den Fortbestand der Europäischen Union – oder aber die innenpolitischen Spannungen in dem betroffenen Mitgliedsland der Europäischen Währungsunion durch Transferzahlungen zu mildern.

Vor diese Alternative gestellt, kann man nicht sicher sein, was als das kurzfristig geringere Übel begriffen werden wird. Wenn wir den sozialen Frieden innerhalb der Europäischen Union erhalten, keine Radikalisierung fördern wollen, wird man uns dann sagen, wenn es weder Chauvinismus noch Nationalismus, weder ideologischen Fanatismus noch gewalttätigen Extremismus geben soll, werden wir zahlen müssen. Die Wahrscheinlichkeit, daß wir es hier mit einer finanziellen Zeitbombe zu tun haben, ist sehr groß. Die Bereitschaft zu Transferzahlungen wird als unvermeidbarer Preis für die erforderliche Sicherung des Binnenmarktes propagiert und begriffen werden.

Die Währungsunion wird daher am Ende auf ein gigantisches Erpressungsmanöver hinauslaufen. Man wird uns sagen: Wenn ihr wollt, daß die Währungsunion funktioniert und uns Europa nicht um die Ohren fliegt, dann müssen wir künftig Transferzahlungen leisten. Deshalb sind die Steuern zu erhöhen, ist unsere Konkurrenzfähigkeit gegenüber Drittländern entsprechend zu reduzieren. Daß mit den Transferzahlungen aber eine steuerliche Zusatzbelastung der eigenen Volkswirtschaft einhergeht, die unsere Konkurrenzfähigkeit in einem global ausgetragenen Wettbewerb stark beeinträchtigen wird, ist offensichtlich. Ob die politische Solidarität innerhalb EU-Europas als unerläßliche Grundlage eines solchen Finanzausgleichs vorausgesetzt werden kann, muß mit einem großen Fragezeichen versehen werden.

Wenn man diesen Gedankengang fortführt, könnte es eines Tages auch heißen, man solle ruhig fünf, sechs oder gar zehn Prozent Inflation im Interesse des größeren Europas in Kauf nehmen. Der soziale Sprengstoff allerdings, den man mit dergleichen Leichtfertigkeiten produziert, ist erheblich.

Durch so waghalsige, kostspielige Einfälle wie den Euro wird angesichts seiner unvermeidlichen Folgekosten unsere internationale Konkurrenzfähigkeit zwangsläufig reduziert. Denn wir konkurrieren auch gegen den Rest der Welt, nicht nur innerhalb der Europäischen Union. Wenn wir höhere Steuern brauchen, nur um den Finanzausgleich innerhalb der europäischen Union zu finanzieren, führt das unausweichlich zu Standortnachteilen bei uns gegenüber denjenigen, die außerhalb der Währungsunion bleiben.

Gefahren für den Freihandel

Von den Euro-Befürwortern wird immer wieder darauf hingewiesen, wir Deutschen hätten schon deshalb ein Interesse an der Einführung der Währungsunion, weil die Mark gegenüber allen anderen Währungen dann nicht mehr aufgewertet werde. Bei einer Verschiebung der Währungsunion könne sich die anhaltende Tendenz zur Aufwertung der Mark gegenüber den anderen Währungen fortsetzen, was im Binnenmarkt zu erheblichen Wettbewerbsnachteilen führen werde. Aufgrund der dann verbilligten Zulieferimporte aus dem Ausland und auch beim verteuerten Export verarbeiteter Erzeugnisse sei eine weitere Zunahme der Arbeitslosigkeit nicht auszuschließen.

Vorübergehend wäre das tatsächlich der Fall. Es wäre aber auch nicht das erste Mal, daß die Mark gegenüber anderen Währungen aufwertet. 1995 geschah das beispielsweise gegenüber der Lira, dem Pfund und auch gegenüber dem Dollar. Aber 1996 haben sich diese Überbewertungen wieder zurückgebildet. Der Mechanismus ist bekannt – und muß nicht Anlaß zu Besorgnis sein.

Führende Vertreter des *Bundesverbandes der Deutschen Industrie* bezeichneten in der Vergangenheit die Aufwertung regelmäßig als eine geradezu kriminelle Unterminierung unserer Exportchancen. Die Industrie hat stets gegen die Aufwertung ebenso blindlings Stellung bezogen wie jetzt für den Euro. Doch die Argumentation der Industriellen ist leider kurzsichtig. Zwar verschlechtern sich durch eine Aufwertung der Mark in der Tat zunächst ihre Exportchancen, da sie aus deutscher Sicht einerseits zu günstigeren Importen aus anderen Ländern führt, andererseits den Absatz deutscher Produkte im Ausland erschwert, weil sie ihn verteuert.

Doch mittel- und langfristig wäre der Freihandel ohne die Aufwertungen in der Vergangenheit keinesfalls aufrechtzuerhalten gewesen. Das ganze System lebt von der Flexibilität, von der Ventilfunktion der Wechselkurse. Letztlich haben diese Auf- und Abwertungen auf mittlere Sicht denjenigen, die aufgewertet haben, also uns, nicht unbedingt Nachteile gebracht. Sie haben zwischenzeitlich eine Pufferfunktion erfüllt, Anpassungsphasen ermöglicht.

Deswegen hat sich die Bundesbank im Zweifelsfall immer für die Aufwertung der Mark entschieden – meist gegen die Stimmen der Industrie und der Bundesregierung. Die Mark-Aufwertung war immer wieder der Preis, den wir dafür zahlten, daß wir den Zugang zu den Märken schwächerer Volkswirtschaften offenhielten. Denn die Länder, die abwerteten, haben auf diese Art und Weise ihre Importe aus Deutschland reduzieren können, um so ihre Beschäftigung und ihr Wachstum im eigenen Lande zu sichern. Wäre es nicht zur Aufwertung der Mark gekommen, hätten diese Länder zu Handelsrestriktionen Zuflucht nehmen müssen, und bei der Beschränkung des Freihandels, also im Ersinnen protektionistischer Maßnahmen, sind Wirtschaft und Regierungen überall sehr erfindungsreich. Die Beschränkungen können von freiwilliger Selbstkontrolle über Zulassungsbeschränkungen bis zur Einführung von Umweltnormen oder ähnlichem reichen.

Am 1. Januar 1976 kostete ein britisches Pfund 5 Mark 30, ein französischer Franc 58 Pfennige, und 1000 Lire 3 Mark 84. Heute kostet ein Pfund 2 Mark 88, ein Franc 29 Pfennige und 1000 Lire eine Mark. Wenn die Wechselkurse des Jahres 1976 unverändert geblieben wären, würde wohl niemand für wahrscheinlich halten, daß der freie Handel zwischen Großbritannien, Frankreich,

Italien und Deutschland heute unverändert gewährleistet wäre. Zwanzig Jahre sind, gemessen an der historischen Endgültigkeit, mit der die Europäische Währungsunion angelegt ist, ein eher kurzer Zeitraum. Diese Zusammenhänge zeigen eine Sachlogik auf, der man sich schwerlich entziehen kann.

Eine Frage, über die noch nicht genug nachgedacht worden ist, scheint zu sein, wie es um Aufwertungen des Euro bestellt sein wird. Rätselhafterweise fordert Helmut Schmidt immer wieder: »Aber der Euro darf nicht aufwerten«. Wie soll man das verstehen? Möchte Schmidt am Primat der Preisstabilität rütteln, indem er währungspolitische Vorgaben macht? Besteht in dieser wichtigen Frage noch nicht einmal bei den prominenten deutschen Währungsunion-Befürwortern Konsens?

Wir waren beim Freihandel. Welche konkreten Auswirkungen auf ihn könnte es haben, wenn es nur zum Zusammenschluß einer europäischen Kerngruppe käme und deren gemeinsame Währung gegenüber anderen Währungen aufgewertet würde? 1996 besuchte ein bekannter deutscher Bankier in Mailand den Vorstand einer großen Bank und sprach das Thema Währungsunion an. »Bereiten Sie sich darauf vor?« fragte er. »Überhaupt nicht«, war die Antwort, »wir sind nicht dabei, bereiten uns darauf also auch nicht vor«. Und der italienische Gesprächspartner fügte hinzu: »Etwas Besseres könnte Italien gar nicht passieren. Wir bleiben draußen vor, die Franzosen sind drin. Und die sollen mal sehen, wie die Zulassung der *Fiats* in Frankreich zunimmt, während die *Peugeots* und *Citroëns* unter der Knute der stabilitätsgetriebenen Mark leiden werden. Für uns ist die Währungsunion ein großes Konjunkturprogramm.«

Bei dieser Unterredung war ein Professor der größten wirtschaftswissenschaftlichen Fakultät Italiens zugegen, den der Deutsche fragte: »Glauben Sie, daß die Franzosen dem tatenlos zusehen werden?« Der Professor antwortete, er glaube das nicht. Die Franzosen würden natürlich Mittel und Wege finden, um sich gegen eine solche Entwicklung zu schützen.

Weil die französischen Politiker jedoch unbeirrt am Ziel der Währungsunion festhalten, mußte eine andere, eine vorbeugende

Lösung für das Problem gefunden werden. Und sie fand sich: Frankreich will nun Italien und Spanien unbedingt in der ersten Runde der Währungsunion dabei haben. Man besteht in Paris darauf, daß die Hauptkonkurrenten, die bisher über Abwertungen immer wieder ihre Wettbewerbsfähigkeit erhöht haben, auf jeden Fall von Anfang an Teil des Festwechselkurssystems der Währungsunion werden.

Warum sind Italien und Spanien damit einverstanden? Warum streben sie heute ihrerseits um beinahe jeden Preis die Aufnahme in die Währungsunion an? Zwei Gründe dafür sind denkbar: Entweder haben sie die ganze Tragweite der Entscheidung noch nicht begriffen, oder sie hoffen darauf, daß die Währungsunion ihnen eine gute Gelegenheit bieten wird, über Transferzahlungen am Wohlstand anderer Länder teilzuhaben. Anfang 1998 werden die Staats- und Regierungschefs der Mitgliedstaaten der EU darüber entscheiden, welche Länder dem europäischen Währungsgebiet beitreten dürfen.

In diesem Zusammenhang wird auch der Abstimmungsmechanismus für die Einführung der Währungsunion interessant, über die der Europäische Rat der Staats- und Regierungschefs entscheidet. Für die Einführung einer einheitlichen Währung ist eine qualifizierte Mehrheit, mindestens 62 von 87 Stimmen, erforderlich. Damit es zu dieser qualifizierten Mehrheit kommt, muß auf jeden Fall ein Land zustimmen, das nach den gegenwärtigen Vorstellungen Deutschlands nicht dazugehören sollte. Die Teilnehmer einer kleinen Währungsunion ohne Großbritannien, Portugal, Italien und Spanien, auf die Deutschland hinauswill, bringen alleine nur 54 Stimmen auf – acht Stimmen weniger, als für die Einführung der Währungsunion notwendig sind. Man benötigt also zusätzlich entweder Italien oder Spanien und gibt damit diesen beiden Ländern ein Druckmittel in die Hand. Denn sie können nun sagen: »Wir geben euch unsere Stimmen nur, wenn wir teilnehmen dürfen!«

So sah es lange Zeit aus. Inzwischen wächst wunderbarerweise stetig die Zahl der Länder, die von Anfang an dabei sein werden. Zunächst rechnete man mit sechs, vielleicht acht Teilnehmern, später mit zehn oder elf. Gleichgültig, wie sich die Situation am Ende im Detail darstellt: Es wird Staaten geben, die dazugehören, und solche, die draußen bleiben – sei es, weil die anderen sie nicht dabeihaben wollen (wie im Falle Griechenlands), sei es, weil sie selbst lieber abwarten möchten (wie Großbritannien oder Dänemark).

Bei einer solchen Konstellation fragt es sich, ob nicht irgendwann die eine Gruppe gegen die andere mehr oder weniger subtile protektionistische Maßnahmen ergreifen wird. Um dem entgegenzuwirken, muß gegenüber den Mitgliedstaaten, die nicht von Beginn an zur Währungsunion gehören, ein zweites Europäisches Währungssystem, ein sogenanntes EWS II, etabliert werden, das auf die Stabilisierung der realen Wechselkurse ausgerichtet sein sollte. Wenn man die »Nachzügler« nicht an die Stabilitätspolitik der Europäischen Zentralbank anbindet, besteht die Gefahr, daß sich der Wirtschaftsraum der Europäischen Währungsunion von den Mitgliedern der Europäischen Wirtschaftsgemeinschaft, die draußen bleiben, abschotten wird – zum Beispiel, um die Beschäftigung in Frankreich gegenüber Italien und Spanien zu sichern.

Der Freihandel ist die wichtigste Voraussetzung weltweiten wirtschaftlichen Aufstiegs. Joachim Fest hat völlig zurecht darauf hingewiesen, daß ein ausschlaggebender Grund für den wirtschaftlichen und damit auch politischen Erfolg der Bundesrepublik im ungehinderten Zugang zu den Märkten der Welt zu sehen ist, den die Amerikaner Deutschland nach 1945 gewährten. Auch darin unterschied sich die Lage Westdeutschlands nach dem Zweiten Weltkrieg positiv von derjenigen des Reiches.[38] Der Freihandel war auch die erste, bedeutsamste Errungenschaft der Europäischen Union. Wir verdanken ihm viel – wenn nicht alles.

Stabilitäts-Psychologie

Man wird grundsätzlich die Hoffnung haben dürfen, daß die Stabilität der Währung ein relativ breit akzeptiertes wirtschaftspolitisches Ziel ist. Nach jahrzehntelangen Versuchen, statt dessen mit Hilfe der Inflation Beschäftigung zu schaffen, hat sich inzwischen in zahlreichen Volkswirtschaften die Erkenntnis durchgesetzt, daß die wichtigste Voraussetzung eines dauerhaften Wachstums und damit einer soliden Beschäftigungslage die Stabilität der Währung ist. Das bedeutet aber keineswegs, daß eine Stabilität, wie sie in den letzten vierzig Jahren in der Bundesrepublik geherrscht hat, also eine Inflationsrate von nur etwa 2,8 Prozent jährlich – 2,6 Prozent 1996 –, auch allen anderen Ländern erstrebenswert erscheint. Mitglieder der Europäischen Währungsunion könnten sich durchaus auf den Standpunkt stellen, daß fünf oder sechs Prozent Inflation immer noch ein zufriedenstellendes Maß an Stabilität sind. Eine solche Einschätzung könnte indessen, zumal in Deutschland, zu sozialen Spannungen führen.

Es gibt in Ost- wie Westdeutschland eine tiefe Inflationsangst, die man in anderen Ländern so nicht kennt, vielleicht mit Ausnahme der Niederlande und besonders Österreichs, das in den zwanziger Jahren, als Folge der Inflation, seinerseits einen Zusammenbruch erlebt hat. Wir haben es also in der Europäischen Union nicht nur mit ganz verschiedenen Volkswirtschaften zu tun, sondern wir vereinen in der Währungsunion auch von der Mentalität der Bevölkerung her völlig unterschiedliche Länder.

Man hört heute schon in Frankreich Stimmen, die vorwurfsvoll feststellen, man habe sich in den achtziger Jahren der deutschen Stabilitätspolitik genähert, deren Folge dann die Unruhen gewesen seien, die man vor allem 1996 erlebt habe. Die Engländer hingegen hätten die Währungsschlange verlassen, hätten ihre Währung abwerten können und daraufhin in der Nach-Thatcher-Ära ein kleines Wirtschaftswunder erzielt.

Man wird nach der Einführung der Währungsunion großen Wert darauf legen, daß zunächst einmal der Euro stabil ist. Die Europäische Notenbank wird also sehr restriktiv sein. Aber sie wird diesen Kurs nicht durchhalten können, weil natürlich die ökonomischen Gegebenheiten in den unterschiedlichen Volkswirtschaften, für die von 1999 an die gleiche Währung gilt, verschieden sein werden.

Für ein Land wie Deutschland, dessen Wachstum hoffentlich vom Euro profitieren wird, wäre eine restriktive Geldpolitik eher richtig. Für ein Land hingegen, das bei einer solchen Politik geringeres Wachstum und steigende Arbeitslosigkeit erlebt, wäre eine lockerere monetäre Politik sicherlich richtiger. Man wird also einen Kompromiß irgendwo dazwischen suchen und finden, und er wird bedeuten, daß das Wachstum in Deutschland durch eine restriktive monetäre Politik nicht so stark gedrosselt wird, wie es an sich notwendig wäre. Die Inflation wird dann höher ausfallen, als das in der Vergangenheit der Bundesrepublik der Fall war.

Unterschiede der Volkswirtschaften

Nun ist die Inflation nur ein Gefahrenaspekt. Ein anderer ist, daß es auch in der neueren Wirtschaftsgeschichte immer wieder zu großen, die verschiedenen Volkswirtschaften asymmetrisch treffenden Schocks gekommen ist, etwa bei den Ölkrisen der siebziger Jahre. »Wenn die Welt zum Beispiel Opfer eines Ölschocks würde«, beschreibt Georges de Ménil das Szenario für die heutige Zeit, »wäre dessen Auswirkung auf die Mitgliedstaaten der EU je nach deren Ölabhängigkeit unterschiedlich. Differenzen in der Tiefe der darauffolgenden Rezession könnten mehrere Prozentpunkte Unterschied in den Haushaltsdefiziten der einzelnen Länder bewirken.«[39]

Frankreich zum Beispiel ist ein starker Produzent von Atomenergie und hätte daher bei einer solchen Krise uns gegenüber, die wir sehr viel stärker von Erdöl und Erdgas abhängen, einen mächtigen Vorteil. Deutschland würde ein Ölschock unvergleichbar stärker treffen. Als Folge einer solchen Ölpreiserhöhung würde bei uns die Inflation sehr viel deutlicher anwachsen.

Da es nach Schaffung der Währungsunion den Anpassungs-mechanismus einer Wechselkursänderung nicht mehr gibt, käme es in der Folge zu Spannungen zwischen den beiden Wirtschafts-räumen Frankreich und Deutschland. Bei uns gäbe es das Risiko der Inflation, das in Frankreich nicht bestünde. Die gemeinsame Zentralbank würde vermutlich eine restriktive Währungspolitik betreiben, um Preissteigerungen in Deutschland zu bekämpfen. Während Frankreich keine Nachteile aufgrund der restriktiven Notenbankpolitik hätte, käme es bei uns zu niedrigerem Wachs-tum und größerer Arbeitslosigkeit.

Es bestünde die Gefahr, daß in Deutschland Deflation, Depres-sion, wirtschaftlicher Niedergang vorgezeichnet wären. Wir wären also diejenigen, die eine innere Destabilisierung, ja eine politische Radikalisierung als Konsequenz zu erwarten hätten. Es läßt sich leicht ausmalen, wie diese unterschiedlichen, ja gegensätzlichen Entwicklungen das deutsch-französische Ver-hältnis belasten würden.

Es müssen jedoch nicht plötzliche Schocks sein, die des Wech-selkurses zur Abfederung bedürfen. Auch unterschiedliche Anpassungserfordernisse an strukturelle Veränderungen des Welthandels sind denkbar. Zum Beispiel ist Portugal, anders als die anderen EU-Länder, stark vom Textilsektor abhängig. Im Zuge der Uruguay-Runde wurde die Liberalisierung des Welt-textilhandels beschlossen: über zehn Jahre hinweg werden die Märkte schrittweise geöffnet. Wie immer bei solchen Abkom-men, werden einschneidende Maßnahmen so weit es nur geht in die Zukunft verlegt. Anfang des nächsten Jahrtausends also wird Portugal den Liberalisierungsschock erleben und vor der Frage stehen, entweder die Löhne im Textilsektor drastisch zu senken oder diesen Produktionsbereich ganz aufzugeben. Sollte Portugal an der Währungsunion teilnehmen, kann der Schock dann nicht mehr über Wechselkursveränderungen abge-federt werden.

Es sind darüber hinaus auch zahllose andere Entwicklungen auf nationaler Ebene denkbar, die Auswirkungen auf die gemeinsame Währung haben könnten – zum Beispiel die Folgen großangelegter Reformen, etwa einer erfolgreichen Steuer- oder Rentenreform (obwohl es danach im Augenblick wahrlich nicht aussieht). Die Auswirkungen einer wirklichen Steuerreform auf unsere Konkurrenzfähigkeit gegenüber Frankreich und anderen Ländern könnten zum Beispiel darin bestehen, daß unsere Wirtschaft wesentlich entlastet würde und deshalb mehr Mittel bekäme, um zu investieren, noch rationeller und kostengünstiger zu produzieren. Deutschland stünde dann sehr viel besser da als diejenigen Staaten, die eine ähnlich radikale Steuerreform innenpolitisch nicht durchsetzen könnten. Wir würden also konkurrenzfähiger gegenüber anderen Mitgliedern der Europäischen Währungsunion und könnten unsere Exporte steigern. Unser Wachstum nähme zu, die Beschäftigung auch.

Die negativen Auswirkungen auf den Arbeitsmarkt und das Wachstum unserer Währungsunions-Partnerländer, die den Kraftakt einer einschneidenden Steuerreform nicht aufbrächten, wären beachtlich; es gäbe gravierende Konsequenzen für deren Beschäftigungslage. Während Deutschland also ein lebhaftes Wachstum hätte, wüchse dort die Arbeitslosigkeit, und es gäbe den bisherigen Schock-Absorber der Wechselkurs-Anpassungen nicht mehr.

Die Währungsunion als politisches Projekt

Der berühmte amerikanische Ökonom Paul Krugman meinte kürzlich: »Die ganze Währungsunion ist ein erstaunlich verrückter Prozeß, den man nur politisch, aber nicht ökonomisch verstehen kann«.[40] In der Tat ist immer wieder das Argument zu hören, in Wahrheit seien die ökonomischen Gründe für und gegen die Währungsunion gar nicht ausschlaggebend. Wirklich entscheidend sei eine politische Überlegung: Das wiedervereinigte Deutschland müsse in die Europäische Union integriert werden, einen wesentlichen Teil seiner gewachsenen Stärke abgeben, um für die Nachbarn erträglich zu sein.

In der Tat interessiert den gegenwärtigen Kanzler die Politik sehr, die Wirtschaft viel weniger. Helmut Kohls Hoffnung ist daher im Kern tatsächlich politisch: Noch immer glaubt er, mit Hilfe der Währungsunion den Durchbruch zu irgendwelchen Formen eines europäischen Bundesstaats oder Staatenverbunds, zum Zusammenfließen der Nationen zu bewerkstelligen. Er hofft damit dem Problem der kritischen Größe und Lage unseres Landes dauerhaft abzuhelfen.

Jedoch ist es ein Irrtum zu meinen, man könne dem Dilemma der deutschen Größe durch eine Europäische Währungsunion beikommen. Deutschland, vergleichsweise groß und vergleichsweise stark, wie es nun einmal ist, droht seine Nachbarn innerhalb einer Währungsunion ebenso zu dominieren wie außerhalb. Manche ausländischen Politiker fürchten sogar, die Gemeinschaft werde Deutschland eher stärken als eindämmen. Es sei daher in jedem Fall besser, »wenn sich die machtpolitischen Realitäten in den diplomatischen Beziehungen widerspiegelten und nicht hinter dem Schleier föderativer politischer Korrektheit verbergen«.[41]

Daneben gibt es ein zweites Argument, das man von Politikern (allerdings weniger von Finanzpolitikern und Wirtschaftsexperten) immer wieder hören kann: Die Währungsunion sei wahrscheinlich der einzige Weg, der zur politischen Union führe, die unbedingt kommen müsse, weil wir Europäer dereinst sonst zum Spielball, vielleicht nicht mehr der Russen, aber der ostasiatischen Mächte, vor allem Chinas, und wohl auch der USA würden. Für einen Teil der Euro-Anhänger sind politische Motive wichtiger als ökonomische. Bei ihnen spielt ein politischer Hintergedanke viel stärker eine Rolle, als in der öffentlichen Diskussion zugegeben wird. Manch einer will mit der Währungsunion die politische Union erzwingen, um Deutschland nach der Wiedervereinigung einen festen Rahmen für seine weitere Entwicklung zu verschaffen.

Was ist von solchen Erwägungen zu halten? Die europäische Wirtschaftsgemeinschaft hat mit sechs Ländern begonnen. Sie war natürlich leichter zu organisieren als eine ständig wachsende

Union, in der es immer schwieriger wird, zu vernünftigen Entscheidungen zu kommen, praktikable Entscheidungsmechanismen sicherzustellen. Es spricht daher manches für ein System konzentrischer Kreise, abgestufter Integrationsgrade, das immer wieder ins Gespräch gebracht wird. Aber man kann die Schwierigkeiten nicht dadurch ausräumen, die politische Einigung Europas nicht dadurch herbeizwingen, daß man jetzt eine Währungsunion übers Knie bricht, weil sie, statt die Einheit voranzutreiben, einen folgenschweren Rückfall nach sich ziehen kann: Sie setzt die erste, ursprüngliche Stufe der Integration, den Freihandel, aufs Spiel.

Man hätte dann zwar die Währungsunion verwirklicht, aber zugleich protektionistische Maßnahmen heraufbeschworen. Wenn man das Pferd von hinten aufzäumt, indem man voreilig eine Währungsunion bewerkstelligt, unterminiert man das in der EU längst Erreichte, eben den Freihandel. Diese große Errungenschaft setzen wir unter Umständen mit der Währungsunion leichtfertig aufs Spiel.

Man muß sich klar machen, welches Zerstörungspotential damit im Euro steckt. Die Gegenthese, eine gemeinsame Währung sei die Voraussetzung des Binnenmarktes, ist töricht. Genauso gut könnte man sagen, ein Binnenmarkt verlange gleiche Preise für alle Güter im gesamten Markt, einschließlich der Löhne und Gehälter. Nein, ein Binnenmarkt erfordert dergleichen keineswegs.

Ein Binnenmarkt, in dem man Währungen umtauscht, zerstört ihn nicht. Das Gegenteil zu behaupten, ist ökonomisch unhaltbar. Wir haben heute in der EU, wie jeder weiß und sehen kann, trotz des Fortbestandes unterschiedlicher Währungen einen florierenden Binnenmarkt.

Die Währungsunion als Hebel, als Türöffner für die politische Union – das ist mithin die falsche Reihenfolge. Das wußte Kohl gut, als er 1990/91 immer wieder das Junktim von politischer Union und Währungsunion betonte. Leider hat er diesen wichtigen Gedanken dann aufgegeben, ihn sich ausreden lassen. Dennoch bleibt wichtig: Eine funktionierende Währungsunion setzt die politische Union voraus, nicht umgekehrt. Wer Europa wirklich will, muß daher hoffen, daß die Währungsunion jetzt nicht kommt.

Auch Ralf Dahrendorf sieht in der Währungsunion eine Gefahr für Europa. Sie liege in der Aufteilung in Teilnehmer und Nichtteilnehmer. Eine partielle Währungsunion werde statt zu der erwarteten Integration zur Desintegration führen. Einige Kernländer würden sich zu einem Währungsraum zusammenschließen und ihr eigenes Interesse »als europäisches Interesse ausgeben.« Insofern habe der Euro mit Europa wenig zu tun, ebensowenig mit dem von der deutschen Politik gewünschten Fernziel der politischen Union. Dahrendorf nennt einleuchtende Beispiele: »Würde der Euro Frankreich an weiteren Nukleartests im Südpazifik hindern? Würde der Euro die völlige Auflösung des belgischen Staates in zwei Staaten verhindern?« Ebensowenig müsse auf die Einführung des Euro ein paradiesisches Zeitalter ewigen Friedens in Europa folgen, meint Dahrendorf. »Großbritannien und Irland hatten während all der schrecklichen Jahrzehnte, nämlich bis zu ihrem EWS-Beitritt 1988, eine gemeinsame Währung. Jetzt, da Pound Sterling und Punt sich getrennt haben, ist der Frieden näher denn je.«[42]

Kein Vorläufer der politischen Union

Wer die Europäische Gemeinschaft stärken, wirklich handlungsfähig machen will, muß Schritte vorschlagen, die ihrem Entwicklungsstand entsprechen. Die Währungsunion jedoch ist ein viel zu großer, ein waghalsiger Sprung, weil mit ihr eine Endstufe erreicht werden soll, ohne daß deren Voraussetzungen gegeben wären. Zu ihnen gehören gemeinsame Vorstellungen über eine künftige europäische Verfassung. Sie wären die Grundvoraussetzung dafür, Europa heute zu schaffen. Doch nichts dergleichen existiert.

Mit der Währungsunion wird Europas Bevölkerung etwas

abgerungen oder zugemutet, ohne daß man ihr auch nur in Ansätzen erläutert, wohin die Integration denn führen soll. Daher fordert etwa der amerikanische Nobelpreisträger für Nationalökonomie, James Buchanan, zu Recht, man müsse, ehe man weiter gehe, eine Art europäischer Verfassung entwickeln, müsse Klarheit schaffen, was eigentlich künftig zentral europäisch zu regeln sei und welche Kompetenzen bei den einzelnen Mitgliedstaaten verblieben. Die Bürger, die der Regierung auf dem Weg in die Währungsunion folgen sollen, haben ein Recht darauf, wenigstens in groben Umrissen zu erfahren, wie die angestrebte politische Einheit einmal aussehen soll. Was sie nicht sein wird, negativ also, wird oft genug gesagt. In Bonn, aber nicht nur dort, betont man bis hinauf zum Bundeskanzler, daß die Vereinigten Staaten von Europa nicht das Ziel seien. Was aber dann?

Das ist eine Frage, auf die es nicht einmal ansatzweise eine Antwort gibt. Der europäischen Integration fehlen präzise Perspektiven. Wie weit soll sie gehen? Wieviel Souveränität sind die Nationalstaaten bereit abzugeben? Welche Prinzipien sollen dabei herrschen? Welche Stimmrechte sollen für gemeinschaftliche Entscheidungen gelten? Welche institutionellen Strukturen und Prozeduren sind für den supranationalen Bereich vorgesehen? Darauf muß es politische Antworten geben. Europas Zukunft kann und darf sich nicht in der Vergemeinschaftung der Mark erschöpfen. Es ist und bleibt eine unrealistische Erwartung, daß die Währungsunion dauerhaft funktionieren kann, wenn die Europäische Zentralbank von der Finanz- und Lohnpolitik der einzelnen Mitgliedsstaaten alleingelassen würde.

Da das Ziel undefiniert ist, liegt völlig im Dunkeln, was man mit der Europäischen Zentralbank bewegen, in welche Richtung man politisch gehen will. Zudem bleibt immer noch unberücksichtigt, daß es ganz unterschiedliche politische und demokratische Kulturen in den diversen europäischen Ländern gibt. Bis heute existiert keine gemeinsame öffentliche Meinung in Europa. Es existiert keine Fernsehstation, keine Zeitung, die für den Kontinent spräche und überall als repräsentativ angesehen wäre. Wer die führenden Blätter, erst recht die Massenblätter in den verschiedenen Ländern liest – und im Fernsehen ist es genauso –, wird rasch bemerken, daß man überall nach innen, auf die eigenen Vorgänge blickt, kaum jedoch nach außen. In jedem europäischen Staat entdeckt der Leser eine ganz andere Welt, mögen sich auch die Supermärkte immer mehr angleichen.

Daher sind auch die Parteien weiterhin national, selbst wenn sie sich im Europäischen Parlament formal zu übernationalen Einheiten zusammenfassen lassen. Es ist beispielsweise ebensowenig möglich, einen gemeinsamen Nenner zwischen den britischen Konservativen, der deutschen CDU/CSU und den französischen Gaullisten zu entdecken wie zwischen der britischen *Labour Party*, den französischen Sozialisten und der deutschen SPD.

Wie grundverschieden man beiderseits des Rheins Grundfragen der Politik und der Wirtschaft sieht (und damit auch Sinn und Zweck der Währungsunion), zeigte bereits im Herbst vergangenen Jahres ein deutsch-französischer Meinungsaustausch, ein Schlagabtausch in Presse-Artikeln.[43]

Den Anfang machte ein Beitrag des früheren sozialistischen Ministerpräsidenten Laurent Fabius in *Le Monde* mit dem Titel »Eine letzte Chance, Europa zu retten«.[44] Nach seiner Ansicht steht die Europäische Union am Scheideweg und muß einen von drei möglichen Pfaden in die Zukunft wählen: Sie könne erstens nichts tun und weitermachen wie bisher. Sie könne zweitens, wie es etwa die britischen Konservativen wünschten, zu einer großen Freihandelszone vom Atlantik bis zum Ural zurückgestutzt werden. Sie könne sich drittens aber auch »zu einer flexibleren Geldpolitik, einer dynamischeren Wirtschaftspolitik, einer offeneren Lohnpolitik, einer wachsamen Finanzpolitik« entschließen. Und eben darin sah Fabius die letzte Möglichkeit, Europa zu retten.

»Laurent Fabius irrt sich«, entgegnete fünf Tage später der außenpolitische Experte der FDP, Werner Hoyer, ebenfalls in *Le Monde*.[45] Zwar räumte Hoyer ein, daß die Politik der Europäischen Union tatsächlich an einem toten Punkt angelangt sei. Auch er verwarf wie Fabius die beiden ersten Wege in die Zukunft: *Business as usual* sei ebenso falsch wie die Reduzierung der

Europäischen Union auf eine Freihandelszone. Doch die von Fabius bevorzugte dritte Möglichkeit lehnte Hoyer ebenfalls ab. Europaweite, kreditfinanzierte Beschäftigungsprogramme seien »Instrumente aus der Mottenkiste einer überholten Konjunkturpolitik. Sie lösen nicht die der Arbeitslosigkeit zugrundeliegenden Probleme, sondern perpetuieren sie.« Das Problem der Massenarbeitslosigkeit müsse vielmehr von den nationalen Regierungen angegangen werden. Auf europäischer Ebene könnten nur Hindernisse beseitigt werden, um die Wettbewerbsfähigkeit zu verbessern. Es sei also notwendig, an den Bestimmungen des Vertrages von Maastricht festzuhalten.

Als Ausweg aus der Krise schlug Hoyer eine vierte Konzeption vor: Die Entscheidungs- und Handlungsfähigkeit der Europäischen Union müsse verbessert werden, vor allem in der Außen- und Sicherheits-, der Innen- und Justizpolitik. Man müsse das Abstimmungsverhalten im Rat und die Rotation beim Vorsitz reformieren, die Kompetenzen des Europäischen Parlaments und die Größe der Kommission verändern.

Diese Reformvorschläge verstrickten sich in Widersprüchen, warf daraufhin der gaullistische Parlamentspräsident Philippe Séguin dem FDP-Politiker vor.[46] Hoyer gebe zu, daß die Europäische Union in eine Sackgasse geraten sei. Dennoch biete er als Ausweg lediglich eine Modifizierung der Entscheidungen an, die gerade in die Misere geführt hätten. Außerdem könne man nicht die Arbeitslosigkeit zu einem Problem erklären, das die ganze Union betreffe, und diese Frage dann in die Verantwortung eben jener Nationalstaaten legen, die doch gerade nach dem Willen der Deutschen überwunden werden sollen.

Fabius habe recht, wenn er fordere, die Bestimmungen des Maastricht-Vertrages zu ändern. Notwendig seien »eine flexible Interpretation der Konvergenzkriterien, die Verbindung von Wachstum und Bekämpfung der Arbeitslosigkeit als Ziele der zukünftigen Europäischen Zentralbank, die Anbindung der Eurowährung an die Währungen jener Staaten der Union, die nicht zum ursprünglichen harten Kern gehören«. Kurz: eine Neuverhandlung des Vertragswerkes.

Von allem Dogmatismus müsse man sich frei machen, meinte Séguin. Die Währungsunion könne nicht auf der Basis von Mißverständnissen und sich überkreuzenden Hintergedanken der Beteiligten ins Leben treten. Deutschland dürfe an Frankreich nicht Revanche nehmen für sein Zögern bei der Wiedervereinigung. Und Frankreich dürfe nicht versuchen, »Wiedergutmachung dafür zu verlangen, daß es diese Vereinigung durch rückläufige Wirtschaftsaktivität und Arbeitsplatzabbau finanziert hat«.

Allein die Erwähnung dieses Gedankens fand der außenpolitische Sprecher der CDU-Fraktion Karl Lamers *dégoûtant*. »Möchte Frankreich an der Währungsunion nur deshalb teilnehmen, um sich für die Kosten der Wiedervereinigung schadlos zu halten und um das zu beenden, was man als die ›Herrschaft der Bundesbank‹ empfindet?«, fragte Lamers in *Le Monde*.[47] Er wolle es nicht hoffen.

Seiner Meinung nach geht es um mehr als um begrenzte nationale Interessen. Die Währungsunion sei ein unverzichtbares Modernisierungs- und Gesundungsprogramm unserer Volkswirtschaften. Die strenge Stabilitätspolitik, auf die man sich in Maastricht festgelegt habe, verpflichte die Mitgliedstaaten der Europäischen Union, die Schwächen ihrer Wirtschaftssysteme nicht länger mit Schulden, Abwertungen und Subventionen zuzudecken. Mit diesen Instrumenten seien allzu lange die notwendigen Anpassungen hinausgezögert worden.

Griffe die französische Regierung Séguins Vorschlag einer Aufweichung der Kriterien und einer Neuverhandlung des Vertrages auf, schrieb Lamers, so wären die Folgen katastrophal. Die Politik der Verschuldung sei nicht nur wirkungslos, sondern auch unmoralisch. Sie begünstige die Befriedigung des aktuellen Bedarfs zu Lasten künftiger Generationen; sie nehme von den Schwachen und gebe den Reichen.

Warum hält man in Frankreich trotzdem diese alten Rezepte hoch? fragte Lamers und nannte zwei Gründe: Zum einen müßten die Franzosen noch radikaler umdenken als die Deutschen. Die Einsicht falle ihnen schwer, daß der Staat für die wirtschaftliche Entwicklung nur den allgemeinen Rahmen vorgeben, diese selbst aber letztlich kaum beeinflussen könne. Ein solcher Befund erschüttere die Grundfeste des französischen Staatsverständnisses. Zum anderen seien die Regeln des Maastricht-Vertrages für die Währungsunion vom Vorbild Deutschlands beeinflußt und erschienen vielen Franzosen deswegen als Ausdruck eines deutschen Diktats. Es handele sich jedoch nicht um eine Bevormundung durch die Deutschen, schloß der CDU-Politiker, sondern um den Zwang des globalen Wettbewerbs. »Diese Realität bietet uns keinerlei Alternative.«

In derselben Ausgabe der Zeitung übte auch die Sozialistin Elisabeth Guigou, seit Juni 1997 Ministerin, Kritik an Séguin – freilich aus ganz anderen Gründen.[48] Séguins Analyse sei so richtig wie die Alternative, die er aufzeige. Doch verschweige er, warum sie nicht umgesetzt werde: »weil Jacques Chirac sie nicht will«.

Der Präsident müsse den Bundeskanzler endlich dazu bewegen, den Maastricht-Vertrag umzuschreiben, riet sie. Werner Hoyers negative Antwort auf den diesbezüglichen Vorschlag ihres Parteigenossen Fabius beweise gar nichts. Schließlich sei Hoyer nicht der Kanzler. Helmut Kohl aber könne durchaus für eine Revision des Vertrages gewonnen werden – wenn Frankreich nur eine tiefere politische Integration Europas akzeptiere.

Hans Tietmeyer, der Präsident der Bundesbank, hielt von diesem Vorschlag nichts. In einem Interview mit *Le Monde* betonte er, daß am Maastricht-Vertrag nicht gerüttelt werden dürfe.[49] Man habe darin eine klare Entscheidung getroffen: für Währungsstabilität als Grundlage des weiteren Einigungsprozesses. Die Geldpolitiker hätten damit ihre Arbeit getan. Jetzt komme es darauf an, die Voraussetzungen für eine stabile Währung zu schaffen. Das bedeute, die öffentlichen Haushalte unter Kontrolle zu bringen, das Steuer- und Abgabenniveau auf ein erträgliches Maß abzusenken, die sozialen Sicherungssysteme zu reformieren und die »Rigiditäten an den Arbeitsmärkten« abzubauen.

Der Euro könne diese Strukturprobleme nicht lösen, betonte Tietmeyer. Ganz im Gegenteil: Die EU-Mitgliedsländer müßten ihre Hausaufgaben machen, *damit* die Einheitswährung ein Erfolg werde. Andernfalls werde die Währungsunion die bestehenden Schwierigkeiten nur vertiefen. Dann gebe es nämlich keinen »*Airbag*« mehr in Form einer Anpassung der Wechselkurse.

Eine Woche später blies der Soziologe Pierre Bourdieu zur Generalattacke auf das, was er das »Tietmeyerdenken« nannte.[50] Er griff nicht nur die persönliche Meinung des Bundesbankpräsidenten an, sondern erkannte in ihr etwas Allgemeineres: nämlich die allein an ökonomischen Kriterien orientierte Stabilitätspolitik einer von der Regierung unabhängigen Zentralbank.

Was ist die *pensée Tietmeyer*, fragte Bourdieu und antwortete, sie sei im Grunde nichts anderes als ein umgekehrter Marxismus: »ein neuer Glaube an den gesetzmäßigen Gang der Geschichte, der auf dem Primat der Produktivkräfte (und der Technik) fußt«. Hinzu komme eine Anzahl von Zielen, die als gegeben hingenommen und nicht weiter hinterfragt würden: größtmögliches Wachstum, Wettbewerbsfähigkeit und Produktivität. Das alles werde abgerundet durch ein Menschenbild, das nichts Humanistisches an sich habe, sondern das eines überarbeiteten, berechnenden und karriereorientierten Managers sei.

Kennzeichen des Tietmeyerdenkens sei zudem eine euphemistische Rhetorik. Sie sei nötig, um das Vertrauen der Investoren zu gewinnen, ohne das Mißtrauen oder die Verzweiflung der Arbeiter zu wecken. Wenn der Bundesbankpräsident fordere, »Rigiditäten an den Arbeitsmärkten« abzubauen, heiße das im Klartext: Die Arbeiter sollten im Namen des Wachstums, das morgen folgen werde, heute auf ihre sozialen Errungenschaften verzichten.

Doch habe die *pensée Tietmeyer* einen grundsätzlichen Konstruktionsfehler, schrieb Bourdieu. Sie übersehe, daß die Marktmechanismen sozialen Mechanismen gehorchten und nicht umgekehrt. Deswegen stehen nach Bourdieus Meinung alle europäischen Regierungen vor derselben Alternative: Selbstzerstörung in dem Bemühen, das Vertrauen der Finanzmärkte zu gewinnen, oder Aufbau eines supranationalen Sozialstaats, der in der Lage ist, das Vertrauen des Volkes zu erwerben.

Es ist lohnend, sich diese Debatte aus dem vergangenen Herbst noch einmal zu vergegenwärtigen. Sie zeigt, daß nicht Parteizugehörigkeit, sondern die Nationalität die Argumente diktiert hat. Die Franzosen – vom Sozialisten Fabius bis zum Gaullisten Séguin – glauben an den Primat der Politik über die Wirtschaft. Umgekehrt ist sich der Christdemokrat Lamers mit dem FDP-Politiker Hoyer selbstverständlich darin einig, daß die Wirtschaft und nicht die Politik das Leben bestimmt. Franzosen und Deutsche räumen der Politik und der Ökonomie einen völlig unterschiedlichen Stellenwert für den Gang der öffentlichen Angelegenheiten ein. »Die Deutschen wollen eine stabile Währung. Die Franzosen wollen eine gefügige Währung.« Auf diese Formel hat Hans D. Barbier die Unterschiede in den Einstellungen der beiden Länder gebracht.[51] Nicht zuletzt an diesem fundamentalen Gegensatz krankt die Idee der Währungsunion.

Der Gegensatz ist nicht neu. Die französischen Präsidenten Mitterrand und Chirac haben in der Vergangenheit stets ganz offen den Vorrang der Politik betont. »Die künftige Zentralbank trifft keine Entscheidungen!«, stellte François Mitterrand im Herbst 1992 klipp und klar fest. Die Techniker der Europäischen Zentralbank seien verpflichtet, auf dem monetären Feld die Entscheidungen des Europäischen Rates auszuführen, die von den zwölf Staats- und Regierungschefs getroffen würden, »das heißt von Politikern, die ihre Völker vertreten«.[52] Mitterrands Nachfolger Jacques Chirac formulierte es auf einer Pressekonferenz in Dublin am 14. Dezember 1996 ganz ähnlich: Was die politische Macht betreffe, so stelle sich praktisch kein Problem. Der Rat der Staats- und Regierungschefs der Länder, die den Euro einführten, stelle gemeinsam die Macht gegenüber der Europäischen Zentralbank dar.

Am bündigsten charakterisierte Jean-Pierre Chevènement, der ehemalige sozialistische Verteidigungsminister, der jetzige Innenminister der Regierung Jospin, die französische Position. Er überschrieb seinen Diskussionsbeitrag in der *Frankfurter Allgemeinen Zeitung* lapidar mit den Worten: »Wer von Politik nicht reden will, soll vom Euro schweigen.«[53]

Es war und ist die französische These, daß Politiker immer das letzte Wort haben sollen. Und in der Demokratie damit notgedrungen der Wähler. Demgemäß haben die Franzosen bei den Wahlen vom Mai 1997 ihre Meinung kundgetan. Wie regelmäßig seit 25 Jahren, haben sie die Regierung abgewählt. Sie stimmten gegen Präsident Chirac und seinen Premierminister Juppé, weil sie deren Sparpolitik ablehnten. Frankreichs etatistischen Traditionen gemäß, wünschte sich die Mehrzahl der Franzosen, die Politik, der Staat möge für Beschäftigung und Wohlstand sorgen.

Die französischen Wahlen haben Auswirkungen über Frankreich hinaus, besonders auf Deutschland. Mit dem von Chirac provozierten Sieg des Sozialisten Lionel Jospin ist nämlich gleichzeitig die Gewißheit über Zeitpunkt und Kriterien für die Einführung des Euro verloren gegangen. Die neue französische Linksregierung macht sich für eine Nachverhandlung, die Aufweichung der Maastricht-Kriterien stark. Beim Gewicht Frankreichs in Europa kann Kohl kaum länger behaupten, Europas Euro werde mindestens ebenso stabil sein wie Deutschlands Mark.

Ohnehin wächst der Druck auf die Bundesregierung, in der Stabilitätsfrage nachzugeben. Kohl und Waigel sind aufgrund der eigenen Schwierigkeiten, die Maastricht-Kriterien zu erfüllen, ihrerseits mehr und mehr geneigt, die traditionelle deutsche These vom Primat der Ökonomie zugunsten der französischen Gegenposition aufzugeben. Der unnötige Vertrauensbruch bei der Neubewertung der Goldreserven war der erste entscheidende Schritt in diese Richtung. Seither klingen unsere Bekenntnisse zur Stabilität halbherzig. Kohl gab öffentlich zu bedenken, die Deutschen dürften wegen finanzpolitischer Unsolidität fortan nicht mehr mit dem Finger auf andere zeigen, sondern müßten sich an die eigene Brust schlagen. Ein enger Berater des Kanzlers ging sogar noch weiter und prophezeite, die Instrumente der Europäischen Währungsunion lehnten sich zwar an das deutsche Modell an, »die Kultur (!) der Nutzung dieser Instrumente« werde jedoch »wahrscheinlich der französischen Tradition folgen.«[54] Im Klartext heißt das: Deutschland soll sich allmählich damit abfinden, daß bei der künftigen Europäischen Währung die Politik das entscheidende Wort hat.

Das widerspricht vollkommen den positiven Erfahrungen, die wir Deutschen – und nicht nur wir – in den vergangenen Jahrzehnten mit unserer unabhängigen Bundesbank gemacht haben. Entsprechend sensibel reagierten die Märkte. Internationale Großanleger fliehen aus Europa, aus Mark und Franc, in Dollarinvestitionen. In ihren Augen hat Deutschland seine bisherige Glaubwürdigkeit verloren, seine Verhandlungsposition im Euro-Poker geschwächt.[55]

Wenn sie Deutsche wäre, erklärte Margaret Thatcher vor einiger Zeit, dann zöge sie die Bundesbank als Währungshüterin »bei weitem jedem europäischen Ausschuß von Zentralbankgouverneuren vor«.[56] Der unabhängigen Bundesbank traue sie mehr als jeder europäischen Zentralbank zu, die Inflation niedrig zu halten.

Und doch liegt vielleicht gerade in der fehlenden Weisungsgebundenheit unserer Zentralbank an politische Entscheidungen die Antwort auf die Frage, warum unsere Politiker bereit waren, eine in Deutschland angesehene, ja populäre Institution für ein so unsicheres, mit Risiken behaftetes Projekt wie die Währungsunion aufzuopfern. Mit der Abschaffung der Bundesbank nämlich gibt die deutsche Politik nichts auf, da sie in deren Angelegenheiten ohnehin nichts zu sagen hat. Es fällt leicht, Kompetenzen abzugeben, die man in Wahrheit gar nicht besitzt[57], – und genau das ist bei der Deutschen Bundesbank geschehen.

Niemand war und ist hingegen wirklich bereit, Souveränität im eigentlich politischen Bereich aufzugeben. Man hat sich bisher in Europa allgemein als wenig geneigt oder fähig erwiesen, die Sicherheitspolitik, die Außenpolitik und zentrale Bereiche der Innenpolitik unter einem Hut zu vereinen. Dennoch ist es immer wieder erstaunlich, daß offenbar niemand in unseren politischen Lagern Bedenken hatte, mit der Bundesbank ein zentrales Element unserer demokratischen Stabilität zu verabschieden.

Der Grundstein, auf dem 1949 die Bundesrepublik errichtet wurde, war die im Jahr zuvor geschaffene Mark; sie ging also der

Verfassung voraus und ist noch wesentlicher als das Grundgesetz für das Selbstverständnis der Deutschen. Die Leichtigkeit, mit der unsere politische Klasse Rang und Bedeutung unserer Währung achselzuckend bagatellisiert, hat auch außerhalb Deutschlands viele erstaunt. Auf dem Großbankengipfel im Juni 1996 in Sydney etwa führte der Vorstandsvorsitzende einer japanischen Großbank aus: Ihn erinnere die Art, wie seine deutschen Kollegen auf Fragen nach der Europäischen Währungsunion reagierten, an deutsche und japanische Militärs im Zweiten Weltkrieg. Sie hätten damals auch keine Fragen erlaubt und seien mit ihren Truppen, wider besseres Wissen, auf Befehl der Regierenden in den Abgrund marschiert.

Wie es zu Maastricht kam

Warum steht die deutsche Regierung heute weltweit als Motor der Währungsunion da, obwohl das Projekt offenkundig unseren nationalen Interessen widerspricht? Das liege, glaubt Bruno Bandulet, an der geschickt betriebenen Interessenpolitik der Franzosen und des in ihrem Sinne handelnden ehemaligen EG-Kommissionspräsidenten Jacques Delors. Am Beginn habe die aufkeimende Unzufriedenheit Frankreichs mit dem stillschweigenden Arrangement gestanden, wie es sich in der EG herausgebildet hatte: Zwar beherrschte Paris die EG-Kommission in Brüssel, zwar war die EG-Landwirtschaftspolitik mit ihren enormen Subventionen ganz auf französische Wünsche zugeschnitten, zwar hatte Frankreich (im Gegensatz zu Deutschland) auch außenpolitisch und militärpolitisch weitgehend freie Hand; doch durfte dafür die Deutsche Bundesbank den Primus inter pares unter den europäischen Notenbanken spielen. Die Franzosen haben in der Bundesbank eine Festung des Geldes gesehen, die es zu schleifen galt. Aber um dies zu erreichen, brauchten sie die Mithilfe der Bundesregierung.[58]

Um die Jahreswende 1987/88 ergriff der französische Finanzminister Edouard Balladur in der sich seit 1969 unerledigt hinschleppenden Diskussion um eine Fortentwicklung des Europäischen Währungssystems mit dem Ziel einer einheitlichen Währung und einer gemeinsamen Zentralbank »unter den mißtrauischen Augen des Bonner Finanzministeriums und der Deutschen Bundesbank«[59] die Initiative. Um eigene Vorschläge als Arbeitsgrundlage in den EG-Gremien durchzusetzen, ließ daraufhin Bundesaußenminister Hans-Dietrich Genscher im Februar 1988 ein Memorandum für die Regierungschefs der Gemeinschaft ausarbeiten, in dem die Schaffung eines einheitlichen Währungsraumes, die Errichtung einer europäischen Zentralbank und die Einführung des Ecu als alleinigem europäischen Zahlungsmittel vorgeschlagen wurden. Die Grundelemente des Bundesbankgesetzes sollten der europäischen Lösung zugrundegelegt werden; von einer »Magna Charta der Stabilitätspolitik« war eher vage die Rede.

Doch der Vorschlag versandete. Bundesfinanzminister Gerhard Stoltenberg und Bundesbankpräsident Karl Otto Pöhl blieben skeptisch. Auch die Franzosen waren nicht entzückt, allerdings aus entgegengesetztem Grunde. Nicht von ungefähr hatte Balladur wiederholt beanstandet, was er die »Asymmetrie« des Währungssystems nannte: die nach seiner Meinung das Inlandswachstum hemmende Stabilitätspolitik der Bundesrepublik.[60]

Dann begann der Umbruch in Osteuropa, und auf einmal war alles wieder offen – insbesondere die deutsche Frage. Anders als die Amerikaner waren Briten und Franzosen von der Vorstellung einer deutschen Wiedervereinigung ganz und gar nicht angetan. Allerdings konnten sie sich nicht auf ein gemeinsames Vorgehen verständigen.[61] Premierministerin Margaret Thatcher versuchte – die britische *special relationship* zu den USA nutzend –, Präsident Bush davon zu überzeugen, daß die deutsche Wiedervereinigung kein Thema sei, das gegenwärtig behandelt werden müsse.[62]

Der französische Präsident François Mitterrand verfolgte eine andere, eine zweistufige Strategie. Zum einen signalisierte er durch seine Besuche in Kiew und Ost-Berlin im Dezember 1989 den Willen, am Status quo möglichst festzuhalten. Zum anderen deutete er aber schon Ende November an, für welchen Preis Frankreich unter Umständen bereit sein könnte, die deutsche Einheit zu akzeptieren. In einem Brief an Präsident Bush vom 27. November wies er zunächst auf die bedeutende Rolle hin, »welche die EG bei der Herausbildung eines neuen europäischen Gleichgewichts spielen kann und muß«. Zwei Wochen später im Gespräch mit Bush auf der Karibikinsel St. Martin klang er düsterer: Ein neues Europa müsse entstehen, oder Europa werde auf den Stand von 1913 zurückfallen.[63] Trotz der umwölkten Diktion verstanden die Amerikaner Mitterrands Botschaft: Eine solch radikale Veränderung des Status quo, wie sie die Vereinigung Deutschlands darstellte, müsse unbedingt mit einer fest vereinbarten, stärkeren europäischen Integration verbunden sein.[64]

Auch die Deutschen begriffen. Sie konnten gar nicht anders. Bei einem EG-Sondergipfel im Pariser Elysée-Palast am 18. November, an dem außer den Staats- und Regierungschefs auch die Außenminister der Gemeinschaft teilnahmen, hatte die Runde Kanzler Kohl deutlich zu verstehen gegeben, daß die deutsche Wiedervereinigung nicht zur Debatte stehe. Kohl wurde seine Isolierung im Kreis der europäischen Kollegen so drastisch vor Augen geführt, daß er rot anlief, den Tränen nahe war, wenn man dem Bericht des italienischen Außenministers Gianni de Michelis glauben will.[65]

Helmut Kohl zog aus diesem Erlebnis offenbar eine doppelte Lehre: Erstens verzichtete er darauf, die europäischen Regierungschefs vorab über seinen Zehn-Punkte-Plan zu informieren, den er Ende November im Bundestag vorstellte. Und zweitens unterstützte er auf der Tagung des Europäischen Rates, die am 8. und 9. Dezember in Straßburg stattfand, den französischen Plan, für Ende 1990 eine Regierungskonferenz einzuberufen, um die für eine Wirtschafts- und Währungsunion erforderlichen Vertragstexte zu erarbeiten. In einem Gespräch mit US-Außenminister James Baker sagte Kohl wenige Tage später, Mitterrand sei weitsichtiger als Thatcher, denn er begreife, daß der Schlüssel zu einer allseits befriedigenden Lösung darin liege, Deutschland in

Europa, in die EG einzubinden. Deshalb sei er, Kohl, auch bereit, trotz der Einwände der Bundesbank die neue europäische Währungsgemeinschaft voranzutreiben.[66] Auch Außenminister Genscher war davon überzeugt, daß die deutsche Haltung zur Währungsunion der Testfall sein würde, der darüber entschied, ob die Bundesrepublik Mitterrands Unterstützung erhielt oder nicht.[67]

Die endgültige Entscheidung fiel im Februar 1990. Noch einen Monat zuvor hatte Kohl »einige der radikaleren Schritte abgelehnt, mit denen Frankreich über den europäischen Wechselkursmechanismus hinausgehen und die nächste Etappe auf dem Weg zur europäischen Währung in Angriff nehmen wollte. Ende Februar jedoch, nachdem sich Kohl für den kurzen Weg zur Einheit nach Artikel 23 des Grundgesetzes entschieden hatte, hielten er und seine Berater es mehr denn je für notwendig, ihr kühnes Vorhaben durch Schritte zur Stärkung der EG und der Beziehungen zu Frankreich auszubalancieren«.[68] Bonn war jetzt bereit, rasch die europäische Wirtschafts- und Währungsunion zu schaffen. Das ganze Deutschland für Kohl, die halbe Mark für Mitterrand, so apostrophierten an den 2+4–Verhandlungen beteiligte Diplomaten später die Formel, auf die man sich geeinigt hatte.[69]

Margaret Thatchers Deutschlandpolitik scheiterte, während Mitterrand – wenigstens mit dem zweiten Teil seiner Strategie – Erfolg hatte. Der Britin gelang es nicht, die USA von ihrer Unterstützung für die Politik Kohls abzubringen. Der französische Präsident jedoch gewann die Unterstützung der Vereinigten Staaten für seine Forderung, als Ausgleich zur deutschen Einheit die europäische Integration voranzutreiben.

Der Direktor des *Deutschen Historischen Institutes* in Washington, Detlef Junker, hat jüngst zu Recht darauf hingewiesen, daß die Haltung der Bush-Administration vollkommen der Tradition amerikanischer Deutschland- und Europapolitik seit 1947 entsprach. Die Vereinigten Staaten hätten in der revolutionären Situation der Jahre 1989/90 das Gleichgewicht der Kräfte in Europa garantiert. Sie setzten sich einerseits für das Selbstbestimmungsrecht der Deutschen ein und versuchten andererseits gleichzeitig, den europäischen Staaten die Wiedervereinigung Deutschlands schmackhaft, wenigstens erträglich zu machen.

Deutschlands Eindämmung durch weitere Integration sei daher das überragende Ziel amerikanischer Außenpolitik, ja die Vorbedingung für Deutschlands Vereinigung gewesen. Frankreich verlangte und erhielt, schreibt Junker, für die Zustimmung zur deutschen Wiedervereinigung das Versprechen der Bundesrepublik, die Mark zu europäisieren. Es scheine allerdings fraglich, »ob die amerikanische Regierung im Frühjahr 1990 die Tragweite und mögliche Dynamik des Preises richtig eingeschätzt hat«.[70]

Deutschland: Europas Wirtschaftspolizist oder spendabler Wohltäter?

»Wäre ich heute Deutsche«, bekannte Margaret Thatcher im Mai 1992 in einer Rede in Den Haag, »ich wäre stolz – stolz und besorgt.« Stolz wäre sie auf den glänzenden Wiederaufbau des Landes nach dem Kriege, auf die Verankerung der Demokratie und die führende Rolle, die Deutschland in Europa heute einnehme. »Doch ich wäre auch besorgt, besorgt wegen der Europäischen Gemeinschaft und der von ihr eingeschlagenen Richtung. Den deutschen Steuerzahler kommt seine Position in Europa teuer zu stehen. Großbritannien und Deutschland haben großes Interesse daran, gemeinsam dafür zu sorgen, daß die anderen Gemeinschaftsländer ihren gerechten Kostenanteil übernehmen (und das Spendiergehabe der Gemeinschaft strenger überwachen), und nicht einfach einen Großteil der Last uns überlassen.«[71]

Margaret Thatcher hat recht. Für den deutschen Steuerzahler ist die Europäische Union in der Tat eine kostspielige Veranstaltung: Deutschland finanziert die Gemeinschaft zu 72 Prozent. Andere Nettozahler sind Großbritannien mit 15,4 Prozent der Gesamtausgaben, Österreich mit 5,2, Schweden mit 4,4 und Holland mit 2,5 Prozent. Frankreich dagegen zahlt weniger als

1 Prozent. Diese Zahlen ergeben sich, wenn man Verwaltungs-
kosten der EU und Eigenmittel wie Zölle aus dem Budget her-
ausrechnet. Aber selbst wenn man dies nicht tut, allein die Einzahlungen gegen die Erstattungen aufrechnet, zahlt Deutschland
netto 55 Prozent des EU-Haushaltes.[72]

Dieser unproportioniert hohe Beitrag zum Budget der Gemeinschaft wird in innenpolitischen Debatten mit der Begründung
gerechtfertigt, die auch Gerhard Stoltenberg in seinen Erinnerungen erwähnt, daß kein Land so große Vorteile wie Deutschland, die führende Handelsnation, aus der Zugehörigkeit zur EU
ziehe. Doch es ist fraglich, ob das stimmt. Unser Export ging 1913
wie 1995 zu 75 Prozent in europäische Länder. Man kann also
bezweifeln, ob die Europäische Union wirklich die mobilisierende
Rolle spielt, die ihre Förderer ihr nachsagen.

Der überhöhte deutsche Finanzierungsbeitrag zur Gemeinschaft war in den fetten Jahren zu verschmerzen. Und in der Tat
wuchs und blühte die europäische Union in den Jahrzehnten, in
denen es wirtschaftlich spannungslos stetig aufwärts ging. Doch
momentan durchleben alle westeuropäischen Länder eine Strukturkrise. Und ob man in den Zeiten der Krise ein Gefühl europäischer Solidarität erzeugen kann, ist zweifelhaft. Wir Deutschen
zum Beispiel wären kaum bereit, für Lyon oder Manchester die
Opfer zu bringen, die wir für Leipzig und Rostock auf uns nehmen. Es fällt vielen Westdeutschen schwer genug, für die neuen
Landsleute aus der ehemaligen DDR finanziell in dem erforderlichen Umfang einzustehen.

Hinzu kommt, daß für uns Deutsche wirtschaftliches Wohler-
gehen und Währungsstabilität von größerer Bedeutung sind als
für andere europäische Nationen. Unsere Überzeugung, Währungsstabilität sei besonders wichtig, hat sich über einen langen
Zeitraum verfestigt; sie ist eine Folge der beiden verheerenden
Inflationen, die Deutschland nach den Weltkriegen erlebte. Die
Bevölkerung wird daher fordern, daß die Politiker für Währungsstabilität sorgen. Wenn sie das aber nachdrücklich tun, wird es
uns innerhalb Europas unbeliebt machen und alte Gräben wieder aufreißen.

Außerdem kommt die Währungsunion zur Unzeit. Man wird ihr später die Verschärfung der vielen schweren, heute schon in allen EU-Staaten bestehenden ökonomischen und sozialen Probleme anlasten. Wenn wir Deutschen Währungsdisziplin einfordern, werden andere Länder für ihre finanziellen Schwierigkeiten eben diese Disziplin und damit uns verantwortlich machen.

Überdies werden sie, selbst wenn sie zunächst zugestimmt haben, uns als eine Art Wirtschaftspolizisten empfinden. Wir riskieren auf diese Weise, wieder das bestgehaßte Volk Europas zu werden. Die Freundschaft unter den europäischen Völkern, die sich nach dem Krieg langsam entwickelt hat, soweit es dergleichen zwischen Völkern überhaupt geben kann, zumindest der Abbau von Feindschaften, der sich konstatieren läßt – auch diese wichtigen Errungenschaften der Nachkriegsjahrzehnte werden mit dem voreiligen Währungsprojekt in Frage gestellt.

Die Gefahr neu aufbrechender Ressentiments zwischen Nationen wird unter Intellektuellen in Frankreich bereits heiß diskutiert. Auch wichtige Wirtschaftsführer Frankreichs sind aus diesem Grund gegen den Euro. So sagte der Präsident des größten französischen Industrieunternehmens, PSA (*Peugeot/Citroën*), Jacques Calvet, in einem Interview wörtlich: »Maastricht ist ein großer Irrtum.«[73] Zahlreiche andere kompetente, einflußreiche Männer und Frauen in Frankreich teilen dieses negative Urteil: Mit der Währungsunion würden den Franzosen von Dritten eine Disziplin und Konsequenz abverlangt, die man innenpolitisch nicht aufbringen und nicht durchhalten könne. Solche Stimmen und Stimmungen spiegeln atmosphärisch gefährliche Entwicklungen, die die Sympathie unserer Länder füreinander unterminieren können.

Im Oktober 1996, nach der Weltbanktagung, sprach ein deutscher Bankier in New York einen hochrangigen amerikanischen Kollegen, *Vice Chairman* einer der bedeutendsten Banken der Welt, der Deutschland sehr gut kennt und in wichtigen Aufsichtsräten großer Konzerne in Deutschland sitzt. Der Amerikaner sagte, daß er sich sehr lange gegen die Währungsunion ausgesprochen habe. Inzwischen sei er aber der Ansicht, daß sie unabwendbar sei, also kommen werde. Er fügte allerdings hinzu, Deutschland müsse sich darüber im klaren sein, daß die Währungsunion nur dann funktioniere, wenn Deutschland sowohl die wirtschaftliche Potenz wie auch die moralische Kraft aufbringe, Europa zu führen.

Der deutsche Gesprächspartner war über diese Bemerkung erstaunt und fragte nach, wie sich das der Amerikaner denn konkret vorstelle. Dieser erläuterte, daß sich in Deutschland eine Europa-Solidarität entwickeln müsse, eine Bereitschaft, Transferzahlungen großen Umfangs für wirtschaftlich schwache Regionen der Europäischen Währungsunion aufzubringen. Um dazu imstande zu sein, müsse Deutschland eine entsprechende ökonomische Leistungsfähigkeit besitzen; denn sonst könne es die erforderlichen Finanzierungen natürlich nicht verkraften.

In prägnanter Kürze stellt diese New Yorker Einschätzung eine gute Beschreibung der beiden Voraussetzungen dar, unter denen die Währungsunion funktionieren könnte. Die Wahrscheinlichkeit aber, daß Deutschland die wirtschaftliche Potenz besitzen und den politischen Willen mobilisieren wird, der nötig wäre, ist leider gering – und ebenso schwach ist die Wahrscheinlichkeit, daß unsere EU-Partner eine solche Rolle Deutschlands akzeptabel fänden und hinnehmen würden. Denn sie liefe natürlich auf eine Dominanz der Deutschen in Europa hinaus. Man kann sich kaum vorstellen, daß vor allem so ambitionierte, machtbewußte Länder wie Frankreich und Großbritannien diese Entwicklung stillschweigend und tatenlos geschehen ließen.

Eine Fülle unfreundlicher Stimmen, eine Flut aufgebrachter Zeitungsartikel aus dem europäischen Ausland beweisen heute schon, in welchem Grade wir Deutschen wegen unseres Festhaltens an dem Erfordernis der Währungsstabilität hegemonialer Absichten verdächtigt werden. Im *Wallstreet Journal* vom 9. Januar 1997 etwa fand sich ein sehr ausführlicher Bericht über das Problem der deutschen Dominanz in Europa. Da hieß es zum Beispiel aus dem Munde von Antonio Martini, eines ehemaligen Außenministers Italiens: Man habe die Europäisierung Deutschlands angestrebt, um nach den beiden mörderischen Desastern dieses Jahrhunderts einem weiteren vorzubeugen. Und was komme dabei heraus? Möglicherweise die Germanisierung Europas.[74]

Die italienische Tageszeitung *La Repubblica* sah kürzlich sogar »Panzerkolonnen der Buba«, der Bundesbank, gegen Italien rollen.[75] Der britische Schriftsteller Frederick Forsyth formulierte in einem offenen Brief Sorgen, die viele Briten, und nicht nur sie, umtreiben. Es gebe in der Ökonomie ein altes Sprichwort, schrieb er: »Wer die Währung kontrolliert, kontrolliert die Wirtschaft; und wer die Wirtschaft kontrolliert, kontrolliert das Land.« Die Botschaft des Euro laute, daß sich in der Europäischen Währungsunion alle deutscher Kontrolle beugen müßten. Das klinge ganz und gar nicht nach deutscher Selbstverleugnung, eher nach Vorherrschaft.[76] Auch der Franzose Philippe de Villiers, rechter Flügelmann der liberalen Partei UDF, verbindet seine Forderung nach einer neuen Volksabstimmung mit der Sorge vor »deutscher Hegemonie«, der sich Frankreich nicht unterwerfen dürfe.[77]

Diese außerhalb Deutschlands verbreitete Befürchtung ist das wirkliche politische Risiko, das wir bei der Währungsunion eingehen. Sie könnte zu einer heftigen antideutschen Stimmung führen und das heute halbwegs geeinte Europa wieder auseinanderfallen lassen. Überall in Europa spricht man schon jetzt davon, daß diejenigen, die den Zweiten Weltkrieg verloren haben, am Ende die Gewinner sein werden. Ob als herrschsüchtiger Wohltäter oder penetranter Wirtschaftspolizist verdächtigt: die Währungsunion droht, genau jene Isolierung Deutschlands herbeizuführen, die zu verhindern in den Augen der Euro-Befürworter ein ausschlaggebendes Motiv war.

Gefahr für Europa im Falle des Scheiterns

James Buchanan, aktueller Doyen der »*Institutional Economics*«, weigert sich bekanntlich, über den Sinn und die Lebensfähigkeit der Währungsunion überhaupt zu diskutieren. Aber er sagt: »Ich diskutiere sehr gerne darüber mit Ihnen, was geschehen muß, wenn die Währungsunion gescheitert ist«. Eine interessante Haltung.[78]

Zwischen 1999 und 2002 werden wir die Quasi-Währungsunion haben. In dieser Zeit gibt es feste Wechselkurse. Während jener drei Jahre wird die Währungsunion noch einmal ordentlich getestet, denn es bleiben in dieser Phase noch Möglichkeiten, die ganze Sache aufzukündigen. Jedes Land hat dann immer noch seine eigene Währung, und es ist gar nicht ausgemacht, ob in dieser Zeit nicht doch eine Korrektur stattfindet.

Es gibt ein Szenario vom *Centre for the Study of Financial Innovation* in London mit einem interessanten Libretto, betitelt »The crash of 2003. An EMU fairy tale«. In dieser spekulativen Studie findet man eine ganze Reihe bemerkenswerter Annahmen. Zum Beispiel ist Edmund Stoiber dann Bundeskanzler, während Philippe Séguin die Nachfolge von Alain Juppé angetreten hat (der schon im Mai 1997 weg war). Vermutet wird weiterhin, 2003 verlasse Frankreich die Europäische Währungsunion. Übrig bleibe eine kleine, unproblematische Währungsunion, die aus Deutschland, Österreich und den Benelux-Staaten bestehe.[79]

Natürlich wäre der Preis enorm, weil die Allianz zwischen Deutschland und Frankreich vor einem Scherbenhaufen stünde. Zugleich wäre klar, daß man das Projekt einer Politischen Union unter den fünfzehn Mitgliedstaaten aufgeben müsse. Der Zusammenhalt dieser Fünfzehn ist ja schon heute schwierig genug.

Wer eine fortschreitende, stabile Integration Europas wirklich will, muß daher hoffen, daß der Sprengsatz der Europäischen Währungsunion noch rechtzeitig entschärft wird. Der bessere Europäer ist heute derjenige, der öffentlich sagt, die Währungsunion sei jetzt zu gefährlich. Die Integration will, wer die absehbare Zerstörung der EU durch den Euro verhindern möchte. Der verläßlichere Europäer muß mit Nachdruck fordern, daß der Einigungsprozeß besonnener abläuft, und daß für ihn die Lehren anderer Integrationen berücksichtigt werden.

Historische Parallelen

Was muß anders laufen? Die jahrzehntelang für richtig gehaltene Konzeption ist auch heute noch richtig: die sogenannte Krönungstheorie. Sie ging davon aus, daß zunächst eine Wirtschaftsunion geschaffen werde, der sich die politische Union anschließe, und erst am Ende folge mit der Währungsunion dann die Krönung. Diese Theorie wurde bereits bei den europäischen Debatten zur Währungsunion in den siebziger Jahren von einer wirtschaftlichen Richtung vertreten, die vor allem aus Deutschen und Niederländern bestand, die damals gern als »Ökonomisten« bezeichnet wurden. Bindende Stabilisierungsprogramme und die Koordinierung der nationalen Wirtschaftspolitik der einzelnen Länder sollten der Verbindung durch feste Wechselkurse vorausgehen.[80]

An dieser Stelle ist ein Blick zurück in die Geschichte hilfreich. Es hat in der Vergangenheit schon eine Reihe von Währungsunionen gegeben. Sie sind entweder gescheitert – oder es war ihnen, soweit sie erfolgreich waren, eine Einigung, eine politische Union, eine Staatsbildung vorangegangen.

Die Einigung Deutschlands im 19. Jahrhundert begann mit dem Zollverein. Dann wurde die politische Einigung im Norddeutschen Bund geschaffen, bald darauf im Reich von 1871. Erst zwei Jahre später ist die Goldmark im Reich eingeführt worden. Durch die Umwandlung der Preußischen Bank in die Reichsbank erhielt das Deutsche Reich im Jahre 1876 – also noch einmal drei Jahre später – eine Zentralnotenbank. Erst im Jahr 1909 hatte das aus mehr als zwei Dutzend souveränen Staaten entstandene Bismarck-Reich eine für das ganze Land geltende einheitliche Währung. Bis dahin, also 38 Jahre nach der Gründung, gab es noch mehrere parallel nebeneinander umlaufende Zahlungsmittel!

Im Vorfeld der Reichsgründung spielte die Frage einer einheitlichen Währung keine Rolle. Das Streben der deutschen Teilstaaten nach wirtschaftlicher Einigung konzentrierte sich vielmehr auf die Idee des Freihandels, die Aufhebung der Zölle, was bereits mit dem Deutschen Zollverein von 1834 begonnen hatte. Der Zollverein wurde auch ohne einheitliche Währung zu einem eng verflochtenen, nach außen mächtigen Wirtschaftsverbund. Wichtig im Blick auf die heutige Währungsunionsdebatte ist die Einsicht, daß der Zollverein keineswegs bereits aufgrund seiner wirtschaftlichen Verflechtungen die politische Einheit Deutschlands herbeigeführt hat. Allerdings hatte sich innerhalb des Zollvereins eine starke Abhängigkeit vor allem der schwächeren Vereinsstaaten von Preußen entwickelt, so daß ein Ausschluß aus dieser damaligen Wirtschaftsgemeinschaft für sie lebensbedrohlich gewesen wäre.[81]

Ähnlich verlief die Einführung einer einheitlichen Währung in Italien. Erst vier Jahre nach der Einigung Nord- und Süditaliens wurde 1865 im Zuge der Vereinheitlichung der Rechtssysteme auch die Währung vereinheitlicht.[82]

. Die verschiedenen skandinavischen Münzunionen bestanden ebenfalls nur in Zeiten einer politischen Union der dortigen Staaten. Dänemark war seit der Kalmarer Union von 1397 mit Norwegen, Island, Grönland und Schweden samt Finnland, später nur noch mit Norwegen vereinigt. Nach dem Ende der Union im Kieler Frieden von 1814 bildete Schweden bis 1905 mit Norwegen eine Personalunion.[83]

Heute beobachten wir überall – in Jugoslawien, in der auseinanderfallenden UdSSR – die gleiche Entwicklung. Kaum bilden sich in diesen Räumen politisch separate Einheiten, ist das allererste, was die neuen Staaten machen: die Einführung einer eigenen Währung. Sie denken alle nicht im Traum daran, die Währung des gerade verlassenen Bundes bei sich fortzuführen.

Die USA sind vielleicht das beste Beispiel. Eine einheitliche Währungspolitik gibt es dort erst seit dem Jahre 1913, obwohl es schon 1776 bekanntlich zur Unabhängigkeitserklärung gekommen war und 1787 zur bis heute gültigen Verfassung. Im Jahr 1789 wurde der erste Präsident gewählt. Aber noch Jahrzehnte später gab es in den Staaten alle möglichen verschiedenen Währungen. Der Versuch, 1792 ein einheitliches Münzsystem einzuführen, scheiterte. Weitere Versuche, 1834 mit einem festgelegten Goldstandard oder im Jahre 1853 mit einheitlichen Silbermünzen die verschiedenen nebeneinander existierenden Münzarten zu ersetzen, blieben erfolglos, solange regionale Zentralbanken eigene Währungshoheiten besaßen.

Es gibt jedoch, so mag man einwenden, aus der jüngsten Geschichte einen Fall, bei dem die Wirtschafts- und Währungsunion der politischen, der staatlichen vorausging. Das war 1990, als sich Helmut Kohl über den Rat der Bundesbank und zumal ihres damaligen Präsidenten, Karl Otto Pöhl, hinwegsetzte und die innerdeutsche Währungsunion herbeiführte. Wenn man also behaupten wollte, alle Währungsunionen ohne staatliche Vereinigung, in welcher Form auch immer, seien schiefgegangen, könnte man sich mit diesem Fall auf den ersten Blick für widerlegt halten.

Aber was beweist die deutsch-deutsche Währungsunion von 1990? Während für den damaligen amerikanischen Botschafter in Bonn, Vernon Walters, die deutsche Einheit frühzeitig voraussehbar war,[84] wird das heute niemand von der europäischen Einheit behaupten. Als die deutsch-deutsche Währungsunion 1990 in Kraft trat, war die Vereinigung von Bundesrepublik und DDR schon in Sicht, nur noch eine Frage weniger Monate. Außerdem war für das Gelingen dieser Währungsunion entscheidend, daß die beiden wichtigsten Ausgleichsmechanismen für das Funktionieren einer Währungsunion zwischen West- und Ostdeutschland gegeben waren. Zum einen die Mobilität der Arbeitskräfte. »Kommt die DM nicht zu mir, geh' ich zu ihr«, hieß es im Frühjahr 1990 in der Noch-DDR. Und zweitens wurden und werden 150 bis 160 Milliarden Mark an Transferzahlungen jährlich in die neuen Bundesländer überwiesen, über 1000 Milliarden Mark bis heute, völlig unabhängig von all den sonstigen steuerlichen, wahrscheinlich genau gar nicht erfaßbaren Zuwendungen, die außerdem noch stattgefunden haben.

Überdies muß festgehalten werden, daß wir unmittelbar nach 1990 eine relativ hohe Inflation und deswegen auch hohe Zinsen hatten, im Dezember 1991 zum Beispiel 9,8 Prozent. Es kam unmittelbar nach der Währungsunion von 1990 zu einem relativ hohen Wachstum mit relativ hoher Inflation, die man dann, natürlich über eine sehr restriktive Währungspolitik, wieder heruntergeschraubt hat. Was wäre, wenn sich dieser Ablauf nach der Einführung des Euro erneut anbahnte? Mit welchem Kurs der Europäischen Zentralbank müßten wir rechnen?

Der Euro als Alibi

Vielleicht der ungünstigste Nebeneffekt des Euros in der deutschen Diskussion ist, daß er einen falschen Brennpunkt politischer Auseinandersetzung schafft: Er wird, seit die Debatte mehr und mehr in Gang kommt, von den Befürwortern als Allheilmittel für alle Gebrechen angepriesen, die uns gegenwärtig zu schaffen machen. Das verleitet wiederum manche Gegner zu der Behauptung, er sei in *jedem* Fall ein Unglück. Beides ist unrichtig.

Man muß an der Währungsunion vielmehr kritisieren, daß sie in einem Augenblick gestartet werden soll, in dem wir zahlreiche und schwere ökonomische und soziale Probleme lösen müssen – Probleme, die mit der Beibehaltung unserer Mark oder der Einführung des Euro gar nichts zu tun haben und von der neuen Währung nicht wirklich berührt werden.

»Die unnötige Zerstörung von Bastionen der Stabilität, wie etwa der Deutschen Bundesbank«, hat James Buchanan jüngst festgestellt, »kann für das Verhältnis von Bürgern und Staat, aber auch für das globale *Standing* Europas verhängnisvolle Folgen haben.«[85]

Völlig überflüssigerweise führt der Euro zu innenpolitischen Turbulenzen, zu einer Unterminierung des Stabilitätsgefühls der Bevölkerung, und gleichzeitig zu einer internationalen Vertrauenskrise uns Deutschen gegenüber, obwohl wir in diesen Jahren alle Energien ungeteilt darauf verwenden müßten, unser Land auf das 21. Jahrhundert vorzubereiten, es zu erneuern und zukunftsfähig zu machen.

Für die großen politischen Themen der Zeit sei die Währungsunion nahezu irrelevant, schrieb völlig zu recht Ralf Dahrendorf in der Zeitschrift *Merkur* 1996. »Was immer der Nutzen der Währungsunion sein mag, diese trägt wenig oder nichts dazu bei, die Fragen zu beantworten, die alle Europäer – und nicht nur sie – beantworten müssen. Mehr noch, das Thema lenkt ab von diesen Fragen. Es nimmt die Zeit und Energie derer in Anspruch, die sich mit Wichtigerem beschäftigen sollten.« Es sei daher nötig, die ganze Angelegenheit niedriger zu hängen. Die Einführung des Euro verdiene die Priorität nicht, die manche ihr einräumen.[86]

Welche wichtigen Themen werden nach Dahrendorfs Überzeugung vernachlässigt? Es sind alle die Fragen, die uns aus der aktuellen Diskussion geläufig sind: Arbeitslosigkeit, Wettbewerbsfähigkeit der Unternehmen, Reform des Sozialstaates, Kriminalität. Bei allen diesen Schwierigkeiten führe die Währungsunion keinen Schritt weiter.

Wenn wir in allen westeuropäischen Gesellschaften gegenwärtig eine strukturelle Hochkonjunktur hätten und man damit auch sozial aus dem Vollen schöpfen könnte, ließe sich durchaus vorstellen, daß die Öffentlichkeit, vom allgemeinen Optimismus der Stunde getragen, durchaus geneigt wäre, ein größeres Risiko, wie es die europäische Währungsunion unzweifelhaft darstellt, beherzt einzugehen. Aber in der heutigen schwierigen Lage? Wird der Euro nicht mehr und mehr zur Alibiveranstaltung?

Was an der Politik, auch der Europapolitik mißfällt, ist ihre fehlende Verankerung in harten Realitäten. Diejenigen, die bei jeder Gelegenheit betonen, keine Patentrezepte zu haben, preisen die Europäische Währungsunion (EWU) und den Euro als glänzende Antwort auf eine so gewaltige Frage wie den immerwährenden Frieden in Europa an.[87] Da werden großartig klingende, visionäre Vorhaben propagiert, statt die täglichen Hausaufgaben ordentlich zu machen. Probleme, die man im eigenen Lande selber nicht anpacken will, werden auf die europäische Ebene verschoben, wo sie unerledigt liegen bleiben. Denn wenn ein Politiker von einem Problem behauptet, es müsse europäisch gelöst werden, weiß man, daß er nichts Konkretes vor Ort zu unternehmen gedenkt.

Die Regierung soll in Deutschland mutig Ordnung schaffen, statt uns zusätzliche Risiken und vermeidbare Probleme aufzuhalsen. Packt sie beherzt an, was innenpolitisch zu tun ist, dann hat sie auch unseren Partnern in Europa einen Gefallen getan. Denn alle brauchen ein stabiles, leistungsfähiges Deutschland.

Ein drohender Kaufkraftverlust

Bei der Verleihung des Ordens wider den tierischen Ernst an Theo Waigel hat Lothar Späth heiter darauf hingewiesen, Waigel könne derjenige Finanzminister werden, der unsere Schulden wirklich halbiere. Es gibt nämlich bereits die Vereinbarung, den Wechselkurs der Mark in den Euro dem Ecu entsprechen zu lassen, was – abgerundet – darauf hinausliefe, daß zehn Mark künftig fünf Euro ergäben. Die Mark-Schulden des Bundes würden also in Euro tatsächlich halbiert. Nominal. Nur real leider nicht.

Die Schulden des Bundes sind ja nicht das einzige, was von der Umstellung betroffen sein wird. Gehälter, Renten werden ebenso umgestellt, in Euro halbiert. Freilich ist es höchst unwahrscheinlich, daß der Halbierung der Einkünfte auch tatsächlich die Halbierung der Lebensmittelpreise, der Mieten, der Fahrtkosten und aller Eintrittskarten entsprechen wird. Es könnte durchaus sein, daß die Gelegenheit von der Unternehmerseite genutzt wird, nun die Preise nach oben, sagen wir: aufzurunden. Wer wird das verhindern, wer überprüfen?

Natürlich werden sich die Bürger große Sorgen machen. Und mit diesem Thema wird man Angst auch schüren können. Man wird den alten Leuten sagen, sie bekämen statt 2000 Mark Rente ab sofort nur noch 1000 Euro, was, wenn es soweit ist, schon für sich ein großes Erschrecken auslösen wird. Die Bevölkerung wird natürlich wissen wollen, ob man noch das Gleiche wird kaufen können, wenn die eigenen Bezüge, Gehälter, Renten sich halbieren.

Für Demagogen wird sich hier ein weites Feld eröffnen. Wie kann man ihnen entgegentreten? Wie will man eine politische Panik verhindern, Hysterien eindämmen? Kenner sagen schon heute klar (was offiziell nie angesprochen wird!), daß eine Kombination von starken und weniger starken Währungen natürlich dazu führe, daß (schon) der Anfangswert des Euro im Mittelfeld, also deutlich unterhalb dessen liegen werde, was die Mark heute bedeutet.

Die Sorge um den Verlust der Mark geht bereits jetzt in beträchtlicher Breite um. Jede Bank kann, wenn sie ehrlich ist, ein Lied davon singen. Die Mark ist nicht nur ein hochwertiges Zahlungsmittel, sie ist zugleich ein identitätsstiftendes Symbol der Deutschen, das Symbol unseres Wohlstands. Sie ist im übrigen auch die Garantie einer großen Stabilität. In den ersten vierzig Jahren der Mark, also von 1948 bis 1988, hatten wir im Durchschnitt eine Inflationsrate von nur 2,8 Prozent jährlich. Die Mark war die stabilste Währung der Welt, stabiler als der Schweizer Franken.

Eine solche Errungenschaft geben besonnene, verantwortungsbewußte Politiker nicht ohne äußerste Not auf. Josef Schumpeter hat darauf hingewiesen, daß sich im Geldwesen eines Volkes alles spiegelt, was dieses Volk ist, will, tut, erleidet. Zugleich gehe vom Geldwesen eines Volkes ein wesentlicher Einfluß auf sein Wirtschaften und sein Schicksal überhaupt aus.[88] Daher werden sich Länder, die über Jahrzehnte bei der Produktivität, der Staatsquote, der Fiskaldisziplin, der Deregulierung, den Pensionsverpflichtungen, dem Infrastrukturaufbau, der Arbeitsmoral, der Ausbildung der Bevölkerung und in vielerlei anderer Hinsicht wesentlich voneinander verschieden waren, mit der Einführung des Euro kaum auf einen Schlag in ihrer Konkurrenzfähigkeit untereinander angleichen. Es dauert Generationen, bis sich Sozial-, Arbeits-, Ordnungs-, Mentalitäts-, Wirtschafts- und Infrastrukturen entsprechend genähert haben. Vor allem sind wirtschaftspolitische, institutionelle Veränderungen eine wichtige Voraussetzung dafür.[89]

Deshalb ist der Euro eine so heikle Sache: Er ist kein ehrwürdig-abstraktes Europathema, sondern wird unvermeidlich eine Frage des eigenen Portemonnaies werden. Daher ist die Politik auch ganz falsch beraten, sich über die Zweifel, Vorbehalte und Sorgen der Bevölkerung stillschweigend hinwegzusetzen.

Innenpolitische Folgen der Währungsunion

»Die Währung ist älter als die Republik«, hat Johannes Gross treffend bemerkt. Obwohl sie nach Artikel 73 des Grundgesetzes mit einfacher Mehrheit verändert oder abgeschafft werden könne, habe sie in Wahrheit und im Bewußtsein der Deutschen als vorkonstitutionelles Fundament einen Verfassungsrang, der den Unabänderlichkeitsgarantien des Artikels 79 im Grundgesetz nahekomme. »Die verantwortungsschwere Leichtfertigkeit«, schrieb Gross, »mit welcher Politiker und Fachleute über die Deutsche Mark disponieren, müßte kriminell genannt werden, wenn sie nicht auf politischem Unverstand und gutem Willen beruhte.«[90]

Guter Wille hin, Unverstand her: Die Politik hat von Anfang an die psychologische Bedeutung der Mark-Abschaffung sträflich unterschätzt. Unsere Währung ist nicht nur ein Zahlungsmittel, sondern zugleich Grundlage unseres Selbstvertrauens. Die Deutschen haben – um es hier zu wiederholen – wenig gemeinsame Symbole. Sie sind nicht stolz auf ihre Geschichte, kaum auf ihre Kultur, weitgehend aber auf ihre wirtschaftliche Leistungsfähigkeit, die sich am Wert der Mark ablesen läßt. Deswegen dürfte man bei uns eher das Grundgesetz aufgeben als die gegenwärtige Währung.

Für unsere Demokratie ist es daher gefährlich, wenn Regierungs- und Oppositionsparteien, also alle maßgeblichen politischen Lager, weiter, wie bisher, die Bevölkerung mit Floskeln abspeisen, die zum Teil ganz offenkundig falsch sind. So ist die Behauptung äußerst gewagt, der Euro werde so stabil sein wie die Deutsche Mark, weil es vollkommen offen ist, ob die neue

Währung das gleiche Vertrauen erwerben wird wie die Mark und damit auch den entsprechenden Wert.

Der Grundkonflikt zwischen Frankreich, England und Deutschland über die Unabhängigkeit der Zentralbank ist noch nicht ausgeräumt. In Paris und London bleibt man bei der Überzeugung, daß die Politik immer das letzte Wort behalten muß, während die Deutschen mit einer unabhängigen Bundesbank gute Erfahrungen gemacht haben.

Vermutlich wird die Bundesregierung, wie so oft, am Ende nachgeben. Das wird unsere Bevölkerung übelnehmen. Wenn daher der Bundeskanzler der Überzeugung ist, der Euro müsse gleichwohl auf jeden Fall kommen, und zwar sofort, also 1999, hätte er die vielfältigen Risiken dieses Vorhabens ernsthaft mit der Bevölkerung erörtern müssen, um sie in die Haftung für die Folgen einzubinden.

Die Politiker wissen, daß die Bevölkerung seit langem konstant mit soliden Mehrheiten gegen den Euro ist. Sie wissen aber auch, daß die Bevölkerung überzeugt ist, der Euro komme, und auf diesen zweiten Befund der Demoskopen stützen sie ihren Entschluß, den Euro listig an den Deutschen vorbei auf den Weg zu bringen. Die Politiker halten also die Resignation der Bevölkerung, ihre fehlende Bereitschaft, gegen den Euro anzukämpfen, für den Beginn der Akzeptanz. Das mag sich als gefährliche Illusion erweisen. Wenn die Bevölkerung den Eindruck gewinnen sollte, der Euro werde auf eine Abwertung hinauslaufen, wird sie anhaltend empört reagieren.

Wir beobachten eine erstaunlich breite Verdrossenheit in der Bevölkerung. Die wachsende Zahl der Nichtwähler ist alarmierend. In Deutschland sind Wahlverweigerer, anders als beispielsweise in den USA, überwiegend nicht gleichgültig, sondern zornig. Die Nichtbeteiligung an der Wahl aus Protest böte sich 1998 an, da es keine Partei gibt, die gegen den Euro Front macht. Das aber könnte gefährlich für den Kanzler werden. 1994 hat Kohl bewiesen, daß sein großes, ausstrahlendes Selbstgefühl und der Optimismus, den er verbreitete, die Stimmung für die Union hochriß. Es ist sehr fraglich, ob das auch 1998 gelten wird.

Nach wie vor wünschen viele Deutsche ein vereintes Europa – wenn es nichts zusätzlich kostet. Auch eine europäische Währung wäre sicher willkommen, wenn sie praktisch bedeutete, daß wir den anderen unsere Mark überstülpen. Aber die Einsicht breitet sich aus, daß die Währungsunion zu früh kommt und mit allzu hohen Kosten belastet ist.

Gegen eine Inflation können sich einfache Menschen am wenigsten schützen: viele Rentner, aber auch alle Leute, die nicht clever, nicht so flink sind wie die von ihrer Herkunft, ihrer Intelligenz her Privilegierten. Deswegen ist der größte Beitrag zur sozialen Gerechtigkeit, den es gibt, die Stabilität. Sie darf man nie leichtfertig aufs Spiel setzen. Das Bundesverfassungsgericht hat in seinem Urteil über die Vereinbarkeit des Maastricht-Vertrages mit dem Grundgesetz auf das Risiko einer »Enteignung« durch die Einführung des Euro hingewiesen.[91] Die faktische Enteignung derjenigen, die ein Leben lang in Mark gespart haben, im Vertrauen darauf, daß diese Mark auch die Währung sein werde, auf die sie eines Tages zurückgreifen können, wäre eine ganz schlimme, politisch folgenreiche Sache.

Die Angst vor einer drastischen Geldentwertung steckt den Älteren mehr in den Knochen als den Jüngeren, die dergleichen nie erlebt haben. Aber weiß man deshalb, wie die Jungen im Falle des Falles reagieren werden – gerade weil sie die Erfahrung eines drastischen Geldschwundes bisher nicht machen mußten? Und wie werden sich unsere neuen Mitbürger aus der früheren DDR verhalten, die ein Leben lang auf diese Mark gewartet haben?

Eine Eurodebatte mit verengter Perspektive

Vergleicht man die deutsche Eurodebatte mit den großen Diskussionen der Vergangenheit zu ähnlich grundsätzlichen Fragen, etwa der Westintegration, der Wiederbewaffnung, den Ostverträgen oder der Hauptstadtdebatte, fällt vor allem die verengte Perspektive und das niedrige Niveau auf. Die Frage, was die Währungsunion eigentlich genau bedeute, was ihre Chancen und ebenso die Risiken des Projekts seien, ist nicht in der notwendigen Ausführlichkeit und Breite diskutiert worden. In einem angelsächsischen Land beispielsweise könnten Entscheidungen solchen Gewichts nicht derart stillschweigend wie bei uns herbeigeführt werden. Die deutschen Euro-Befürworter denken offensichtlich ganz kurzfristig. Sie haben noch nicht einmal die mittelfristigen Wirkungen im Auge, geschweige denn die langfristigen. Das gilt für Journalisten, Intellektuelle aller Sparten und Politiker ebenso wie für die Geschäftswelt.

Eine der wirklichen Schwierigkeiten, die einer durchdachten, verantwortlichen Entscheidung entgegenstehen, zugleich einer der Gründe, warum so viele Industrielle und Banken für den Euro sind, ist die weithin vorherrschende kurzfristige, verengte und apolitische Perspektive des Argumentierens. Man kann häufig in Diskussionen erleben, daß etwa der Chef eines großen deutschen Stahlunternehmens im Grunde nur die Konkurrenz der Briten und Italiener im Auge hat. Wenn man dann zu bedenken gibt, daß Großbritannien und Italien vermutlich gar nicht Mitglieder der Währungsunion würden, erlischt alsbald das Interesse des Betreffenden an der Währungsunion. Die deutsche Industrie verspricht sich kurzfristig Vorteile vom Euro, vermutlich zu Recht, und deswegen votiert sie für ihn. Es interessiert sie nicht, ist für sie irrelevant, daß er mittelfristig Deutschland zum Nachteil ausschlagen und politisch Europa möglicherweise zerstören wird.

Umgekehrt werden die wenigen Skeptiker, die auf Risiken des Vorhabens hinweisen, als Nationalisten oder Reaktionäre, zumindest als Gegner der europäischen Einigung diffamiert. Manche Euro-Befürworter versuchen auch, das Projekt durch Panikmache zu fördern, indem sie behaupten, es sei nur jetzt möglich, später nie mehr. Manch ein Fürsprecher läßt sich dazu hinreißen, die Opponenten der Währungsunion für moralisch minderwertig zu erklären. So wirft der Bielefelder Historiker Hans-Ulrich Wehler pauschal den Kritikern der Währungsunion »einen Appell an niedere Instinkte« vor.[92] So weit geht der Bundespräsident nicht. Aber auch er plädiert dafür, den Euro aus dem nächsten Wahlkampf herauszuhalten.[93] Der höchste Repräsentant unseres Staates spricht sich also dafür aus, die politische Diskussion eines Themas, das von existentieller Bedeutung für alle Landsleute ist, einfach ausfallen zu lassen!

Die verbreitete Nichtberücksichtigung elementarer Komponenten des Projektes der Währungsunion erklärt sich vermutlich daraus, daß die meisten Politiker von der Wirtschaft zu wenig verstehen. Selbst wirtschaftspolitische Sprecher der Bundestagsfraktionen sind häufig, wie Kenner behaupten, weder sachkundig noch erfahren. Das Parlament läßt es an wirtschaftlicher Kompetenz beklagenswert fehlen. Als Fernsehjournalisten im Frühjahr 1997 Bundestagsabgeordnete fragten, welches die drei wichtigsten Kriterien seien, die Deutschland erfüllen müsse, um an der Europäischen Währungsunion teilnehmen zu können, stießen sie auf blamable Unkenntnis: Die Staatsverschuldung, antwortete zum Beispiel Georg Janovsky, CDU-Abgeordneter aus Görlitz, die anderen seien »nicht so entscheidend«. Welche anderen? Da sei er etwas überfragt, so Janovsky. »Die Arbeitslosigkeit spielt eine Rolle«, meinte der SPD-Abgeordnete Josef Vosen aus Düren. Bei allem weiteren müsse er »erst mal nachgucken«. Und Inge Wettig-Danielmeier, immerhin ehemals Bundesschatzmeisterin der SPD, behauptete, die Kriterien »eigentlich« zu kennen, sie »im Moment« aber nicht zu wissen.[94]

Wenn man die Parlamentsdebatten über die Europäische Währungsunion vom Oktober und Dezember 1992 nachliest, kommt man aus dem Staunen nicht heraus, wie problemabgewandt man dort war und blieb. Es gab wolkige Europa-Visionen auf allen Seiten, aber kaum eine Auseinandersetzung mit konkreten Perspektiven und Gefahren. Bundesfinanzminister Waigel etwa hoffte – Stefan Zweig zitierend – auf ein »Reich der Gerechtigkeit und Brüderlichkeit«, das mit der Währungsunion anbrechen solle, und beschränkte sich im übrigen darauf, mögliche Bedenken mit der selbstsicheren Behauptung zu zerstreuen: Wenn er an der Stabilität der künftigen Währung zweifelte, hätte er das Vertragswerk nicht unterschrieben.[95] Der Bundeskanzler bekräftigte zwei Monate später Waigels Worte. Die Wirtschafts- und Währungsunion sei die logische Ergänzung und Weiterentwicklung des Europäischen Binnenmarktes. Sie werde ohne Zweifel eine Union der Stabilität sein.[96]

Das Erstaunliche ist, daß sich SPD und Grüne mit derartigen Allgemeinplätzen abspeisen ließen. Sie begnügten sich damit, das Demokratiedefizit im Maastricht-Europa zu kritisieren und mehr Rechte für das Europäische Parlament in Straßburg einzufordern. Zweifel an der ökonomischen Richtigkeit der Währungsunion äußerten sie nicht.

Der einzige, der die Risiken mit großer Kompetenz in aller Deutlichkeit klarlegte, war Otto Graf Lambsdorff. Er wies darauf hin, daß der Vertrag von Maastricht bislang ein bloßes Versprechen sei, noch keine Wirklichkeit. Ein Stabilitätspakt müsse das Fehlende ergänzen. Lambsdorff erinnerte an die unterschiedlichen Auffassungen des Verhältnisses von Politik und Wirtschaft in Deutschland und Frankreich. In diesem Zusammenhang zitierte er eine Bemerkung Mitterrands, wonach die Geldpolitik lediglich ausführendes Mittel der Wirtschaftspolitik sein solle, was ihm aus den Reihen der Union den naiven Zwischenruf eintrug: »Sie haben im Wahlkampf auch schon manches gesagt!« Der FDP-Politiker verwies bereits damals auf die Gefahr möglicher deutscher Transferzahlungen an schwächere Volkswirtschaften innerhalb der Währungsunion. Wenn es dazu käme, meinte er weitsichtig, werde sich der deutsche Steuerzahler von seiner Begeisterung für Europa rasch verabschieden.[97]

Wenn man am Ende die Parlamentsprotokolle beiseite legt, fragt man sich bekümmert, woher der Bundestag angesichts der Risiken des Währungsprojekts den Mut nahm, das Vorhaben mit gewaltiger Mehrheit zu billigen. Es muß die Courage von Menschen gewesen sein, denen wegen des hohen europäischen Zieles die Widerspenstigkeit der Fakten lästig, aber auch gleichgültig war. Die Folgen werden wir nun alle zu tragen haben.

Der Faktor Kohl

Schließlich spielte und spielt nicht nur in der Regierungskoalition, sondern bis weit in die Opposition hinein eine beträchtliche, in vielen Fällen uneingestanden ausschlaggebende Rolle, daß Helmut Kohl mit solcher Überzeugungskraft für den Euro eintrat und eintritt.

Fragt man nach den wichtigsten Begründungen für den Euro, könnte man zugespitzt besonders drei nennen: erstens Kohl, zweitens Kohl und drittens Kohl.

Nicht nur äußerlich ist der Kanzler von Jahr zu Jahr eindrucksvoller geworden, mag er auch in der breiten Öffentlichkeit, besonders im Fernsehen, noch immer gelegentlich unbeholfen wirken. Aber in geschlossenen Kreisen, kleineren Runden, wirkt er großartig. Das gelassene, souveräne Auftreten, der Kenntnisreichtum und die offenkundige Urteilssicherheit Kohls, auch sein Humor, beeindrucken dort selbst Menschen anderer Lager und Länder. Das gilt zumal, wenn sich Kohl über internationale Beziehungen äußert. Kein Wunder: Seit langem gehört die Leidenschaft des Bundeskanzlers der Außenpolitik. Das findet man häufig bei Regierungschefs, die lange an der Macht sind und sich unter ihresgleichen im Ausland wohler fühlen als in den Niederungen wirtschaftlicher und sozialer Mühe zu Hause.

Den Bundeskanzler können ökonomische Einwände oder finanzpolitische Argumente gegen den Euro schon deshalb nicht überzeugen, weil er ihn politisch für unerläßlich hält. Gregor Schöllgen hat kürzlich in seiner bemerkenswerten Bilanz des Kalten Krieges darauf hingewiesen, daß Kohl in den ereignisreichen Tagen des Winters 1989/90 von Frankreich nicht zur Schaffung der Wirtschafts- und Währungsunion überredet werden mußte. Der Kanzler habe zwar ursprünglich ein späteres Datum für diese einschneidende Maßnahme im Auge gehabt, »tat sich aber mit seinem Entgegenkommen insofern nicht schwer, als für ihn die Vereinigung Deutschlands und Europas zwei Seiten derselben Medaille waren«.[98]

Charakteristisch für Kohls Verständnis von Staatskunst war

seine Auseinandersetzung mit Margaret Thatcher über ein ehrgeiziges europäisches Hilfsprogramm für Gorbatschow, das der Kanzler im Frühsommer 1990 aus dem Boden zu stampfen versuchte. Thatcher wie Kohl waren »Anhänger« des sowjetischen Präsidenten. Dennoch wollte die Britin – anders als Kohl – Wirtschaftshilfe für die Sowjetunion von Reformen abhängig machen, die eine solche Unterstützung rechtfertigen, und nicht »das Sauerstoffzelt liefern, das wesentlichen Strukturen des alten Systems das Überleben sichert«.[99] Am Plan des Bundeskanzlers kritisierte sie einen erschreckenden Mangel an wirtschaftlicher Analyse. Kein Vorstand einer großen Firma, sagte sie bei einem gemeinsamen Abendessen am 25. Juni 1990, könne sich eine derart unprofessionelle Herangehensweise leisten. Aber Kohl ging mit keinem Wort auf die wirtschaftlichen Argumente ein.

Es gebe keinen Hinweis darauf, schreiben Philip Zelikow und Condoleezza Rice in ihrer großartigen Studie über die Diplomatie der Wiedervereinigung, daß die Bundesregierung eine ernsthafte Analyse darüber angestellt habe, in welcher Weise die 15 bis 20 Millionen Dollar des Hilfspakets der Perestroika Gorbatschows nutzen würden. Ebensowenig hätte sich Bonn eingehend mit Form und Auswirkungen der Politischen Union Europas befaßt. »Für Kohl war das nicht der Punkt. Sein Hauptmotiv war in beiden Fällen politischer Natur – die Notwendigkeit starker politischer Gesten. Er trat für die Politische Union ein, weil er an das europäische Ideal glaubte und der Meinung war, daß die Deutschen jetzt demonstrieren mußten, daß sie Europa über ihre nationalen Bestrebungen stellten.«[100]

Aus demselben Grund ist Helmut Kohl von der Notwendigkeit des Euro überzeugt. Er glaubt so stark an die integrierende Kraft einer europäischen Währung, daß er deren wirtschaftliche und finanzielle Implikationen für vernachlässigenswert hält, mit der Bevölkerung nicht ernsthaft diskutieren möchte. Die Deutschen sollen ihm vertrauen, sich seine Entscheidung mehr oder weniger blind zu eigen machen. Schließlich hat er auch die deutsch-deutsche Währungsunion gegen den Rat mancher Fachleute durchgesetzt.

Es sei schwer zu glauben, schrieb die Londoner *Times* nach dem EU-Gipfeltreffen in Dublin im Dezember 1996, »daß eine Einheitswährung auf der Basis einer grundlegenden Täuschung des deutschen Volkes und der Finanzmärkte Europa Wohlstand und Stabilität bringen könnte«.[101] Und doch ist es so – zumindest, wenn es nach Helmut Kohl geht. Der Kanzler der Einheit, der am längsten regierende Bundeskanzler, möchte sein Lebenswerk mit einer Europäischen Währungsunion krönen, in der er den entscheidenden Schritt zur europäischen Einigung zu erkennen glaubt. Dabei soll ihm niemand, schon gar nicht die öffentliche Meinung zu Hause, in die Quere kommen.

Nun hat man an Kohl immer seinen ausgeprägten Machtinstinkt gerühmt, seine besondere Fähigkeit, Situationen und Stimmungen zu erspüren. Das legt an sich die Vermutung nahe, er werde den Euro aufgeben, zumindest verschieben, sobald er zu dem Schluß käme, daß dieser sein Lebensziel, die Vollendung der europäischen Einigung, in Frage stellen und damit seinen Nachruhm gefährden könnte.

Allerdings ist nicht sicher, ob den Kanzler sein Instinkt heute noch in gleicher Weise leitet wie früher. Man muß immer bedenken, daß einem Politiker wie Kohl, der sich über viele Jahre hinweg gegen große Widerstände in der veröffentlichten Meinung, sogar gegen eine verbreitete intellektuelle Verachtung seiner Person, hat durchsetzen müssen, eine dicke Haut gewachsen ist. Es war außerdem immer seine – vielzitierte – Stärke, Probleme »auszusitzen«. Hinzu gesellt sich bei ihm mehr und mehr die Überzeugung, er könne die Lage besser beurteilen als alle anderen. Die Fähigkeit zuzuhören nimmt ab, die Neigung, Vorträge zu halten, zu. Und beim Euro ist die Überzeugung offenbar besonders stark, er wisse genauer als andere, was langfristig zum Besten Deutschlands sei.

Dabei würden die wachsenden Schwierigkeiten Kohl erlauben, sich ohne Gesichtsverlust aus der Affäre zu ziehen. Das wäre für die Deutschen wie für Europa die beste Lösung. Man konnte lange denken, der Kanzler meine (wie Adenauer bei der Europäischen Verteidigungsgemeinschaft Anfang der fünfziger Jahre): es müsse, wenn es schiefgehe, an Frankreich scheitern. Damals hatten die Franzosen dieses Projekt vorgeschlagen, um den Deutschen einen Wehrbeitrag zu verleiden. In geduldiger Kleinarbeit gelang es Bonn mit Hilfe der Amerikaner, die französische Konzeption so umzugestalten, daß sie deutschen Interessen halbwegs entsprach. Im gleichen Maße wurde für Paris das Vorhaben unattraktiv, so daß am Ende die Nationalversammlung den Vertrag, den alle anderen Mitgliedsstaaten bereits ratifiziert hatten, ohne Debatte zu Fall brachte.

Auch die Währungsunion ist ein altes Anliegen Frankreichs. Wieder haben die Deutschen hartnäckig eine Konstruktion zustande gebracht, die in einiger Hinsicht mehr ihren als den französischen Vorstellungen entspricht. Doch es gibt einen wichtigen Unterschied: 1954 sollte mit der Armee ein Instrument französischer Stärke vergemeinschaftet werden; heute steht mit der Währungspolitik ein Feld deutscher Überlegenheit zur Disposition. Deswegen wird eine französische Regierung das Vorhaben diesmal, anders als in den fünfziger Jahren, kaum aufgeben.

Seit einiger Zeit ist zudem klar, daß Kohl gar keinen Ausweg sucht, sondern den Euro unbedingt will. Wesentlich um dieses Zieles willen, so scheint es, hat er sich entschlossen, noch einmal als Kanzlerkandidat in den Wahlkampf zu ziehen. Damit setzt er seinen Nachruhm aufs Spiel, läuft Gefahr, den glänzenden Platz in der deutschen Geschichte, den er bereits erworben hat, zu verdunkeln, vielleicht zu verlieren. Schlimmer ist, daß er dabei auch Deutschland und Europa zu beschädigen droht.

IV. Kapitel

Erstarrte Parteien, schläfrige öffentliche Meinung

Wie werden unsere Parteien, die bisher allesamt
Zuteilungsparteien waren, künftig mit der Rolle zurechtkommen,
Zumutungsparteien werden zu müssen?

Der landesweite Konsens: konservativer Sozialdemokratismus

Unsere politische Landschaft wird von einem scheinbaren Paradox geprägt: Deutschland ist progressiv sozialdemokratisch und tiefkonservativ zugleich. Eine veränderungsfeindliche Mentalität herrscht im Lande, eine Beharrungstendenz. Der verständliche Wunsch regiert, alles solle so bleiben, wie es ein halbes Jahrhundert lang war. Keine Veränderung! Keine Experimente! Dieser vier Jahrzehnte zurückliegende Wahlslogan gilt noch heute, ja heute, bei der herrschenden Angstruhe, mehr denn je im Westen, aber auf wenig andere Weise, als DDR-Nostalgie, auch im Osten.

Gleichzeitig dominiert jedoch in den politischen Parteien und im Gesamtkonsens der Medien hier wie dort ein öffentliches Vokabular, das links, das progressiv ist, ein Festhalten am Wohlfahrtsstaat, sogar den Ausbau sozialer Leistungen gerade in Zeiten der Krise als Gebot selbstverständlicher Solidarität, ja der Menschenwürde proklamiert.

Was aber tun – vor dieser Frage stehen alle Parteien –, wenn die materiellen Voraussetzungen der bisherigen Politik entfallen sind, das Beharren auf dem bisherigen Sozialstaatniveau, geschweige denn eine Vermehrung sozialer Leistungen, angesichts der Überschuldung der öffentlichen Haushalte und der Überlastung der Sozialkassen unmöglich geworden ist? Wenn vielmehr zunehmend und zwingend Einschränkungen des gewohnten Lebens-

259

standards von der Bevölkerung hingenommen werden müssen? Hat man in einer solchen Lage mit wachsenden, illusionären Umverteilungsansprüchen zu rechnen oder darf man auf friedliche, wenn auch resignierte Hinnahme des Unabänderlichen vertrauen?

Der Zwiespalt unserer Impulse wird sich bald auflösen. Eine neue Mentalität muß sich bilden. Denn weder der konservative Beharrungswille noch die sozialdemokratische Rhetorik halten den neuen Fakten stand. Damit stellt sich die spannende Frage, wie unsere Parteien, die bisher allesamt Zuteilungsparteien waren, künftig mit der Rolle zurechtkommen werden, Zumutungsparteien werden zu müssen. Haben sie jahrzehntelang die Zustimmung zur Demokratie durch großzügige Geschenke erkaufen können, durch Wohltaten aller Art, müssen sie jetzt den Bürgern wachsende Opfer abverlangen. Dafür werden sie eine neue, ungewohnte Sprache und andere Denkinhalte brauchen. Appelle hören sich anders an als Versprechungen.

Eckhard Fuhr hat treffend bemerkt, die Bundesrepublik Deutschland sei nicht nur ein Sozialstaat, der die Lebensrisiken seiner Bürger minimiere, sondern auch ein Gebilde, das seine Legitimität aus der andauernden Arbeit an der Verwirklichung eines gesellschaftlichen Harmonie-Ideals beziehe. Das sei nicht in erster Linie die Folge des Wirkens der SPD, die in Bonn nur für gut dreizehn Jahre den Kanzler stellte. Was Fuhr den »deutschen Sozialdemokratismus« nennt, reicht viel weiter, ist politisch breiter: Er umschließt große Teile der Union, der Grünen, der PDS und selbst Teile der Liberalen. Gemeint ist »eine große Koalition zur Verteidigung des sozialstaatlichen Status quo gegen Veränderungsdruck«, aller parteipolitischen Konkurrenz und Taktik zum Trotz. Ihrem Verhalten nach ist diese Koalition zutiefst konservativ. Deshalb wird in Deutschland »Solidarität« immer noch mit einer verbissenen Verteidigung der sozialen Transfersysteme gleichgesetzt und unter »Gerechtigkeit« staatliche Umverteilung verstanden.

»Nicht der sozialdemokratische Konsens, sondern derjenige, der ihn verläßt, steht unter Legitimationszwang«, schreibt Fuhr.

Doch wegen der schweren, offensichtlichen Krise der Sozialsysteme steht der Abschied von dieser allseitigen Übereinstimmung unausweichlich bevor. Eine Epoche geht zu Ende, die mit
Bismarcks Sozialgesetzen begann. Nur haben es die meisten Politiker noch nicht gemerkt.[1]

Die Union

Die CDU/CSU ist als Volkspartei von dieser Entwicklung genauso
betroffen wie die SPD. Ihre großen Verdienste errang sie als Partei der Marktwirtschaft und der Westintegration. Doch beide
Themen sind heute ungleich komplizierter zu behandeln als in
den Jahren 1949 bis 1989. Neues, eigenes Profil hat die Union
seitdem nicht gewonnen. Sie ist statt dessen zur »besten SPD aller
Zeiten« geworden, wie die Unternehmerin und Publizistin Marie-
Luise Schwarz-Schilling, Ehefrau des vormaligen Bundespostmi-
nisters, schon 1994 schrieb.

   Die wichtigste Ursache dieser Fehlentwicklung sieht Frau
Schwarz-Schilling in der katholischen Soziallehre. Deren Einfluß
auf die heutige Politik werde unterschätzt. Nicht nur Norbert
Blüm, Heiner Geißler und Ulf Fink, sondern ebenso Helmut Kohl,
Theo Waigel und selbst der Protestant Wolfgang Schäuble seien
von ihr geprägt. Die Sozialdemokraten hingen in tiefster Seele
auch noch heute der utopischen Vision von Karl Marx an, nach
der Menschen, die sich selbst befreiten und mit dem Lebensnot-
wendigen versorgt wären, automatisch gut und gerecht würden.
Doch die Christdemokraten seien von einem nahe verwandten
Menschenbild bestimmt. Ihre Utopie richte sich allerdings nicht
auf den sich selbst befreienden Menschen, sondern auf den Menschen, der »von oben« frei gemacht werde. Das »von oben« ist
heute die Sozialverfassung, ein System, eine Ordnung.

   Die großen Illusionen der CDU und der SPD, meint die Autorin, ähneln einander sehr. Beide Lager glaubten, daß gut versorgte
Bürger aus freien Stücken das Wohl des Ganzen im Auge haben.

Davon kann jedoch keine Rede sein. Aus den Herzen und Hirnen der politischen Elite muß daher die Illusion weichen: Der Mensch ist gut, wenn er frei und versorgt ist. Denn das stimmt nicht. »Der real existierende Bundesbürger ist kein Geschöpf der christlichen oder sozialistischen Utopie. Er ist ein rationaler Mensch der Aufklärung und der Eigentumsgesellschaft, die ihn viel nachhaltiger prägte als die politische Elite. Er wird mit gutem Gewissen alle materiellen Vorteile in Anspruch nehmen, die das Sozialsystem ihm bietet. Er wird es als sein Recht betrachten, krankzufeiern oder schwarzzuarbeiten, Sozialhilfe oder Subventionen zu beantragen. Jeder Vorschlag gegen die Ausbeutung des sozialen Systems ist sinnlos, solange die politische Klasse die große Illusion im Kopf hat, Freiheit und Gleichheit machten jeden gut. Sie hat den Bundesbürger inzwischen dazu erzogen, das Versorgtsein zu erwarten.«

Man muß statt dessen, unterstreicht Frau Schwarz-Schilling, zur früheren, gesamteuropäischen Grundüberzeugung zurückkehren: »Die erste und wichtigste Loyalität des Selbst gilt dem Ich, das seine eigene Existenz sichern muß . . . Die Sicherung der eigenen Existenz ist jedes Menschen Zuchtmeister.«[2]

Eine zweite Fehlentwicklung kommt hinzu. Auch sie hindert die CDU, sich den Anforderungen der neuen Zeit gewachsen zu zeigen: Die innerparteiliche programmatische Diskussion ist durch das jahrelange Schweigegebot des Kanzlers noch immer gelähmt – auch wenn ein Ende des »Prinzips Kohl« nach und nach unausweichlich wird. Es bleibt eine erstaunliche, geradezu bewundernswerte Tatsache, daß der Mann, der die CDU in eine Volkspartei umwandelte, zugleich derjenige ist, der sie im Innern wieder zum Kanzlerwahlverein schrumpfen ließ. Helmut Kohl führt eine Partei an, die ihm – auch in Ermangelung von Alternativen – wortlos folgt. Das Aussitzen ist als Kennzeichen des »Prinzips Kohl« sprichwörtlich geworden. Aber es hat noch weniger erfreuliche Züge, wie Alexander Gauland festhält: Das »Elefantengedächtnis für vorgebliche Untreue, das Unterpflügen parteiinterner Gegner, die als ›Gesindepflege‹ bezeichnete kumpelhafte Leibeigenschaft, in der die engeren Mitarbeiter gehalten werden, und eine Kaderpolitik, die Gefolgschaftstreue mit Vergünstigungen belohnt«.[3]

Der Kanzler hat die Partei auf seine Linie getrimmt, von der abzuweichen wie Hochverrat geahndet wird. Was als Appell an Kameradschaftlichkeit moralisch wirkt, ist letzlich Machtkalkül. Was der Kanzler als Loyalität einfordert, ist nur Gehorsam. Die CDU hat sich, meint Gauland, dadurch entscheidend verändert: Sie ist nicht mehr eine Vereinigung gleichgesinnter, unabhängiger Persönlichkeiten, sondern eine Versicherungsgesellschaft auf Gegenseitigkeit.

Wie hat der Parteivorsitzende dies erreicht? »Kohl ist ein Meister in der Kunst, sich Menschen zu verpflichten, indem er ihre Ambitionen mit seinen Lebenszielen verknüpft. Dabei hat er stets darauf geachtet, daß Geben und Nehmen sich ausbalancieren.« Konrad Adam hat dies einmal »Prinzipientreue ohne Grundsätze in einer Gesinnungsgemeinschaft ohne Überzeugung« genannt. Solch ein Umgang mit der Partei wirkt sich, wie Gauland meint, zwangsläufig auch auf die Regierungspolitik aus. Die Koalitionsrunde ist zum quasistaatlichen Regierungsorgan geworden, das Kabinett nimmt ihre Entscheidungen nur noch hin.[4]

Kein Wunder, daß selbst Kohl Wohlgesinnte den Kopf schütteln. So schrieb Herbert Kremp Anfang des Jahres in der *Welt*, die Politik des Kanzlers finde zwar immer weniger Anklang in der Bevölkerung, man wähle ihn und vertraue ihm aber weiterhin, weil man wisse, was man an ihm habe. Kohl sei kein Charismatiker, er strahle nicht, sondern sei einfach da, »massiv, in greifbar naturalistischer Weise. Ihn wegzudenken, stößt sich mit der schieren Gravitation.« Kohls naturgesetzliche Unerschütterlichkeit wirke nach innen allerdings als Verdrängungskraft. Kremp findet ähnlich deutliche Worte wie Gauland, wenn er über die fehlende Diskussionsbereitschaft von Kanzler und Fraktion urteilt: »Die Partei sieht sich in die Rolle der Gefolgschaft verwiesen. Sie ist, nach außen hin, Kanzler-Partei.«[5] Noch.

Inzwischen ist man freilich geneigt, Helmut Kohl zu bemitleiden. Am 16. Mai 1997 schrieb Johannes Gross: »Die letzte Gelegenheit zum freien Absprung hat er vorüberziehen lassen, die

Jubiläen der Amtszeit im vergangenen Herbst; danach mußte er wieder antreten, weil alles andere in der Krise von Koalition, Regierung und Europapolitik Flucht gewesen wäre. So beginnt eine Geschichte ganz nach den Regeln der griechischen Tragödie. Eine Entscheidung, die getroffen werden muß, obgleich als unheilvoll erkennbar, und die zu einem guten Ende nicht gebracht werden kann. Denn selbst wenn er die Wahlen noch einmal gewinnt, verhindert er die Erneuerung seiner Partei; die Reformen, die er will, werden am Felsblock der Beständigkeit, der er auch hat sein wollen, zerschellen; und den Euro, wenn er ihn noch schaffen kann, wird er als Zankapfel der Völker erleben, erst postum als Triumph.«[6]

Der Triumph, den man ihm von Herzen gönnt, bleibt abzuwarten. Und es bleibt auch offen, wie lange sich die CDU weiter unterwürfig, schweige- und zustimmungspflichtig verhalten wird. Man hört von jungen politischen Talenten, so von Jürgen Augustinowitz, dem CDU-Bundestagsabgeordneten, oder auch Peter Müller, dem CDU-Fraktionsvorsitzenden im saarländischen Landtag. Wann werden sie sich zu Wort melden, um mit eigenen Positionen zu markieren, wie in der Nach-Kohl-Ära die lastende Stagnation überwunden werden soll? Warum melden sich angesichts der offensichtlichen Bewegungsarmut der etablierten Parteiführung nicht neue Kräfte aus den jungen Generationen zu Wort, um die alten abzulösen? Es ist mit Händen zu greifen, daß die gestrigen Konzepte heute und erst recht morgen nicht mehr ausreichen, den neuen unerfreulichen Realitäten also anders als bisher Rechnung getragen werden muß.

Wir sehen uns der erstaunlichen Tatsache gegenüber, daß in keiner Partei eine neue Generation aufsteht, die sich mit modernen, zeitgemäßen Vorstellungen bemerkbar macht und sich, nach dem anfänglichen Wutgeheul der Status quo-Bewahrer, auch irgendwann Gehör verschafft. Das ist verblüffend. Denn man möchte annehmen, daß in allen Parteien – angesichts des mehr oder weniger hilflosen Triumvirats der SPD, der personell nicht atemberaubend eindrucksvollen Führung der FDP wie auch der Union, wenn sie den Blick über den Kanzler hinaus auf die Zukunft richtet – begabte Politiker in den Startlöchern sitzen, die sich Chancen ausrechnen dürfen.

Wer heute zwischen 25 und 40 Jahre alt ist, die Augen offen hält, seinem Verstand traut und das Herz auf dem rechten Fleck hat, daher mithelfen möchte, daß unser Land die Zukunft gewinnt, dem werden morgen die Türen zur Macht offenstehen. Weshalb sieht das keiner? Warum bereitet niemand mit neuem Denken, mit »Glasnost« deutscher Machart, seinen Eintritt ins öffentliche Leben vor? Ist der Parteiennachwuchs, weil er meist auf parteiabhängigen Posten sitzt, frühzeitig neutralisiert? Wird Konformismus des Verhaltens höher bewertet als die Kühnheit neuer Gedanken? Leben auch wir nach dem Gesetz des demokratischen Zentralismus, demzufolge sich die Willensbildung von der Spitze abwärts vollzieht?

Die Sozialdemokratie

Der Jugendparteitag der SPD 1996 ließ schlagartig erkennen, wie hilflos die SPD-Führung den Jungen beizukommen, nachzulaufen sucht. Während 1972 noch hunderttausend Menschen unter 35 Jahren in die SPD eintraten, gab es 1995 in den mittlerweile zwölftausend Ortsvereinen der Partei noch ganze achttausend Eintritte dieser Altersgruppe.

Die Schwierigkeit der SPD-Altvorderen, Junge zu begeistern, für sich zu gewinnen, hat vor allem mit den grundverschiedenen Erfahrungen und Lebensgefühlen zu tun, die heute die Generationen trennen. So war es immer im Verhältnis zwischen Alten und Jungen. Allerdings sind heute die traditionellen Rollen beim Konflikt der Generationen vertauscht: Die Jugend spielt den skeptischen Part, blickt besorgt in die Zukunft. Ihre Eltern dagegen sind oft in die Jahre gekommene Berufsjugendliche. Sie blicken mit einer Mischung aus Bedauern und Verachtung auf die Bedenken, den Pessimismus ihres Nachwuchses. Weil für sie Optimismus und Jugendlichkeit zusammengehören, müssen sie selber jung bleiben, um sich ihr positives Zukunftsbild zu bewahren.

Niemand stelle das Flair und den Schwung der Moderne auch mit Mitte Fünfzig noch so konsequent dar wie die in den Institutionen oben angekommenen Achtundsechziger, schrieb Susanne Gaschke in einem »Stimmungsbild der ideellen Gesamtlinken«. Sie seien eine bemerkenswerte Generation der ewigen Jugend. Der Gestus fundamentaler Kritik an Kapitalismus und Marktwirtschaft habe ihnen als Vorwand gedient, um ihre eigenen Eltern in Frühpension zu schicken; nun hätten sie sich diese Pose urheberrechtlich gesichert. »Und da Fundamentalkritik ein Privileg der Jungen ist, bleiben sie jung, sind ›der Rudolf‹, ›der Norbert‹, ›der Björn‹, ›die Heidi‹, ›der Oskar‹: so knackig und gebräunt wie immer, so unverdrossen als linke Meinungs- und Modeführer. Die Inbesitznahme der Apparate hat den Glauben an die Systemüberwindung und den demokratischen Sozialismus, zu dem die Wirklichkeit angeblich drängt, kaum beschädigt. Aber politische Apparate und akademische Lehre wollen gegen den drängenden Nachwuchs verteidigt sein. Das geschieht, indem all jene, die den Antikapitalismus infolge bestimmter Erfahrungen mit der Realität nicht mehr als einzige oder zentrale ›regulative Idee‹ akzeptieren wollen, pauschal als ›rechts‹ verdächtigt werden.«[7]

So betrachtet, fand Susanne Gaschke, sei die Frage nach links oder rechts die Frage nach drinnen oder draußen, also nach Freund und Feind, und wie immer in solchen Fällen sei es ein Privileg der Insider, die Spielregeln festzulegen, nach denen jemand dazugehöre oder ausgegrenzt werde.

Allerdings ist der Generationenkonflikt nicht das einzige, nicht einmal das drängendste Problem der SPD. Die Sozialdemokraten müssen sich in kaum lösbaren Widersprüchen zurechtfinden. Einerseits muß sich die SPD als Partei der sozialen Gerechtigkeit um die Fußkranken unserer Gesellschaft kümmern, die wachsende Zahl sozialer Notfälle. Andererseits ist damit allein keine Mehrheit zu gewinnen. Ralf Dahrendorf hat schon vor zehn Jahren auf das grundlegende Dilemma der Sozialdemokratie – übrigens nicht nur in Deutschland, sondern in ganz Europa – hingewiesen: Es sei stets der Kern ihrer Programmatik gewesen, das unbeschränkte Wirken des Marktes einzugrenzen. Damit hätte die Sozialdemokratie letztlich Erfolg gehabt; der moderne Wohlfahrtsstaat Keynesianischer Prägung sei ihre Leistung. Doch immer schafften die Lösungen von gestern die Fragen von morgen. So habe die kalkulierte Beschränkung des Marktes das Eingreifen des Staates, den Ausbau des öffentlichen Dienstes zur Folge gehabt. Sozialdemokratische Parteien seien deswegen ihrem Wesen nach »nicht nur Staatsparteien, sondern auch Öffentliche-Dienst-Parteien, Beamtenparteien und vor allem Lehrerparteien geworden«.

Inzwischen bringt die Verbindung der klassischen Arbeiter- mit der neuen Beamtenklientel ernstzunehmende Schwierigkeiten mit sich. »Arbeiter suchen heute eher Schutz als Reform. Sie wollen halten, was sie haben, und sei es mit staatlichen Subventionen und gesetzlichen Bestimmungen. Lehrer haben solche Sorgen nicht, jedenfalls nicht, wenn sie Beamte auf Lebenszeit sind. Sie verbinden daher mühelos die Verteidigung ihrer Privilegien mit einem bunten Strauß extremer Forderungen«, schrieb Dahrendorf. Einig seien sich beide Gruppen nur in einem: dem Wunsch, Besitzstände zu schützen. »Der Geist der frühen Arbeiterbewegung ist geronnen, die Reformkraft erlahmt. Es bleibt ein überwältigendes protektionisches Interesse, also ein Interesse am Status quo.«

In dem Maße jedoch, in dem die Sozialdemokratie zur Beharrungskraft – inzwischen sogar zu *der* Partei des Stillstands – wurde, drohte sie ihre Rolle als wirksame Beschützerin aller Benachteiligten und Zukurzgekommenen einzubüßen. Gleichzeitig verlor sie ihren Schwung zu Reform und Erneuerung. Eine säkulare politische Kraft habe sich erschöpft, lautet daher Dahrendorfs Fazit. Wichtige Teile ihres Programms seien realisiert. Es bleibe nur, auf verbleibende Unvollkommenheiten hinzuweisen und im übrigen das Erreichte zu verteidigen. »Das ist das Elend der Sozialdemokratie.«[8]

Für sozialdemokratische Parteien stelle sich somit die Alternative, entweder zur schrumpfenden Minderheit zu werden oder neue Kräfte für neue Ziele zu mobilisieren. Dieser Aufgabe haben sich die Modernisierer in der SPD verschrieben, deren Sprecher Gerhard Schröder ist. Sie wollen, wie in den Zeiten von Willy Brandt und vor allem Helmut Schmidt, den aufstrebenden, technologisch orientierten neuen Mittelstand für sich einnehmen. Daher mahnte Altkanzler Schmidt vor kurzem in seinen Briefen an Rudolf Dreßler und Rudolf Scharping, die SPD dürfe sich nicht gegen die dritte industrielle Revolution stemmen. Die Partei sei zur Vorkämpferin des Stillstands geworden. »Wenn wir nicht radikal umkehren, gibt es wenig Hoffnung.«[9]

Daß die rigorose Reformierung einer sozialdemokratischen Partei durchaus von Erfolg gekrönt sein kann, bewies der überwältigende Sieg Tony Blairs bei den britischen Unterhauswahlen. Die deutsche Schwesterpartei sonnte sich in seinem Glanze. Doch wie weit die SPD von *New Labour* entfernt ist, belegt das Wahlmanifest Gordon Browns, des neuen Finanzministers. »Es ist die Wirtschaft, die langfristigen Wohlstand schafft. Es ist nicht die Aufgabe einer Regierung, Unternehmen vorzuschreiben, wie sie ihr Geschäft zu führen haben, sondern eine Regierung muß alles tun, um Rahmenbedingungen zu schaffen, unter denen Unternehmen erfolgreich wirtschaften können, und neue Chancen für alle eröffnen.«[10] So redet man wohl erst, wenn man ein Jahrzehnt Thatcher hinter sich hat.

In Deutschland stehen die beiden Gruppen der Traditions-Sozialen und der Modernisierer nach wie vor unverbunden nebeneinander, sind weniger denn je unter einen Hut zu bringen. Denn die einen setzen auf das 21. Jahrhundert, während die anderen im Denken des neunzehnten steckenbleiben. Diese Kluft läßt sich auch nicht durch einen Innovationskongreß überbrücken, wie ihn die Partei am 21. Mai 1997 in Düsseldorf veranstaltet hat. Dort wurden zwar lauter kluge und richtige Dinge über die Modernisierung von Wirtschaft und Gesellschaft verkündet.[11] Doch den tiefen inneren Zwiespalt überwindet die SPD mit derartigen folgenlosen Diskussionsveranstaltungen nicht, zumal in Zeiten, die keine neuen sozialen Leistungen gestatten, ja die Aufrechterhaltung der heute verbrieften immer illusorischer machen.

Diese innere Spaltung der SPD ist schwierig genug. Aber sie ist nicht die einzige. Die andere Spaltung ist der Gegensatz zwischen Ost und West in den eigenen Reihen. Das Thierse-Papier vom Dezember 1996, für das der Autor heftig gescholten worden ist, obwohl es das Ost-West-Dilemma seiner Partei nur schilderte, nicht pries oder propagierte, beweist die Schwere des absehbaren Konflikts. Wolfgang Thierse stellt fest, daß man sich in den neuen Ländern an die PDS als Partner gewöhnen müsse. Auf der kommunalen Ebene gebe es eine Zusammenarbeit zwischen SPD und PDS ohnehin schon; auf der Länderebene werde es im Zweifel nicht bei dem einen Beispiel Sachsen-Anhalt bleiben.

Außer in Sachsen ist tatsächlich in allen anderen neuen Ländern, also in Mecklenburg-Vorpommern, Brandenburg und auch Thüringen, eine Zusammenarbeit, in welcher Form auch immer, bis hin zu Koalitionen zwischen SPD und PDS heute durchaus denkbar. Bekanntlich will die Schweriner SPD-Spitze ein solches Bündnis seit langem, und auch in Thüringen hat es neuerdings entsprechende Äußerungen gegeben. Im gleichen Sinne sagt Manfred Stolpe: man versuche in Brandenburg das Beste der alten DDR und das Beste des Westens harmonisch zusammenzufügen und zur Geltung zu bringen. Die PDS hat in Potsdam bereits angeboten, im Brandenburger Landtag gegebenenfalls eine Minderheitsregierung der SPD zu tolerieren, wenn das nach der nächsten Wahl notwendig sein sollte.

Solche Überlegungen finden nicht nur in den Plänen der Parteistrategen ihren Niederschlag. Sie haben eine verläßliche Grundlage in den Meinungen der früheren DDR-Bürger. Bereits im Frühjahr 1996, berichtet Ilse Spittmann, habe das Allensbacher Meinungsforschungsinstitut vorausgesagt, daß sich in den neuen Ländern langfristig die Wertesysteme von SPD und PDS durchsetzen würden, die nicht die der alten Bundesrepublik seien. Im Osten stützen fast allein die CDU-Anhänger westliche Grundauffassungen. Aber sie sind isoliert und einsam, zumal sie eine christlich begründete Politik in einem atheistischen Umfeld vertreten müssen. Zwischen den beiden großen, antagonistischen Werten Freiheit und Gleichheit gibt es, von der Wiedervereinigung ungebremst, in der früheren DDR eine Gewichtsverlagerung zugunsten der Gleichheit. Soziale Rechte sind den meisten Ost-deutschen wichtiger als bürgerliche Freiheiten.[12]

Diese Entwicklung, die in der Luft liegt, interessiert übrigens auch für Berlin: Hier prallen innerhalb der Stadt wie innerhalb der SPD zwei entgegengesetzte Strömungen aufeinander. Der energische Antikommunismus der Partei Ernst Reuters und Willy Brandts wirkt weiter nach. Aber eine Linksunion als Alternative zur ungeliebten Großen Koalition findet gleichfalls viele stille Anhänger. Die Mehrheit in der SPD ist weiterhin gegen jede Zusammenarbeit mit der PDS, weil eine solche Perspektive ver-heerend für die Wahlchancen der SPD in den ehemaligen West-sektoren Berlins sei. Die Gegenmeinung betont, allein ein breites Linksbündnis eröffne die Chance einer erfolgreichen Verteidi-gung sozialer Gerechtigkeit.

Solche Argumente mögen in den neuen Ländern beträchtlichen Zuspruch finden. In den alten Ländern werden sie verhängnisvoll wirken, die SPD jeder Siegeschance berauben. Denn natürlich würde die CDU der SPD insgesamt zum Vorwurf machen, wenn es in den neuen Ländern mehr und mehr zu SPD/PDS-Bündnis-sen käme.

Noch ein anderes, grundsätzliches Problem unserer Parteien kann man an der Berliner SPD besonders gut studieren: Die gute alte Zeit der Mitglieder- und Funktionärsparteien ist vorbei, kon-statiert Peter Lösche, Göttinger Professor der Politikwissenschaft. Bisher setzte die Berliner SPD auf Patronage in den Bezirken, in den Parteiflügeln. Das Mitgliedergefüge hat sich aber völlig ver-ändert. Lösche nennt den heutigen Zustand einer fortschreiten-den Zersplitterung eine »lose verkoppelte Anarchie«. Die Ver-ständigung in der SPD laufe von oben nach unten. Sprachrohr seien dabei nicht länger Mitgliederversammlungen und Partei-tage, sondern die Medien.

In der gesamten Sozialdemokratie, meint Lösche, habe eine Generation von Politikern das Sagen, die eher auf Beharrung – und damit auf Verhinderung – setzten als auf das Wagnis des Neuen.[13] Die SPD wird heute weithin von Menschen dominiert, die viel Zeit für politische Gremienarbeit haben, weil sie auf siche-

ren Positionen des öffentlichen Dienstes sitzen. Daneben gibt es
die tiefen Richtungskonflikte der SPD, von denen eben die Rede
war. Man sieht nicht, wie sie behoben oder wenigstens über-
brückt werden könnten, sieht ebensowenig, wo dynamische neue
Leute an der Spitze herkommen könnten. Das Problem der SPD
heute ist also nicht nur eine relativ schwache Führungsschicht
nach dem Abtreten der großen Troika Brandt, Schmidt und Weh-
ner. Die Schwierigkeiten wären auch nicht mit einer ausstrah-
lungsstarken Führungspersönlichkeit behoben. Denn damit sie
auftreten und sich durchsetzen kann, muß ein Programm her, das
auf die verschiedenen Lager innerhalb der Sozialdemokratie, auf
breite Schichten der Bevölkerung überzeugend wirkt.

Man braucht immer beides, in allen Parteien: führungsfähige
Personen und ein ansprechendes, glaubwürdiges Aktionspro-
gramm. Es muß nicht, kann auch heute gar nicht eine Jahrhun-
dertaussage sein wie die SPD-Programme von Eisenach, Gotha
oder Erfurt, die man früher erwartete und zum Teil noch in diesem Jahrhundert findet. Ein Beispiel wäre das Godesberger Programm von 1959, das in der Geschichte nicht nur der Sozialdemokratie, sondern der Bundesrepublik eine beträchtliche Rolle
gespielt hat.

Die Grünen

Doch wie steht es um Rot-Grün, wie um die Grünen? Wer im
Spätherbst 1995, als es nicht gut um die Liberalen stand, den
Kanzler fragte, wie er das Schicksal der FDP beurteile, bekam zu
hören: wegen der Freien Demokraten mache er sich keinerlei Sorgen. Die seien ziemlich unverwüstlich. Wir alle seien falsch beraten, ihnen immer wieder vorzeitig Totenscheine auszustellen. Was
ihm viel unsicherer scheine, sei die Zukunft der Grünen. Er glaube
nicht, daß sie sich als Partei auf Dauer halten könnten.

So bestimmt dort, so zweifelnd hier äußerte sich Helmut Kohl
in einem Augenblick, in dem kaum ein Mensch auf die Zukunft
der FDP zu wetten bereit war, man aber sehr wohl den Grünen

inzwischen die Rolle einer staatstragenden Partei zutraute. Mehr und mehr Respekt wurde dem gescheiten, geschickten Joschka Fischer gezollt, aber auch anderen grünen Spitzenpolitikern wie Antje Vollmer, die es nicht von ungefähr zur Bundestagsvizepräsidentin brachte.

Wenn die Einschätzung des Kanzlers hinsichtlich der Liberalen richtig war: kann man Gleiches auch von seiner Beurteilung der Grünen sagen? Haben sie eine Zukunftsverheißung auch unter den neuen, härteren Verhältnissen?

Es ist eine Binsenwahrheit, daß die Grünen nach wie vor keine angemessene, keine überzeugende Antwort auf die Frage haben, wie sich die industrielle Zukunft Deutschlands auf Dauer sichern läßt. Man sieht auch nicht, daß sich ihre Haltung ändern könnte; denn ein Teil, ein Großteil der Popularität, die den Grünen zuteil wird, stammt aus – berechtigten oder unberechtigten – Ängsten gegenüber der Industrie, zumal neuen Technologien. Angst aber hat sich noch nie als Grundlage vernünftiger, tatkräftiger Meisterung von Problemen erwiesen. Angst ist eine Bremse, kein Motor.

Ohne eine realitätsnahe Wirtschaftspolitik ist freilich kaum vorstellbar, daß eine rot-grüne Koalition Erfolg haben, ja überhaupt Wahlen gewinnen könnte. Denn das erste, was eine Linkskoalition versuchen müßte, wenn sie den Sozialabbau, die Demontage des Wohlfahrtsstaates stoppen wollte, wäre doch, neue Geldquellen zu erschließen. Es ist völlig klar, daß eine solidarische Indienstnahme der »Reichen«, also Steuererhöhungen in den oberen Steuerklassen, nicht genug bringen würde, weil es so viele Spitzenverdiener denn doch nicht gibt. Niemand darf unterschätzen, daß einem weiteren Drehen der Steuerschraube enge Grenzen gesetzt sind. Nach der Überzeugung vieler Experten ist die Belastungsgrenze in den Augen großer Bevölkerungsteile längst erreicht, wenn nicht schon weit überschritten. Das zeigte ja die anfänglich breite Zustimmung, die das Versprechen einer Steuerreform als Steuerentlastung fand.

Besonders die Grünen müßten beim Steuerthema sehr vorsichtig sein, weil gerade ihre Klientel weithin zu den Besserverdienenden gehört, die sich auch in der FDP finden. Ob die Klientel mit ihrem Idealismus – der bisher insofern eher wohlfeil war, als nicht eigene Opfer einkalkuliert wurden, sondern Abstriche an Haushaltsposten wie etwa den Verteidigungsausgaben, die den Grünen ohnehin ein Dorn im Auge waren – bei der Stange bleiben wird, wenn sie selbst massiv zur Kasse gebeten würde, ist eine offene Frage.

Bisher sind die Grünen noch immer eher eine Stimmung, nicht eine Partei. Denn als solche müßten sie für alle zentralen Fragen der Gesellschaft tragfähige Antworten haben, nicht nur Einwände, Bedenken, Widerstand anbieten. Noch immer scheinen sie außerstande, die Prämisse zu verinnerlichen, daß Deutschland nur als moderne, als technologisch innovative Industriegesellschaft eine Zukunft hat. Die verhängnisvolle Rolle, die die Grünen in der Verhinderung neuer Technologien gespielt haben, ist in vollem Ausmaß öffentlich noch gar nicht erkannt.

Mit ihren grundsätzlichen Bedenken gegen die Industriegesellschaft stehen sie gegen das unausweichliche Lebensgesetz der modernen Welt. Nur neue Technologien können Umweltschäden mindern, ja vermeiden helfen, Ressourcen schonen, ein sparsames Wirtschaften lehren. Statt dessen hat man sich auf viele lokale Verhinderungsstrategien versteift, auch hohe bürokratische Hindernisse aufgebaut, die Verweigerung des Neuen zur Doktrin erhoben.

Wenn man dergleichen sagt, redet man nicht naiver Fortschrittsgläubigkeit das Wort. Kaum etwas hat mich in den letzten Jahren so tief und anhaltend bewegt wie ein Gespräch mit Herbert Gruhl kurz vor seinem Tode. Er stellte ein neues, sein letztes Buch in Berlin vor, das Endzeitprognosen enthielt.[14] Bei dieser Präsentation überraschte er alle Anwesenden mit der Bemerkung: wenn er heute, also 1992, an sein erstes Buch von 1975 »Ein Planet wird geplündert« zurückdenke, dann müsse er sich vorwerfen, damals noch allzu optimistisch gewesen zu sein, obwohl man ihm schon zu jener Zeit unverantwortliche Schwarzmalerei vorgeworfen habe. Die Umweltzerstörung habe sich seither in solch rapidem Tempo gesteigert, wie er es seinerzeit nicht für möglich gehalten habe. Inzwischen sei er der Meinung, daß es keine Möglichkeit mehr gebe, diesen Trend zu stoppen, anzuhalten, umzukehren. Deshalb seien alle ökologischen Bemühungen, die ehrenhaft seien und auch von ihm gestützt würden, im Grunde vergeblich.

Da rumorten die Leute im Saal, Mitglieder von Bürgerinitiativen, Umweltschützer, aktive Grüne. Sie warfen Gruhl vor, er entmutige sie, entwerte ihren Kampf, ihre Proteste. Sie seien nicht bereit, die Flinte ins Korn zu werfen, alles verloren zu geben, die Hände in den Schoß zu legen.

Es sei gut und schön, daß sie alles Mögliche versuchten, meinte Gruhl, aber niemand solle glauben, dadurch am Grundtrend Wesentliches zu ändern. Eines seiner Beispiele war, daß die Zunahme des Elektrizitätsverbrauchs pro Quadratkilometer ein Indikator des Artensterbens sei: Wenn eine bestimmte Menge Energie in einem bestimmten Gebiet verbraucht werde, wisse man damit, wie viele Pflanzen verschwunden, Tiere ausgestorben seien – was zu dem seltsamen Ergebnis führe, daß beim Vergleich der alten Bundesrepublik mit der DDR, Polen und Rußland die Artenvielfalt immer reicher würde, je weiter man nach Osten gelange, und dies, obwohl es im Osten ökologisch vollkommen verseuchte Regionen gibt.

Als Gruhl gefragt wurde, wie viel Zeit er unserer Erde bei seiner Prognose noch gebe, sagte er, wenn es hoch komme, seien es hundert Jahre. Ich war von dieser Auskunft tief betroffen. Der Mann beeindruckte mich. Man konnte sich seinem Ernst, seiner Melancholie kaum entziehen. Daher ging ich nach der Veranstaltung zu ihm und fragte ihn, wie man denn mit dieser Aussicht weiterleben könne? Mich bekümmere seine Untergangsprognose nicht meinetwegen. Doch im Blick auf unsere Kinder, Enkel, die kommenden Generationen bräche sie mir das Herz. Da meinte er: Unsereiner denke ja auch nicht täglich an den eigenen Tod, obwohl wir alle sicher seien, sterben zu müssen. Ebenso müsse man auch den Tod dieser Erde in sein Bewußtsein aufnehmen. Diese Gewißheit eines umfassenden Sterbens sei ja nicht nur traurig. Sie könne andererseits auch eine gesteigerte Freude an den

Schönheiten dieser Welt bedeuten. Vielleicht werde die Menschheit – oder zumindest jeder einzelne von uns – sehr viel intensiver leben, wenn er wisse, alles werde eines baldigen Tages ein Ende haben.

Es ist ja viel Richtiges an dem Wort Arno Borsts: Wenn wir die Sterblichkeit ernster nähmen, könnten wir heiterer leben. Aber ich gestehe, daß mich das Gespräch mit Gruhl monatelang gequält, meinen Lebensmut gelähmt hat.

Wir können nicht wissen, wie es mit der Erde im ganzen weitergehen, ob Gruhl bestätigt oder – hoffentlich – widerlegt werden wird. Doch mit Sicherheit läßt sich sagen, daß die bisherigen, immer noch gegenwärtigen Prämissen unseres Wirtschaftens fragwürdig geworden sind und sich nicht als regenerationsfähig erweisen werden. Man hat die überaus erfolgreiche Entwicklung der ersten Nachkriegsjahrzehnte fälschlich für alle Zeiten hochgerechnet. Die nahezu allgemeine Erwartung war lange – man braucht nur an die Schiller-Ära zu denken –, man habe fortan die Konjunktur im Griff. Es werde immer weiter aufwärts gehen, das Wachstum nie an Grenzen stoßen.

Die Einbrüche, die wir seit Anfang der siebziger Jahre erlebten – Ölpreisschocks, auch Bewußtseinsschübe wie der erste Bericht an den *Club of Rome* über »Die Grenzen des Wachstums«, die Katastrophe von Tschernobyl vom April 1986 und entsprechende Schreckensbilder in den Medien – haben das Bewußtsein des Zeitalters nicht wirklich nachhaltig verändert. Sie haben punktuelle Erschütterungen ausgelöst, einzelnen Menschen, auch Gruppierungen wie den Grünen, die Zukunftsgewißheit genommen. Aber insgesamt war der Schreck rasch verflogen. Die Wellen des Zweifels an der Tragfähigkeit des Industriesystems verebbten. Wahrscheinlich muß man tatsächlich mit Albert O. Hirschman davon ausgehen, daß sich fundamentale Veränderungen im sozialen wie im ökologischen Denken nur als Folge großer Katastrophen einstellen. Erst dann vielleicht wird möglich, wird angepackt, erfunden und ins Werk gesetzt werden, woran wir heute noch nicht zu denken, worauf wir bisher kaum zu hoffen wagen.

Die PDS

Die Grünen sind nicht die einzige politische Stimmung, bei der bisher offen ist, was längerfristig aus ihr wird. Die andere ist die PDS, unsere alte, lediglich umbenannte SED. Auch bei ihr ist vorerst nicht abzusehen, wie es mit ihr weitergeht. Wenn man sie mit den ehemals kommunistischen Parteien der anderen ostmitteleuropäischen Länder vergleicht, müßte am Ende eine radikale Variante von Sozialdemokratie herauskommen. Aber das ist natürlich nicht sicher.

In Deutschland war die kommunistische Herrschaftspartei sehr viel stärker ideologisch als anderswo. Wenn wir sie etwa an den polnischen Kommunisten messen, waren die Unterschiede enorm. Und die Polen sind in dieser Hinsicht kein Einzelfall. Das gleiche gilt auch für andere ehemalige Staatsparteien Osteuropas. Die Abwesenheit von gesundem Menschenverstand, von Realitätssinn einerseits, eine ideologische Verbohrtheit andererseits – in dem Sinne: es müsse gelingen, den Sozialismus gegen alle Widerstände doch noch zum Durchbruch zu bringen und siegen zu lassen – bleiben charakteristisch für Teile der PDS. Vieles an dieser Starrheit, dieser Abschottung gegen unangenehme, der eigenen Überzeugung entgegengesetzte Realitätserfahrungen ist ja sehr deutsch, findet sich auch anderswo in unserem Lande. Sehr charakteristisch für eine solche Mentalität ist das zentrale Glasbild im Treppenhaus des Staatsratsgebäudes, in dessen Mitte, unter den Köpfen von Rosa Luxemburg und Karl Liebknecht wir die erstaunliche Losung lesen: »Trotz alledem!«

Solcher Starrsinn scheint mir typisch zu sein für das Denken der alten SED, das sich immer noch in der heutigen PDS findet. Insofern kann man nicht ausschließen, daß sich diese Partei stärker abkapselt, also dogmatisch verrennt. Es gibt starke interne Spannungen, die Modernisierer wie Gregor Gysi und André Brie unter großen Druck setzen, ohne daß man sie lahmlegen konnte. Auf PDS-Parteitagen gewinnt man das Gefühl, die PDS sei heute tatsächlich eine sehr bunte Truppe mit vielen verschiedenen Schattierungen. Es ist verblüffend und bleibt eine erstaunliche

Leistung, vor allem Gysis, den übrigens Mitterrand für einen zynischen Intellektuellen hielt[15], daß es der SED gelungen ist, durch ihre Umbenennung und ein lockeres Auftreten eine neue, jugendliche Klientel an sich zu binden, ohne gleichzeitig die Rolle der Klagemauer für ältere Generationen zu gefährden, die den vermeintlich guten Zeiten der DDR nachtrauern.

Allerdings ist dieser Wandel des Erscheinungsbildes durch bloßen Kleidertausch leider auch durch den Westen mit ermöglicht worden. Die westdeutsche Diskussion der DDR-Hinterlassenschaft hat sich frühzeitig und über viele Jahre hinweg ausschließlich auf die Mammutbehörde des ehemaligen Staatssicherheitsdienstes reduziert, und da wiederum auf deren schwächsten Teil, die Inoffiziellen Mitarbeiter (IMs), die in vielen Fällen keine Schurken waren, sondern erpreßte, in Zwangslagen gebrachte arme Hunde. Diese Ablenkung auf Nebenschauplätze hat es der Partei natürlich erleichtert, sich in der Stille verbal zu häuten und sich als vermeintlich vollkommen neue, mit der alten SED nur sehr entfernt verwandte Partei darzustellen und zu etablieren.

Beide Parteien, Grüne wie PDS, sind – aus unterschiedlichen Gründen – auf absehbare Zeit keine berechenbaren, verantwortungsbewußten politischen Kräfte, sondern Parteien im Werden; sie sind bisher eher Launen, die viel Idealismus und Unlust sammeln und bündeln können. Daraus kann irgendwann gemeinsam mit der SPD sogar eine Koalition werden, die alle Unterschiede der Partner wegbügelt, übertüncht. Undenkbar aber ist heute, daß diese Koalition im Stande sein würde, das Land aus seinen gegenwärtigen Schwierigkeiten herauszubringen.

Die Liberalen

Am ehesten sind den deutschen Liberalen Beiträge zur Lösung unserer Probleme zuzutrauen. Warum? Weil der Ausgangspunkt ihres politischen Denkens heute aktueller, wichtiger ist als der aller konkurrierenden Parteien, die immer noch wesentlich vom

Staat her denken, statt den einzelnen zum Ausgangspunkt zu machen. Ihn muß man aber in den Mittelpunkt aller Erwägungen und Programme rücken.

Die FDP sollte sich im richtigen Moment auf ihre grundsätzliche, traditionelle Position besinnen, die Verantwortung des einzelnen Bürgers in der Wirtschaft, in der Politik, im Sozialen zur Grundlage des Gemeinwesens zu erklären. Das ist ein fundamental richtiger Gedanke, der freilich viel zu lange in Vergessenheit geraten, auch bei den Liberalen in den Hintergrund getreten war. Die Demokratie beruht wie die Wirtschaft und ein stabiles Sozialwesen auf dem einfachen Gedanken, daß der einzelne seine Verantwortung wahrnimmt, für sich und die Seinen in erster Linie selber sorgt – und nur im Ausnahmefall, in der unverschuldeten Not, vorübergehend die Hilfe der Gesellschaft beanspruchen darf.

Ein Liberalismus, der sich in diesem Sinne auf sein ursprüngliches Leitbild einer Gesellschaft freier und gleicher Bürger zurückbesinnt, hat auch heute, ja jetzt mehr denn je seine Berechtigung. Das frühliberale Programm von gesellschaftlicher Autonomie und politischem Minimalismus könne auch in der Gegenwart wieder eine wichtige kritisch-regulative Kompetenz gewinnen, meint Hans Vorländer.

Politischer Minimalismus bedeute zum einen die Behauptung von Privatsphäre und Bürgerfreiheit. Der Staat werde auf die neutrale Durchsetzung gesellschaftlicher Toleranz und auf die Sicherung eines größtmöglichen Freiraumes individueller Betätigung wie gesellschaftlicher Selbstorganisation verpflichtet. Politischer Minimalismus bedeute zum anderen aber auch die kritische Überprüfung des staatlichen Handelns und die konsequente Reduzierung wachsender Staatsaufgaben. »Nur durch einen erneuten ›Versuch, die Grenzen der Wirksamkeit des Staates zu bestimmen‹, wird es möglich sein«, schreibt Vorländer, »den modernen ›bürokratischen Anstaltsstaat‹ mit seinem ›Gehäuse der Hörigkeit‹ (von der Max Weber gesprochen hat) auf das Maß zurückzuschneiden, das neue, individuelle und gesellschaftliche, ökonomische wie kulturelle Betätigungsmöglichkeiten eröffnet.«[16]

Mehr und mehr haben die Politiker aller Parteien in den ver-

gangenen Jahrzehnten den Bürgern die grundlegende Verantwortung für ihr Leben abgenommen, die eigene Daseinsvorsorge
für überflüssig und überholt erklärt, die Lasten der Zukunftssicherung statt dessen zunehmend dem Staat, der Allgemeinheit,
aufgehalst. Sie haben sich damit kurzfristig beliebt gemacht,
Zustimmung eingeheimst, aber uns alle langfristig ins Unglück
gestürzt. Die von der Politik so kräftig wie kurzsichtig geförderte
allgemeine Begehrlichkeit, eine zunehmende Sorglosigkeit im
Umgang mit öffentlichen Geldern, hat zu einer Ausplünderung
der Haushalte, einer Überforderung der Renten- und Krankenkassen geführt, die nun, in den Jahren der Dürre, sich nur mühsam wird zurückdrängen und abbauen lassen.

In dieser Situation wächst den Liberalen eine besondere Bedeutung, auch Chance zu, wenn sie sich auf wesentliche Fragen,
grundsätzliche Aussagen konzentrieren. So scheint es mir ver-
schwendete Energie, wenn sich die FDP darauf versteift, dem
Koalitionspartner einige wenige Prozentpunkte beim Solidarbei-
trag abzuhandeln. Das sind Nebenthemen, Petitessen. Mit solchen Kleinigkeiten bleiben die Liberalen unter ihren Möglichkeiten. Dagegen wählt Generalsekretär Guido Westerwelle den
richtigen Weg, wenn er der Union vorwirft, in ihren Reihen gebe
es zu viele, die der »alten Ausgabenpolitik« verhaftet seien. »Wir
brauchen einen Politikwechsel«, mahnt Westerwelle zu Recht,
»in Richtung weniger Staat, mehr Eigeninitiative und mehr persönlicher Verantwortung für sich selbst und den Nächsten.«[17]

Die Liberalen werden Erfolg haben, wenn sie die führende, meinungsbildende Kraft der Neuformulierung des öffentlichen
Bewußtseins werden, hier an Kontur und Entschlossenheit gewinnen, sich nicht länger, wie beim Streit um die »Besserverdienenden«, ins Bockshorn jagen lassen. Die Selbständigen, die Wagemutigen, Risikobereiten, Initiativereichen verdienen mehr als
Bequeme und Träge. Sie verdienen Ermunterung, nicht Neid und
Mißgunst. Nur wenn sich Leistung lohnt, wird sie Kräfte freisetzen. Die FDP sollte sich zu deren Sprecher machen!

Sie steht als kleine Partei nicht unter dem Zwang der großen
Parteien, eine ganz heterogene Konstellation verschiedener,

widerstreitender Interessen zusammenzuhalten. Die beiden großen Parteien sind mit der wachsenden Schwierigkeit konfrontiert, zwischen den unterschiedlichen internen Lagern irgendeinen Konsens zustande zu bringen, was in Zeiten des Mangels immer komplizierter wird. Die Nachkriegsjahrzehnte sind vorüber, in denen alle Gruppen, wenn auch in unterschiedlichem Maße, etwas gewannen.

Jetzt müssen große Teile der Mitglied-, der Wählerschaft Opfer bringen, die anderen Gruppen zugute kommen. Bei dieser Lage werden die sozialen Spannungen wachsen, natürlich auch innerhalb der eigenen Klientel. Sie werden die früheren Großparteien bis an den Rand der Spaltung belasten. Denn die starke religiöse Bindung, die einst das Zentrum vom katholischen Unternehmer bis zum katholischen Arbeiter beisammengehalten hat, ist heute in der überkonfessionellen Union und im Zeitalter der Säkularisierung keine ausreichend starke Gemeinsamkeit mehr. Ähnlich geht es der SPD, deren interne Solidarität aus den Zeiten der alten Arbeiterbewegung längst verblaßt ist.

Dem Zwang, ein sehr breites Spektrum abzudecken, unterliegt die FDP nicht. Sie hat zwar zeitweilig versucht, sich wie die Großparteien den Luxus einer vergleichbaren Vielseitigkeit und Streuungsbreite zu leisten, doch das war nie sehr erfolgreich. Das Erscheinungsbild der Liberalen verschwamm, verlor damit an Anziehungskraft; die Linksliberalen mußten einen Großteil ihrer Klientel an die Grünen abgeben. Köpfe wie Sabine Leutheuser-Schnarrenberger, Burkhard Hirsch oder Gerhart Baum versprachen schon in den späten achtziger Jahren immer weniger und weniger öffentliche Ausstrahlung und Anziehungskraft. Die allmähliche Schärfung des Profils der FDP verspricht hingegen Erfolg in einem wichtigen Segment der Öffentlichkeit, das eine Schlüsselrolle bei der Erneuerung des Landes spielen könnte.

Die FDP hat drei Möglichkeiten, sich künftig auf dem politischen Feld zu plazieren, von denen zwei einander fatal ähneln. Sie kann einmal versuchen, ihre wirtschaftsliberalen Überzeugungen im Regierungsbündnis mit einer der beiden großen Wohlfahrtsstaats-Parteien durchzusetzen. Die – meist vergeblichen –

Bemühungen im gegenwärtigen Regierungsbündnis, Steuererhöhungen zu verhindern, ja Senkungen durchzusetzen, zeigen, wie schwierig das ist. Im Bündnis mit der SPD – oder gar mit SPD und Grünen – stünden die Liberalen vor einer noch schwierigeren, fast unmöglichen Aufgabe.

Die FDP könnte aber auch in die Opposition gehen, dort als Kraft der Erneuerung und Modernisierung gegenüber den sozialpolitisch erstarrten Status quo-Parteien Profil gewinnen. Denn wenn unsere Gesellschaft eine Zukunft hat, dann liegt sie in der Wiederbelebung liberalen, selbstverantwortlichen Denkens und Handelns. Das Beispiel der Niederlande zeigt, daß Parteien als Vorreiter eines radikalen marktwirtschaftlichen Umbaus der bestehenden Verhältnisse leicht zweistellige Ergebnisse erzielen können.[18]

Wenn sich die Liberalen dazu aufraffen, konsequent auf diejenigen zu setzen, die innovativ die Zukunft gestalten wollen, wenn sie sich daher als unbeirrbare Vertreter einer wirklichen – und nicht nur kosmetischen – Politik der Steuersenkungen, der Eigenverantwortung des Bürgers verstehen, werden sie um eine solide Wählerschaft nicht mehr bangen müssen. Die FDP muß die Partei der Wachen im Lande werden, sie muß eine Partei der realistisch wagemutigen Avantgarde sein, als kleine, wendige Partei früher die Trends der Zeit, der Zukunft erkennen und nutzen, als das den großen, schwer beweglichen Formationen möglich ist. Die Rolle der FDP ist es heute, in einer antriebsarm gewordenen Gesellschaft und erstarrten Parteienlandschaft die energische Kraft klugen, zielstrebigen Aufbruchs zu neuen Ufern zu sein.

Ein solcher Impuls braucht natürlich breite Unterstützung in der öffentlichen Meinung. Die Zeit drängt, Lösungen werden immer schwieriger, wenn man die Probleme vor sich her schiebt, sie nur zeitweise, auf wenige Jahre, wie bei den verschiedenen Rentenreformen, ruhigstellt. »Entfernter Gefahr ist leichter zu begegnen«, hat schon Machiavelli gesagt, »läßt man sie näher kommen, dann sind die Mittel dagegen erschwert.«

Die Probleme, die wir heute haben, werden wachsen. Anders als bei den Modethemen, mit denen wir uns allzulange aufgehalten, dabei viel kostbare Zeit verloren haben, werden unsere industriellen und sozialpolitischen Strukturschwächen nicht wieder von selbst verschwinden, sondern sich gegenseitig steigern, immer höher auftürmen. Das wird auch politisch immer riskanter werden, weil eine dann zu erwartende Irrationalität, die nach Wunderheilern ruft, wahrscheinlich größer wird.

Essentiell für unseren überfälligen Mentalitätswandel ist der bereits wiederholt diskutierte Gedanke, daß wir unbedingt die auf den Staat fixierte Erwartungshaltung in unserer Gesellschaft aufgeben müssen. Der Osten wie der Westen Deutschlands sind bisher weitgehend darin einig, die eigene Daseinsvorsorge vollkommen dem Staat zu überantworten, auszuliefern. Das läßt sich historisch herleiten. Der preußische Obrigkeitsstaat, aber auch einige weitere deutsche Länder waren frühzeitig sozial verantwortungsbewußter als andere Gesellschaften, etwa die der drei großen Westmächte. Die oft erwähnte Bismarcksche Sozialgesetzgebung ist nur ein Beispiel. Sie war im Kontext der Zeit avantgardistisch. Solche Reformwerke erklären, weshalb sich der Obrigkeitsstaat auch auf der Linken ein Prestige erworben hat, das in den Jahrzehnten der Fülle nach dem Zweiten Weltkrieg noch gesteigert werden konnte.

Wir alle waren stolz auf den deutschen Wohlfahrtsstaat; er wurde weltweit bewundert, von uns auch als Modell angepriesen. Aber jeder weiß heute, daß diese idyllischen Zustände der Vergangenheit angehören, mit den Realitäten unserer Wirtschaft im Zeitalter weltweiter Konkurrenz kollidieren und bei künftig enger begrenzten finanziellen Möglichkeiten nicht länger durchzuhalten sind.

Doch wie bringt man das in die Köpfe? Wie erreicht man, daß unsere Mitbürger die Gefahren erkennen und ernst nehmen? Wer hat denn schon umfassende Einblicke in die neuen Realitäten, weiß also aus eigener Anschauung mit Bestimmtheit zu sagen, was los ist? Unsere Wahrnehmungsformen haben sich völlig verändert und wandeln sich rasant weiter. Das ist freilich nicht erst seit heute so.

Journalismus und Verantwortung

Seit Hölderlin sei, schrieb Martin Walser vor einigen Jahren, die Illusion formuliert, daß wir alle miteinander im Gespräch seien, aus dem Handlung, Motivation oder sogar Legitimation entstehe. Ob etwas rechtens sei oder nicht, entschieden wir alle andauernd in unserem Gespräch; daran komme keine Politik vorbei.»So die Illusion. Allerdings hat das, was früher öffentliche Meinung hieß und was jetzt Medien heißt, inzwischen einen immer größeren Einfluß auf unser Gespräch ... Es besteht die Gefahr, daß unser Gespräch gar nicht mehr unser Gespräch ist, sondern ein Echo dessen, was uns ein- und aufgeredet worden ist.«[19]

Aber hat nicht gerade das Fernsehen, mag man einwenden, in der Tat neue Möglichkeiten des Gesprächs geschaffen? Gilt nicht zum Beispiel die Talkshow, die wir heute in fast allen Kanälen finden, als »Übung in angewandter Demokratie«, wie Henryk Broder gesagt hat, als öffentlicher Raum zur Austragung von Gegensätzen, der aus Untertanen »selbstbewußte citoyens« gemacht habe? Der Hamburger Soziologe Klaus Plake bezweifelt, daß Broder recht hat, er hält die Talkshow eher für einen demokratischen Diskurs auf Abwegen.

Wenn es richtig sei, meint Plake, daß die Talkshow Demokratie mit anderen Mitteln fortsetzen und deren Defizite kompensieren wolle, komme dem Publikum besondere Bedeutung zu. »Das Szenario der Talk-Show suggeriert, daß der öffentliche Meinungsaustausch politisch mündiger Bürger ins elektronische Zeitalter hinübergerettet worden ist. Was sich früher an kommunikativen Orten abgespielt hat, so scheint es, herrschaftsfreier Diskurs (Habermas) zum Wohle des Gemeinwesens, vollzieht sich heute im Fernsehen, und zwar noch demokratischer, als es die alte Öffentlichkeit vermocht hätte. Denn nun ist es ein nach Millionen zählendes Publikum, das bei diesen Gesprächen zuhört und sich seine Meinung bildet, ja selbst durch teleskopisch meßbare Gunstbeweise auf deren Ablauf Einfluß nimmt. Es gehört zu den Merkwürdigkeiten des elektronischen Zeitalters, daß diesen Selbstdeutungen des Leitmediums allgemein geglaubt wird.«

Merkwürdig ist dieser verbreitete Glaube, weil das Eigenlob der Talkshow-Veranstalter offenkundig problematisch ist. Denn wenn es zuträfe, daß im Fernsehen demokratische Öffentlichkeit stattfände, wäre die Person des Moderators, eines veritablen Talkmasters, überflüssig. Er ist aber in Wahrheit unbestritten Herr des Gesprächs. Die Talkshow werde, konstatiert Plake, nicht von souveränen Gesprächsteilnehmern, sondern von einer geschickten Regie, vom manipulativen Geschick der verantwortlichen Redakteure, von der Auswahl der Gäste und der Gesprächsleitung, den Pausen, der Kameraführung und den Entertainment-Einlagen bestimmt. »Schon bevor das Wort an den ersten Gast ergangen ist, sind zahlreiche strategische Entscheidungen zum Gesprächsverlauf getroffen worden, wovon die Teilnehmer vielfach gar nichts ahnen. Talkshows verfolgen ein Ziel, das aber nicht in politischer Vernunft, sondern in journalistischer Wirkung besteht. Wird nicht vielleicht sogar ein höchst ungutes Spiel betrieben? Wird nicht der Souverän der Demokratie, das Volk, in einer sehr unwürdigen Verfassung im Fernsehen präsentiert, indem es sich bereitwillig von seinen journalistischen Mentoren leiten läßt?«

Klaus Plakes Schlußfolgerung ist eindeutig: Die Manipulationsmacht der Medien geht nach seiner Überzeugung viel weiter als die in der Politik möglichen und üblichen Manipulationen. »Die Talkshow ist – in politischen Kategorien ausgedrückt – Kulissendemokratie, wobei die subtilen Einflußnahmen von seiten einer unsichtbaren Regie sehr viel intensiver und zahlreicher sind als die Manipulationen der innerparteilichen und parlamentarischen Auseinandersetzung, die von den Gesprächsteilnehmern beklagt werden.«[20]

Wer freilich so tut, als ob Computer, Internet und Cyberspace völlig neue Dinge seien, sollte sich an den Amerikaner David Riesman erinnern, der schon 1950 den Übergang beschrieben hat vom innengeleiteten Menschen – einem Menschen, der mit innerem Kompaß, vom eigenen Gewissen her, die Welt sehe und gestalte – hin zum außengeleiteten Menschen, der mit ausgefahrenen Antennen die Welt wahrnehme, sich von äußeren Impulsen lenken lasse.[21] Riesmans Analyse ist jetzt ein halbes Jahrhundert alt. Was wir seither erlebt haben, und im letzten Jahrzehnt auch in Deutschland wahrnehmen können, hat seine Analyse bestätigt, die Meinungsbildung außerordentlich verändert, verflacht, emotionalisiert.

Das Fernsehen spielte zu Riesmans Zeiten noch nicht annähernd die heutige Rolle. In Deutschland gab es noch gar kein Fernsehen; die ersten Programme wurden Weihnachten 1952 ausgestrahlt. Aber erst in den sechziger Jahren kann man von ihrer öffentlichkeitswirksamen Bedeutung sprechen. Heute sind es nicht mehr (mit Ausnahme von *Bild*) Zeitungen und Zeitschriften, die das Bewußtsein der Bürger prägen, sondern die öffentlichen und privaten Fernsehprogramme.

Ihr Einfluß ist nicht nur wegen der Wirkung dieser Medien, die stärker das Gefühl als den Verstand ansprechen, politisch bedenklich, sondern vor allem wegen der Möglichkeit optischer Manipulation von Nachrichten selbst.

Die Verurteilung des Fernsehjournalisten Michael Born zu vier Jahren Gefängnis wegen Betruges sorgte im vergangenen Jahr zeitweilig für einiges Aufsehen. Born hatte mehrere gefälschte Beiträge an Nachrichtensendungen privater Fernsehstationen verkauft: Mischungen aus halbwahren, nachgestellten und schlichtweg erfundenen Geschichten über angebliche Aktivitäten des Ku-Klux-Klans, über Drogentransporte, Bombenlegerkommandos und andere spektakuläre Ereignisse.[22]

Nach Ansicht des Journalisten Thomas Leif hat der Fall Born dem deutschen Journalismus mehr geschadet als seinerzeit die gefälschten Hitler-Tagebücher. Denn Machenschaften dieser Art seien nur möglich, weil mit dem Siegeszug der kommerziellen Sender die journalistischen Sitten verludert seien. Auch die öffentlich-rechtlichen Anstalten blieben inzwischen von dieser Entwicklung nicht verschont. Es gehe mehr und mehr um Einschaltquoten, immer weniger um Qualität. Erschwerend komme die Tatsache hinzu, daß es in Deutschland keine vorgeschriebene Ausbildung für Journalisten gebe und viele Mitarbeiter ohne irgendeine Vorbildung in den Journalismus stolperten.[23]

Der Fall Born zeigt nur an einem besonders markanten Fall ein Kardinalproblem. Denn die Fälschung der Wirklichkeit ist bei diesen Informationswegen auf vielfältige Weise möglich und offenbar gang und gäbe. Schon die Auswahl der Themen, der Bilder ist notwendig subjektiv und damit einseitig. Was dem eigenen Verständnis widerspricht, kann weggelassen, im eigenen Sinne interpretiert werden, während gleichzeitig der optische Eindruck unwiderlegliche Wahrheit suggeriert. So ist bei uns eine große Manipulationsmacht entstanden, eine Bilderflut optischer Beeinflussung, die die Grundlage der Demokratie, eine sachliche, rationale Urteilsbildung der Bürger, zu unterspülen droht.

Die neuen, optischen Wahrnehmungsformen haben auch den schreibenden Journalismus verändert. Es wäre beispielsweise in den zwanziger und auch noch in den fünfziger Jahren undenkbar gewesen, die Fotografien der jeweiligen Journalisten in den Zeitungen abzubilden. Das ist vergleichsweise harmlos. Aber durch die Dauerpräsenz von Journalisten im Fernsehen sind ganz neue Formen von Prominenz entstanden. Ulrich Wickert könnte mit Aussicht auf Erfolg für das Amt des Kanzlers kandidieren. Selbst Talkmaster und Nachrichtensprecher gelten heute als Repräsentanten von nationaler Bedeutung und werden in der Öffentlichkeit so behandelt.

Da ist eine ganz neue, mächtige, politisch einflußreiche Welt entstanden. Warum nicht? Zur Massendemokratie gehören wechselnde Meinungsführer. Aber da liegt eben der Haken: Unsere Meinungsmacher führen nicht auf neues Gelände. Ihre Bewußtseinsbildung bleibt weithin dem heute überlebten, sozialdemokratischen Konsens der Wohlstandsphase verhaftet und ist im übrigen oft seltsam unernst. Sie zeigt allzu selten, daß sich ihre Träger der gesteigerten Verantwortung bewußt sind, die eine zwangsläufige, unvermeidliche Folge ihrer ungeheuren Machtsteigerung ist. Damit lähmen die Medien auch die Heranbildung einer zeitgemäßen Politik.

Ein wichtiger Grund für die Antriebsarmut der Politiker ist die enorm gewachsene Macht der elektronischen Medien. Elisabeth Noelle-Neumann, die große alte Dame der deutschen Meinungsforschung, ist überzeugt, man könne heute mehr und mehr die Wirkung des Fernsehens wissenschaftlich beweisen. Es sei nicht so, daß die Meinung der Bevölkerung vorneweg laufe und die des Fernsehens hinterher. Auch von einer Gleichzeitigkeit könne nicht gesprochen werden. Tatsächlich präge das Fernsehen, der »Medien-Tenor«, das Bewußtsein der Bevölkerung. »Die geistige Wirkung der veröffentlichten Meinung . . . ist stark und folgenreich. Sie produziert falsche Vorstellungen über die Kräfte der Gesellschaft, über Personen, über die Wirkung von Maßnahmen.« Oft rieten Experten zu Entschlüssen, die die Politiker verweigerten, da sie politisch nicht durchsetzbar seien. »Auf der einen Seite stehen in diesen Fällen die Experten, auf der anderen die Journalisten, die Politiker und die Bevölkerung. Wie soll da eine gute Politik zustandekommen?« Richtig wäre es, wenn die Experten sich sachkundig machten, dann die Journalisten und Politiker informierten und daraufhin Politiker und Journalisten den Bürgern verdeutlichten, warum bestimmte Maßnahmen richtig seien. »So kann eine Gesellschaft idealtypisch vernünftige Lösungen finden. Unsere Gesellschaft ist heute jedoch wie gelähmt.«

Das liegt wesentlich am Meinungskonformismus in der Medienwelt. »Journalisten orientieren sich aneinander und verfallen in Schweigen, wenn sie merken, daß die Mehrheit der Kollegen anderer Meinung ist – und damit ist der Meinungstenor da, mit der entsprechend starken Wirkung auf Politiker, aber auch auf die Bevölkerung als Ganzes . . . Was sie heute in den Köpfen der Menschen finden, ist oft gar nicht mehr die Realität, sondern eine von den Medien konstruierte, hergestellte Wirklichkeit.«[24]

Das ist beileibe nicht nur bei uns so. Auch andere westliche Demokratien leiden unter dem Mißverhältnis zwischen der Machtsteigerung des – zumal elektronischen – Journalismus einerseits und einer unzureichenden Wahrnehmung der dadurch gestiegenen Verantwortung andererseits.

Als André Malraux den kurz zuvor aus dem Amt geschiedenen Charles de Gaulle in Colombey besuchte, sagte ihm der General in einem langen Gespräch über die Lage: »Sehen Sie, es gibt etwas, das nicht fortdauern kann: die Unverantwortlichkeit der Intelligenz. Entweder geht es mit dieser zu Ende, oder die westliche Zivilisation wird zu Ende gehen ... Wenn ich unsere Intellektuellen befragte, sagten sie mir Dinge, aus denen keine Folgen gezogen wurden ... Sie spielten eine Rolle. Oft uneigennützig, manchmal großherzig. Großherzig, aber ohne daß es Folgen hatte. Die Dummheit freilich kann reden, um nichts zu sagen; die Intelligenz kann das nicht ... Man kann sich nicht für verworrene Leidenschaften, man kann sich nicht immerdar für Flausen schlagen.«[25]

Ob es in unserem Land einen Ruck gibt, hängt entscheidend davon ab, wie Elisabeth Noelle-Neumann jüngst erklärte, ob die Journalisten überzeugt sind, daß es ihn geben muß. »Denn weder der Bundespräsident noch der Bundeskanzler können mit ihren Aussagen einen Ruck auslösen«. Die vermeintlich tüchtigen Deutschen seien in der Bewältigung der jetzigen Krise deshalb so untüchtig, weil eine Gesellschaft, die mehrfach im Laufe eines Jahrhunderts einen kompletten Zusammenbruch ihrer Grundüberzeugungen erlitten hat, nicht sehr wandlungsfähig sei. »Menschen wachsen hinein in ein Wertesystem. Und wenn sie dies ihr Leben lang beibehalten und darauf stolz sein können, sind sie kräftig. Wenn ihnen aber die Haut abgezogen und immer wieder gesagt wird, alles war falsch, dann sind sie schwach«.

Deshalb seien die Deutschen so knieweich geworden und Medieneinflüssen viel stärker ausgeliefert als andere Völker. »Ohne das Bündnis mit den Medien kann man den Umschwung hier nicht schaffen«.[26]

Man kann es nicht oft genug wiederholen: Die Journalisten müssen sehen, daß sie in den letzten Jahrzehnten einen Zugewinn an Macht erlebt haben, der sich endlich auch in einer entsprechend wachsenden Verantwortung niederschlagen muß.

Aber wie selten ist von den zentralen Themen, die für die Fortexistenz des Landes wichtig sind, also von der Zukunft einer leistungsfähigen, sozialverträglichen, nach außen und innen verantwortungsbewußen Bundesrepublik, in den Medien wirklich ernsthaft die Rede! Viele Journalisten erheben immer wieder die

Forderung, es müsse jetzt endlich einmal von der Politik etwas Handfestes vorgeschlagen werden. Man hat aber keineswegs den Eindruck, diese Journalisten sähen, daß ihnen selber neben ihren Aufgaben der Zustandsbeschreibung und der Kritik längst auch die Verantwortung zugewachsen ist, konstruktive, tragfähige Grundgedanken zur Lösung unserer Probleme in die öffentliche Debatte einzubringen.

Man sollte den Gedanken des konstruktiven Mißtrauensvotums im Journalismus zur Geltung bringen. Dank dieser Bestimmung des Grundgesetzes kann eine Regierung nur dann gestürzt werden, wenn die kritische Opposition ihrerseits eine neue, tragfähige Mehrheit zusammenbringt. Entsprechend ließe sich eine Selbstverpflichtung der Journalisten denken, nicht nur zu kritisieren, sondern auch innovative Vorschläge zu machen. Neue, kühne Denkanstöße finden nämlich bei uns bisher sofort schroffen Widerspruch, womit genau das passiert, was die Politiker fürchten: daß diese Vorschläge, ehe sie überhaupt richtig in den Ohren des Publikums angekommen sind, von der eiligen Kritik der Medien schon zerfetzt werden.

Es hat sich eine Haltung ausgebreitet, die besorgniserregend ist, weil sie nicht zur konstruktiven Weiterentwicklung der Gesellschaft beiträgt. Wenn Journalisten über ihre Kritik hinaus eigene, neue Positionen entwickelten und in der Debatte verträten, wäre die öffentliche Meinungsbildung, wäre der Bewußtseinsstand unserer Bevölkerung weiter, als er heute leider ist.

Tabuisierung von Themen

Meinungsfreiheit, Pressefreiheit, freier Meinungsaustausch – ohne diese Voraussetzungen demokratischer Verantwortung gibt es keinen Manövrierspielraum für die Politiker, die sich deutlicher als Journalisten zumeist wahrnehmen, der Grenzen bewußt sind, die ihren Initiativen durch die Medien gesetzt werden. Die Politiker neigen dazu, diesen ihnen gezogenen Rahmen für absolut unübersteigbar zu halten, ja zu verinnerlichen. Alles, was über ihn hinausgeht, wird zur Tabuzone, zum Denkverbot und daher aus ihren Erwägungen und Plänen von vornherein ausgeschlossen.

Dieser festgezurrte Rahmen ist der sozialdemokratische Konsens. Er ist das allumfassende, unantastbare Tabu unseres Landes und umschließt weit mehr als die Sozialpolitik. Unsere Tabuzonen sind weit gezogen. Sie umfassen große Problemfelder, die dringend offen diskutiert werden müßten.

Die Amerikaner haben für dieses Phänomen den Begriff der *political correctness (PC)* geprägt. »Den Kernbereich von PC bilden in den USA zum Beispiel sexuelle Belästigung und ethnische Diskriminierung, also klassische Themen der amerikanischen Kultur«, konstatiert Gert Mattenklott. »In Deutschland dominieren neben den Rechten der Frauen, Kinder und Behinderten der Umgang mit der Nazi-Vergangenheit und dem DDR-Erbe.«

Mattenklott äußert die Vermutung, daß es eine politisch frustrierte akademische Intelligenz sei, die in Deutschland die PC aufgreife, um den Boden zurückzugewinnen, den sie seit den sechziger Jahren verloren habe. Für die akademische Intelligenz sei die Verschränkung von Schwächegefühlen und Machtphantasien typisch, die auch die PC charakterisieren. Es gebe eine weitreichende Konzessionsbereitschaft gerade bei moralisch sensiblen Intellektuellen. Einer ihrer Gründe sei ein hohes gesellschaftliches Potential latenter Schuldgefühle. »In diesem frei flottierenden Schuldpotential überlagern sich unanalysiert archaische und historische Schichten aus der Kulturgeschichte des Patriarchats und der Kolonialisierung des Globus durch die Weißen, des Terrorismus der physisch Stärkeren und der Institutionalisierung sexueller Monokultur. Die Profiteure von PC können an dieses vage bleibende Potential appellieren, ohne die situative Vernünftigkeit und Sinngerechtigkeit ihrer Ansprüche nachweisen zu müssen.«[27]

Erstaunlich ist, daß es dabei gleichzeitig die selbstgefällige Überzeugung gibt, unser Land kenne heutzutage überhaupt keine Tabus mehr. Das mag für das Sexualverhalten gelten. Im Bereich der politisch und sozialstaatlich wirklich brenzligen Probleme aber gibt es erhebliche Denkverbote. Wir haben in den früheren Kapiteln eine ganze Reihe von Themen skizzenhaft angesprochen, von denen man bisher nicht sagen kann, daß sie auf dem Boden der heutigen, für morgen absehbaren Möglichkeiten wirklich verantwortungsbewußt diskutiert würden. Am ehesten halblaut, an den vielgeschmähten Stammtischen, in einer zunehmend besorgten Bevölkerung. Aber bei den maßgeblichen Journalisten bleiben sie unerörtert; diese nehmen wenig von dem wahr, was im Lande wirklich vorgeht.

Ich bin überzeugt, daß sich, wenn es mehr tabufreien Disput, mehr offenes Vordenken, mehr intellektuelle Führung nicht nur im Aufweis der Probleme, sondern auch bei Grundsätzen ihrer Lösung gäbe, wahrscheinlich sehr viel mehr Politiker fänden, die dann auch ihrerseits aktiv würden und zu eigenen, ernsthaften, mutigen Vorschlägen aufgelegt wären.

Brauchen wir Deutschen eine Hauptstadt Berlin?

Man kann die Schläfrigkeit der veröffentlichten Meinung, die Abneigung gegen eine vorurteilsfreie Bilanz unserer Zustände, den Mehltau der Gestaltungsarmut, der auf allen politisch relevanten Problemen liegt, vielleicht an keiner Frage so deutlich vor Augen führen wie an der tiefen Lustlosigkeit, mit der wir bisher die Frage unserer Hauptstadt behandeln.

Warum brauchen wir eine Hauptstadt? Woran beweist sich eine Hauptstadt und wie manifestiert sie sich äußerlich? Solche Fragen haben die Köpfe der meisten Politiker und schon gar der breiteren Öffentlichkeit noch immer kaum gestreift. Das ist schon in sich die Beschreibung eines Mangels, der viel über unsere innere Befindlichkeit aussagt. Denn dergleichen wäre in selbstbewußteren Ländern undenkbar.

Wir hingegen, der ideellen Verarmung, der mentalen Verkürzung unseres Nachkriegsbewußtseins gemäß, reden immer nur über die (vielleicht vermeidbaren) finanziellen Aufwendungen, zu denen uns die (vielleicht überflüssige, immer wieder verschobene) Verlagerung des Regierungssitzes nötigt. Von den Berlinern wird auch nicht viel mehr zum Thema beigetragen als die eher murmelnd vorgetragene Erinnerung, man besitze schließlich verbindliche Beschlüsse, feierliche Zusagen von Bundesregierung und Bundestag aus den Jahrzehnten seit 1949, außerdem den berühmten Beschluß des Parlaments vom Juni 1991 – und das reiche.

Reicht es? Die Tatsache, daß wir noch immer keine Hauptstadt haben, ist vielleicht Ursache *und* Folge dieser Mentalität. In unserer übergroßen Mehrheit vermissen wir ja nichts. Von uns aus könnte alles so bleiben, wie es ist. Es ist ganz erstaunlich, wie zögerlich sich die neuvereinte Bundesrepublik Deutschland der Hauptstadt annimmt, sie als Thema entdeckt. Es ist vermutlich für Franzosen, Engländer oder Amerikaner verblüffend zu beobachten, was sich bei uns in dieser Frage tut – oder eben nicht tut. Man hat sich im Ausland wahrscheinlich vorgestellt, am 4. Oktober 1990, also am Tag nach der Wiedervereinigung, dem offiziellen Zusammenschluß, spätestens nach der Entscheidung des Bundestags vom 20. Juni 1991, werde der deutsche Kanzler in einem Container auf dem Berliner Schloßplatz sein Amt provisorisch eröffnen mit den Worten: er sei von nun ab hier, und daher würden die anderen, Regierung und Parlament, vermutlich bald folgen. Was wohl dann auch so gekommen wäre.

Und wenn nicht? Wenn der Kanzler, allein mit seinem Büro, dort längere Zeit sitzen geblieben wäre? Fast noch besser. Es wird für mich immer rätselhaft bleiben, weshalb Kohl, der doch sonst historische Gesten liebt und sucht, wenn auch mit wechselndem Glück (man denke nur an Verdun, Kreisau, Bitburg) diese Gelegenheit, sich mit einem hochsymbolischen Akt in das Buch der Geschichte einzutragen, auf Jahrhunderte im Gedächtnis unseres Volkes lebendig zu erhalten, vergleichbar Kaiser Barbarossa im Kyffhäuser, ungenutzt hat vorübergehen lassen.

Was in Berlin in sieben langen Jahren versäumt wurde, wäre undenkbar in jedem Lande, das eine gefestigtere Identität besitzt als wir. Es ist auffällig, daß dieses Manko in Deutschland nicht wirklich empfunden wird.

Vielleicht brauchen wir keine Hauptstadt. Vielleicht täte es ja dieses Bonn, auch auf Dauer. Wenn es nur um eine Geschäftsstelle ginge, könnten wir dort bleiben. Bonn reichte doch all die Jahrzehnte, hat unsere Nachkriegsgestalt würdig symbolisiert, seine Aufgabe, die neue Bescheidenheit anschaulich zu machen, glänzend erfüllt. Und bescheiden wollen wir auch in Zukunft bleiben – was denn sonst!

Jedoch wo steht denn, wenn es jetzt erneut darum geht, uns zur Nation zu bilden, daß wir unbescheiden werden, auftrumpfen müßten? Nichts dergleichen steht fest. Wir sind, in jeder Hinsicht, nicht mehr das Deutschland vom Anfang des Jahrhunderts, noch weniger das der zwanziger, dreißiger Jahre. Aber eine wirkliche Hauptstadt brauchen auch wir. Sie wird ein Verdichtungsraum sein, ein Ort, an dem sich die rationalen und emotionalen Kräfte Deutschlands bündeln und steigern und so Impulse freisetzen, die auf das ganze Land – und, wenn man Glück hat, über seine Grenzen hinaus – positiv nach außen ausstrahlen.

Deutschland sei zur Zeit nichts Halbes und nichts Ganzes, weder Fisch noch Fleisch, hat der Münchner Historiker Christian Meier gesagt. Es befinde sich in einem Zwischenzustand. Vieles sei in Bewegung, in Veränderung begriffen, teils sichtbar, noch mehr unsichtbar. »Hört man sich in den Zentren der alten Bundesrepublik um, in München etwa, in Stuttgart oder Frankfurt, so bekommt man immer wieder gesagt, dort sei ›nichts mehr los‹. Und offenkundig stimmt das. In Berlin ist das ähnlich. Das Land scheint keine Zentren mehr zu haben – und noch keine wieder.«

Alles sei vorläufig geworden, meint Meier, im Osten ohnehin. Aber auch im Westen, wo äußerlich alles seinen gewohnten Trott zu gehen scheine, seien die Dinge nur noch auf Abruf, was sie sind. Der Charakter der Vorläufigkeit zeichne sich besonders dadurch aus, daß kaum einer den Blick in die Zukunft wage. Die vorherrschende Tendenz sei Nostalgie. »Dementia transitoria«, »Durchgangs- oder Übergangsschwachsinn« nennt Meier diesen Zustand. »Er geht vorbei; aber solange er im Gange ist, wird er von den Betroffenen nicht bemerkt. Sie halten sich, naturgemäß, für normal.«[28]

Erstaunlich viele junge Deutsche sehen in Berlin schon heute einen Ort neuer Selbstvergewisserung und Selbstverwirklichung. Man hat freilich nicht den Eindruck, daß unter den älteren Generationen, schon gar nicht denen der Politik, solche Erfahrung und Erwartung weit verbreitet wären. Die Herausforderung und damit die Aufgabe, die Berlin darstellt, ist noch nicht erkannt, geschweige denn angenommen, ist nicht als Auftrag begriffen worden. Richard von Weizsäcker, der frühzeitig sagte, worum es ging, hat wenig Dank dafür geerntet.

Man muß, wenn man das überhaupt noch nicht Begriffene der neuen Lage des Landes und damit das Fehlen einer deutschen Hauptstadt beklagt, die Berliner, auch die dort politisch Verantwortlichen, gegen den Vorwurf in Schutz nehmen, sie hätten das Erforderliche versäumt. Eine Hauptstadt wächst aus den Impulsen eines ganzen Landes, nicht den Einfällen einer kommunalen Stadtverwaltung, deren Erfahrungshintergrund und Gestaltungshorizont das alte West-Berlin ist. Der Berliner Senat hatte nach 1990 alle Hände voll zu tun, den ehemaligen Ostsektor halbwegs in das ökonomische, soziale und politische Gefüge der neuen, gemeinsamen Großstadt einzubauen. Für nationale Aufgaben und Projekte war und ist er nicht geschaffen – hat sie freilich auch nie gesehen, nicht durch andere anzustoßen versucht.

Wollen die Deutschen eine Nation sein, brauchen sie eine Hauptstadt? Stellen wir uns dem Anspruch, Deutschland als Nation zu verstehen? Da werden viele abwinken und den Kopf schütteln – nein, das lieber nicht, es sei viel zu groß, gehe im Zweifel auch schief, mit Berlin sowieso, das für den Fehlschlag alles dessen stehe, was zwischen 1871 und 1945 deutscherseits verfehlt und falsch gemacht worden sei.

Eine solche, schreckhafte Reaktion fürchtet immer und überall die Wiederkehr des Vergangenen, zu Recht Untergegangenen. Die ganze, lange deutsche Geschichte, rund ein Jahrtausend, mit ganz unterschiedlichen Phasen, Licht, auch Schatten, relativ friedfertig aufs Ganze gesehen, ist den meisten ganz aus dem Blick geraten, was schade ist, weil es sie beruhigen könnte.

Oder sind wir zu ungeduldig, wenn wir rasch eine richtige Hauptstadt erwarten? Wächst sie nicht von allein, ganz in der Stille, heran? Zum Teil ja, gewiß. Hunderte, tausende von einzelnen, privaten Initiativen sind am Werke, bereiten den Grund. Aber das, so wichtig es ist, wird nicht ausreichen. Die Sammlung Berggruen, die Sammlung Marx im Hamburger Bahnhof, Stölzls herrliches, auch populäres *Deutsches Historisches Museum* und vieles mehr: sehr schön, sehr gut. Aber eine Politik, die das ganze Land zur Mitgestaltung ruft, nach Berlin zieht, bleibt unerläßlich. Der stille Gang der Dinge, das Wachsenlassen haben ihren Platz. Aber es spricht wenig dafür, daß sich eine Hauptstadt ganz von allein bildet und formt.

Hätten wir nicht – um nur ein Beispiel zu nennen – eine Debatte von Flensburg bis Berchtesgaden, von Görlitz bis Aachen gebraucht über die Frage des architektonischen Gesichts einer deutschen Hauptstadt am Ende dieses Jahrhunderts? Hätte diese Frage nicht alle Deutschen berühren, interessieren müssen? Aber nicht einmal die Berliner hat man ernsthaft befragt, und die Gestaltung einer Hauptstadt ist ohnehin wesentlich nicht ein Thema ihrer Bewohner, übrigens auch nicht der jeweiligen, kurzzeitigen Amtsinhaber.

Hätte der Bundespräsident nicht für die Vorbereitung der architektonischen Entscheidungen, aber auch für symbolträchtige Initiativen zur Verlebendigung des Hauptstadtgedankens, ein hochkarätiges, informelles Gremium berufen sollen, ein, zwei Dutzend Männer und Frauen, als eine informelle, überparteiliche Repräsentationsversammlung unserer Republik? Einem solchen, meinungsbildend wichtigen Gremium hätte man, und zwar gratis und franko, die Aufgabe einer Begutachtung zum Beispiel aller wesentlichen Bebauungspläne anvertrauen sollen. Sie hätten mit gesamtnationaler Ausstrahlung die grundsätzlichen Optionen alternativ zur Debatte stellen müssen. Sie hätten das Forum gebildet, das den Entscheidungen am Ende Rang und Gewicht verliehen hätte. Leider ist dergleichen nie erwogen worden.

Vielleicht ein architektonisches, föderalistisches Beispiel. Sollte man nicht nach dem Pariser Vorbild eines »Theaters der Nationen« in Berlin ein »Theater der Nation« einrichten, in dem jedes Bundesland im Turnus einen Monat lang verantwortlich wäre, eigene kulturelle Beiträge – Theater, Musik, Lesungen, Vorträge, Kulinarisches – in der Hauptstadt allen Landsleuten bekannt zu machen und dabei, im Laufe der Zeit, das Profil eines regional gegliederten Deutschland ganz von selbst entstehen zu lassen und deutlich zu machen? Wenn die Beiträge gewichtig genug ausfielen, könnten sie am Ende einen Großteil des wiedererrichteten Stadtschlosses füllen.

Freilich liegt in diesem Zusammenhang, da wir eine Bundesrepublik sind, die Frage noch einmal nahe, ob wir überhaupt eine *einzige* Hauptstadt brauchen? Ob der Gedanke der Nation nicht dem Gedanken des Föderalismus widerspricht? Charakteristisch für die deutsche Geschichte ist in der Tat, anders als für die britische oder französische, daß wir nie über längere Zeit einen eindeutigen Mittelpunkt gehabt haben. Mindestens ein Dutzend Städte in Deutschland mit vollem Recht – und ein halbes Dutzend mit einiger Berechtigung – könnten historisch ihren Anspruch untermauern, zeitweilig deutsche Hauptstadt gewesen zu sein[29], und damit wieder zu werden. Jede Umgründung innerhalb Deutschlands, jede Macht- und damit Gewichtsverlagerung innerhalb dieses früher großen, heute sehr viel kleineren Raumes war mit einer Verlagerung der Hauptstadt, des politischen Zentralorts verbunden. Das ist jetzt, mit der Wiedervereinigung, erneut der Fall.

Inzwischen ist klar, daß wir, ob wir wollen oder nicht, unseren Nationalstaat zurückbekommen haben und ihn, als Bundesrepublik Deutschland, jetzt auch gestalten müssen. Dazu gehört nun einmal, wie schon gesagt, eine angemessen repräsentative Architektur in der Hauptstadt.

Wie eigentlich die Architektur einer halbwegs selbstbewußten, aber zugleich bescheidenen Mittelmacht aussehen muß, wie sich beispielsweise der Reichstag, also jetzt der Bundestag, der Bundesrat, das Bundeskanzleramt und auch das Präsidentenpalais räumlich zueinander verhalten sollen und welche Form diese Gebäude nach unserem heutigen Staatsverständnis annehmen müssen, ist offenkundig eine Frage von großer praktischer und zugleich symbolischer Bedeutung. Es ist verwunderlich, daß die Fragen, wo das Bundespräsidialamt oder das Bundeskanzleramt angesiedelt werden und wie die Gebäude aussehen sollen, heute vom Amtsinhaber des Augenblicks entschieden werden, obwohl die Gebäude doch den Erwartungen aller Landsleute und der kommenden Jahrhunderte standhalten müssen.

Während es zum Beispiel über ein (wichtiges) Einzelthema wie die Frage nach Gestalt, Größe und Ort des Holocaust-Mahnmals eine jahrelange, breite, kontroverse Debatte in der Öffentlichkeit gibt, hat die viel umfassendere Frage, in welchen Formen, mit welchem Stilwillen sich Deutschland heute darstellen sollte, bisher keine öffentliche Diskussion ausgelöst. Es gibt eben ein kollektives Problembewußtsein beim Umgang mit den Verbrechen der NS-Zeit, aber kein nationales Selbstbewußtsein und Zusammengehörigkeitsgefühl, keinen Stolz auf die eigenen Leistungen und damit keinen entsprechenden Willen, die Hauptstadt, die Institutionen der Republik, als Symbole dieser Gemeinsamkeit zu planen, zu errichten, eine Gesamtgestalt annehmen zu lassen. Sebastian Haffner hat gemeint, daß uns die Schatten der Vergangenheit mehr zu schaffen machten als die Existenzfragen von heute und morgen. Die Richtigkeit dieser Beobachtung wird auch an diesem Beispiel klar.

Das Erbe insgesamt annehmen!

Natürlich dürfen wir nichts vergessen, müssen unser zwiespältiges Erbe im Bewußtsein halten – aber eben das ganze Erbe. Das bedeutet, daß wir uns auch auf die guten, reichen, großartigen Seiten unserer Vergangenheit besinnen und uns gegenseitig ermuntern sollten, uns des »kulturellen Erbes« anzunehmen, wie das die DDR nannte, um uns zu vergewissern, woher wir kommen.

Fängt man an zu suchen, wird man vieles Erfreuliche, Vorbildliche, auch heute Nützliche, Bemerkenswerte finden. Manch einer wird erstaunt sein, wenn er sich erst aus der Vergangenheit heraus verstehen lernt.

Weder die Nationalsozialisten noch die Kommunisten haben uns etwas hinterlassen, worauf wir stolz sein, was wir weiterbauen könnten. Wenn man daher sein Geschichtsbewußtsein auf die beiden Diktaturen verengt, ist keine Ermutigung und wenig Hoffnung für eine gelungenere deutsche Zukunft möglich. Aber wenn man sich die Jahrhunderte vor dem zwanzigsten vergegenwärtigt, unser großes 19. Jahrhundert oder auch nur den Reichtum bedeutender Gestalten an der Wende vom 18. zum 19. Jahrhundert, wird man vieles auch heute noch Wichtige, Bewahrenswerte entdecken. Zum Beispiel wird man auf Johann Gottfried Herder stoßen, den »Vater der Völker«, der uns gelehrt hat, daß die Liebe zum Eigenen und die Achtung des anderen, des Fremden, keine Gegensätze sind, sondern sich gegenseitig bedingen. Herder ist in Mohrungen, im heute polnischen Ostpreußen, geboren, hat in Riga gelehrt und später in Weimar gewirkt, wo er auch begraben liegt. Nach heutigen Begriffen war Herder ein Ostmitteleuropäer und damit der Entdecker und Vermittler eines Kulturraumes, den wir uns heute dringend neu in Erinnerung rufen müssen. Zur Wiederentdeckung unseres Erbes gehört nämlich auch, daß wir an die bei uns vergessenen Kulturen Mitteleuropas anknüpfen.

Sie prägten einen geistigen Raum, der sich vom westeuropäisch-atlantischen, den wir heute aufgrund unserer politischen Erfahrungen höher schätzen, zwar unterschied, aber ihn auch ergänzt; auf seine Weise hat er einzigartige Leistungen hervorgebracht. Man denke nur an all die Schriftsteller, die von dort stammen, an Namen wie Kafka und Celan, Musil und Canetti. Sie alle sind ohne die Prägungen dieses Raumes in ihrer Originalität nicht vorstellbar, sind alle Zeugen vom Reichtum unserer Sprache, unserer früheren Ausstrahlung, die weit in diese östlichen Gebiete hineinwirkte, sie mitformte, von ihnen Impulse empfing, was bis heute spürbar, ja sichtbar bleibt. Dort wuchs, unter maßgeblicher

Mitwirkung der Deutschen und der kulturell uns zuneigenden Juden, eine große Kultur, zu der wir ebenso gehören wie zu der Westeuropas.

Hitler und seine Phase, dann das halbe Jahrhundert des Stalinschen Sozialismus haben erst die Juden getötet, danach die Deutschen vertrieben, Landschaften verwüstet, Städte verkommen lassen. Was war, ist weithin ausgelöscht, existiert nur noch in Spuren, die uns anrühren. Nicht nur das Ostjudentum ist dahin, auch die viele Jahrhunderte lange Präsenz von Deutschen dort. Durch den Zweiten Weltkrieg haben wir nicht nur geographische, sondern auch wichtige geistige, seelische Räume wie Ostpreußen oder Schlesien, die so deutsch waren wie Bayern oder Braunschweig, für immer verloren. Das kann den Ausgleich mit den heute dort Lebenden erleichtern, kann einen unbefangenen Umgang miteinander möglich machen, eine gemeinsame Freude an dem, was an Büchern, an Bauten, an Kunstwerken aus den alten Zeiten bleibt. Vieles Schöne, weitaus mehr, als die meisten denken, läßt sich da neu entdecken.

Das Verlorene verloren zu geben, um sich des Gebliebenen unbefangen erfreuen zu können, setzt Realitätssinn, ruhiges Selbstbewußtsein, ein neues Rollenverständnis, auch Stolz auf frühere und heutige Leistungen voraus. All dies ermutigt zur Suche nach gemeinsamen Gestaltungschancen, fördert die Entschlossenheit, kommenden Herausforderungen gemeinsam gerecht zu werden.

Oder werden die Deutschen neue Möglichkeiten weiter mürrisch versäumen? Werden sie sich wehleidig weigern, das eigene Haus in Ordnung zu bringen, wetterfest zu machen? Nein, sie werden irgendwann feststellen, daß wir mit viel Glück, aber auch aufgrund eigener Anstrengungen aus diesem Jahrhundert unendlich viel besser herauskommen, als es in seiner Mitte aussah. Wir haben viel Anlaß zur Freude, zur Dankbarkeit. Wir sollten uns immer wieder an das Glück erinnern, das uns 1990 widerfahren ist. »Blüh' im Glanze dieses Glückes«, lauteten Anfang Oktober 1990 Zeitungsüberschriften. Es war ein Glück, das immer neu erobert, immer neu bewußt gemacht werden muß.

Die Deutschen: Erschöpft? Verwöhnt? Unbeweglich?

Doch was ist mit den Deutschen los? Ist unser Volk erschöpft? Waren die beiden Weltkriege, die große Kraftanstrengung des Wiederaufbaus nach 1945, die jahrzehntelangen Mühen des täglichen Überlebens im DDR-Sozialismus einfach zu viel für unsere Landsleute?

Oder sind sie nicht eher unterfordert? »Die Deutschen langweilen sich«, meinte, vor 1990, Sebastian Haffner. Hat ihre Unbeweglichkeit nicht eher mit Wohlstandsgewöhnung, ja Wohlstandsverwahrlosung zu tun? Man muß sich das leisten können abzuwarten, bis die Arbeit dahin kommt, wo man selber wohnt, und nicht dahin zu gehen, wo Arbeit angeboten wird. Viele werden sich lebhaft an die Verlegenheit erinnern, die dem vornehmen Otto von Habsburg ins Gesicht geschrieben stand, als er während einer Fernsehsendung gefragt wurde, ob er die Deutschen für dekadent halte. Er zögerte, wollte offenkundig nicht – höflich, wie er ist – mit der Sprache heraus, ließ sich nötigen. Jeder konnte sehen, was er dachte: Sie sind es. Die heutigen Deutschen sind dekadent.

Unsere Gesellschaft lebt mit einem tiefen Widerspruch. Sehr viele reden öffentlich ganz anders, als sie privat leben. »Links reden, rechts leben!« hielt Ben Witter für die westdeutsche Grundmaxime, und Johannes Gross spricht von deutscher »Zwiemoral«. Zu diesem wenig eindrucksvollen Zustand ist es nicht von allein, nicht nur durch den wachsenden Wohlstand breiter Bevölkerungsschichten gekommen. Die öffentlich bekundete Moral aktiver Vergangenheitsbewältigung und des unermüdlichen Eintretens für Menschen- und Bürgerrechte vermittelte die Überzeugung der eigenen Rechtgläubigkeit, aufgrund des beträchtlichen Meinungsdrucks in unserer konformistischen Konsumgesellschaft verbunden mit verbreiteter, erheblicher Heuchelei.

In dieser Optik war der öffentlich geförderte Wohlstand der verdiente Lohn für große Leistungen, die fällige Anerkennung für unsere geläuterten, von Grund auf erneuerten, hochherzigen Gesinnungen und Taten. Die Politiker aller Richtungen bestärkten unsere Landsleute in der irrigen Annahme, unser vortreffliches, anderen Gesellschaften überlegenes Sozialsystem erlaube ohne weiteres ständig wachsenden Massenwohlstand bei immer geringeren, immer kürzeren Anstrengungen des einzelnen.

Das Schlimmste daran war, daß der Sozialstaat durch seine mühelosen Wohltaten das Selbstvertrauen allzu vieler Bürger schleichend vermindert hat. Sie glaubten sich mehr und mehr außerstande, aus eigener Kraft ihr Leben zu meistern. Man muß es eine öffentliche Förderung mentaler Verwahrlosung nennen, wenn jugendliche Arbeitslose ohne Gegenleistung, ohne eigene Arbeit, auf Sozialhilfe gesetzt werden. Zugleich erstickt die wuchernde Umverteilungs- und Regelungsbürokratie die Hilfsbereitschaft primärer Sozialverbände: der Familien, Nachbarschaften, Kollegen-Kollektive, Vereinsloyalitäten, privaten Hilfsorganisationen. Die spontane, elementar genossenschaftliche Hilfsbereitschaft kann nicht überleben, sobald man allgemein Behörden für allzuständig hält. Warum soll ich, gemeinsam mit meinen Nachbarn oder Kollegen, irgendeine konkrete Solidarität in die Wege leiten, wenn es doch für alles Ämter gibt, die für solche Zwecke, und üppig, aus Steuermitteln bezahlt werden?

Gemeinschaftsaufgaben

Leider kann man bisher nicht sicher sein, ob der notwendige Prozeß des Umdenkens bald und leicht in Gang kommt. Unerläßlich sind daher jetzt beherzte Versuche, unseren Mitbürgern so ruhig wie entschlossen klarzumachen: es werde so wie bisher auf keinen Fall mehr lange weitergehen können.

Aber was passiert, wenn die Sozialsysteme wegen Überlastung zumindest partiell zusammenbrechen? Wo sind die Alternativen, zumal in einer Gesellschaft, die zunehmend »versingelt«, mehr und mehr aus Einzelgängern besteht? In Berlin besteht etwa die Hälfte aller Haushalte nur aus einer Person. Woher soll, in einer stark überalternden Gesellschaft, das in rasch wachsendem Maße benötigte Pflegepersonal kommen, woher in einer Gesellschaft ichbezogener Selbstverwirklichung die im Kern selbstlose Pflegementalität? Sie ist fast unbezahlbar, wie Miegels bereits erwähntes Beispiel zeigte: die Überlassung einer Immobilie für einige Jahre der Pflege könne bald als angemessenes Entgelt betrachtet werden. Die öffentliche Finanzierung eines rasch expandierenden pflegebedürftigen Altenanteils der Bevölkerung ist bei den heutigen Tarifen völlig unbezahlbar, also undenkbar.

Nehmen wir an, die Pflegeversicherung, überhaupt die Alterssicherung, auch die staatliche Fürsorge einschließlich aller privaten Pflegedienste werde sich den Problemen nicht gewachsen zeigen, weil die Zahl der Alten, zumal der Hinfälligen, zu groß, die Summe verfügbarer Geldmittel und die Zahl der Helfer zu klein wird. Was wird passieren, sobald der Ernst der Lage, die Aussichtslosigkeit staatlicher Abhilfe, erkannt sind?

Dann werden rasch neuartige Formen von Alterskommunen entstehen. Alte und alternde Leute werden sich zusammentun, untereinander Abkommen auf Gegenseitigkeit schließen, sich nach Kräften wechselseitig zu helfen. Keiner weiß ja beim Abschluß dieses wechselseitigen Risikogeschäfts, wann ihn die eigene Hinfälligkeit zu Boden werfen wird. Diese Entwicklung wird nicht aus irgendeinem ideologischen Antrieb kommen. Alte werden sich gegenseitig helfen, weil niemand da sein wird, der sich sonst ihrer annähme.

Viele Menschen werden sich künftig ganz von allein an irgendeinem Punkte, hoffentlich frühzeitig genug, Gedanken darüber machen, was aus ihrem Leben werden soll, wenn sie eines nahen oder fernen Tages nicht mehr imstande sind, den eigenen Haushalt zu führen oder gar bettlägerig werden. Es liegt sehr nahe, daß sie sich – sobald man den Staat, alle seine Behörden und Dienste vergessen kann – nach Leuten umsehen werden, die in ähnlicher Lage sind. Da glücklicherweise niemand die Zukunft voraussieht, weiß man nicht, wen es früher trifft, und deshalb lohnt sich die Absprache auf Gegenseitigkeit. Auf diese Weise wird nicht den ganz Hinfälligen geholfen werden können, die gar nicht mehr aus dem Bett herauskommen. Aber die meisten anderen Fälle werden

mit dieser neuartigen, gegenseitigen, kostengünstigen Lebens-
und Sterbehilfe ganz gut über die Runden kommen.

Das wäre ein Beispiel gemeinschaftlicher Antwort auf eine
neuartige Notlage. Dergleichen ist in vielen Bereichen zu erwarten, bei der Krankenpflege wie in anderen unverschuldeten Not-
lagen auch. Die Entleerung unmittelbarer Sozialkontakte durch
die staatliche Bürokratie wird, jedenfalls zum Teil, rückgängig
gemacht werden. In gleicher Richtung liegen ja Denkanstöße
etwa des Kommunitarismus in den Vereinigten Staaten, der ein
bedenkenswerter Versuch ist, auf moderne Entfremdungsphä-
nomene konstruktiv zu antworten.[30]

Jedenfalls gibt es schon, in vielen Ländern, auch bei uns,
Ansätze neuer Lebens- und Arbeitsformen, die vorbildhaft zeigen, in welcher Weise eine stark staatlich geprägte Gesellschaft
wieder mehr zur Bürgergemeinschaft werden könnte und sollte.
Auch ein stärkeres Zusammengehörigkeits-Bewußtsein, damit
ein Sicherheitsgefühl, könnte neu wachsen. Statt dessen haben die
meisten Menschen jetzt ständig Erfahrungen mit Anonymität und
Unsicherheit zu machen. Wer hat nicht schon ratlos vor einem
dieser modernen Fahrkartenautomaten gestanden, und weit und
breit keinen Menschen erblickt, den man hätte um Hilfe bitten
können!

Der Ruf nach privaten Hilfsdiensten, gleichsam Bahnhofsmis-
sionen im weitesten Sinne, wird immer lauter. Der eigenen Einsamkeit wäre zumindest teilweise abzuhelfen durch freiwillig
übernommene Pflichten, soziale Kontakte vieler Art, vor allem
mit Nachbarn und selbstgewählten Gruppen, so daß eine neue
Geborgenheit entstünde anstelle der Furcht vor dem Alleinsein
und einer traurigen, feindlichen Umwelt. Man schüfe sich einen
Kreis von Menschen, auf die man bauen kann, die umgekehrt
wiederum auf den einzelnen bauen. In einer ganzen Reihe deutscher Gemeinden gibt es heute schon, angesichts wachsender Kriminalität, Nachbarschaftswachen, da man in vielen Gegenden
Haus oder Wohnung nicht leichten Herzens alleine lassen kann.
Auch dies ist ein Punkt, wo sich Nachbarschaft plötzlich wie-
derentdeckt.

Ähnliche Ansätze gemeinsam praktizierter Verantwortung sieht man jetzt in Schulen, wo der Geldmangel dazu zwingt, Eltern, Lehrer und Schüler aufzufordern, die Klassenzimmer, die Flure sauber zu halten, weil man die Reinigungskräfte nicht mehr bezahlen kann. Übrigens war es in der DDR gang und gäbe, daß Schüler ihre Klassenräume saubermachten, Ältere die Jüngeren auf dem Schulhof beaufsichtigten, Eltern für Renovierungs- und Reparaturarbeiten herangezogen wurden und Verlagslektoren die Fenster ihrer Arbeitszimmer selber putzten. In sogenannten Subottniks wurden von Schulklassen, Hausgemeinschaften und Arbeitskollegen Grünanlagen gepflegt, Zäune gestrichen und Kohlen geschippt – unentgeltlich und am Wochenende. All diese Initiativen entstanden aus dem systemimmanenten Mangel heraus, waren oft auch ideologisch überfrachtet, aber im Kern doch sinnvoll und dem einzelnen durchaus zuzumuten.

Arbeit statt Sozialhilfe

Der Niedergang des staatlichen Vorsorgesystems könnte durchaus auch positiv wirken: als Quelle neuer Solidarität. In allen Bereichen der Pflege, Betreuung, bei verschiedensten Dienstleistungen am Menschen werden schon heute Lücken sichtbar, die breiter und tiefer werden. Hier sind massenhaft Arbeitsplätze denkbar.

Freilich keine Traumjobs. Doch das Ansehen solcher Berufe würde steigen, wenn wir uns zu dem Grundsatz durchringen könnten, daß Sozialhilfe keine einseitige Wohltat der Allgemeinheit ist, sondern eine Gegenleistung des Empfängers erfordert. Ist es für einen Sozialhilfeempfänger nicht zumutbar, fragt der sozialdemokratische Pforzheimer Oberbürgermeister Joachim Becker, daß er als Gegenleistung Straßen fegt, Abfälle aufsammelt oder Grünanlagen pflegt? Kann von ihm nicht verlangt werden, daß er – sofern er hierzu handwerklich begabt ist – einfache Renovierungsarbeiten in öffentlichen Einrichtungen verrichtet?

Die Zumutbarkeit einer Arbeit hängt angeblich von der Qualifikation des Sozialhilfeempfängers ab. Danach ist es einem arbeitslosen Diplom-Soziologen, 35 Jahre alt, nicht zuzumuten, körperliche Arbeit zu verrichten. Und wie ist es mit einem Unternehmer, der keine Alterssicherung betrieben hat und wegen Leichtfertigkeit pleite ist? Darf man von ihm verlangen, in einem öffentlichen Park die Hacke in die Hand zu nehmen?

Es ist schon eigentümlich in Deutschland, meint Becker. Von einem Sozialhilfeempfänger, der nichts gelernt hat und schon als Kind auf der Schattenseite des Lebens sein Dasein fristete, kann anscheinend alles verlangt werden: Putz- und Reinigungsdienste, Lager- und Aufräumarbeiten, kurzum einfachste Hand- und Spanndienste. Die Zumutbarkeit ist in den Augen vieler, auch der Politiker, relativ: für die Schlechtqualifizierten und Deprivierten die Drecksarbeit, für Akademiker und Mittelständler die »gehobene Arbeit«.

Aber gibt es denn eigentlich »Drecksarbeit« in Deutschland? Millionen Deutsche graben alle Jahre ihre Gärten um, schleppen Torfballen, setzen Pflanzen, renovieren ihre Häuser und Wohnungen, bekommen Blasen und Schwielen an den Händen. Klassenlose Arbeit verbindet den Millionär mit dem schlecht verdienenden Kleingärtner, den Nobelpreisträger mit der Verkäuferin, die am Wochenende ihr Zimmer tapeziert. Solche Arbeiten sollen unzumutbar für jene Menschen sein, die bedauerlicherweise auf die Hilfe der Solidargemeinschaft angewiesen sind? Genau diese Drecksarbeit, merkt Becker ironisch an, erfährt vor den Augen mancher Sozialpolitiker eine wunderbare Verwandlung vom freiwilligen Akt individueller Selbstverwirklichung und sinnstiftender Kraft zur »menschenunwürdigen Maloche gegen Sozialknete«[31]. Es gibt keine unzumutbare Arbeit. Wer vom Sozialstaat ernährt wird, dem muß man auch zumuten können, eine Gegenleistung für die Gemeinschaft zu erbringen.

Unsere Bundesbank hat nachgewiesen, daß die Sätze der Sozialhilfe in Deutschland immer noch höher sind als das Nettoeinkommen in den unteren Lohngruppen vieler Branchen.[32] Die Auswirkungen auf die Arbeitsethik sind katastrophal: Es lohnt sich bei uns einfach nicht zu arbeiten! In Amerika gilt hingegen das Motto: Jeder Job ist besser als kein Job.

Insofern ist es nicht hilfreich, wenn die Beschäftigung im Haushalt als »Dienstmädchen-Privileg« abqualifiziert wird. Jede Arbeit ist schon aus Gründen der Selbstachtung besser als die Abhängigkeit vom Sozialstaat, findet Hans-Joachim Gottschalk, vormals Staatssekretär im Ministerium für Raumordnung, Städtebau und Wohnungswesen von Sachsen-Anhalt. Wir könnten, meint er, von den Amerikanern lernen, die aus vielen eher bescheidenen Tätigkeiten wie der Gartenpflege, der Fahrzeugwäsche, den Hol-und Bringdiensten, einen Job machen.[33] Diese Tätigkeiten sind natürlich häufig keine Idealbeschäftigungen im Sinne deutscher Sozialversicherung, aber sie ernähren ihren Mann, ihre Frau, und sie entlasten die überforderten öffentlichen Kassen.

Vor dem Hintergrund ständig steigender Leistungen von Ländern und Kommunen an Bedürftige hält jetzt auch Ministerpräsidentin Heide Simonis den Gedanken für gut, Sozialhilfeempfänger zu gemeinnütziger Arbeit zu verpflichten. Einen Landeskongreß der SPD-*Arbeitsgemeinschaft für Arbeitnehmerfragen* (AfA) wählte Frau Simonis als Plattform, um die neue Linie »gemeinnützige Arbeit statt Sozialhilfe« zu propagieren. Chancen für zusätzliche Beschäftigung sah die Regierungschefin in »heute vernachlässigten Bereichen« wie der Alten- und Hauspflege sowie anderen sozialen Sektoren. Wie Sozialhilfeempfänger erfolgreich in Arbeit vermittelt werden können, hat Lübeck mit einem seit September letzten Jahres laufenden Modellversuch gezeigt. Zehn Prozent der Vermittelten haben inzwischen einen Job auf dem allgemeinen Arbeitsmarkt gefunden. »Erstaunlicher Nebeneffekt der neuen Maßnahme: 27 Prozent der Antragsteller wurden von der gemeinnützigen Arbeit offenbar so abgeschreckt, daß sie sich nicht wieder beim Sozialamt meldeten.« Damit hat Lübeck in nur acht Monaten elf Millionen Mark Sozialhilfe gespart.[34]

Die wachsende Zahl von »Sozialstaatskonsumenten« und eine verdorbene, verkommene Arbeitsethik sind Zeichen unseres Niedergangs. Wenn schon bezahlte Arbeit vielen unattraktiv erscheint, um wieviel schlechter steht es dann erst mit der Bereitschaft zu ehrenamtlichen Tätigkeiten, von denen das Gemeinwesen, gerade auch die Politik, zum guten Teil lebt.

Wenn auch wir zu mehr Eigenverantwortlichkeit zurückkehren wollen, müssen wir die entsprechenden Werte und Tugenden wieder hochhalten. Selbst die Lehrergewerkschaft GEW, die lange eher gegenläufig gewirkt hat, beklagt neuerdings das Fehlen ethischer Maßstäbe und hebt den Erziehungsauftrag der Schule gerade auch in moralischer Hinsicht hervor. Mit der von Oskar Lafontaine geprägten, unvergeßlichen Losung, mit den »Sekundärtugenden«, derer sich Helmut Schmidt rühme, könne man auch ein KZ leiten, war vor bald zwei Jahrzehnten ein Tiefpunkt der Geringschätzung herkömmlicher Wertorientierungen erreicht. Diesen Wertewandel hat man eine »Bewußtseinsrevolution« oder, wie Hermann Lübbe, eine »stille Kulturrevolution«[35] genannt. Sie räumte seit den späten sechziger Jahren einst in Deutschland geschätzte Tugenden wie Fleiß, Pünktlichkeit, Sauberkeit, Höflichkeit, Sparsamkeit, Ordnung resolut beiseite. Heute sehen wir die Folgen.

Amerika, du hast es besser!

Wir müssen in Deutschland wieder leistungsfähig und zuversichtlich werden. Das ist ganz entscheidend. Das sind wir uns, unseren Partnern und Nachbarn schuldig. Wenn wir hinter unseren Möglichkeiten zurückbleiben, werden wir wieder unbeliebt werden, was uns in der ersten Jahrhunderthälfte bekanntlich meisterhaft gelungen ist. Diesmal geschähe es allerdings mit den entgegengesetzten Mitteln: Nicht durch auftrumpfendes Herrschaftsgebaren, sondern durch schwächliches Zurückbleiben hinter dem, was uns aufgegeben ist und wir leisten können.

Man ist immer wieder überwältigt zu sehen, wie positiv die Grundstimmung in Amerika ist. Sie verdankt sich zwar zum Teil auch einem – übrigens heilsamem – sozialen Zwang: Während man in Deutschland zum Beispiel am Montag durchaus erzählen darf, das Wochenende sei verhagelt gewesen, weil man sich mit der Freundin oder Ehefrau gekracht und überdies das Auto gestreikt habe, kann man so in Amerika niemals auftreten. Vielmehr muß man dort am Montag stets berichten, wie wunderbar das Wochenende verlaufen sei. Grundsätzlich muß alles, was man tut und erlebt, ein großer Erfolg, eine rundum positive Sache sein. Die Schönfärberei ist eine nationale Konvention, ein sozialer Zwang in den USA, der uns, die wir eher aufrichtige Gespräche bevorzugen, fremd bleibt.

Aber die Konventionen hin oder her – ist es erstaunlich, in welchem Umfang sich die amerikanische Gesellschaft in den letzten Jahren als innovativ, als unternehmerisch, als regenerationsfähig erwiesen hat. Da müssen wir uns doch fragen: Wie schaffen die Amerikaner das? Sie haben Erfolg wegen einer Mentalität, die eine Voraussetzung allen menschlichen Fortschritts ist – übrigens auch im Blick auf die Abwendung der Endkatastrophe unserer Erde. Die Amerikaner sind überzeugt, daß man alle Probleme, wenn man sie nur tatkräftig und ökonomisch vernünftig anpackt, unfehlbar in den Griff bekommen kann.

Wenn man hingegen die Hände sinken läßt und den Untergang herbeipreist, dann erzeugt man in der Tat jene Art von Lethargie, die man in der früheren DDR besonders häufig, aber seit Jahr und Tag auch in der alten Bundesrepublik antrifft: eine Antriebsarmut, die mit Sicherheit nichts vom Fleck bringen wird.

Bassam Tibi, Politikprofessor in Göttingen, fordert zu Recht, daß Deutschland von der neuen Sozialhilferegelung in den USA lerne. Bill Clinton, nach unseren Begriffen ein Linker, hat proklamiert, mit dem Sozialstaat, wie auch wir ihn kennen, Schluß zu machen. Anstelle der Sozialhilfezahlung sollen alle Amerikaner eine Lohntüte anstreben, also statt des *welfare cheque* einen *pay cheque*. Mit der Sozialhilfe auf Lebenszeit ist es vorbei. Wer körperlich arbeiten kann, muß seinen Lebensunterhalt durch Arbeit verdienen. Nur Behinderte und Bedürftige sind von der neuen Regelung ausgenommen.

Die neue *Welfare Bill*, das entsprechende Gesetz, zwingt Sozialhilfeempfänger nun, spätestens nach zweijährigem Empfang von Hilfeleistungen eine Arbeit anzutreten, auch wenn diese nicht den eigenen Ansprüchen genügt. Insgesamt darf man in seinem Leben nicht länger als fünf Jahre Sozialhilfe beziehen. Das sind, sogar für die Vereinigten Staaten, unerhörte, revolutionäre Veränderungen. Sie erklären zumindest teilweise, weshalb es Amerika in einer großen Kraftanstrengung gelungen ist, in kurzer Zeit einen erstaunlichen Wirtschaftsaufschwung ins Werk zu setzen. Die niedrigen Lohnnebenkosten und die flexible Deregulierung haben in den USA in den vergangenen vier Jahren über zwölf Millionen Arbeitsplätze geschaffen.

Für Deutschland macht Bassam Tibi hingegen eine gegenteilige Entwicklung aus: Die Bundesrepublik exportiere Arbeitsplätze und importiere parallel Sozialhilfeempfänger aus aller Welt. Hier sei der Prozentsatz der Sozialhilfeempfänger unter Ausländern von 8,3 Prozent im Jahre 1980 auf 34,8 Prozent bereits im Jahre 1992 gestiegen – ein statistischer Beweis dafür, daß die Bundesrepublik anstatt Rentenbeitragszahler teure Sozialhilfeempfänger einführe.[36]

Bill Clinton will mit seiner *Welfare Bill* gleichzeitig die Anreize zur Einwanderung in die USA verringern. Migranten werden vom automatischen Anspruch auf Sozialhilfe abgekoppelt. Wer nicht mindestens zehn Jahre in Amerika gearbeitet und *Social-security*-Beiträge gezahlt hat, erhält keinerlei Sozialhilfe. Eine entsprechende Regelung stelle man sich in Deutschland vor: Die Welt, fürchten wir (vielleicht täte sie es ja gar nicht!), würde aufschreien voll Entsetzen über die deutsche Fremdenfeindlichkeit. In Amerika ist hingegen der neue, gesetzliche Zwang, seinen eigenen Lebensunterhalt zu verdienen, in der Bevölkerung nicht unpopulär. Beide großen Parteien haben gemeinsam das Erforderliche, gestützt von der öffentlichen Meinung, mit großen Mehrheiten beschlossen.

Amerika ist eine Gesellschaft ohne jenen Sozialneid, der bei uns so viel Schaden stiftet. Auch arme Leute halten Reiche und deren Privilegien für einen Teil der gegebenen Ordnung der Welt. Wir dagegen pflegen eine ausgeprägte Unkultur des Neides. Johannes

Gross hat es dahin zugespitzt: je geringer die objektiven Verschiedenheiten würden, desto stärker wuchere der Neid wegen der eben immer noch vorhandenen, nicht wegzubringenden Restunterschiede.

Richard von Weizsäcker hat vor anderthalb Jahrzehnten, nicht ohne leises Bedauern, darauf hingewiesen, der ganz große Unterschied zwischen den USA und Deutschland sei, daß Amerika erstaunlicherweise immer wieder im Abstand weniger Jahre Menschen, Gruppen auf die Beine bringe, Bewegungen auslöse, öffentlichen Enthusiasmus für ein neues Projekt, einen neuen Politiker, eine neue Generation oder politische Richtung mobilisiere. Das hat man zuletzt erlebt bei der Wahl von Bill Clinton 1992, dann gegenläufig zwei Jahre darauf beim großen Sieg der Republikaner. Jedesmal hat der Beobachter das Gefühl, es gehe ein Ruck durch das Land. Man breche zu neuen Ufern auf. Eine ganz neue Zeit beginne.

Etwas von dieser Hoffnung, dieser Zuversicht muß auch unter uns Deutschen wieder wachsen, damit wir glauben und sagen können, es breche ein neuer Morgen bei uns an – und große Aufgaben lägen vor unserem vereinten Deutschland.

Die englische Krankheit und ihre Heilung

Anderen Politikern, anderen Völkern hat in der Vergangenheit das Vorbild der Vereinigten Staaten, der amerikanische Optimismus und Pragmatismus geholfen, sich am eigenen Schopf aus dem Sumpf zu ziehen, in dem sie zu versinken drohten. Margaret Thatcher etwa, so wird berichtet, habe auf einem Zettel in ihrer Handtasche stets einen bestimmten Rede-Auszug Abraham Lincolns bei sich getragen.[37] Er lautete:

»Man kann keinen Wohlstand schaffen, wenn man die Sparsamen entmutigt. Man kann die Schwachen nicht stärken, wenn man die Starken schwächt... Man kann dem Arbeitnehmer nicht helfen, indem man den Arbeitgeber schröpft. Man kann nicht

Brüderlichkeit fördern, wenn man Klassenhaß schürt. Man kann auf geborgtes Geld keine soziale Sicherheit gründen. Wenn man mehr ausgibt, als man verdient, werden Schwierigkeiten nicht ausbleiben. Man kann nicht Mut und Charakterstärke erwarten, wenn man Eigeninitiative und Unabhängigkeit unterdrückt. Man kann den Menschen nicht auf Dauer helfen, wenn man für sie tut, was sie besser selbst tun könnten und sollten.«[38]

Wie in einem Brennglas sind in dieser Lincoln-Rede die Prinzipien und Tugenden gebündelt, mit deren Hilfe Frau Thatcher Großbritanniens Niedergang aufhalten, zu neuem Aufstieg wenden wollte. Dabei schien die Aufgabe zunächst kaum lösbar. Als sie vor 18 Jahren Premierminister wurde, stand sie vor einer riesigen Herausforderung. »Ihr oblag die chirurgische Aufgabe, eine Volkswirtschaft zu retten, die aus dem letzten Loch pfiff«, wie Anthony Hartley in seinen »Betrachtungen über Großbritanniens Niedergang« geschrieben hat. Wie war es soweit gekommen?

Natürlich fällt als erstes der Verlust des britischen Empire ins Auge. Er ließ, konstatiert Hartley, ratlose, desorientierte Führungseliten zurück, die sich als unfähig erwiesen, neue Herausforderungen zu meistern – lange Zeit gerade auch in der Wirtschaft. Die britischen Gewerkschaften zählt Hartley, jedenfalls vor den Thatcherschen Reformen, »zu den verantwortungslosesten und destruktivsten Gewerkschaften Europas«.

Außerdem betont er, daß verheerende Reformen das Schulsystem ruiniert hätten. Man habe unter der damaligen Labour-Regierung gemeint, die egalitäre Gesellschaft der Vereinigten Staaten sei das geeignete Ambiente für Industrie und Handel, und habe es auch in Großbritannien nachahmen wollen, indem man sich des alten elitären Erziehungssystems entledigte. »Das war der Anfang eines abwärts führenden Weges, auf dem man das Wissen als verhältnismäßig unwichtigen Teil der Ausbildung zu betrachten begann . . . Anstelle von Lernstoff wurde den Kindern eine illusionäre Egalitätsideologie offeriert, eine ›Selbstverwirklichung‹, die keinen Wert auf Leistung legte und schon gar nicht auf die künftige Fähigkeit, sich den Lebensunterhalt zu verdienen.«

Gleichzeitig wurden, nicht nur in den Schulen, alle Autoritäten, auch die Institutionen des Staates, die man nunmehr für altmodisch hielt, einer ätzenden Kritik unterzogen. Die Medien ihrerseits hatten zu wuchern begonnen, wurden immer wichtiger und einflußreicher. »Die Kritik an der Autorität erreichte ein solches Ausmaß, daß sogar Pläne, deren Sinnhaftigkeit in weiten Kreisen erkannt wurde, bloß bekannt werden mußten, um sogleich von einer Woge zumeist schlecht informierter Kritik überflutet zu werden. Manchmal hatte man den Eindruck, daß sich Großbritannien, wie ein alter Pilz, im eigenen Faulschlamm auflöste.«

Das Beste, worauf die Briten hoffen könnten, so lautete eine weitverbreitete Überzeugung im Lande, sei die ordentliche Verwaltung des Niedergangs. Aber damit wollte sich Margaret Thatcher nicht abfinden. In ihren Erinnerungen zitiert sie William Pitt den Älteren mit den Worten: »Ich weiß, daß ich dieses Land retten kann und daß nur ich dazu in der Lage bin.«[39]

Von sich selbst und ihren Prinzipien überzeugt, startete sie einen Kreuzzug der Ideen und nahm ohne Rücksicht auf Verluste notwendige Reformen in Angriff. Entscheidend war die Begrenzung der Gewerkschaftsmacht und die Korrektur grotesker Steuersätze. Am Ende ihrer elfjährigen Regierungszeit hatte Frau Thatcher nicht nur die Staatsfinanzen saniert, sondern auch einen fundamentalen Mentalitätswandel bewerkstelligt, der das Land auf Dauer umgeprägt hat.

Die *New Labour* Tony Blairs ist wahrscheinlich das beste Beispiel für diesen Wandel. Weit entfernt von den extremen sozialistischen Positionen der Vergangenheit, steht die neue, siegreiche Labour-Party – zumindest rhetorisch – auf dem Boden der Thatcherschen Reformen und plant lediglich, deren Auswüchse zu beschneiden.

Das bedeutsamste Merkmal der Regierungsjahre Margaret Thatchers sei die Verbreitung unternehmerischer Wertvorstellungen unter der Jugend, glaubt Anthony Hartley. Die heute in Großbritannien vorherrschenden Wertkategorien seien die des Marktes, und zwar nicht so sehr aufgrund einer moralischen Präferenz, sondern aus Einsicht in Notwendigkeiten. »Die Regierung

Thatcher der Jahre 1979 – 1990 bedeutete den ersten Schritt zu einer neuen Lebensform in Großbritannien. Die Werte des Thatcherismus werden weiter vorhanden sein, weil wir sie zum Überleben benötigen.«[40]

Woran zeigte sich, daß Margaret Thatchers Roßkur notwendig war? Lapidar stellt Hartley fest, es sei eben ein Fehler, mehr auszugeben, als man hat, und Großbritannien habe bis 1979 einen höheren Lebensstandard genossen, als es sich hätte leisten können.

Heute befindet sich das Land im Aufwind. Ambrose Evans-Pritchard spricht geradezu von »einer Art nationaler Wiedergeburt«. »In den späten siebziger Jahren studierten wir die Tabellen, die man damals im *Economist* veröffentlichte, und waren verzweifelt, weil Großbritannien stets die schlechtesten Parameter der gesamten Industriewelt zu haben schien: die höchste Arbeitslosigkeit, eine der höchsten Inflationsraten, das niedrigste Wachstum, enorme Schulden und so weiter. Das ist heute längst nicht mehr der Fall. Die britischen Parameter liegen heute über dem europäischen Durchschnitt. Während Belgien, Italien und vielleicht sogar die Bundesrepublik, die einen guten Teil ihrer Staatsschulden verschleiert, Gefahr laufen, daß die Zinsen außer Kontrolle geraten und die Verschuldung übermäßig wird, kann sich Großbritannien bemerkenswert gesunder öffentlicher Finanzen erfreuen.«

Nicht ohne Stolz vergleicht Evans-Pritchard das eigene Land mit dem übrigen Westeuropa: »Wir haben getan, was getan werden mußte. Andere Länder schoben den schicksalhaften Tag hinaus und werden den Preis dafür zu bezahlen haben. Die Bundesrepublik und Italien mit ihren schlechten Gewohnheiten und aufgeblähten Wohlfahrtssystemen nähern sich bereits gefährlich dem Zustand Großbritanniens in den siebziger Jahren.«[41]

Neuseeland, Schweden, die Niederlande: drei Vorbilder

Das Modell eines Landes, das den Sprung vom wuchernden Wohlfahrtsstaat zur Wettbewerbsgesellschaft gewagt und geschafft hat, heißt Neuseeland. Dort geben sich derzeit Unternehmer, Journalisten und Politiker aller Länder (unter ihnen im Mai 1997 auch Bundeskanzler Kohl) die Klinke in die Hand, um den weltweit bisher radikalsten Abbau eines Sozialstaates zu bestaunen.

Dabei galt Neuseeland jahrzehntelang als das Urbild des Wohlfahrtsstaates. Es hatte schon 1893 als erster Staat überhaupt das Wahlrecht für Frauen eingeführt. Alle Bürger genossen seit 1938 ein kostenloses Gesundheitssystem, das umfassender war als das britische. Die Farmer erhielten schwindelerregende Subventionen. Hohe Zollmauern schützten die heimischen Produzenten, eine strenge Devisenbewirtschaftung den neuseeländischen Dollar. Der Staat kontrollierte fast alles, vom Verkehr über die Industrie bis zu Handel und Banken. Die Neuseeländer waren berühmt für ihr ökologisches Engagement, grün orientiert und atomwaffenfrei. »Bis in die sechziger Jahre genossen wir eine Wohlstandsära in einer Art Ferienkolonie«, erinnert sich Rob Allen, Generalsekretär der dortigen *Labour Party*.

Die Idylle endete abrupt, als Großbritannien, der traditionelle Hauptabnehmer neuseeländischer Agrarprodukte, 1973 der Europäischen Gemeinschaft beitrat und plötzlich EG-Zölle die Exporte von *down under,* also aus Neuseeland und Australien, abblockten. Ein Jahr später traf die Ölkrise Neuseeland mit voller Wucht. Die Regierungen aber weigerten sich, der Bevölkerung die Konsequenzen der neuen Lage zuzumuten. Sie finanzierten von nun an den gewohnten Lebensstandard mit Krediten. Schließlich bekam ein Viertel des Volkes in der einen oder anderen Form Wohlfahrtsgelder. Vierzig Prozent des bäuerlichen Einkommens stammten aus der Staatskasse. Außerdem schotteten Zölle und andere Handelshemmnisse das Land immer stärker von der Außenwelt ab. Japanische Fernseher zum Beispiel mußten erst zerlegt werden, bevor sie nach Neuseeland eingeführt werden durften, nur um dort teuer wieder zusammengebaut zu werden. Wer eine ausländische Zeitung abonnierte, benötigte eine Devisengenehmigung. Margarine gab es nur auf ärztliches Rezept, und Teppichböden mußten aus heimischer Schafwolle sein.[42] Die verheerenden Folgen dieser Regulierungswut konnten nicht ausbleiben: Die Staatsschuld stieg noch rascher als in Deutschland nach der Wiedervereinigung, ebenso die Zahl der Arbeitslosen. Die Inflation galoppierte, und die Kreditwürdigkeit des Landes sank rapide. Mitte der achtziger Jahre war Neuseeland komplett heruntergewirtschaftet.

Doch da geschah ein kleines Wunder. Die *Labour Party* löste die konservative *National Party* an der Regierung ab und begann ein rigoroses Reformprogramm. »Neuseeland durfte nicht länger von der übrigen Welt isoliert bleiben«, unterstreicht Rob Allen im Rückblick, »wir mußten uns an die modernen Wirtschaftsformen anpassen.« Natürlich habe das Tempo, das seine Partei dabei vorlegte, Opfer verlangt. Aber die Wirtschaft sei in den Jahrzehnten zuvor dem System der Länder des sowjetischen Ostblocks einfach zu ähnlich geworden. »Sie funktionierte nicht mehr. Der Staat mußte sich zurückziehen.«[43]

Wie sahen die Reformen im einzelnen aus? Mit einem Schlag schaffte die Regierung alle Subventionen für die Farmer ab. Sie senkte den Spitzensteuersatz von 66 auf 33 Prozent, vereinfachte das Steuersystem rigoros. Anstelle aller möglichen Verbrauchssteuern gab es nur noch eine Mehrwertsteuer, die heute bei 12,5 Prozent liegt. Außerdem wurde die Währung um 20 Prozent abgewertet und sodann völlig freigegeben. Die neuseeländische Zentralbank wurde nach dem Vorbild der deutschen Bundesbank umstrukturiert und erhielt völlige Unabhängigkeit. Sie ist allein der Geldwertstabilität verpflichtet. Gemeinsam mit dem Finanzminister legte der Notenbank-Gouverneur eine Bandbreite von 0 bis 2 Prozent fest, innerhalb derer sich die nationale Teuerungsrate bewegen muß. Wird diese Marge überschritten, kann der Notenbank-Chef seinen Job verlieren.

Damit nicht genug. Alle Ladenschlußregelungen sind entfallen, Geschäfte können heute in Neuseeland sieben Tage in der Woche

rund um die Uhr geöffnet sein. Eine Verwaltungsreform redu-
zierte die Kreise und Kommunen der dreieinhalb Millionen
Einwohner zählenden Inseln von 705 auf übersichtliche 93 Regie-
rungsbezirke. Der öffentliche Dienst muß fortan nach kaufmän-
nischen Grundsätzen wie ein Privatbetrieb geführt werden. Mas-
senentlassungen waren die Folge. Das Verkehrsministerium etwa
schrumpfte von 4000 auf 60 Bedienstete, die Post entließ ein Drittel ihres Personals.

Außerdem wurden die meisten Staatsbetriebe privatisiert und
an ausländische Käufer vergeben. Telekommunikation und Ei-
senbahn gingen an amerikanische Firmengruppen, die Forstwirt-
schaft an Amerikaner und Japaner, die Banken an die Australier,
die Versicherungen an britische Unternehmen und die Fluglinien
an Australier und Briten. Fast 14 Milliarden Mark nahm der neuseeländische Finanzminister seit 1988 durch die Veräußerung
ehemaliger Staatsbetriebe ein. Auch hier waren Massenentlas-
sungen die Folge. Die privatisierte Bahn zum Beispiel baute von
21 000 Stellen 16 000 ab.

Die treibende Kraft hinter dem gigantischen Umbau war
Finanzminister Roger Douglas. Sein Rezept für die Roßkur war
so einfach wie wirkungsvoll: »Grundsätzliche Reformen müssen
in Quanten-Sprüngen verwirklicht werden, weil sonst Interes-
sengruppen Zeit finden, ihre Klientel zu mobilisieren, einen zu
zermürben und alles zu verwässern. Schnelligkeit ist dabei ebenso
wichtig wie das Prinzip, die Privilegien verschiedenster Gruppen
auf einmal zu kappen.« Man dürfe niemals auf halbem Wege stehen bleiben, schärfte Douglas seinen Mitarbeitern ein. Gegneri-
sches Feuer sei viel weniger gefährlich, wenn es sich auf ein schnell
bewegliches Ziel richte.[44]

Dennoch war es der *Labour Party* nicht vergönnt, die Früchte
ihrer Reformen zu ernten. 1990 kam die *National Party* wieder
an die Regierung. Wer gedacht hatte, nun würde das Tempo der
Umgestaltung gedrosselt, sah sich indessen getäuscht. Die neue
Finanzministerin Ruth Richardson trieb die Veränderungen weiter voran. Hatte die *Labour*-Regierung zwischen 1984 und 1987
in erster Linie die Finanzmärkte liberalisiert und in den folgenden

drei Jahren Staatsunternehmen privatisiert, so widmete sich die Nationalpartei vor allem der Befreiung des Arbeitsmarktes von staatlicher und gewerkschaftlicher Gängelung sowie der Reduzierung von Sozialleistungen. An diese Aufgaben hatte sich *Labour* nicht herangewagt, weil es in diesen Fällen der eigenen Klientel – Arbeitern und Gewerkschaften – an den Kragen ging. Die neue Regierung schaffte die Zwangsmitgliedschaft in den Gewerkschaften ab und schränkte das Streikrecht weitgehend ein. Daraufhin verloren die Gewerkschaften fast die Hälfte ihrer Mitglieder. Die Zahl der Streiktage ging auf ein Zehntel zurück. Dafür nahm die Zahl der Beschäftigten zu: in vier Jahren um 200 000, also fast 15 Prozent. Die Arbeitslosenrate konnte von über elf auf rund sechs Prozent gesenkt werden.[45]

Als nächstes standen Reformen des Gesundheits- und Bildungswesens auf dem Programm. Krankenhäuser wie Schulen sind heute in Neuseeland weitgehend autonom. Patienten müssen sich an den Kosten für ärztliche Behandlung, Medikamente, Krankenhausaufenthalte beteiligen. An den Universitäten werden Studiengebühren erhoben, Stipendien nur noch als Kredite gewährt. Auch ins Rentensystem griffen die Reformer ein. Das Pensionsalter wird in den nächsten vier Jahren stufenweise von 60 auf 65 Jahre steigen. Nebeneinkünfte oder Kapitalbesitz werden auf die staatliche Rente angerechnet.

Seit Ende 1991 ist deutlich, daß die Radikalkur Wirkung zeigt. Im Durchschnitt der vergangenen drei Jahre erreichte das Wachstum des Bruttoinlandsprodukts 4,8 Prozent. 1995 kletterte die Wachstumsrate sogar auf 6,1 Prozent. Die Staatsschulden gingen von 53 auf 37 Prozent des Bruttosozialprodukts zurück. Statt der ursprünglichen jährlichen Neuverschuldung von 3,5 Prozent des BIP erwirtschaftete das Land zuletzt einen Haushaltsüberschuß von drei Prozent und konnte Schulden zurückzahlen. Bis zum Jahr 2000 soll der Staatsanteil an der Volkswirtschaft auf 32 Prozent sinken. Mit diesen Daten steht Neuseeland innerhalb der westlichen Welt an der Spitze des Aufschwungs. Die OECD lobte den neuseeländischen Weg als »das umfassendste Reformprogramm eines westlichen Landes in neuerer Zeit«.[46]

Ein anderer ehemaliger Super-Wohlfahrtsstaat, dem die OECD »eine bemerkenswerte Verbesserung der Staatsfinanzen und der Glaubwürdigkeit der Geldpolitik bescheinigt«, ist Schweden. Zwar gingen die Schweden nicht so weit wie die Neuseeländer. Aber sie begannen ihre Reformen auch nicht wie diese erst im Augenblick des Zusammenbruchs, sondern vorher. Seit Beginn der neunziger Jahre haben sie wichtige Reparaturen am morsch gewordenen »Volksheim« vorgenommen. Der bürgerliche Premier Ingvar Carlsson senkte 1991/92 die Höchstgrenze der Einkommensteuer von über 80 auf 58 Prozent. Die Gesamtsteuerlast einer Kapitalgesellschaft, die 1988 noch 58 Prozent betrug, liegt heute bei 28 Prozent. Das ist der niedrigste Wert im Kreis aller Industriestaaten.

Carlssons Nachfolger, der Sozialdemokrat Göran Persson, ging den eingeschlagenen Weg energisch weiter. »Ich hatte keine andere Wahl«, sagt er, womit er wie ein Echo seines neuseeländischen Parteifreundes Rob Allen klingt. »Ich mußte den Wohlfahrtsstaat einschränken. Infolge der Fehler, die wir in den siebziger und achtziger Jahren begingen, waren uns Kosten und Inflation davongelaufen.«[47] Persson hat maßgeblichen Anteil daran, daß die Inflation von zehn Prozent im Jahr 1990 inzwischen auf 0,8 Prozent gesunken ist und das Haushaltsdefizit auf wenig über drei Prozent fiel.

Besonders reformbedürftig war die über alle Maßen großzügige Krankheitsregelung, die zum Blaumachen geradezu einlud. Bis vor kurzem waren die Schweden, so meinten Spötter, das kränkste Volk der Welt – mit der höchsten Lebenserwartung. Beim Automobil-Hersteller *Volvo* etwa fehlten im Durchschnitt zwanzig bis dreißig Prozent der Beschäftigten. Das änderte sich auf einen Schlag, als die Regierung 1993 einen unbezahlten Karenztag einführte und die Lohnfortzahlung im Krankheitsfall auf 75 Prozent kürzte. Zudem zahlt der Arbeitgeber heute nur noch bis zum 14. Krankheitstag, danach greift die staatliche Krankenversicherung. Seit vier Jahren müssen die schwedischen Arbeitnehmer außerdem Beiträge zur Arbeitslosen- und Krankenversicherung zahlen (derzeit 4,95 Prozent), während vorher allein der

Staat und die Firmen zuständig waren. Auch für Arztbesuche, Medikamente und Zahnbehandlungen werden sie zum Teil selbst zur Kasse gebeten.

Das blieben nicht die einzigen Einschnitte, die die schwedischen Beschäftigten hinnehmen mußten: Während ein westdeutscher Arbeitnehmer im Schnitt 1602 Stunden im Jahr arbeitet, muß ein Schwede heute 200 Stunden länger ran. Sein Urlaubsanspruch wurde von 27 auf 25 Tage gekürzt, ebenso das Arbeitslosengeld: zunächst auf 80, dann auf 75 Prozent. Jugendliche unter 20 Jahren erhalten überhaupt keine Arbeitslosenunterstützung mehr. Statt dessen sollen die Gemeinden ihnen Ausbildungsplätze oder Jobs zur Verfügung stellen.

Erste Erfolge stellten sich rasch ein. Die Lohnstückkosten sind heute in Schweden niedriger als in Deutschland. Die Lohnzusatzkosten erreichen bei uns 85, dort hingegen nur 33 Prozent der Entgeltsumme. Investitionen und Export weisen zweistellige Zuwachsraten auf. Der Anteil des Haushaltsdefizits am Sozialprodukt konnte 1996 unter fünf Prozent gedrückt werden, nachdem er zwei Jahre zuvor noch bei zwölf Prozent gelegen hatte.

Es fällt auf, daß in Schweden die notwendigen Reformen nicht (wie in Neuseeland) von den Sozialdemokraten im Alleingang vorangetrieben wurden, sondern auch bei den Gewerkschaften und der großen Mehrheit der Arbeitnehmer auf Verständnis stießen. »In Schweden ist das Krisenbewußtsein vorhanden, die Arbeitnehmer haben Verständnis für die schlechte Lage«, erklären schwedische Unternehmer.[48]

Gleiches gilt für die Niederlande. Auch hier hat sich der Konsens-Gedanke in der Krise des Sozialstaates bewährt. Anders als in Deutschland, wo dem »Bündnis für Arbeit« kein durchschlagender Erfolg beschieden war, ziehen die Sozialpartner in Holland an einem Strang und einigten sich auf einschneidende Reformschritte. Der wichtigste war auch hier die Entlastung der ächzenden Sozialsysteme: der Arbeitslosen- und der Krankengeldversicherung, vor allem aber der allzu generösen Arbeitsunfähigkeitsversicherung. Diese wurde von den Unternehmen zunehmend dazu mißbraucht, »überflüssige« Mitarbeiter auf

Kosten der Staatskasse in Frührente zu schicken. Die Zahl der Empfänger jener Invalidenrente näherte sich Anfang der neunziger Jahre der Millionengrenze, umfaßte mehr als 15 Prozent der Erwerbsbevölkerung. Die Kosten dafür verschlangen fast ein Viertel des Bruttoinlandsprodukts.

Im September 1994 kündete der sozialdemokratische Premierminister Wim Kok ein umfangreiches Maßnahmenpaket an, das die schlimmsten Mißstände beheben sollte: Kürzung der meisten Leistungen, Selbstbeteiligungen an den Krankenkosten, Beschränkung der Arbeitslosenversicherung sowie die Privatisierung der Krankengeld- und Berufsinvalidenversicherung. Inzwischen hat die Regierung diese Reformen – mit Abstrichen – in die Praxis umsetzen können. Zum Beispiel wird der Gesundheitszustand der Invalidenrenten-Empfänger regelmäßig kontrolliert. Auf diese Weise sollen Mißbräuche vermieden, zur Wiedereingliederung ins Berufsleben angeregt und die Bereitschaft zur Umschulung erhöht werden.[49]

Warten auf die Wende

Wenn wir also, nach dem Ende des Wohlfahrtstraums, in Deutschland wieder auf die eigenen Beine kommen wollen, muß sich eine fundamentale Veränderung des öffentlichen Bewußtseins vollziehen. Wer das sieht und fordert, muß allerdings wissen, daß man ihm inhumane Hartherzigkeit und soziale Unsensibilität vorwerfen wird. Wer immer bei uns auf unbequeme Tatsachen hinweist, riskiert sofort, wegen seiner schlechten Gesinnung angeprangert zu werden – als ob die Tatsachen sich nach den Gesinnungen richteten, zu richten hätten.

Der Staat, seit langem schon überlastet, ist an den Grenzen seiner Leistungskraft angelangt. Er kommt als umfassender Garant unseres Wohlbefindens nicht mehr in Betracht und wird auf längere Sicht nur eine schmale Grundsicherung gegen die Not gewährleisten können. Daher muß sich, ob wir wollen oder nicht (auch ich hätte gern eine umfassende Daseinsvorsorge des Staates langfristig gesichert gesehen), die Einsicht in den Köpfen durchsetzen, daß der einzelne künftig die volle Verantwortung für sich und die Seinen zu übernehmen hat.

Jeder muß begreifen, daß er in Zukunft auf nichts anderes, auf fast nichts anderes bauen kann als auf sich selber. Wenn diese Mentalität der Eigenverantwortung mehr und mehr selbstverständlich wird, wenn die Folgen dieses einfachen Grundgedankens breit und überzeugend diskutiert werden, ist das Entscheidende fast schon erreicht.

Das wird freilich nicht von heute auf morgen geschehen, ja kann bei unseren etatistischen Traditionen leicht ein Unternehmen für Jahrzehnte werden. Der Mentalitätswandel wird vielen zunächst schwer fallen. Er wird aber, sobald er bewerkstelligt ist, als segensreich empfunden werden. Denn er wird den Kern des Sozialstaats auf eine schmale, dafür aber solide Grundlage stellen. Er wird zugleich, durch die in der Breite der Bevölkerung wachsende Verantwortung, auch der deutschen Demokratie einen neuen Ernst, eine bisher ungeläufige Würde verleihen. Der Begriff der Selbstregierung des Volkes wird aus bloßer Theorie zur lebendigen Wirklichkeit werden.

Unsere Lage heute ähnelt in mancher Weise der Situation vor einem halben Jahrhundert, als sich Ludwig Erhard daran machte, das am Boden liegende Deutschland im Westen wirtschaftlich wieder auf die Beine zu bringen. Heute wie damals geht es um einen völligen Systemwechsel. Wir sollten uns daher in diesem Jahr, in dem wir seines hundertsten Geburtstag gedenken, die Frage stellen: Welchen Rat würde uns der Initiator des damaligen Wirtschaftswunders angesichts der gegenwärtigen Krise des Industrie- und Sozialstaats geben?

Erhard würde uns zunächst vermutlich heftig vorwerfen, daß wir sein Konzept der Sozialen Marktwirtschaft bis zur Unkenntlichkeit entstellt haben. Dann aber würde er uns demonstrieren, wie zeitgemäß seine damaligen Vorschläge noch heute sind. Schließlich ringen wir, betonte Hans-Peter Schwarz zu Erhards Gedächtnis, »immer noch mit denselben Problemen, die auch ihm zu schaffen machten: Arbeitslosigkeit, internationale Wettbewerbsfähigkeit, Wechselkursprobleme, überbürdeter Wohlfahrtsstaat und Subventionsunwesen, Gewerkschaftsmacht und Machtanspruch der Großindustrie, langfristige Geldwertstabilität, Europa.«

Als ein Gegner von Etatismus und Kollektivismus würde uns Erhard heute ohne jeden Zweifel raten, zur Eigenverantwortung des einzelnen zurückzukehren. Der Versorgungsstaat, schrieb er 1956, sei leider dazu angetan, »den Wagemut, das Leistungsstreben, die Bereitschaft zu freier Spartätigkeit, die persönliche Initiative und das Verantwortungsbewußtsein mehr und mehr zu lähmen, ohne die eine freiheitliche Wirtschafts- und Gesellschaftsordnung nicht existieren kann.« Umverteilung, Abhängigkeit vom Kollektiv und vom Staat, ein verkümmerter freier und funktionsfähiger Kapitalmarkt »wären die Folgen dieses gefährlichen Weges, an dessen Ende der ›soziale Untertan‹ und die bevormundende Garantierung der materiellen Sicherheit durch den allmächtigen Staat sowie die damit verbundene Lähmung des wirtschaftlichen Fortschritts in Freiheit stünde.« Man muß heute kaum noch betonen, weil es offensichtlich ist, daß Erhards negative Prognose in der Bundesrepublik des Jahres 1997 voll in Erfüllung gegangen ist, auch wenn all jene Parteifreunde, die kräftig zum Ruin seines Werkes beigetragen haben, ihn nach wie vor als Urheber ihrer sozialstaatlichen Irrtümer und Fehler lautstark feiern.

Erhard wollte unseren allumfassenden Versorgerstaat nicht. Er wünschte ihn im Gegenteil überflüssig zu machen durch die freie Marktwirtschaft, die Wohlstand für alle sichere. Nur die wirklich Bedürftigen wären, wenn man seinen Grundsätzen treu bleibe, dann noch auf staatliche Unterstützung angewiesen. Undenkbar war für ihn das Konzept einer Marktwirtschaft, die sich sozialpolitischen Maximen unterzuordnen habe. Er setzte ganz auf das Engagement und die Verantwortung des einzelnen:»Denn eine freiheitliche Ordnung kann auf die Dauer eben nur bestehen, wenn auch im sozialen Sektor ein Höchstmaß an Freiheit, privater Initiative und Selbsthilfe gewährleistet wird.«[50] Wenn dies

Ludwig Erhards Vermächtnis ist, dann hat die Politik der vergangenen Jahrzehnte unser Land sorglos und leichtfertig um sein Erbe gebracht.

Das größte Bedürfnis des Staates, also unser aller Grundforderung, sagt Goethe, ist eine mutige Obrigkeit. Das gilt gerade in den »demokratischen Fürstenherrschaften«[51] unserer Tage. Sind in der heutigen Krise unserer Gesellschaft Retter zu erwarten, mutige und kluge Männer und Frauen, die reformerische Kraft haben und mobilisieren? Kann man sie im voraus erkennen? Oder tauchen sie ganz unerwartet auf?

Sie sind schon unter uns, müssen in unserer Mitte sein. So war es jedenfalls vor zweihundert Jahren in Preußen, als der Staat in einer vergleichbaren Krise steckte. Damals wie heute stehen Staat und Gesellschaft in einer entscheidenden Umbruchphase. War es einst der Umbruch vom Absolutismus zur Bürgergesellschaft, ist es jetzt der Übergang von der industriellen zur Informationsgesellschaft, vom allumfassenden Wohlfahrtsstaat zur Gesellschaft selbstverantwortlicher Bürger. Allerdings sind Information und Kommunikation um ein Vielfaches besser als seinerzeit in Preußen. Die kommende Krise ist daher leichter vorauszusagen, man müßte schon jetzt die Kräfte der kommenden Reform ausmachen können. Doch wo halten sie sich versteckt?

In der Krise von 1806/7 kamen die Männer, die nach der Niederlage gegen Napoleon, nach der verlorenen Schlacht bei Jena und Auerstedt, die großen Reformen in Preußen durchsetzten, Preußen von Grund auf erneuerten und damit die Grundlagen des modernen Staates in Deutschland legten, aus den eigenen Reihen.[52] Man kann die damalige Zeit nicht strikt in die Zeit vor und nach dem Zusammenbruch trennen. Sebastian Haffner warnt vor der oft vertretenen Auffassung, die Reformer seien plötzlich in der Krise aus dem Nichts aufgetaucht.[53]

Dieselben Personen und Kräfte sind die ganze Zeit am Werk gewesen. Die beiden wichtigsten Reformer, Stein und Hardenberg, waren vor 1806 im alten Staat zu Rang und Namen gekommen, waren bereits preußische Minister. Auch Scharnhorst, der bedeutendste Militärreformer, war schon damals stellvertretender Generalstabschef.

Karl Freiherr vom und zum Stein trat als junger Mann 1780 in den preußischen Staatsdienst ein: als Referendar des Generalkriegs- und Domänendirektoriums in Berlin, der zentralen Verwaltungsbehörde. Damit begann seine langjährige Verwaltungstätigkeit, die ihn zunächst für mehr als zwei Jahrzehnte auf verschiedene Posten im Westfälischen führte, ehe er 1804 zum Staatsminister für Finanzwesen und Handel ernannt wurde. 1807 bekam Stein die Zügel ganz in die Hand. Wesentlich durch seine Umsicht und Energie gelang dem Staat der Wiederaufstieg aus Niederlage und krisenhafter Gefahr, wie Walther Hubatsch in seinen Stein-Studien schreibt. »Doch auch die Höhepunkte in Steins Beamtenlaufbahn, die Reformgesetzgebung und die Tätigkeit in der Zentralverwaltung, sind ohne diese 25 Jahre der praktischen verwaltungstechnischen Erfahrung undenkbar gewesen«.[54] Seine leitende Stellung im damals aufblühenden westfälischen Berg- und Verwaltungswesen hatte ihm eine Anschauung von freiem Bauerntum, von Volksrechten und Mitarbeit der Stände ebenso wie von den ersten Anfängen einer modernen Industrie und einer aufstrebenden Handelsgesellschaft vermittelt, die seine Reformideen wesentlich mitbestimmen sollte.

Auch Karl August Fürst von Hardenberg hat seine Laufbahn als Verwaltungsbeamter begonnen. Wie der Hesse Stein war der Niedersachse Hardenberg Wahlpreuße. Er trat 1774 mit 24 Jahren als Kammerrat in den Dienst seines Heimatlandes ein, des damals selbstständigen Königreichs Hannover. Unter Georg III. arbeitete er sechs Jahre lang in der Fiskalverwaltung, ehe er für acht Jahre an den Hof des Herzogs Karl Wilhelm Ferdinand von Braunschweig ging. Beiden Landesherrn legte er Reformschriften für die Landesverwaltung vor. Die Pläne gingen seinen Vorgesetzten freilich zu weit und blieben deshalb zunächst erfolglos. Erst über den anschließenden Ministerposten im Markgrafentum Ansbach-Bayreuth, das 1791 an die preußische Krone überging, kam er in den preußischen Staatsdienst. Hier stand er bis zum Jahre 1806 an der Spitze von Regierung und Verwaltung der fränkischen Provinz.

Gerhard David von Scharnhorst, ursprünglich nichtadelig, hatte den schwersten Weg hinter sich, vom niedersächsischen Bauernhaus seiner Eltern bis zur Spitze der preußischen Heeresverwaltung. Vom Artillerieschüler zum Oberstleutnant aufgestiegen, wurde er im Jahre 1801 von Friedrich Wilhelm III. aus Hannover in preußische Dienste abgeworben und verantwortlich für die militärischen Bildungsanstalten in Berlin. 1804 hielt Scharnhorst die ersten Vorlesungen an der »Akademie für junge Offiziere«, die ganz nach seinen Plänen aufgebaut worden war. Anhand von praktischen Beispielen, insbesondere der neuen Kampfführung der französischen Revolutionskriege, bewies Scharnhorst seinen Schülern bereits vor 1806 die Abhängigkeit der Heeres- von der Staatsverfassung.

Die großen Reformdenkschriften sind von erfahrenen Beamten und Fachleuten entworfen worden. Die meisten der Maßnahmen, die zwischen 1806 und 1813 ins Werk gesetzt wurden, wurden bereits vor 1806 in den Ministerien geplant und vorbereitet.

Während sich in Europa die Ideen und Errungenschaften der Französischen Revolution in den Köpfen der Leute und den Verfassungen vieler Staaten niedergeschlagen hatten, war in Preußen fast alles beim alten geblieben. Frankreich übertraf plötzlich das friederizianische Preußen, das im 18. Jahrhundert als der modernste und fortschrittlichste Staat Europas gegolten hatte. Aber der Reformwille des Monarchen, Friedrich Wilhelm III., war zu gering und die Widerstände der Privilegierten, vor allem in Adel und Militär, zu groß, als daß eine Erneuerung des preußischen Staates hätte erfolgreich sein können. Zwar war einigen die Rückständigkeit Preußens schon vor 1806 bewußt. Doch blieb diese Erkenntnis vorerst auf einen kleinen Kreis von weitsichtigen Beamten und Offizieren beschränkt. Nur wenige prangerten wie der enge Mitarbeiter Hardenbergs und später Steins, Karl von Altenstein, die Zurückhaltung seiner Zeitgenossen offen an und forderten, »daß man sich nicht scheue, die Notwendigkeit einer Veränderung der inneren Verfassung oder der Grundverfassung allgemein anzuerkennen und laut auszusprechen.«[55]

Es bedurfte eines außenpolitischen Anstoßes, der offenbarte, daß das Festhalten an überkommenen Strukturen den Staat lähmt und seine völlige Zerrüttung zur Folge hat. Die beispiellose Katastrophe von 1806, der militärische und moralische Zusammenbruch der jüngsten Großmacht Europas auf einen Schlag, brachte die bis dahin vielfach verborgen gebliebene Strukturkrise ans Licht. Erst jetzt verbreitete sich bei den Zeitgenossen ein allgemeines Krisenbewußtsein, das den Reformern zum Durchbruch verhalf.[56] Schließlich gefährdeten die Folgen der französischen Besetzung die Weiterexistenz Preußens. Als die Einzelheiten der Friedensbedingungen, große Gebietsabtretungen und immense Kontributionen, der Öffentlichkeit bekannt wurden, erhob sich Kritik am Versagen der schwachen Regierung. Es entbrannte ein publizistischer Streit über die Ursachen von Preußens Fall, in dem zum Beispiel der Beamte und Publizist Friedrich von Cölln mit seinen polemischen Schriften für Aufsehen sorgte. »Die Regierung handelt aber wie ein gefühlsvoller sentimentaler Arzt«, schrieb Cölln, »der Patient leidet am Krebsschaden, es sollten rechte derbe Schnitte in das gesunde Fleisch versetzt werden, um einen Stillstand hervorzubringen; man setzt auch wohl das Messer an, der Patient schreit aber gewaltig; nun wirft man das Messer weg und legt lindernden Balsam auf, klebt die Wunde zu, das Gift frißt unter sich und mit einem Male ist der ganze Körper infiziert. So wird es dem preußischen Staat ergehen.«[57] Auch Stein selbst unterließ es nicht, nach den Ursachen des Zusammenbruchs zu suchen und »sie in der gesunkenen Moralität der Nation und Schlaffheit, Trägheit und bis zur Verblendung gehenden Kurzsichtigkeit der Regierung zu finden«.[58]

Die Reformer erließen ganze Bündel von Gesetzen, um zunächst aus der Niederlage das Beste zu machen und die politische Existenz des Staates zu sichern. Modernisierung von Regierung und Verwaltung, Bauernbefreiung, Kommunalreform, die Neuordnung städtischer Selbstverwaltung, Einführung der Gewerbefreiheit, Heeresreform – kaum ein Bereich, in dem nicht reformiert, das Verhältnis von Staat und Individuum neu bestimmt wurde. »Ebenso wichtig und wohl noch wichtiger ist aber«, schrieb Finanzminister Altenstein, »daß jedem der möglichst freie

Gebrauch seiner persönlichen Kräfte, seines Kapitals, seiner Hände und seines Kopfes, soweit es ohne Nachteil eines Dritten geschehen kann, erlaubt werde«.[59] Der neue Staat sollte also auf selbsttätigen und freien Individuen beruhen, das Volk sollte nicht mehr, wie Thomas Nipperdey schreibt, einfach Objekt bürokratischer Fürsorge sein.[60] Der selbständige, mitverantwortliche Staatsbürger wurde gefordert. Die Reformen zielten damit auf eine Modernisierung von Staat und Gesellschaft auf der Grundlage der Freiheit des Menschen zur Entfaltung der eigenen Kräfte. »Die Gewalt dieser Grundsätze«, schrieb Hardenberg in seiner Rigaer Denkschrift von 1807, »ist so groß, sie sind so allgemein anerkannt und verbreitet, daß der Staat, der sie nicht annimmt, entweder seinem Untergang oder der erzwungenen Annahme derselben entgegensehen muß«.[61]

Voraussetzung des selbst*tätigen* Individuums war damals wie heute das selbst*denkende* Individuum, an dem es aber im Preußen des beginnenden 19. Jahrhunderts mit einem erst ansatzweise entwickelten Bürgertum fehlte. Sollte die Staatserneuerung langfristig gelingen, mußte daher besondere Aufmerksamkeit der Erziehung gelten. Das war die historische Stunde Wilhelm von Humboldts, der sechs Jahre lang Preußischer Resident, also Botschafter, beim Päpstlichen Stuhl in Rom gewesen war, wo er ausgiebig klassischen Studien nachgehen konnte. Er erhielt 1806 den Titel eines »bevollmächtigten Ministers«, bevor er 1809 zum Direktor der Sektion für Kultus und Unterricht im Berliner Innenministerium ernannt wurde. Dieses Amt prägte Humboldt so nachhaltig, daß man ihn später den einflußreichsten Kultusminister der deutschen Geschichte genannt hat. Er war es, der den Zusammenhang der Verwaltungs-, Agrar-, Stadt- und Heeresreform mit der Bildungsreform erkannte. Ein auf der Basis elementarer Menschenrechte errichtetes Bildungswesen sollte die Freiheit des Bürgers auf der Grundlage der allgemeinen Bildung des einzelnen ermöglichen.

Die Reform von Schule und Unterricht, die staatliche Lehrerausbildung für Volksschulen, die Gymnasialordnung auf neuhumanistischer Grundlage und schließlich die Gründung der Universität Berlin, einer Universität neuen Typs, nach dem Grundsatz der Freiheit und Einheit von Lehre und Forschung, waren als Kern der Gesamtreform gedacht, ohne den die Reformen in den anderen Bereichen keinen Bestand haben konnten.

Jedoch blieben vorerst alle Initiativen in dem Dilemma stecken, daß sie der Wirklichkeit allzusehr vorauseilten. Sie beruhten auf der Annahme, daß es eine bürgerliche, nicht mehr ständische Gesellschaft bereits gebe, obwohl sie doch erst durch die Reformen geschaffen werden sollte.

Heute sind die Verhältnisse genau umgekehrt. Die Reformen hinken der Wirklichkeit hinterher. Der Wandel zu einer modernen Dienstleistungsgesellschaft hat sich in vielen Bereichen bereits vollzogen, und zwar schneller als die Reform der politischen und rechtlichen Rahmenbedingungen.

Dabei ist gar nicht so wichtig, daß möglichst große Einigkeit über konkrete einzelne Reformschritte herrscht. Auch die preußischen Reformer stellten keineswegs eine in sich geschlossene Gruppe dar. Bei allen Differenzen zwischen ihnen darüber, wie der neue Staat, die neue Nation aussehen solle, stimmten sie jedoch darin überein, »daß nur eine Radikalkur unserer Verfassung dem Staat wieder neues Leben geben und ihm solches erhalten könne«, wie Hardenberg schrieb. »Möge man sie doch nicht scheuen und mit starker Hand die nötigen Maßregeln – ja keine halben – ergreifen!« Es gehe um die »Abschaffung aller Polster der Trägheit«. Natürlich würden sich genug Hindernisse auftürmen, räumte er ein. Aber sie müßten zusammenfallen, wenn man ohne Weitschweifigkeit und mit Mut auf sie losgehe, ganz gleich, woher die Widerstände kämen. Man solle die Ausführung nicht großen zusammengesetzten Kommissionen übertragen, nicht viele Behörden fragen. Wenige einsichtsvolle Männer müßten die Ausführung leiten. Einzelne Unzufriedene fänden sich immer, aber sie würden von der Menge der Zufriedenen und Vernünftigen sehr leicht verdrängt werden.

Hardenberg fügte seinen Ausführungen einen Satz hinzu, der auch nach zweihundert Jahren seine Gültigkeit nicht verloren hat: »Zeit ist nicht zu verlieren.«[62]

Dank

An erster Stelle muß ich Sieghardt Rometsch nennen. Denn ohne ihn wäre dieses Buch nicht geschrieben worden. Aus zwei Gründen.

Zum einen verdanke ich ihm den entscheidenden Anstoß, mich an die Arbeit zu machen. Ende 1996 tauschten wir uns niedergeschlagen über das Scheitern des deutschen Anlaufs aus, in Dublin einen Stabilitätspakt, der diesen Namen verdient, durchzusetzen. Rometsch meinte, daß seines Erachtens der Versuch jetzt unerläßlich und nicht aussichtslos sei, einer wesentlich politisch und nicht ökonomisch motivierten, verfrühten und daher riskanten Währungsunion vielleicht doch noch den Weg zu verlegen.

Ich selbst sah seit langem mit Sorge unseren wirtschaftlichen Niedergang, die finanzielle Überforderung Deutschlands durch den Wohlfahrtsstaat, das Verstummen unserer politischen Eliten, auch das Fehlen einer verantwortungsbewußten öffentlichen Meinungsbildung. Ich hielt daher die Einführung des Euro für eine zusätzliche, aber vermeidbare Verschärfung der heraufziehenden Vertrauenskrise.

Trotz meiner Skepsis, ob man unserer umfassenden Malaise überhaupt beikommen könne, ließ ich mich von Rometsch überzeugen, daß man jetzt unsere Landsleute mit ruhig vorgetragenen Argumenten aufrütteln müsse – und sei es nur, um das eigene Gewissen zu entlasten.

Ohne Rometschs erfahrenen Rat und seine kompetente Hilfe – das ist der zweite Grund meiner Dankbarkeit – hätte ich die komplexen Zusammenhänge der Währungsunion nicht darstellen können. Er hat sich seit seiner Promotion vor drei Jahrzehnten mit dieser Thematik beschäftigt, kennt sich in ihr wie kaum ein zweiter aus. Das Euro-Kapitel trägt weithin seine Handschrift.

Meinen Rohentwurf des Gesamtmanuskripts hat Dominik Geppert im ersten Durchgang geglättet und durch Kapitel- und

Abschnittseinteilungen übersichtlich gegliedert. Dominik Geppert war auch in der Folgezeit – während der vier, fünf Monate, in denen das Buch entstand – ganz unentbehrlich, immer einfallsreich bei der Sache. Wir haben zeitweilig täglich miteinander telefoniert, unzählige Gespräche miteinander geführt. Seine stilistische Gewandtheit ist dem Buch sehr zugute gekommen. Gutgelaunt und energisch koordinierte er als wissenschaftlicher Mitarbeiter die Gruppe meiner studentischen Helfer, die unermüdlich einschlägige Materialien zusammentrugen und die Tagespresse auswerteten, Beispiele und Belege in den Text einarbeiteten, auch einzelne Ideen und Formulierungen beisteuerten, die übrigens oft spontan in unseren zahlreichen Arbeitsbesprechungen entstanden. Daniela Doering hatte besonders den Industriestandort und unseren Sozialstaat im Auge. Tobias Rüther hat sich vor allem der Außenpolitik angenommen. Sven Oole, der später zu uns stieß, hat dem Parteienkapitel eine hilfreiche Hand gegeben.

Mit einer – etwa 250 Seiten starken – zweiten Fassung zog ich mich im Februar/März erst in die Abgeschiedenheit des Klosters Neresheim, später in das Sommerhaus Maria Sieferts, einer Freundin unserer Familie, auf Mallorca zurück. Als ich zurückkehrte, war das Manuskript auf rund 400 Seiten angewachsen.

Dank schulde ich meinen Freunden Mathias Döpfner und Matthias von Bismarck-Osten, die diese Version anschließend gründlich durchgesehen haben. Ihre ebenso kompetente wie konstruktive Kritik hat den Text bereichert, meine Argumentation an vielen Stellen stringenter gemacht. Auch Jacques Schuster und Florian Schmidt haben in diesem Stadium das Manuskript gelesen, Verbesserungen und Ergänzungen vorgeschlagen. Philipp Heyde klärte mich über Einzelheiten der Deflationspolitik Brünings auf. Dieter Gosewinkel und Joachim Lübbert hatten kurz vor Redaktionsschluß noch wertvolle Anregungen.

Natürlich ist mir bewußt, daß der Versuch einer solchen Zwischenbilanz eine skizzenhafte Momentaufnahme, ein Torso bleiben muß. Ein mehrbändiges, thematisch umfassendes, erschöpfendes Standardwerk war nicht unser Ziel. Denn seine Fertigstellung hätte Jahre gedauert. Dann aber hätte dergleichen sicherlich niemanden interessiert.

Die geläufige Formel, natürlich hafte der Autor trotz aller Ratschläge und Hilfen anderer allein für Irrtümer und Fehler, muß hier erweitert werden: Ich hoffe von Herzen, daß sich die Sorgen dieses Buches bald als stark übertrieben, ja am Ende als grundlos erweisen werden.

Berlin, Anfang Juni 1997   Arnulf Baring

Anmerkungen

Vorbemerkung

1 Gerhard Stoltenberg: Wendepunkte, Stationen deutscher Politik 1947–1990, Berlin 1997, S. 7.
2 *Frankfurter Allgemeine Zeitung* vom 18. März 1997.
3 *Berliner Morgenpost* vom 29. Mai 1997.

I. Kapitel

1 Siehe hierzu die Studien von David Blackbourn: The Peculiarities of German History, Oxford 1984; The German Bourgeoisie, London 1991, aber auch Thomas Nipperdey: War die Wilhelminische Gesellschaft eine Untertanen-Gesellschaft?, in: ders.: Nachdenken über die deutsche Geschichte, München 1986, S. 172–185.
2 Friedrich Naumann: Das Königtum, in: *Die Hilfe* 15/1909, Nr. 2–4, aus: ders., Werke, Bd. 2, hrsg. von Theodor Schieder, bearb. von Wolfgang J. Mommsen, Köln/Opladen 1964, S. 407–439 (439).
3 Dazu jüngst Eberhard Jäckel: Das deutsche Jahrhundert. Eine historische Bilanz, Stuttgart 1996, S. 34ff.
4 Rüdiger vom Bruch: Kaiser und Bürger. Wilhelminismus als Ausdruck kulturellen Umbruchs um 1900, in: Adolf M. Birke und Lothar Kettenacker (Hgg.): Bürgertum, Adel und Monarchie. Wandel der Lebensformen im Zeitalter des bürgerlichen Nationalismus, München/London/New York/Paris 1989, S. 119–147 (124).
5 Siehe hierzu Harold James: A German Identity 1770–1990, New York 1989.
6 Zitiert nach: Hagen Schulze: Staat und Nation in der europäischen Geschichte. München 1994, S. 110.
7 Gabriel A. Almond/Sidney Verba: The Civic Culture. Political Attitudes and Democracy in Five Nations, Boston 1965.
8 Sidney Verba: Germany – the Remaking of Political Culture, in: Lucian W. Pye/Sidney Verba (Hg.): Political Culture and Political Development, Princeton/New Jersey, 2. Aufl. 1967, S.130–170. Die Gegenthese vertritt Karl Rohe: Zur Typologie politischer Kulturen in westlichen Demokratien. Überlegungen am Beispiel Großbritanniens und Deutschlands, in: Heinz Dollinger u. a. (Hg.): Weltpolitik – Europagedanke – Regionalismus. Festschrift für Heinz Gollwitzer zum 65. Geburtstag, Münster 1982, S. 581–596 (586).
9 Thomas Nipperdey: Deutsche Geschichte 1866–1918, 1. Bd., Arbeitswelt und Bürgergeist, 2. Aufl., München 1991, S. 278f.

10 Hans-Ulrich Wehler: Deutsche Gesellschaftsgeschichte, 3. Bd., München 1995, S.611f.

11 Thomas Nipperdey: Deutsche Geschichte 1866–1918, S. 255.

12 Thomas Nipperdey: Deutsche Geschichte 1866–1918, S. 587–590.

13 Michael Stürmer: Das ruhelose Reich, Deutschland 1866–1918, Berlin 1983, S. 120–127.

14 Wolfgang Bergsdorf: Ist Wissen Macht?, in: *MUT* 355 (1997), S. 30–39 (33).

15 Siehe *Der Spiegel* Nr. 15 vom 7. April 1997.

16 AgrEvo (Hg.): Freilandversuche mit gentechnisch verändertem Mais, Raps und Zuckerrüben in Deutschland, Januar 1997.

17 Briefe Helmut Schmidts an Rudolf Dreßler und Rudolf Scharping vom 10. Juli 1996.

18 Bill Gates: Der Weg nach vorn. Die Zukunft der Informationsgesellschaft, Hamburg 1995, S. 392, 30.

19 Konrad Seitz: Europa befindet sich auf dem Wege zu einem Entwicklungskontinent, in: *Politische Studien* 320 (November/Dezember 1991), S. 554–566.

20 Daniel Burstein: Yen! Die japanische Herausforderung, München 1989.

21 Konrad Seitz: Die japanisch-amerikanische Herausforderung. Deutschlands Hochtechnologie-Industrien kämpfen ums Überleben, 2. Aufl., München 1991, S. 161.

22 Jacques Attali: Lignes d'horizon, Paris 1990, S. 75.

23 Konrad Seitz: Japanisch-amerikanische Herausforderung, S. 269.

24 Vgl. Thomas Gack in: *Der Tagesspiegel* vom 15. Oktober 1996.

25 Zitiert nach: *Frankfurter Allgemeine Zeitung* vom 9. April 1996.

26 Arthur F. Burns in: *New York Times* vom 19. Dezember 1984.

27 Carola Kaps in: *Frankfurter Allgemeine Zeitung* vom 9. April 1996.

28 Erich Häußer: Patentwesen und Forschung. Bleibt Deutschland ein leistungsfähiger Erfinderstandort? in: Forschung und Lehre 3/95, S. 136–138.

29 Interview in: *Berliner Morgenpost* vom 22. Mai 1997.

30 Siehe *Süddeutsche Zeitung* vom 22. Mai 1997.

31 Statistik des Bundesministeriums für Wirtschaft, BMWi-Studienreihe Nr. 80, Bonn 1993, S. 13 f.

32 Vgl. Joachim Becker: Der erschöpfte Sozialstaat. Neue Wege zur sozialen Gerechtigkeit, Frankfurt a. M. 1994, S. 23.

33 *Die Welt* vom 7. Februar 1997.

34 Ludwig Erhard: Grundbedingungen einer freiheitlichen Sozialordnung, Aufsatz von 1956, abgedruckt in: Ludwig-Erhard-Stiftung e.V. Bonn, Grundtexte zur Sozialen Marktwirtschaft, Bd. 2, Das Soziale in der Sozialen Marktwirtschaft, Stuttgart 1988, S. 13–16.

35 *Die Welt* vom 12. /13. Februar 1997.

36 Günter Faltin und Jürgen Zimmer: Die Festung Europa schleifen. Für ein Zeitalter der neuen Bescheidenheit, in: *Freibeuter* 67/1996, S. 68–77.

37 Aktionsplan »Standort Deutschland«, hrsg. vom Wirtschaftsrat der CDU,

Bonn 1995, S. 17; vgl. auch: Statistik der Bundesvereinigung der Deutschen Arbeitgeberverbände 1996, Graphik in: *Die Welt* vom 25. März 1997.

38 Siehe *Frankfurter Allgemeine Zeitung* vom 27. Mai 1997.

39 *Frankfurter Rundschau* vom 22. April und 22. November 1993; *Das Parlament* vom 28. Januar 1994.

40 *Berliner Zeitung* vom 12. Februar 1997.

41 Zitiert nach: *Frankfurter Allgemeine Zeitung* vom 6. Mai 1997.

42 Bill Gates: Weg nach vorn, S. 395 f.

43 Auswertung der Arbeitslosen-Statistik 1996 (DBG, Bundesanstalt für Arbeit), in: *Die Welt* vom 25. März 1997.

44 Rupert Scholz, MdB (CDU), Vorsitzender des Sachverständigenrates »Schlanker Staat«, unter der Überschrift: Was ist des Staates? in: *Rheinischer Merkur/Christ und Welt* spezial vom 28. März 1997.

45 Briefe Helmut Schmidts an Rudolf Dreßler und Rudolf Scharping vom 10. Juli 1996.

46 *Der Tagesspiegel* vom 16. April 1997.

47 Georg Picht: Die deutsche Bildungskatastrophe. Analyse und Dokumentation, Freiburg 1964.

48 Vgl. *Frankfurter Allgemeine Zeitung* vom 3. Juni 1997.

49 *Berliner Morgenpost* und *Frankfurter Allgemeine Zeitung* vom 19. Februar 1997.

50 Siehe hierzu: Peter Lundgreen: Sozialgeschichte der deutschen Schule im Überblick, Göttingen 1980; Wolfgang Neugebauer: Schule und Absolutismus in Preußen, Berlin 1992.

51 Thomas Nipperdey: Wie modern war das Kaiserreich? Das Beispiel Schule, Opladen 1986, S. 9.

52 *Die Welt* vom 1. Januar 1997.

53 Berliner Rede des Bundespräsidenten Roman Herzog: Aufbruch ins 21. Jahrhundert, vom 26. April 1997, abgedruckt in: *Der Tagesspiegel* vom 27. April 1997.

54 *Berliner Morgenpost* vom 18. Februar 1997.

55 *Die Zeit* vom 6. Dezember 1996.

56 Statistisches Jahrbuch für die Bundesrepublik Deutschland 1996, Statistisches Bundesamt, Wiesbaden 1996, S. 59.

57 *Neue Zürcher Zeitung* vom 8. Juli 1990.

58 *Die Welt* vom 25. Januar 1996.

59 Meinhard Miegel in: *Universitas* 12/96, S. 1188–1201.

60 *Der Tagesspiegel* vom 19. April 1996.

61 *Der Spiegel* Nr. 26 vom 24. Juni 1996.

62 Siehe Michael J. Inacker: Die Deutschen nahmen viermal so viele Ausländer auf wie der »Schmelztiegel« USA, in: *Welt am Sonntag* vom 20. April 1997.

63 *Der Tagesspiegel* vom 11. Juli 1996.

64 *Welt am Sonntag* vom 20. April 1997.

65 *Die Welt* vom 11. April 1995.

66 *Die Welt* vom 16. März 1995.
67 Statistisches Jahrbuch für die Bundesrepublik Deutschland 1996, Statistisches Bundesamt, Wiesbaden 1996, S. 120.
68 *Frankfurter Allgemeine Zeitung* vom 6. Februar 1997.
69 Vgl. Thomas Schmid: Multikulturelle Gesellschaft – großer linker Ringelpiez mit Anfassen, in: *Die Neue Gesellschaft/Frankfurter Hefte* 36/1989, S. 541–546.
70 David Schoenbaum und Elisabeth Pond: Annäherung an Deutschland. Die Strapazen der Normalität, Stuttgart 1997, S. 91.
71 Polizeiliche Kriminalstatistik Bundesrepublik Deutschland, Berichtsjahr 1995, hrsg. vom Bundeskriminalamt, Wiesbaden 1996, S. 113.
72 1352 insgesamt, davon: 428 Türken, 185 Polen, 148 Jugoslawen, 94 Libanesen, 68 Rumänen, 27 Bulgaren, 24 Vietnamesen, 31 GUS-Bürger; siehe Justizvollzug in Berlin – Zahlenspiegel 1994 (1. November 1994), in: *Zeitschrift für Strafvollzug und Straffälligenhilfe* 2/1995, S. 102 f.
73 Polizeiliche Kriminalstatistik 1994. Kriminalität in Berlin, Bd. I, Allgemeiner Teil, hrsg. vom Landeskriminalamt Berlin, S. 33.
74 21,8% der nichtdeutschen Tatverdächtigen sind illegal in Deutschland, Arbeitnehmer 16,7%, Asylbewerber 20,3%; siehe Polizeiliche Kriminalstatistik Bundesrepublik Deutschland, Berichtsjahr 1995, hrsg. vom Bundeskriminalamt, Wiesbaden 1996, S. 124.
75 »Überdurchschnittlich sind nichtdeutsche Tatverdächtige in den alten Ländern mit Gesamt-Berlin bei gravierenden Gewaltdelikten wie Raub (41,4%), Vergewaltigung (35,9%) sowie Mord und Totschlag (37,2%) vertreten. (...) Illegaler Handel mit und Schmuggel von Rauschgiften: 37,8%«; siehe Polizeiliche Kriminalstatistik Bundesrepublik Deutschland, Berichtsjahr 1995, hrsg. vom Bundeskriminalamt, Wiesbaden 1996, S. 117.
76 Briefe Helmut Schmidts an Rudolf Dreßler und Rudolf Scharping vom 10. Juli 1996.
77 *Der Tagesspiegel* vom 6. Mai 1997.
78 Siehe kürzlich dazu: Dieter Haselbach: Multikulturelle Apartheitspolitik oder Liberaler Pluralismus? in: *Kommune* 4/1997, S. 15 ff.
79 David Schoenbaum u. Elisabeth Pond: Annäherung an Deutschland, S. 72.
80 Vgl. auch Jürgen Habermas: Anerkennungskämpfe im demokratischen Rechtsstaat, in: Charles Taylor (Hg.): Multikulturalismus und die Politik der Anerkennung, Frankfurt a. M. 1993, S. 147–196, hier S. 177; der schreibt: »In multikulturellen Gesellschaften kann die rechtsstaatliche Verfassung nur Lebensformen tolerieren, die sich im Medium solcher nichtfundamentalistischer Überlieferungen artikulieren, weil die gleichberechtigte Koexistenz dieser Lebensformen die gegenseitige Anerkennung der verschiedenen kulturellen Mitgliedschaften verlangt.«
81 Statistisches Jahrbuch für die Bundesrepublik Deutschland 1996, S. 82/83.
82 Die Zuzüge liegen 1996 zwischen 21 110 nach Mecklenburg-Vorpommern und 45 769 nach Brandenburg. Im Vergleich zu den alten Bundesländern sind das die niedrigsten Zahlen. Es gibt durchweg mehr Fort-

als Zuzüge. Siehe Statistisches Jahrbuch für die Bundesrepublik 1996, S. 82 f.

83 Michael Häder u. Peter Ph. Mohler: Zukunftsvorstellungen der Menschen als Annäherungsvariable für die Krise in der DDR und die gegenwärtige Situation in Ostdeutschland, in: *Aus Politik und Zeitgeschichte* 27/1995, S. 19–27.

84 Lothar Fritze: Irritationen im deutsch-deutschen Vereinigungsprozeß, in: *Aus Politik und Zeitgeschichte* 27/1995, S. 3–9.

85 Jerzy Kleer: Im Vorhof der Europäischen Union, im deutsch-polnischen Magazin *Dialog* Heft 2/3 1996, S. 31–33.

86 Kurt Biedenkopf in: *Blätter für deutsche und internationale Politik*, Heft 5/1992, S. 631–636. Zuletzt über Biedenkopfs Regionalismus-Konzept Klaus Wallbaum in: *Der Tagesspiegel* vom 18. April 1997.

87 Zitiert nach Ilse Spittmann: Fünf Jahre danach – Wieviel Einheit brauchen wir? in: *Aus Politik und Zeitgeschichte* 38/1995, S. 3–8.

88 *Frankfurter Allgemeine Zeitung* vom 29. Oktober 1996.

89 Hans-Georg Betz: Orientierungskrise der SPD. Gedanken zum Sinn und Unsinn linker Strategie, in: *Kommune* 4/1993, S. 6–9.

90 Elisabeth Noelle-Neumann: Der enttarnte Elephant, in: *Criticon* 153 (Januar/März 1997), S. 13–15 (14).

91 Knut Borchardt: Die wirtschaftliche Entwicklung der Bundesrepublik nach dem »Wirtschaftswunder« in: Franz Schneider (Hg.): Der Weg der Bundesrepublik von 1945 bis zur Gegenwart, München 1985, S. 193–216 (195).

92 Peter Lohauß: Die Krise des Sozialstaates ist keine reaktionäre Erfindung. Kriterien für eine Reformdiskussion, in: *Kommune* 4/1996, S. 17–21.

93 Vgl. hierzu auch: Gerd Habermann: Der Wohlfahrtsstaat. Die Geschichte eines Irrwegs, Frankfurt a. M. 1994 oder Konrad Adam: Die Ohnmacht der Macht. Wie man den Staat ausbeutet, betrügt und verspielt, Berlin 1994.

94 *Die Welt* vom 28. Februar 1997.

95 *Frankfurter Allgemeine Zeitung* vom 2. Juni 1997.

96 Werner Bruns: Tatort Wohlfahrtsstaat. Muß der Staat vor den Bürgern geschützt werden? in: *MUT* 314 (1993), S. 24–28. Ausführlich, mit vielen Beispielen: Werner Bruns: Sozialkriminalität in Deutschland. Frankfurt a. M./Berlin 1993.

97 Institut für Wirtschaft und Gesellschaft (IWG) in Bonn; siehe: *Der Tagesspiegel* vom 2./3. Oktober 1996.

98 Deutsche Bundesbank; siehe: *Der Tagesspiegel* vom 19. März 1997.

99 Verhandlungen des Deutschen Bundestages, 13. Wahlperiode, Stenographische Berichte, Bd. 184, S. 10551–10553.

100 *Handelsblatt* vom 8. August 1996.

101 *Der Tagesspiegel* vom 21. Februar 1997.

102 *Frankfurter Allgemeine Zeitung* vom 5. Juni 1997.

103 So jedenfalls Rolf Hasse in: *Handelsblatt* vom 5. September 1996.

104 Zitiert nach: *Die Welt* vom 24. Dezember 1996.

105 Gerhard Stoltenberg: Wendepunkte; etwa S. 284, 291, 297.

106 *Frankfurter Allgemeine Zeitung* vom 15. Mai 1997.

107 Immer noch grundlegend: Hans Günter Hockerts: Sozialpolitische Entscheidungen im Nachkriegsdeutschland. Alliierte und deutsche Sozialversicherungspolitik 1945–1957, Stuttgart 1980, S. 320 ff.

108 *Frankfurter Allgemeine Zeitung* vom 12. April 1996.

109 Vgl. Interview mit Meinhard Miegel in: *Der Tagesspiegel* vom 2. Februar 1997.

110 Axel Börsch-Supan: Der Rentenvertrag zwischen den Generationen rechnet sich nicht mehr, in: *Handelsblatt* vom 15. Mai 1997.

111 Meinhard Miegel in: *Die Welt* vom 24. Dezember 1996.

112 *Frankfurter Allgemeine Zeitung* vom 30. April 1997.

113 *Der Tagesspiegel* vom 25. Februar 1997.

114 *Die Welt* vom 8. März 1997.

115 Kurt Biedenkopf: Von der Arbeitnehmerrente zur Bürgerrente. Das Konzept der Grundsicherung im Alter für alle Bürgerinnen und Bürger, Vorlage für die Beratung des Bundesausschusses der CDU zur Reform der gesetzlichen Alterssicherung am 19. März 1997.

116 Interview in: *Der Tagesspiegel* vom 9. Februar 1997.

117 Interview in: *Der Tagesspiegel* vom 2. Februar 1997. Siehe auch die Beiträge von Stefan Homburg (»Kapitaldeckung als praktikable Leitidee«) und Manfred Neumann (»Vom Umlageverfahren zum Kapitaldeckungsverfahren: Optionen zur Reform der Altersversicherung«) in: Rentenkrise. Und wie wir sie meistern können, herausgegeben vom Frankfurter Institut – Stiftung Marktwirtschaft und Politik, Bad Homburg 1997, S. 61–128.

118 *Die Welt* vom 25. Januar 1997.

119 *Frankfurter Allgemeine Zeitung* vom 20. März 1997.

120 Dorothea Siems in: *Die Welt* vom 25. Oktober 1996.

121 Zitiert nach: *Der Tagesspiegel* vom 5. Januar 1997.

122 Siehe *Die Zeit* vom 7. März 1997.

123 Norman van Scherpenberg: Wie Deutschland die Zukunft gewann. Eine finanzpolitische Vision, Berlin 1996, S. 224 f. Dort findet man auch eine mehr ins Detail gehende Skizze, wie ein durchgehend privatisiertes Krankenversicherungssystem aussehen könnte.

124 Helmut Schmidt in Briefen an Rudolf Scharping und Rudolf Dreßler vom 10. Juli 1996.

125 Heidi Schüller: Verhätschelt und im Stich gelassen. Generationenkonflikt. »Wir Zukunftsdiebe«: Ein polemischer Denkanstoß. in: *Rheinischer Merkur/Christ und Welt* vom 28. März 1997, S. 7, umfassend dies.: »Wir Zukunftsdiebe« Wie wir die Chancen unserer Kinder verspielen, Berlin 1997.

126 *Der Tagesspiegel* vom 3. Juni 1997.

127 Zitiert nach *Frankfurter Allgemeine Zeitung* vom 9. Dezember 1996.

128 Zitiert nach *Berliner Morgenpost* vom 21. Januar 1997.

129 Vgl. Heinrich A. Winkler: Weimar. 1918–1933. Die Geschichte der ersten deutschen Demokratie, München 1993, S. 379 f., 394, 408.

130 Vgl. Gunnar Uldall (MdB) in: *Die Welt* vom 2. September 1995.

131 Joachim Becker: Der erschöpfte Sozialstaat, S. 11.

132 Verlautbarungen des Apostolischen Stuhls Nr. 101, hrsg. von der Deutschen Bischofskonferenz, Bonn 1. Mai 1991, Ziffer 48.

133 Friedrich Dieckmann: Erfahrungsvorsprung. Von Pfundgewichten und hundertjährigen Kalendern, in: *Blätter für deutsche und internationale Politik,* Heft 5/1996, S. 606–616.

134 Dieckmann: Erfahrungsvorsprung, S. 608.

135 Dieckmann: Erfahrungsvorsprung, S. 612.

136 Jens Reich: Warum ist die DDR untergegangen? Legenden und sich selbst erfüllende Prophezeiungen, in: *Aus Politik und Zeitgeschichte* 46/1996, S. 3–7.

137 *Frankfurter Allgemeine Zeitung* vom 7. Februar 1997.

138 *Frankfurter Allgemeine Magazin* vom 2. Mai 1997.

139 Helmut Hauschild, in: *Rheinischer Merkur/Christ und Welt* vom 13. Dezember 1996.

140 Eberhard Jäckel: Das deutsche Jahrhundert, S. 110 ff.

141 Harry Graf Kessler: Walther Rathenau. Sein Leben und Werk, Frankfurt a. M. 1988, S. 130f.

II. Kapitel

1 Verhandlungen des Deutschen Bundestages, 13. Wahlperiode, Stenographische Berichte, Bd. 185, Bonn 1996, S. 10849.

2 Christoph Bertram: The Power and the Past: Germany's New International Loneliness, in: Arnulf Baring (Hg.): Germany's New Position in Europe. Problems and Perspectives, Oxford, Providence 1994, S. 91–105 (91).

3 Vgl. *Frankfurter Allgemeine Zeitung* vom 8. Februar 1996.

4 Jürgen von Alten: Die ganz normale Anarchie. Jetzt erst beginnt die Nachkriegszeit, Berlin 1994, S. 306.

5 Tony Judt: Europa: Die große Illusion, in: *Merkur* 11/1996, S. 993ff. (1005). Siehe auch ders.: Große Illusion Europa. Gefahren und Herausforderungen einer Idee, München, Wien 1996, (bes. S. 11, 155ff.).

6 Margaret Thatcher: Downing Street No. 10, Düsseldorf 1992, S. 1034.

7 Siehe Charles De Gaulle: Memoiren der Hoffnung. Die Wiedergeburt 1958–1962, Wien-München-Zürich 1962, S. 220. An dieser Europa-Konzeption der Franzosen, an ihrem Verhältnis zu Deutschland, hat sich bis heute wenig geändert, wie nachzulesen ist bei Axel Sauder: Frankreichs Europakonzeptionen und das vereinte Deutschland: Die schwierige Balance zwischen Einbindung und Selbstbindung, in: Gottfried Niedhart/Detlef Junker/Michael W. Richter (Hg.): Deutschland in Europa. Nationale Interessen und internationale Ordnung im 20. Jahrhundert, Mannheim 1997, S. 202–232, hier S. 203: »Das französische Ordnungsmodell für Europa kann als der Versuch interpretiert werden, das vereinte Deutschland im

neuen Europa weiterhin fest eingebunden zu halten, die hierzu erforderlichen französischen Autonomieverzichte zu begrenzen und Frankreich eine politische Führungsrolle in Europa zu sichern.« Wilfried von Bredow hebt in seiner Rezension dieses Bandes in der *Frankfurter Allgemeinen Zeitung* vom 7. Mai 1997 hervor, daß Frankreichs Europakonzept in dem Zielkonflikt stand und steht, »das deutsche wirtschaftliche und politische Gewicht so weit wie möglich einzubinden, ohne die nationale politische Handlungsfreiheit allzusehr einzuengen. Ferner soll Europa zu einem eigenständigen Akteur in der Weltpolitik werden, aber so, daß Europa entweder eine Politik wie Frankreich betreibt oder, falls nicht, daß Frankreich seine nationale Politik eigenständig weiter betreiben kann. Auch nach 1990 wurde versucht, die europäische Einbindung Deutschlands zu vertiefen, sie aber mit Elementen einer nationalen französischen Gegenmachtbildung zu ergänzen.«

8 Siehe Willy Brandt: Begegnungen und Einsichten. Die Jahre 1960–1975, Hamburg 1976, S. 130.

9 Egon Bahr: Zu meiner Zeit, München 1996, S. 147–148.

10 Vgl. Arnulf Baring: Unser neuer Größenwahn. Deutschland zwischen Ost und West, Stuttgart 1988, S. 163–164.

11 Werner Weidenfeld: Staatsmann zwischen Zuneigung und Verachtung. Der fünfte Nachkriegskanzler über »Menschen und Mächte«, *Rheinischer Merkur/Christ und Welt* vom 9. Oktober 1987.

12 Helmut Schmidt: Die Nachbarn im Alltag. Das Problem des Terrorismus – Differenzen mit Amerika – Ärger mit der Landwirtschaft – Arbeit auf der europäischen Baustelle, in: *Die Zeit* vom 8. Mai 1987.

13 Helmut Schmidt: Miles to Go. From American Plan to European Union, in: *Foreign Affairs* 76/3 (1997), S. 213–221 (220); vgl. *Die Zeit* vom 20. Dezember 1996.

14 Klaus Hildebrand: Reich – Großmacht – Nation. Betrachtungen zur Geschichte der deutschen Außenpolitik 1871–1945, in: *Historische Zeitschrift* 259 (1994), S. 369–389 (370f.).

15 *Frankfurter Allgemeinen Zeitung* vom 13. Februar 1997.

16 *Frankfurter Allgemeine Zeitung* vom 25. April 1996.

17 Detlef Junker: Einheit, Eindämmung, Integration. Amerika und die deutsche Wiedervereinigung 1989/90 in historischer Perspektive, in: *Frankfurter Allgemeine Zeitung* vom 13. März 1997.

18 Helmut Kohl: Ich wollte Deutschlands Einheit. Dargestellt von Kai Diekmann und Ralf Georg Reuth, Berlin 1996.

19 Siehe *International Herald Tribune* vom 22. Mai 1997.

20 *Frankfurter Allgemeine Zeitung* vom 8. September 1987.

21 Berndt von Staden: Unterwegs von Helsinki nach Madrid. Die Nato-Erweiterung kann zu einer Zerreißprobe der deutschen Diplomatie führen, in: *Der Tagesspiegel* vom 16. April 1997.

22 *Frankfurter Allgemeine Zeitung* vom 19. April 1997.

23 Kazimierz Wóycicki: Zur Besonderheit der deutsch-polnischen Beziehun-

gen. Sollen Polen und Deutsch zur »Normalität« zurückkehren?, in: *Aus Politik und Zeitgeschichte* 28/1996, S. 14–20 (17f.).

24 Am 28./29. August 1991 vereinbarten die Außenminister Polens, Frankreichs und der Bundesrepublik in Weimar, künftig zusammenzuarbeiten – nicht innerhalb einer Institution, einer internationalen Organisation, sondern vielmehr in Gestalt eines Forums, auf dem man Meinungen austauscht, das den Informationsfluß zwischen den drei Ländern fördert. Polen soll auf diese Weise mit französischer und deutscher Hilfe der Weg in die Sicherheits- und Wirtschaftsstrukturen des Westens erleichtert werden. Seit das »Weimarer Dreieck« ins Leben gerufen wurde, haben sich die drei Außenminister bereits sechsmal zu Beratungen getroffen.

25 Siehe Marc Bloch: Die seltsame Niederlage: Frankreich 1940. Der Historiker als Zeuge, Frankfurt am Main 1992.

26 Siehe Adam Krzemiński in: *Der Tagesspiegel* vom 5. März 1992.

27 Otto Graf Lambsdorff äußerte sich ähnlich im April 1996 bei einer Rede vor dem amerikanischen Kongreß. Die Osterweiterung sei notwendig, denn: »Das ist in unserem eigenen Interesse. Wir müssen diesen Teil Europas stabilisieren. Andernfalls wird er uns destabilisieren.« *Frankfurter Allgemeine Zeitung* vom 25. April 1996.

28 Siehe Jürgen von Alten: Die ganz normale Anarchie, S. 337–342.

29 Wolfgang Wagner: Der ständige Sitz im Sicherheitsrat. Wer braucht wen: Die Deutschen diesen Sitz? Der Sicherheitsrat die Deutschen?, in: *Europa-Archiv* 19, 1993, S. 533–540, hier 533–537, 539.

30 Samuel Huntington: Kampf der Kulturen. Die Neugestaltung der Weltpolitik im 21. Jahrhundert, München/Wien 1996.

31 Vgl. hierzu Ludwig Watzal: Der Nationalstaat und die deutsch-französischen Beziehungen, in: *Die Neue Gesellschaft/Frankfurter Hefte* 1/1997, S. 34ff. (35f.).

32 Ian Buruma hat in seinem nachdenklichen Buch über die »Erbschaft der Schuld. Vergangenheitsbewältigung in Deutschland und Japan«, München/Wien 1994, davon berichtet.

33 Wolfgang Schuller: Kein schwieriges Vaterland, in: *MUT* 323 (1994), S. 76–87 (78, 87).

34 Diesen Gedanken äußert auch Margaret Thatcher: Die Erinnerungen 1925–1979, Düsseldorf 1995, S. 584f.

35 Jochen Thies: Bonn, Berlin und die politische Klasse Deutschlands, in: *Europäische Rundschau* 1/1994, S. 13–22 (13–15).

36 Joseph Rovan: Une Idée Neuve: La Démocratie, Paris 1961, S. 98.

III. Kapitel

1 CDU-Bundesgeschäftsstelle (Hg.): EURO. Die Währung für eine sichere Zukunft. Argumente für die politische Diskussion rund um den Euro, Bonn 1996, S. 2.

2 Günter Albrecht: Die Bildung der Europäischen Währungsunion aus Sicht der deutschen Unternehmen, in: Martin Potthoff/ Kai Hirschmann (Hg.): Die Europäische Währungsunion – Ein Testfall für die Europäische Integration?, Berlin 1997, S.143–156 (149).

3 Vgl. etwa Bundesverband deutscher Banken (Hg.): Daten, Fakten, Argumente. Der Euro – stabiles Geld für Europa, Köln 1996; Institut der deutschen Wirtschaft (Hg.): Was kommt nach der DM? Europa auf dem Weg zur Währungsunion, Köln 1996; Deutscher Gewerkschaftsbund, Bundesvorstand (Hg.): Zur Europäischen Wirtschafts- und Währungsunion (EWWU), Düsseldorf 1995.

4 Klaus Schmitz, Leiter der Abteilung Struktur und Umweltpolitik beim DGB-Bundesvorstand: Europäische Währungsunion im Interesse deutscher Arbeitnehmer (Stichworte für Referenten), Düsseldorf 1997, S.1.

5 CDU-Bundesgeschäftsstelle (Hg.): EURO, S. 5.

6 CDU-Bundesgeschäftsstelle (Hg.): EURO, S. 1.

7 Bundesverband deutscher Banken (Hg.): Daten, Fakten, Argumente, S. 17.

8 CDU-Bundesgeschäftsstelle (Hg.): EURO, S.8.

9 Bundesverband deutscher Banken (Hg.): Daten, Fakten, Argumente, S. 19.

10 Europäisches Währungsinstitut (Hg.): Der Übergang zur einheitlichen Währung, Frankfurt a. M. 1995, S. 5.

11 Zitiert nach: *Bild-Zeitung* vom 8. Januar 1997.

12 Sieghardt Rometsch: Monetäre Integration – Das Problem einer Währungsunion im gemeinsamen Markt, Frankfurt a. M. 1968, S. 146f.

13 CDU-Bundesgeschäftsstelle (Hg.): EURO, S. 7.

14 Siehe Hans-Werner Sinn: Der Euro kostet Deutschland bis zu DM 90 Milliarden, in: *Frankfurter Allgemeine Zeitung* vom 5. Juni 1997. Andere Experten rechnen sogar mit Kosten von mindestens 150 Milliarden Mark; so etwa Ekkehard Wenger: Nicht 90, sondern 150 Milliarden Verlust durch den Euro, Leserbrief in: *Frankfurter Allgemeine Zeitung* vom 21. Juni 1997.

15 Europäische Währungsunion – Zwischenergebnis 1996, Zahlen des Europäischen Währungsinstitutes in Frankfurt am Main (*Neue Zürcher Zeitung* vom 16. April 1997).

16 David Marsh, Robert Fleming: Dinner Speech to Franco-German Business Colloquium. EMU – The Case for Constructive Postponement, Ostwald (Frankreich) am 21. Februar 1997. Ich danke David Marsh, der so freundlich war, mir das Vortragsmanuskript zugänglich zu machen.

17 Vgl. *Neue Zürcher Zeitung* vom 12. März 1997.

18 David Marsh, Robert Fleming: Dinner Speech.

19 Siehe EUM's Pension Problem, in: *Institutional Investor*, November 1996, S. 20.

20 *Financial Times* vom 16. Dezember 1996.

21 Vgl. *Neue Zürcher Zeitung* vom 17. Juni 1997.

22 *Frankfurter Allgemeine Zeitung* vom 16. Dezember 1996.

23 Vgl. Klaus Peter Krause: So wird der Euro nicht hart, in: *Frankfurter Allgemeine Zeitung* vom 13. Juni 1997.

24 Vgl. Die kreativen Buchführer und ihre kleineren oder größeren Tricks, in: *Frankfurter Allgemeine Zeitung* vom 12. Juni 1997.

25 Siehe *Frankfurter Allgemeine Zeitung* vom 26. Juni 1997.

26 Einen instruktiven Überblick über die im Zusammenhang mit der »Operation Rheingold« im In- und Ausland erschienenen Artikel bieten die von der Deutschen Bundesbank herausgegebenen Auszüge aus den Presseartikeln Nr. 30 vom 27. Mai 1997.

27 Frederick Forsyth: Die D-Mark behalten. Offener Brief an Helmut Kohl, in: *Der Spiegel* vom 31. März 1997, S. 40f.

28 Text der Entschließung vgl. Amtsblatt der Europäischen Gemeinschaften Nr. 628 vom 27. März 1971.

29 Hans Tietmeyer: Europäische Wirtschafts- und Währungsunion – eine politische Herausforderung, in: *Europa-Archiv* 6/1971, S. 409–420.

30 Bruno Bandulet: Das Maastricht Dossier. Deutschland auf dem Weg in die dritte Währungsreform, 2. Aufl., München 1993, S. 124.

31 Bandulet: Maastricht-Dossier, S. 14.

32 Wolfram F. Hanrieder: Deutschland, Europa, Amerika. Die Außenpolitik der Bundesrepublik Deutschland 1949–1994, Paderborn u. a. 1995, S. 311–331 (322).

33 Hanrieder: Deutschland, Europa, Amerika, S. 329.

34 Vgl. Sieghardt Rometsch: Währungsunion ignoriert ökonomische Realität, in: *Die Welt* vom 7. Februar 1997.

35 Lawrence Lindsey: EMU: An American View, in: *Financial Times* vom 27. November 1996.

36 Siehe Presse- und Informationsamt der Bundesregierung (Hg.): Europa-Interview, Dezember 1991, S. 9.

37 Siehe Werner Weidenfeld: Der Euro als Kulturereignis, in: *Frankfurter Allgemeine Zeitung* vom 2. Juni 1997.

38 Joachim C. Fest: Die deutsche Frage. Das offene Dilemma, in: Wolfgang Jäger/Werner Link (Hg.): Republik im Wandel 1974–1982. Die Ära Schmidt, Stuttgart/Mannheim 1987, S. 438.

39 *Financial Times* vom 27. September 1996.

40 *Wirtschaftswoche* Nr. 18, 24. April 1997, S. 29.

41 Margaret Thatcher: Erinnerungen, S. 571.

42 Ralf Dahrendorf: Warum Europa? Nachdenkliche Anmerkungen eines skeptischen Europäers, in: *Merkur* 7/1996, S. 559–577 (562–564).

43 Die Diskussion ist in Auszügen dokumentiert in: *Blätter für deutsche und internationale Politik* 12/1996, S. 1515–1522.

44 *Le Monde* vom 7. September 1996.

45 *Le Monde* vom 12. September 1996.

46 *Le Monde* vom 19. September 1996.
47 *Le Monde* vom 12. Oktober 1996.
48 *Le Monde* vom 12. Oktober 1996.
49 *Le Monde* vom 17. Oktober 1996.
50 *Libération* vom 25. Oktober 1996.
51 *Frankfurter Allgemeine Zeitung* vom 23. Januar 1997.
52 *Frankfurter Allgemeine Zeitung* vom 11. September 1992.
53 *Frankfurter Allgemeine Zeitung* vom 17. Januar 1997.
54 Weidenfeld, in: *Frankfurter Allgemeine Zeitung* vom 2. Juni 1997.
55 *Frankfurter Allgemeine Zeitung* vom 3. Juni 1997.
56 Rede Margaret Thatchers vor dem »Global Panel« in Den Haag am 15. Mai 1992, abgedruckt in: Thatcher: Erinnerungen, S. 713–733 (717).
57 Sieghardt Rometsch: Die Währungsunion – Traum oder Alptraum?, in: *Zeitschrift für das Gesamte Kreditwesen* 1993, S. 662–664.
58 Bandulet: Maastricht-Dossier, S. 14.
59 *Handelsblatt* vom 2. März 1988.
60 Siehe: *Der Tagesspiegel* vom 27. Februar 1988, *Neue Zürcher Zeitung* vom 28. Februar 1988, *Frankfurter Allgemeine Zeitung* vom 1. März 1988, Handelsblatt vom 2. März 1988, *Der Spiegel* vom 27. Juni 1988, S. 82. Ausführlich jetzt Gerhard Stoltenberg: Wendepunkte, S. 328ff.
61 Siehe Thatcher: Downing Street No. 10, S. 1101–1103.
62 Botschaft von Margaret Thatcher an Präsident George Bush vom 16. November 1989; zitiert nach Philip Zelikow, Condoleezza Rice: Sternstunde der Diplomatie, Berlin 1997, S. 171.
63 Zelikow/Rice: Sternstunde, S. 201, 207.
64 Zelikow/Rice: Sternstunde, S. 173. Vgl. auch Gregor Schöllgen: Geschichte der Weltpolitik von Hitler bis Gorbatschow 1941–1991, München 1996, S. 440.
65 Gianni de Michelis: La Véridique Histoire du Traité de Maastricht, in: *Limes* 1/1996, S.249–256 (251). Vgl. Horst Teltschik: 329 Tage. Innenansichten der Einigung, Berlin 1991, S. 37f.
66 Zelikow/Rice: Sternstunde, S. 210.
67 Zelikow/Rice: Sternstunde, S. 202.
68 Zelikow/Rice: Sternstunde, S. 328.
69 *Süddeutsche Zeitung* vom 22. November 1996.
70 *Frankfurter Allgemeine Zeitung* vom 13. März 1997.
71 Rede Margaret Thatchers vor dem »Global Panel« in Den Haag am 15. Mai 1992, abgedruckt in: Thatcher: Erinnerungen, S. 713–733 (717).
72 Die Angaben stammen aus *Der Steuerzahler* 11/1996, S. 193. Der frühere Finanzminister Gerhard Stoltenberg hat diese Zahlen in seinen Erinnerungen vor kurzem bestätigt; vgl. Stoltenberg: Wendepunkte, S. 325.
73 *Süddeutsche Zeitung* vom 28. November 1996.
74 *Wallstreet Journal* vom 9. Januar 1997.
75 Zitiert nach *Frankfurter Allgemeine Zeitung* vom 5. März 1997.
76 *Der Spiegel* vom 31. März 1997, S. 40f.

77 Zitiert nach: *Süddeutsche Zeitung* vom 22. November 1996.

78 Vgl. auch Wilhelm Nölling, ehemaliger Präsident der Hamburger Zentralbank, in seinem Buch: Unser Geld. Der Kampf um die Stabilität der Währungen in Europa, Berlin 1993.

79 David Lascelles: The Crash of 2003. An EMU Fairy Tale, London 1996.

80 Hanrieder: Deutschland, Europa, Amerika, S. 14.

81 Vgl. Wolfgang Zorn: Wirtschafts- und sozialgeschichtliche Zusammenhänge der deutschen Reichsgründungszeit (1850–1879), in: Helmut Böhme (Hg.): Probleme der Reichsgründungszeit 1848–1879, Köln 1968, S. 296–316.

82 Hier war die Gründung einer Nationalbank allerdings der staatlichen Einigung vorausgegangen: Schon 1858 fusionierten die Banken von Turin und Genua zur Banca Nazionale.

83 Vgl. Raymond E. Lindgren: Norway-Sweden. Union, Disunion, and Scandinavian Integration, Princeton/New Jersey 1959.

84 Vernon Walters: Die Vereinigung war voraussehbar. Hinter den Kulissen eines entscheidenden Jahres, Berlin 1994.

85 Vortrag vor dem Europäischen Forum in Alpbach/Österreich; abgedruckt in *Schweizer Zeit* – Schriftenreihe Nr. 24, S. 27.

86 Ralf Dahrendorf: Warum Europa?, S. 559–577 (561).

87 Leserbrief von Bernd Baehring in: *Frankfurter Allgemeine Zeitung* vom 18. März 1997.

88 Josef A. Schumpeter: Das Wesen des Geldes, Göttingen 1970, S. 1.

89 So auch Sieghardt Rometsch auf einem Vortrag vor dem OFW in Köln am 11. März 1997.

90 *Frankfurter Allgemeine Magazin* vom 4. April 1997, S. 8.

91 Urteil des Bundesverfassungsgerichts vom 12. Oktober 1993, abgedruckt in: BVerfGE 89, S. 155–213 (204).

92 Hans-Ulrich Wehler in: *Universitas,* November 1996, S. 1110–1123, (1120).

93 So zum Beispiel in seiner »Berliner Rede« vom 26. April 1997 (abgedruckt in: *Der Tagesspiegel* vom 27. April 1997).

94 *Berliner Morgenpost* vom 27. April 1997.

95 Rede Theo Waigels vor dem Deutschen Bundestag am 8. Oktober 1992; abgedruckt in: Verhandlungen des Deutschen Bundestages, 12. Wahlperiode, Stenographische Berichte Bd. 163, S. 9319–9324 (9320f.).

96 Rede Helmut Kohls vor dem Deutschen Bundestag am 2. Dezember 1992; abgedruckt in: Verhandlungen des Deutschen Bundestages, 12. Wahlperiode, Stenographische Berichte Bd. 165, S. 10823–10831 (10826).

97 Rede Otto Graf Lambsdorffs vor dem Deutschen Bundestag am 8. Oktober 1992; abgedruckt in: Verhandlungen des Deutschen Bundestages, 12. Wahlperiode, Stenographische Berichte Bd. 163, S. 9333– 9338.

98 Schöllgen: Weltpolitik, S. 440.

99 Thatcher: Downing Street No 10, S. 1055.

100 Zelikow/Rice: Sternstunde, S. 447.

101 *Times* vom 17. Dezember 1996.

IV. Kapitel

1 *Frankfurter Allgemeine Zeitung* vom 6. Februar 1997.
2 Marie-Luise Schwarz-Schilling: Sozialstaat in der Irre, in: *MUT* 317 (1994), S. 43–48.
3 Alexander Gauland: Helmut Kohl. Ein Prinzip, Berlin 1994, S. 50.
4 Alexander Gauland: Helmut Kohl, S. 51.
5 *Die Welt* vom 1. Februar 1997.
6 *Frankfurter Allgemeine* Magazin vom 16. Mai 1977.
7 Susanne Gaschke: Nichts richtig, nichts übrig? Stimmungsbild der ideellen Gesamtlinken, in: *Aus Politik und Zeitgeschichte* 10/1995, S. 15–21 (18).
8 Ralf Dahrendorf: Das Elend der Sozialdemokratie, in: *Merkur* 466, 1987, S. 1021–1038.
9 Briefe Helmut Schmidts an Rudolf Dreßler und Rudolf Scharping vom 10. Juli 1996.
10 Zitiert nach *Frankfurter Allgemeine Zeitung* vom 3. Mai 1997.
11 Vgl. *Frankfurter Allgemeine Zeitung* vom 22. Mai 1997.
12 Ilse Spittmann: Vertrauensverlust, in: *Deutschland-Archiv* 6/1996, S. 841–844.
13 *Die Welt* vom 14. Januar 1997.
14 Herbert Gruhl: Himmelfahrt ins Nichts. Der geplünderte Planet vor dem Ende, München 1992.
15 Helmut Kohl: Ich wollte Deutschlands Einheit, S. 237.
16 Hans Vorländer: What's liberal? Der Liberalismus zwischen Triumph und Erschöpfung, in: *Aus Politik und Zeitgeschichte* 10/95, S. 29–38 (37).
17 Interview in: *Der Tagesspiegel* vom 18./19. Mai 1997.
18 Siehe *Frankfurter Allgemeine Zeitung* vom 2. Juni 1997.
19 Martin Walser: Stimmung '94, in: *Die politische Meinung* 7/1994, S. 41–47 (41 f.).
20 Klaus Plake: Talk-Show. Demokratischer Diskurs auf Abwegen, in: *Universitas* 8/1994, S. 766–776.
21 David Riesman: Die einsame Masse, Hamburg 1958 (amerik.: The Lonely Crowd, 1950).
22 *Süddeutsche Zeitung* vom 20./21. Januar 1996.
23 *Die Tageszeitung* vom 2. Februar 1996.
24 Elisabeth Noelle-Neumann: Der enttarnte Elefant, in: *Criticon* 153 (Januar/März 1997), S. 13–15.
25 André Malraux: »Eichen, die man fällt . . .«, übersetzt von Carlo Schmid, Frankfurt/Main 1972, S. 167.
26 Interview in: *Der Tagesspiegel* vom 4. Mai 1997.
27 Gert Mattenklott: Zwölf Thesen über Sinn und Widersinn von Political Correctness, in: *Neue Rundschau* 1/1995, S. 73–78.
28 Christian Meier: Deutschland zwischen der Bonner und der Berliner Demokratie, in: *Zeitschrift für Politik* 3/1994, S. 261–279.

29 Zum Beispiel: Uwe Schultz (Hg.): Die Hauptstädte der Deutschen. Von der Kaiserpfalz in Aachen bis zum Regierungssitz Berlin, München 1993.

30 Hinweise zum Kommunitarismus in einigen ihm gewidmeten Abhandlungen in: *Aus Politik und Zeitgeschichte* 36/1996.

31 Joachim Becker: Was ist den Deutschen zuzumuten? in: *MUT* 335 (1995), S. 5.

32 Deutsche Bundesbank: Die Ausgaben für Sozialhilfe seit Mitte der achtziger Jahre, in: Monatsbericht Nr. 4 (April 1996), S. 35–52.

33 *Wilhelmshavener Zeitung* vom 10. Februar 1997.

34 Diethart Goos: Arbeit statt Sozialhilfe. Ministerpräsidentin Simonis von Lübecker Modellversuch begeistert, in: *Die Welt* vom 2. Juni 1997.

35 Hermann Lübbe: Unsere stille Kulturrevolution, Zürich 1976; vgl. Elisabeth Noelle-Neumann: Werden wir alle Proletarier? Wertewandel in unserer Gesellschaft, Zürich 1978.

36 *Focus* vom 7. Oktober 1996.

37 Penny Junor: Margaret Thatcher. Wife, Mother, Politician, London 1984, S. 98.

38 Im Originaltext lautet die Passage: »You cannot bring about prosperity by discouraging thrift. You cannot strengthen the weak by weakening the strong. . . . You cannot help the wage-earner by pulling down the wage-payer. You cannot further the brotherhood of man by encouraging class hatred. You cannot establish sound security on borrowed money. You cannot keep out of trouble by spending more than you earn. You cannot build character and courage by taking away man's initiative and independence. You cannot help men permanently by doing for them what they could and should do for themselves.«

39 Thatcher: Downing Street No. 10, S. 22.

40 Anthony Hartley: Betrachtungen über Großbritanniens Niedergang, in: Europäische Rundschau 3/1994, S. 65–78 (73 f.).

41 Ambrose Evans-Pritchard: Rehabilitation Margaret Thatchers, in: *Europäische Rundschau* 3/1994, S. 83–84 (83).

42 Der *Spiegel* vom 2. September 1996, S. 116.

43 Zitiert nach Serge Halimi: Der leuchtende Pfad der Wettbewerbsgesellschaft, in: *Le Monde Diplomatique* vom 18. April 1997, S. 18.

44 Roger Douglas: Unfinished Business, Auckland 1993.

45 Vgl. auch Wolfgang Kasper: Die Befreiung des Arbeitsmarktes. Neuseelands Wirtschaft im Aufschwung, Gütersloh 1996.

46 Etudes économiques de l'OCDE: Nouvelle-Zélande, 1996, Paris 1996.

47 Zitiert nach: *Die Welt* vom 9. Januar 1997.

48 Zitiert nach: *Der Spiegel* vom 18. November 1996, S. 133.

49 Vgl. *Handelsblatt* vom 25. April 1996; *Frankfurter Rundschau* vom 14. Februar 1997.

50 Zitiert nach *Frankfurter Allgemeine Zeitung* vom 1. Februar 1997.

51 Danilo Zolo: Die demokratische Fürstenherrschaft. Für eine realistische Theorie der Politik, Göttingen 1997.

52 Immer noch grundlegend hierzu Reinhart Koselleck: Preußen zwischen Reform und Revolution. Allgemeines Landrecht, Verwaltung und soziale Bewegung von 1791 bis 1848, Stuttgart 1967.

53 Siehe Sebastian Haffner: Preußen ohne Legende, Hamburg 1978.

54 Walther Hubatsch: Stein-Studien. Die preußischen Reformen des Reichsfreiherrn Karl vom Stein zwischen Revolution und Restauration, Köln/Berlin 1957, S. 26.

55 Rigaer Denkschrift vom 11. September 1807; zitiert nach Georg Winter (Hg.): Die Reorganisation des Preußischen Staates unter Stein und Hardenberg, Leipzig 1931, S. 396.

56 Vgl. Bernd von Münchow-Pohl: Zwischen Reform und Krieg. Untersuchungen zur Bewußtseinslage in Preußen 1809–1812, Göttingen 1987, S. 390.

57 Zitiert nach Münchow-Pohl: Reform und Krieg, S. 34.

58 Brief Steins an Reden vom 3. Juli 1807; zitiert nach Walther Hubatsch (Hg.): Freiherr vom Stein. Briefe und Amtliche Schriften Bd. 2, Stuttgart 1959, S. 404.

59 Zitiert nach Winter: Reorganisation, S. 408.

60 Thomas Nipperdey: Geschichte der Deutschen 1800–1866, München 1983, S. 34.

61 Rigaer Denkschrift vom 12. September 1807; zitiert nach Winter: Reorganisation, S. 305.

62 Zitiert nach Winter: Reorganisation, S. 319 f.

Personenregister

07/14